クザーヌス 生きている中世
開かれた世界と閉じた世界

八巻和彦 Kazuhiko Yamaki

ぷねうま舎

まえがき

今、世界の民衆は、一方においてアメリカ合衆国と西欧諸国を中心とする排外主義の跳梁によって、他方において経済的なグローバリズムの跋扈によって、苦しめられている。当然のことながら、日本に生きる人々も例外ではない。困難の渦中にある人々は、何とかそれを解決しようと努力しているのだが、そのただ中にとどまっているだけでは、事態の本質やそれの解決策が見えにくいことがある。ところが視点を変えて、例えば俯瞰的な視点から事態を眺めれば、全体像と解決策とが意外と容易に見えてくることもあろう。

そこで筆者は本書において、ヨーロッパ中世、とりわけ近代へと転換していく直前の時代である中世末期に視座をとり、そこから現代社会を照射することで、現代が陥りつつある袋小路がいかなるものであるのか、そしてそれからの脱出の方策はいかにしたら見出しうるのかということを考えてみた。

その際には、中世と近代との境界に立つ思想家と捉えられているニコラウス・クザーヌスの思想が重要な役割を果たした。なぜならば彼は、一四五三年にビザンツ帝国（東ローマ帝国）がトルコの軍事的侵攻の前に崩壊したという、西欧にとっても一大〈破局〉である歴史的事件に直面する中で、周囲の人々の反応とは正反対の、六〇〇年後の現代にも通用する思想を構築した人物なのだからである。

副題を「開かれた世界と閉じた世界」とした理由も、この視点と密接に関わっている。近代以降、何事であれ〈開かれる〉ことはよいことであるという通念が成立しており、〈開かれ〉の程度が大きいほどいっそう好ましいという捉え方が、自然科学の普遍妥当性と相即する形で一般化している。たしかに、身分制度などに基づき、権力や富が一部の権力者に集中されていた封建社会から、現代、われわれが（完全な形ではないとしても）享受しつつある民主主義社会が成立するためには、社会のほとんどすべての分野での〈開かれ〉が重要な役割を果したことは確かである。西欧近代の啓蒙思想家たちが身を挺して展開した思想活動もこの点に集中されていた。

その意味で、〈開かれる〉ことがよいことであるという通念は当然のことである。とりわけ、左右の全体主義が猛威をふるって甚大な人命と財産上の損失を世界中に惹き起こした第二次世界大戦終了後に、ともにユダヤ系の亡命者として、アレクサンドル・コイレが『閉じた世界から無限宇宙へ』*From the Closed World to the Infinite Universe*（Baltimore 1957）という著作を著して（本書第Ⅰ部第四章2⑶）中世から近代への転換を描写し、またカール・ポパーが『開かれた社会とその敵』*The Open Society and Its Enemies*（London 1945）という著作を著して、全体主義的思想のあり方を批判したこと、そしてこれらの著作が世界中で好感をもって読まれたことは大いに有意義なことであった。

しかし、前世紀の最後の一〇年から顕著になったグローバリズムの跳梁のような、経済的かつ政治的な力をもつ側が自らの利益確保のために弱小な社会に対して半ば強制的な〈開かれ〉を要求することに対しては、多様な自然条件のもとに生きる人類の総体のために、われわれは慎重に対応しなければならないであろう。

冒頭に挙げた二つの問題状況をこの視点から整理してみると、排外主義の側に〈閉じた世界〉を志向する人々がおり、グローバリズムの側に〈開かれた世界〉を志向する人々がいる。しかしながら、高度にテクノロジーが発達している現代では、〈閉じた世界〉か〈開かれた世界〉かという二者択一の結果のいずれかが、人々により多くの幸せをもたらすのだと単純に主張することはできない、と筆者は考えている。

そうではなくて、われわれは「開かれた世界と閉じた世界」という両方の世界を必要としているのである。多様な自然条件ならびにそれを基礎に成立している多様な社会条件に基づいて自分たちに適した生活を送るためには、それぞれの地域に生きる人々が、自分たちの流儀で「開く時」と「閉じる時」とを確保できることが不可欠なのである。今、ここでこの点に深く立ち入ることはできないが、われわれが何かをじっくり考えようとする時には、静かに目を閉じて、頭の中でそのことを反芻することがあるような、そのような〈閉じ〉である。これの典型例は、本書第Ⅲ部第二章4で扱っている「地理学者」cosmographus の姿である。

以下で本書の構成について、簡単に説明しておきたい。

序章では、現代の世界全体が直面している「グローバリゼーション」の本質と、その趨勢が生み出しつつある問題点を中心にして、上に記した視座から検討した。

第Ⅰ部では、日本が現在、〈破局〉に立ち至っているという認識のもとに、それの諸相を検討する。この〈破局〉は、二〇一一年の東日本大震災、とりわけそれにともなって発生した福島第一原発の巨大事故を契機として顕在化した。たしかに、自分たちが〈破局〉のただ中に生きているということを認識することは、誰にとっても辛いことであり、できれば回避したいことであることは言うまでもない。しかし今、われわれはこれをしっかりと認識して正面から受けとめる勇気をもつことが必要であると思われる。そのようにしてこそ、この〈破局〉からの脱却の方途を考えることが可能となるからである。

そして、われわれの過去にもこの認識を共有せざるをえなかった時があり、それをわれわれの先輩たちは正面から受けとめたのである。それは他でもない、一九四五年の敗戦のことである。彼らがこの〈破局〉を正面から受けとめたからこそ、「大日本帝国」ときっぱり訣別して、「平和と文化を重視する国家」としての「日本国」という理想像が構築されたのであり、その後の今日に至るまでの七十数年間、この理想（大きな物語）の上に立って、まがりなりにも「高度経済成長」という繁栄と諸外国からの高い評価とを享受することができたのである。そしてこの戦後日本の申し子として生まれ育ち、それなりに充実して生きることのできた筆者自身は、この社会を後に続く世代にも引き継ぐ責任があると痛感している。このような視点から第一章から第三章までの三つの論考をまとめた。

第四章は、或る意味で、西欧以外の世界での「社会の近代化」の模範生である日本を素材にしつつ、西欧発祥の近代的思考様式の限界を考察した上で、ささやかな提言も記してみた。これの背後にも、日本のみならず人類全体が〈破局〉に陥りつつあるのではないかという危惧がある。

第Ⅱ部では、上述の排外主義が典型的な例であるような、過去十数年来、世界中で問題化しつつある〈他者〉の問題を、クザーヌスの視点も交えながら考察している。これは、現代におけるテクノロジーの発達やグローバリゼーションの深化にともなって、人の移動が容易になったことが生み出した問題である。なじみのない〈他者〉がいきなり自分の前に出現したと多くの人々が感じ、その結果、人々は不安に駆られたり苛立ちを覚えたり、さらには暴力的な攻撃をそれら〈他者〉に加えたりすることが、世界中で社会問題として顕在化している。典型的な例は、難民や外国人労働者の流入と、それに苛立った民衆がイギリスではブレグジットを選択し、アメリカではトランプ大統領を選択したというような事態である。しかし筆者は、人類のこれまでの繁栄に対しては〈他者〉こそが大きな貢献をなしてきたのだという視点から、排外主義の無意味さを明らかにしようとした。

第Ⅲ部は、何事であれ〈開かれる〉ことはよいことであるという近代以降に特有の通念に対して、一定の留保を提案する考察である。

ここで筆者が有意義だとする〈閉ざされ〉とは、社会の中に共に生きていることが気に入らない〈他者〉を排斥して、自分たちの社会を閉ざすという排外主義の意味ではない。情報の洪水に流されつつあるわれわれが、毎日一度は立ちどまって反省するべくそっと目を閉じるというような姿である。

これが、それぞれの社会にも必要であり、互いに容認するべきことなのである。一つの社会全体としてこのような状態を保持できれば、その結果、他の社会のこともより深く認識することが可能となり、また現在から過去を省みながらしっかりと未来に想いを向けることまでもできるようになるのだからである。

第Ⅳ部では「大きな物語の改訂」と題して、第Ⅲ部までの考察を踏まえながら、未来に向けてわれわれが生きている状況を改善する方向を模索してみた。ここで掲げている〈大きな物語〉とは、言うまでもなくリオタールの〈大きな物語〉grand récit にことよせているのであるが、筆者は彼とは異なって、われわれは〈大きな物語〉を必要とするのであり、これまでのそれが無効になったのであれば、いっそう現状に適した〈大きな物語〉を樹立するべきではないかと考えている。そしてこのような視点から、〈文明の衝突〉ならびにそれと密接に関わっている〈宗教的な不寛容〉という喫緊の問題を考察してみた。〈大きな物語〉を日本に引きつけて言うならば、日本国憲法の前文は、敗戦後の日本人にとっての〈大きな物語〉であったのだが、それが今、蝕まれつつあるということではないのだろうか。そして、筆者なりの日本にとっての新たな〈大きな物語〉の改訂の提案は、第Ⅰ部第二章末尾に少々記してみた。

最終章では、〈現代〉の中に生きている〈中世〉を再確認的に指摘するとともに、〈現代〉の中にさらに生かすべき〈中世〉をも提示してみることを試みた。そうすることで、〈現代〉の限界がいっそう明瞭になり、その原因として近代的「理性」概念の狭隘化という事実があることも明らかになった。そして、これを踏まえながら、その限界の超克についてささやかな提案を記してみた。

以上のように、文字通りの手探りで筆者なりの〈大きな物語〉の改訂の方向を示すことを試みた。それは、日本人としての〈大きな物語〉の改訂でもあり、人類総体としての〈大きな物語〉の改訂でもなければならないと考えつつの試みであった。

これがどこまで説得力をもつものとなっているかは、本書を手に取ってくださる方々のご判断に委ねたい。

目次

第二章 現代日本におけるアイデンティティの分裂 63

第三章 日本社会における〈社会崩壊〉と企業活動 99

第二章 クザーヌスにおける理性の普遍性と哲学の複数性　201

――『信仰の平和』を中心にして――

第三章 〈他者〉の豊饒性　213

III 語りえぬものへの〈開かれ〉と〈閉ざされ〉　245

第一章 西田幾多郎におけるクザーヌスとの出会い　247

終章 現代に生きる中世 391

序章　中世から現代を読む

——グローバリゼーション、アイデンティティ、そして普遍的正義——

二〇一七年の三月という時点になって、グローバリゼーション[1] globalization のもたらす問題性はいよいよ明らかになりつつある。それは、グローバリゼーションそのものが社会にもたらす問題性と、社会に生きる人々が、グローバリゼーションが自分たちに問題をもたらしていると感じることで生じる問題性との両方が複雑に絡みあって顕在化しているのである。昨年六月に実施された国民投票で決定されたイギリスのEUからの離脱と、一一月に実施されたアメリカ大統領選挙でトランプ氏が大統領に選出されたこととが端的に示しているように、人々が眼前に展開されつつある事態をどこまで正確に把握できているかも定かではない状況の中で、自身の不安と不満に突き動かされるようにして人々は行動を起こしているのである。

そこでこの状況を哲学の視点から、グローバリゼーション、アイデンティティ[2]、そして普遍的正義という三つの概念を思考軸にとって、冷静に考察してみたい。端的に表現すれば、一方に、グローバリゼーションが進行すれば民族あるいは国民のアイデンティティが失われやすいという意見がある。他方に、もし普遍的正義が存在して、それがグローバリゼーションによって地球規模で共有されるのであれば、伝統的なアイデンティティの喪失が悪い事態を意味するばかりではないであろうと主張する立場がある。

しかし、事態の認識はこの二項対立で捉えることで尽くされているのだろうか。このような問題意識のもとに、グローバリゼーション、アイデンティティ、そして普遍的正義という三つの概念がひんぱんに使用される場としての、政治と戦争の場におけるディスクール、すなわち〈絶対〉を振りまわすディスクールをできる限り相対化することが、われわれの任務になるべきであろう。以下で、それを試みよう。

1 個人のアイデンティティの危機と集団のアイデンティティの危機

アイデンティティ問題の権威の一人であるE・H・エリクソン（Erik H. Erikson, 1902-94）の見解によれば、個人が個人としての人格統合を成立させるためには、アイデンティティの確立が必須であり、それにはそのアイデンティティを支えてくれる親などの存在が必要である。しかし、その個人も成長するにつれて、アイデンティティを根拠づける場を変化させざるをえない。その際に「アイデンティティの危機」が生じるのであり、その典型的な時期が青年期であるという。しかし、「アイデンティティの危機」は単に青年期にのみ生じるものではなく、人生はたえずこれを経験しつつ継続されてゆくものである。(3)

このような個人が出会う「アイデンティティの危機」と類比的に、敗戦とか国家統合などのような国家規模における一大変動に際して、民族（国民）単位での「アイデンティティの危機」が生じるであろうことは容易に想定できるところであり、現在進行中のグローバリゼーションにおいても、それがまさに地球規模で各国、各民族において生じていると考えられる。エリクソンは、早くも一九六七年にこの点を具体的に以下のように指摘した。

現代の技術的・経済的発展が伝統的な集団的アイデンティティや連帯をすべて侵害しつつある。……多くの作家たちが示してきたように、そのような全面的発達は、結果的には、宇宙的完全性や、摂理や、生産——および破壊——手段にたいする神の制裁に関する感覚の喪失をもたらすように思われる。明らかにこれが、世界中いたるところに、全体主義的な世界観にたいする盲目的な熱狂を生み出しつつあるのだ。そして、この全体主義的な世界観は至福千年と大洪水の到来とを予言し、自ら定めた偶像神を主唱するのである。(4)

二一世紀初頭の世界を地球規模で震撼させている一連の政治状況は、エリクソンが半世紀前の東西冷戦の時代に指摘した事態のまさにグローバル化に他ならない、と捉えることができるだろう。

しかしながら、グローバリゼーションによって生じる「アイデンティティの危機」が、自動的に「アイデンティティの喪失」を意味するという理解は、それが誤りであることを指摘しなければならない。なぜならば、成長した個人のアイデンティティにおいても同様であるが、アイデンティティとは重層構造をもって成立しているものであり、したがって、「アイデンティティの危機」とは、その構造において変化が生じて、その結果、その重層構造の内部において重心が移動しつつあることを意味するものなのである。この移動が構造の不安定化をもたらし、それが心理的不安を引き起こすゆえに「危機」であるのだが、しかし、重層構造内における重心移動とか一つのアイデンティティの意味喪失とかが、自動的に個人のアイデンティティ総体の喪失を意味するわけではないのである。(5)

しかし、ときにわれわれはこのアイデンティティの重層構造を無視して、重層構造を形成しているアイデンティティの根拠の中のどれか一つにのみ自己を根拠づけようと、すすんで試みることがある。例えば、特定の政治セクトに根拠づけて、自己の一切の判断と行動とをもっぱらそれの方針にだけ従わせることによって、自分が「正しい生き方」をしていると実感したがることがある。この事態についても、エリクソンが既に以下のように指摘している。

歴史的・技術的発展が、深く根を張ったアイデンティティや力強く姿を現しつつあるアイデンティティ（農村的・封建的・貴族的）を、大規模にしかも激しく侵略しつつあるところでは、青年は、個人的にも集合的にも、危険にさらされていると感じるのだ。それゆえに、総合的なアイデンティティ（過激な民族主義、人種主義、または階級意識）に全体的に埋没したり、また、新しいアイデンティティのまったくステレオタイプ化された敵を集合的に非難するような、そういう教義を支持する準備ができてしまうのである。アイデンティティを喪失するのではないかという恐怖心は、そのような教化を助成するが、同時に、あの正義感と犯罪的行動との混合物の形成に大いに寄与するのだ。(6)

同様なことが、集団としてのアイデンティティにも生じ得るのは、すでに上で引用したエリクソンの文章（本書一六―一七頁）が示している通りである。しかし、仔細に検討すると、当然のことながら事態はいささか複雑かつ政治的である。すなわち、集団としてのアイデンティティは、個人の場合と同様に意味範囲の広がりに応じての重層性を有するのみならず、同じ「ある国の国民」というアイデンティティであっても、具体的に何をそのアイデンティティの内容とするかにおいて、複雑だからである。(7)

現実には、アイデンティティの構造においても、一々のアイデンティティの内容においても単純ではないのにもかかわらず、ときに国家（政府）は国民のアイデンティティを自己にのみ収斂させ、あるいは自己が設定した何らかの指標にのみ限定して、国民のアイデンティティを一元的に独占しようと図ることがある。ここに大きな問題が存在するのである。このことを、われわれは冷静に把握しておかねばならない。

その上、政府の側から考える場合、自己が独占しようとするアイデンティティの内容が見やすい形での普遍性を主張できるものであれば、いっそう好都合である。それゆえに政府はしばしば「普遍的正義」と称するものをアイデンティティの内容として設定し、それを国民に共有させようとするのである。この点に関して二一世紀の初頭において特徴的なことは、いわゆるイスラーム諸国内部での「武装勢力」は、とりわけ二〇一四年に樹立が宣言された「イスラーム国ＩＳＩＬ」はもとより、アメリカ合衆国さえも、しばしば宗教的内容を国民のアイデンティティとして提示していることである。これは「ポスト・モダン post-modern」であるはずの時代に、「プレ・モダン pre-modern」の立場がグローバルな場に登場しつつあるというなんとも奇妙な、いわば時代が逆行したような事態であると言えるだろう。(8) しかしこれは、後に論じるように、単なる偶然ではなく、アイデンティティの問題が政治に利用される際に、ほぼ自動的に現れる事態なのである。すなわち、グローバリゼーションの時代にあって自らの政治目的を達成するためには、それをできる限り普遍性の高いものに根拠づける必要があると考えられるからである。

2 「くに」の拡大

では、人類は国家に関わるアイデンティティにおいて、いかなる傾向をもっているのだろうか。その点を明らかにするための絶好の例が、日本語の「くに」という語の意味の重層性に、さらに英語の 'land' のそれにも、同様にドイツ語の 'Land' のそれにも見出せるのである。まず、日本語の「くに」であるが、これには、目下のわれわれの関心に関わる範囲では、以下のような意味が見出される。一、(天に対して) 地、大地。二、国土、国家。三、古代から近世までの行政区画の一つ。四、地方、田舎。五、故郷、郷里。(9) これを、われわれ自身の身の回りの空間的広がりを出発点として整理すると、ちょうど逆の順序となるであろう。さらに、国語学者である大野晋によると、『くに』とは行政権のはたらくこと、そのはたらく地域の意がある」という。[10] ここから明らかになることは、われわれ日本語を使用する人間集団が、歴史の進展の中で自己の属する場としての「くに」概念を、当初のごく狭い空間からいっそう広い空間へと絶えず拡大してきたということである。

同時に重要なことは、これら五種の意味が今もなお死語とはなっておらず、現代のわれわれにも理解可能だということである。それればかりか、この意味の拡大の順序は、実はわれわれ自身の幼い時から成人に至るまでの「くに」像の変化のプロセスでもある。それゆえにこそ、われわれがこれらを場に応じて使い分けることができるのである。以上の事態が意味するのは、まさに、上述したわれわれのアイデンティティの重層性を示しているということに他ならないであろう。

これとほぼ同じ事態が、英語の'land'にも存在する。この語についてのある辞書の説明を、[11] われわれの視点から整理すると以下のようになる。一、地面、陸（地）。二、田舎、田園。三、地域、地方。四、国、国土。また、'Spain is the land of his heart.'という表現が挙げられており、それは「スペインは彼の心のふるさとである」という日本語訳が付けられている。このような意味の重なり具合は、日本語の「くに」についてわれわれが見出した要素と同様なものが英語のこの語に存在していることを示しているであろう。さらに、ドイツ語の'Land'にも同様な事態が見出せるのである。[12]

以上のような、日本語と英語、ドイツ語のそれぞれの「くに」にあたる語に見出せる語義の重層性を前提にしつつ、それが個人および集団としての人間のアイデンティティの根拠の一つの層を形成しているとするならば、アイデンティティの根拠づけの場としての「くに」は、時代とともに拡大してきていると言えるであろう。それの近代社会における到達点が民族国家 Nation-state であった。民族国家の特性は、そのそれぞれが同一の民族だけで構成されていると内外に宣明するとともに、それの具体的証明として自国内で使用される言語を国民の多数派が使用する一つの言語に制限しつつ、その「標準語」による「義務教育」（普通教育）を全国民に対して施すことで、国民のアイデンティティを涵養するという方法を採ることとである。

この方法は、言語が人間の各自にとって人間として生きるために不可欠な手段であるゆえに、国民のアイデンティティの涵養には極めて効果的である。その結果、民族国家は内に強固な結束を醸成するとともに、それゆえにこそ、外部たる他の民族国家とは、基本的に「国境」をもって区別をつけるのみならず、しばしば他国との利害対立を戦争という手段で解決しようとしてきている。戦争遂行を可能にするのは、国民から形成される軍隊が機能するからであるが、その軍隊を構成する国民は、自らのアイデンティティが自分の属する国家以外にはありえず、その国家の存亡の危機は自らの存亡の危機であると捉えるように教育されているのである。

その結果として、ヨーロッパ大陸という陸続きの空間の中に多数の民族国家が成立してきたヨーロッパでは、大小の戦争がたえまなく繰り返された。とりわけ二〇世紀に入ってからは二度にわたる大戦によって、どの民族国家も人命ならびに財産に甚大な被害を被り合った。そこで第二次世界大戦終結後に、フランスと西ドイツ（当時）、それにオランダ、ベルギー、ルクセンブルク、イタリアという国境を接する六カ国は「ヨーロッパ石炭鉄鋼共同体」を形成し、それが一九六七年には「ヨーロッパ共同体」ECへと発展し、さらに経済統合のみならず政治統合を目指して一九九三年には「ヨーロッパ連合」EUへと発展した。よく知られているように、このEU域内では民族国家の象徴たる「国境」の管理が限りなく減らされており、また通貨も共通の「ユーロ」が使用されている。[13] また教育においても、とりわけ高等教育部門では、EU域内での共通の制度と内容の普及が追求されている。[14] そしてEU域内では「ヨーロッパ市民」という概念がしきりに使用されて、人々に新たなアイデンティティの形成を促しているのである。

そうであるならば、グローバリゼーションの時代にはそれが文字通りの「地球規模」に拡大されることも不可能ではない、と言い得るであろう。[15] このようなわれわれの想定を補強してくれるであろうエリクソンの見解を紹介しておきたい。

個人のアイデンティティにも社会のアイデンティティにも、過去と未来との相互補完的な関係が含まれている。すなわち、アイデンティティは、今も生きている過去の現実性と、前途有望な未来の現実性とを連結させるものである。[16]

しかしながら、このことがただちに、いわゆる「グローバリゼーション」を肯定するための根拠となりうるわけではない。なぜならば、今日言われているところの「グローバリゼーション」は、現存する特定の国家あるいは社会の価値観とかシステムなどを半ば強制的に地球規模に広めることを意味することが多いのであって、この点においてこれは、後の第4節で考察するように、むしろ「くに」およびそれに対応する英語とドイツ語の概念が今なお有する意味の重層性を駆逐する傾向をもつからである。したがってそれは、本来はアイデンティティの重層構造内で各人において自然的に成立するべき重心移動を妨げ攪乱する要因となりうるのである。この点もわれわれは冷静に把握しておかねばならない。

3　アイデンティティと普遍的正義

次に、アイデンティティと普遍的正義との間に成立する関係とはいかなるものであるかについて、検討してみよう。人格統合としてのアイデンティティの根拠になるものは、たとえそれが重層的な構造を有しているとしても、その中核をなすべき根拠はできる限り普遍性を帯びているものである方がそれだけ安定性を増すから、望ましいものであることは言うまでもない。その結果、人は長じるにつれて、親や教師という自身の身の回りの権威を超えて、より普遍性を帯びるものにアイデンティティを根拠づけようとするようになる。それは、制度的にいえば政治結社であったり、宗教団体に加入することであるが、重要な点はこれらの組織が自ら「普遍的正義」の体現を標榜することが少なくないことである。つまり人は、究極的には自己のアイデンティティを「普遍的正義」に根拠づけようとするのである。

同時に重要なことは、人がいったんある思想なり価値観なりに自己のアイデンティティを根拠づけると、この新たな根拠が「普遍的正義」であることを確認するために、その内容を周囲の人間に対して共有させようと、それの拡大に一所懸命に努める傾向が存在することである。

以上の事態は、すでに冒頭で述べた理由によって、集団としてのアイデンティティにも妥当する。宗教集団の「宣教」とか「伝道」という行動がこれにあたることは言うまでもないが、政治的理念の場合でも、実際にそのように機能した例は、マルクス主義やナチス思想、そして目下の「イスラーム国」のウェブを通じたプロパガンダ等々、歴史上、ほとんど枚挙にいとまがない。

前世紀の最後の一〇年間以来、「自由主義」とか「市場経済」というような、一見、実証可能であり、かつすでに実証済みであるかのような概念が、グローバリゼーションの流れの中であたかも普遍的正義であるかのようにして中心的な役割を果たしているが、これも、われわれの視点から冷静に捉えるならば、今述べたような政治の場におけるアイデンティティの根拠づけに特有の機能の仕方をしているものであって、必ずしも実証済みの普遍的正義ではないことが明らかになる。

4　国家と普遍的正義

ところで、そもそもある集団が普遍的正義の体現を主張することは可能なのだろうか、またそう主張することが正義であるのだろうか。われわれの結論を先に記すことが許されるならば、もちろん〈否〉である。その論証に進むためには、それに先立って、〈個人が普遍的正義の体現を主張することが可能であるか〉という問いを立てて、それに答えることから始めなければならない。西洋一五世紀の思想家であるニコラウス・クザーヌス（Nicolaus Cusanus, 1401-64）は、有名な〈docta ignorantia〉（覚知的無知）の思想に立って端的に以下のように言った。

無限なものの有限なものに対する比が存在しないことはおのずから明白である。このことからも、つぎのことは極めて明白である。超えるものと超えられるものとを見出しうる領域では〈端的に最大なもの〉に到達することはできない。なぜならば超えるものも超えられるものも有限であるが、端的に最大なものは必然的に無限であるから。……有限な知性は、類似を介して、事物の真理に厳密に到達することができない。[17]

また、クザーヌスにとっては、ヨーロッパ中世の哲学の伝統に則して、絶対的厳密性、正しさ、真理、正義、善性は同じことの別の名称である。[18] すると、クザーヌスの論証に従えば、有限な知性しかもたない存在としての個人が普遍的正義を体現することはありえないのである。

それでは、個人の集合たる集団はどうであろうか。この点についても、クザーヌスの〈docta ignorantia〉の思想の一端を援用しよう。彼は上で引用した箇所に引き続いてこう言っている。

〔有限な〕知性は真理ではないので、――限りなくいっそう厳密には把握されえないほどにまで――厳密に真理を把握することは決してない。知性の真理に対する関係は、ちょうど多角形の円に対する関係のようなものであって、多角形はいっそう多くの角をもつものとして描かれれば、それに応じていっそう円に類似したものとなるが、しかし角を無限に増加したとしても、決して円と等しくなることはない。この多角形が円との同一性identitasに解消されるならば別であるが。(19)

つまり、個人の知性による探求を繰り返したとしても、あるいは、個人的知性の数を増やして集団的知性による探求を遂行したとしても、それだけで厳密な真理すなわち普遍的正義を獲得することはありえない、というのである。(20)

では、ヘーゲル（Georg Wilhelm Friedrich Hegel, 1770-1831）の主張するような、時代の経過とともに世界の特定の民族または国家に普遍的正義が顕現してくるという説(21)は妥当性をもつだろうか。この思想の提示する構造の巧みな点は、個的知性の単純な総和に真理が顕現すると主張するのではなく、その顕現の構造を時間と空間という座標に位置づけることで、真理の顕現に与るとされる民族または国家の個別性を際立たせることにある。このような説明によって特定されるある人間集団は、キリスト教の歴史における預言者あるいは聖人に類似して、語の本来の意味でのカリスマを帯びていることになり、あるいはミッションを賦与されていることになるのである。

一九九〇年代の初頭にF・フクヤマ（Francis Fukuyama, 1952- ）が『歴史の終わり』において描いたような、アメリカ合衆国を中心に据えた「リベラルな民主主義国家」の捉え方も、それを「『人類のイデオロギー上の進歩の終点』

および『人類の統治の最終の形』になるかもしれない」[22]と明言している点で、まさに典型的にこのヘーゲル的国家像に依拠しているのであり、それゆえにこそ米国をはじめとする当該国で好評を博したのであろう。

さてここで、以上のヘーゲルの主張が妥当性を有するか否かの検討に入ることにしよう。まず、普遍的正義の顕現に関わる上記のようなヘーゲルの国家観が、『神の国』*De civitate dei* に典型的に描出されているアウグスティヌス（Aurelius Augustinus, 354-430）のそれの世俗化版であることは言うまでもない[23]。しかし今われわれは、ニコラウス・クザーヌスの『信仰の平和』*De pace fidei* における論述に依拠しつつ、この問題を考察することにする。なぜならば、彼も同じくアウグスティヌスの国家観に影響を受けつつ、しかしいっそう現代に類似した状況において、すなわちイスラーム・トルコの強い圧力にさらされていた一五世紀の西欧で、カトリック教会以外の諸宗教（すなわちそれらを信仰する諸民族）への真理の顕現のあり方について、この書物で論じているからである。

そこに展開されているクザーヌスの思索の中心は、〈多様な儀礼の中に一つの宗教が[24]〉という語句と、〈汝らは、別の信仰ではなくて、同じ唯一の信仰が至る所で前提されていることを見出すであろう[25]〉という、三位一体の神の第三の位格である御言葉《みことば》の発言である。ここでクザーヌスが想定している事態は、ローマ・カトリックのキリスト教をも含めて、この世界に存在しているあらゆる宗教が、実はそれぞれ儀礼の体系であって、それらのいわば〈背後に〉これらの儀礼が仕える唯一の真の宗教が存在するという構造である。つまり、宗教と儀礼との関係の位相がいわば一段階下に向かってずれて、現行の個々の宗教とされているものが、それぞれ〈唯一の真の宗教〉の儀礼の体系とみなされているのである。そして儀礼についてクザーヌスは以下のように理解している。

それら〔多様な儀礼〕は信仰の真理の感覚的な〈しるし〉として定められ採用されているにすぎない。つまり、変化を受け容れるものは〈しるし〉signa であって、〈しるしで表されるもの〉signatum〔信仰の真理〕ではない。[26]

この構造を、クザーヌスがこの書物を執筆した当時、自身が枢機卿を務めていたカトリック教会にあてはめて表現するならば、カトリック教会のあり方さえも〈同じ唯一の信仰〉に仕える儀礼の体系であり、それは他の多様な現存の宗教と並ぶものとしての一体系であることになる。すなわちクザーヌスは、カトリック教会さえも普遍的正義を体現しているとは考えていなかったのである。[27] そして、この思想にたってクザーヌスは、友邦であるビザンツ帝国が一四五三年にトルコにより征服されて崩壊したという一大事件（おそらく西ヨーロッパにとってその衝撃度は例の「九・一一」をはるかにしのぐものであった）のさ中にあっても、イスラームとの平和的対話の必要性を説いたのである。

このような思惟が、先にも言及した彼の最も広く深い意味での〈docta ignorantia〉「覚知的無知」の思想に支えられていることは言うまでもない。同時にこのような彼の思惟が、教会政治家として自身が身をもって経験した西ヨーロッパ、ローマ・カトリック世界内での正義観念の分裂を踏まえているであろうことも想像にかたくない。

以上のように、一宗教でさえも普遍的正義の顕現を主張する根拠をもたないとすれば、特定の集団や国家がそれをもたないことは、これまた明白である。[28]

5　普遍的正義とわれわれとの関係

自己のアイデンティティを普遍的正義に根拠づけようとし、自己のアイデンティティの根拠が普遍的正義であると主張することが、人間存在の自己中心性に根ざすものであるとすれば、人間にはその反対の思索を遂行する能力も存在する。これが自己反省能力[29]であって、これによって人は自己中心性を脱しようと試みるのである。

再びクザーヌスの思想を利用して、この点を検討してみることにする。既に上の第4節で、有限な知性しかもたない存在としての個人および集団あるいは国家は普遍的正義を体現しえないことを明らかにしたが、しかし、人間がいっさいの正義なり真理なりとは無関係である、と彼が考えていたわけではない。一見矛盾するように見えるかもしれないが、普遍的正義なり真理に与れないとされる根拠である思考パラダイムが、逆に同時に、限定的にではあるがそれに与ることを可能とするのである。それは以下のように展開される〈exemplar－imago〉「範型－似像」のパラダイムである。「この世界において見出しうる厳密性、正しさ、真理、正義は、それらの各々の絶対的なもののある種の分有であり、絶対的なものをその範型とする似像なのです[30]」。すなわち、われわれは似像としての普遍的正義には与ることが可能であるのだ。これをクザーヌスの用語法に従って表現するならば、われわれは〈縮限された真理〉veritas contracta をこの世界で扱うのである。逆にいえば、それはわれわれが扱いうる正義が普遍的正義といかなる関係に立っているか、と繰り返し自問せざるをえないものとして、われわれにとって存在する体《てい》のものなのである。このような問題状況は、世界に現存する多様な言語についてわれわれが体験することと相即的である。すなわち、人であれば誰でも共通に潜在的な言語能力 language をもっているのだが、それの発現は、あくまでも日本語とか英語とかといった、他とは異なりをもった個別の言語能力としてしか不可能なのであり、この事実にわれわれはたえず苛立たざるをえないのである。

もう一つ、自己中心性を脱することをわれわれに可能とする精神の営みがある。それを明らかにするためには、まず、普遍的正義と自己のアイデンティティとの関係を冷静に整理し把握しなければならない。人は自己が下す判断の妥当性を高めるために、自己のアイデンティティを批判的に再形成してゆく必要があるのだが、すでに言及したようにそれが根拠づけられる場の普遍性が高いほど、アイデンティティはいっそう確固としたものとなる。そして最終的には、それを普遍的正義、あるいは自らにとって「普遍的正義」と思われるものに根拠づけざるをえないのである。[31]

しかし留意すべきことは、アイデンティティと普遍的正義とのこの微妙な関係の究極のあり方は、自己のアイデンティティの普遍的正義への根拠づけが、その〈内容〉においてではなくて、アイデンティティのたえざる再形成という〈営為〉においてなされるべきだということである。これが、ソクラテスとクザーヌスとに共通する思想の営みとしての〈docta ignorantia〉の真の意味なのであろう。つまり、この〈営為〉そのものが、「未だ見ぬ普遍的正義」という観念に支えられているのである。さらに、実は上でみた〈exemplar-imago〉という思考上のパラダイムは、この営為の結果として理解できるのである。[32]

換言すれば、われわれにとって普遍的正義とは、カント的な「要請[33]」Postulat として存在しているものであり、われわれはたえずそれの存在に照らすことで、自らが扱うことのできる「正義」を相対化することが可能となるのであり、このような脱中心的な自己反省を遂行することも可能となるものなのである。

6　グローバリズムの跳梁

同一の思想なり行動基準なり技術なりを地球規模に拡大して、その中で効果的に富を蓄積することを求めるという明確な意思をもった経済的かつ政治的思想および行動は、近年、グローバリズム（globalism）と称されることが多い。それと比較すると、グローバリゼーションという概念は、ある種の自然性も含意している。なぜならば、後者は人間全体の文化的発展の結果として生じてきた現象をも意味しているからである。例えば、数学のような抽象的な学問は、地球上のいかなる社会においてもその内容は普遍妥当性をもつので、それに関係する分野が地球上に広まっていくという意味でグローバリゼーションが成立するのは自然性をもっているのである。

しかし、グローバリズムは、主として多国籍企業が旧来の民族国家間の国境をほとんど無きものとしつつ、あくなき富の獲得行動の自由度を地球規模で上げることであり、そのためにはしばしば旧来の国家の政府そのものをもさまざまな手段で「脅迫」したり操作したり誘導することをも辞さないほどである。そして、富とは、本来それを使用することで人間の生活上の幸福度をあげるための手段であるはずのものだが、グローバリズムの結果として蓄積されつつある富は、そのようなことに使用されることはほとんどなく、富める者たちの間にさらに蓄積されていくばかりである。グローバリゼーションの進展の原動力の一つは普遍性をもつ学問としての数学であるが、それの成果を富の獲得に駆使して成立している金融資本主義の隆盛の中で、過去二〇年来の世界中の富の分布はほんの一握りの富裕層にいっそう集中することになっている。その傾向は、各国内部においても格差社会を成立させることになっているのである。

そもそも、数学の有するような学問的な普遍性が成立するのだから、それ以外のあらゆる分野でもグローバリゼーションを進行させるべきであるというグローバリズムの推進者たちの主張は、本当に普遍性をもつのだろうか。この疑問がわれわれに思い起こさせるものがある。それは、旧約聖書『創世記』一一章一―九節にあるいわゆる「バベル物語」である。

「こういうわけで、この町の名はバベルと呼ばれた。主がそこで全地の言葉を混乱（バラル）させ、また、主がそこから彼らを全地に散らされたからである」という結論部分を、その前半と切り離して読めば、地球規模で言語も含む共通性を増やすことは、神の創造した世界の原状を回復する善い営みと見えるかもしれない。しかし、この章の先立つ文章を読めば、人間が世界中に散らされて、多様な言語を用いているのは、自己の都合を優先させようとした人間に対する、まぎれもない神の罰の結果なのである。[34]
したがって、人間が再び自己の都合のために、普遍的正義を標榜しつつ、いたずらに価値観の一元化を目指すこととしてのグローバリズムには、われわれは慎重でなければならないはずである。そしてこれは、人間という存在の現実に即してもいる。たしかに、地球規模で共通の要素を増やすことは、地球規模で移動し、活動を展開する人々にとっては便利である。しかし人間は、工業製品ではないのであるから、時間と空間の諸条件を完全に超越して生きることは不可能である。むしろ、自らが生まれ育った空間の条件に即した生き方をすることの中に、自らにふさわしい理想的な生き方を見出せるのでもある。人間は少なくとも、自己のアイデンティティの重心移動を時間と空間の諸条件を無視して成立させることはできない。
したがって、地球上に生きる人間にとってアイデンティティにおける安定的な重心移動を実現することのないグローバリゼーションは避けるべきであろう。そもそも、それぞれの人にせよ国家にせよ、すべてが相対的な（似象としての）正義に従って存在しているのであるから、自己の正義と信ずるものや生き方を他者に押しつける権限をもってはいないのである。それは、再び傲慢でさえある。
さらに、類としての人間はたしかに普遍的なものであるが、それの種としての人間は、その居住空間である地球上の自然環境が多様であることに即して、多様な生き方、暮らし方をしてきているのである。そして、この種レベルでの生き方の多様性こそが、類としての人間が地球上のほとんど至る所に生きることを可能にしているのである。その意味で、具体的な人間は、たとえ「動物」であるとしても、自らの慣れ親しんだ居住空間から自由に移動することはできにくいのであり、長年にわたってそれに従って生きてきた慣習や生活スタイルを変えることを強制されることを好まないし、むしろ拒否さえするのである。[35]

I 破局の諸相

第一章　原発破局「フクシマ」の原因を探る

――哲学の視点からの一考察――

はじめに

この三月〔一九一七年〕で、われわれは東日本大震災から六周年を迎えた。震災によって奪われた多数の人命はもとより、多くの財産も旧に復するものではない。しかしながらこの災害を生きのびた人々は、自らの生活を少しでも安定したものとするために、この六年間にわたって日々努力を重ねてこられている。その労苦に満ちた営為を支える前提は、この災害は起きてしまったが、同じことが再び起きることはないだろう、という認識であろう。さもなければ、賽の河原の石積みやギリシア神話のシーシュホスの労苦と同様の虚しい努力となってしまうからである。

この「同じことが再び起きることはないだろう」という、被災者ではないわれわれも共有しやすい想定について、筆者はあえて以下の二つのことを指摘したい。その一つは、自然災害はわれわれ人間の希望的観測をいともやすやすと裏切るものであるということである。言うまでもなく大自然の力の大きさに比すれば、われわれ人間の力は途方もなくささやかなものにすぎないからである。もう一つのことは、今回の大震災のなかでも福島第一原子力発電所のメルトダウンにまで至った事故はいまだに終結してはおらず、今もなお大量の放射能を地球環境の内に放出し続けていると同時に、あの原発に隣接する地域ばかりか、四〇キロメートル以上も離れていて、原発の建屋を望見さえもしたことのない人々の住む地域でも、その放射能汚染によって避難先から故郷に戻れない人々がたくさんいるという事実である。

とりわけ後者の事実は、「状況は、制御されています」[1]とか「汚染水による影響は、福島第一原発の港湾内の、〇・三平方キロメートルの範囲内で完全にブロックされています」[2]という、安倍晋三首相による二〇一三年九月七日のブエノスアイレスのIOC総会でなされた発言とは正反対なのである。それればかりか、そもそもあのメルトダウンにまで至った事故の原因が、現在、一般に言われているような津波に起因する全電源喪失にあるのか、それとも地震の震動によって津波到達以前に原発の配管等が破壊されて冷却機能が喪失されていたことにあるのかも[3]、明確になっていないままである。

本来であれば、同類の事故を防ぐためには、起きてしまった事故の原因をできる限り明らかにして、それを除去した上で再稼働に踏み切るべきであるのに、残念ながら今の日本の首相にはそれをするつもりがまったくない。むしろ彼は、できるだけ多くの国民にできるだけ早く、この事故とその悪影響を忘れさせてしまいたいと思っているのである。それは、二〇一六年三月一一日の「東日本大震災五周年追悼式」における彼の言葉が如実に物語っているであろう。その中で福島の原発事故に言及した箇所は、「原発事故のために、住み慣れた土地に戻れない方々も数多く居られます」だけであって[4]、被害についての具体的事実についての言及は一切ないのである。さらに二〇一七年三月一一日の同じ式典での式辞では、「原発事故」という語そのものがいっさい使用されなかった。

なぜ、安倍首相の発言がこのような素っ気ない物になっているのだろうか。それは、この事故が、実は彼にとっても極めて深刻なものであると感じられているからに違いないと思われる。もし、メルトダウン事故の直接の原因が、地震の震動による配管の破断にあることが明らかになれば、国内のすべての原発が同様の事態に立ち至る可能性があることになり、それは以下で論じるような、日本における原子力複合体の基盤を揺るがすことになるからである。彼自身もそのメンバーである原子力複合体にとっての文字通りの破局になるからである。

同時に、現在も進行中の福島の事故は、われわれ一般の日本国民にとっても、意味は異なるがやはり破局を意味することをわれわれは認識しなければならないだろう。なぜならば、この事故は、それが大量の放射能によって環境を汚染したのみならず、日本の原発の脆弱性を白日のもとにさらしたからである。日本の原発の多くは日本海側に設置されており、このところ繰り返しミサイル発射実験を繰り返している朝鮮人民共和国とはわずか数百キロしか離れていないので、そこに小さなミサイルの一つでも打ち込まれれば、容易に大量の放射能が放出されるばかりか、日本の上空を吹いている偏西風によって、その放射能は日本列島上の広範囲に拡散されることになる。その結果、国土の広い範囲が、農耕および居住が不可能となると言われているからである。このように、あの福島の事故はわれわれのこれまでの日常的世界像を覆す意味をもっているのである。(5)

このゆえに筆者は、福島の事故がもたらした一連の災厄と新たな事態とを、原発破局フクシマと表記して、以下の考察を進めたいと思う。

1　日本における原子力産業複合体

(1)　原子力産業複合体の成立

よく知られているように、日本における原子力産業は、経営サイドのイニシアティヴではなく政治家主導のもとで始められた。一九五二年に米国による日本の占領統治が終了して間もなく、保守政治家の数人が「原子力の平和利用」に大きな関心をもって、その方途を研究したり議論するための懇談会をつくった。その根拠とされたのは、石油をはじめとする燃料の決定的な不足が日本に先の戦争を始めることを余儀なくさせたのであり、その結果として敗戦を蒙ることになったのだ、という彼らに共通する考えであった。

原子力研究の中心を担うはずの物理学者のなかでこの政治家たちの動きに肯定的に反応したのは、茅誠司や伏見康二らの占領統治と密接な関係をもっていた少数に過ぎず[6]、物理学者の大多数はこの動きに対して慎重な反応を示した。その理由は、政治家たちのこの計画によってアメリカ合衆国の軍事システムに組み込まれる可能性を、彼らが危惧したからである。その中心には、当時、日本で唯一のノーベル賞受賞者であった物理学者、湯川秀樹がいた。彼の考えは、日本はこの分野の基礎研究にまずは注力すべきであり、実践的な活用に重点を置くべきではないというものであったから、それを周囲の者には「急がば回れ」ということわざを用いて示していた。

しかし二年後の一九五四年には、原子力研究のための国家予算が、初めて、それも政治家たちの主導で確保された。その結果、慎重派が多数を占めていた日本学術会議も原子力研究に取り組むことを余儀なくされることとなった。しかしその際に学術会議は、「公開、自主、民主」という「原子力平和利用の三原則」を決定して、軍事利用への歯止めをかけることとした。

同時に全国に五つある電力会社のすべてもこれに参画することになったが、その際に電力会社側は政府に対して、この参画によって必ず利益が確保されるよう取り計らってくれることを要求した。

一九五六年一月一日に「日本原子力委員会」が設立され、初代委員長には北海道開発庁長官であり読売新聞社ならびに日本テレビ放送網のトップでもあった正力松太郎が就任した。[7] そして、内心ではこの計画に賛成ではなかった湯川秀樹も、弟子たちの執拗な懇請に応じてこの委員会の委員となった。同年一月五日に開催された第一回原子力委員会の席上、正力が「日本は五年以内に原子力発電を実用化する」と一方的に宣言するのを聞いた時、湯川は唖然としたという。そしてその夜のうちに、彼の門下生であり、湯川に委員会の委員になってくれるように懇請した森一久を宿泊先に呼んで、自分は今日を限りに委員を辞職する、と伝えたという。[8] しかし森が湯川に委員として留まってくれるよう懇願したので、湯川は、委員会の議論を何とかよりよい道へと導こうと考えて委員に留まった。しかし、正力は委員会の運営において湯川の意見に耳を傾けることがなかったので、湯川は翌一九五七年三月をもって原子力委員会委員を辞して、以降、委員会に関わることはなかった。湯川が辞任した後には、委員会の内部で委員長である正力の考えに対して正面切って異論を唱える委員はいなくなった。それ以降、原子力委員会のこのような異論を排除する状況は、今日まで変わっていない。そもそも異論を唱える可能性のありそうな専門家を委員に入れないという姿勢が取り続けられているのである。この点については、後に「原子力村」との関係でさらに言及される。

一九五六年から、原子力工学の分野での専門家を養成するために、国立大学のいくつかに原子力学科ならびにそのための教授職が設置された。

他方、電力会社のすべてが、原子力発電開発の最初の段階ではこれに関わることに慎重であった。その理由は、そもそも原子力発電というシステムの総体が実現可能であるかどうかという点、ならびに原子力発電のコストが本当に他の電源と比べて安いかどうかという点に、電力会社側が強い疑念をもっていたからである。しかし、国家の圧力と指導によって電力会社側もしだいにこの分野に関心を示すようになった。とはいえ、電力会社側は、自分たちにとってできる限り有利な条件が設定されるように政府に対して執拗に働きかけを続けた。その結果、現在にまで続く、「総括原価方式[9]」という電力会社に利益を保証する電気料金の設定システムをはじめとして、電力会社に便宜を図るさまざまな条件が設けられたのである。

原子力発電と住民との関係に目を向けると、商業用原子力発電所の設置が実施段階に入った一九六〇年代の中頃から、ほとんどすべての原子力発電所設置計画が当該地域の住民による反対運動に遭ってきている。住民側の十分に根拠のある強力な反対の意思にもかかわらず決定された計画を実現するためには、推進側のすべての関係者が密接に協力することが必須であった。

その上、一九八六年にチェルノブイリの原発事故が起きてからは、住民側の強まる一方の反対の声のなかで、原子力産業側にとっては状況がいっそう困難なものとなったので、彼らはあらゆる方向に対してあらゆる手段を用いて自らを防御することを余儀なくされるようになった。

このようなプロセスを経るなかで、十数年前から軽蔑的に「原子力村」と呼ばれるようになっている日本特有の形の原子力産業複合体が形成されたのである。

(2) 「原子力村」という原子力産業複合体の特徴

①「国策」の標榜

これまで素描したように、日本の原子力発電の展開には極めて強い国家の関与があり続けている。この意味で、これは「国策」の一つとみなされており[10]、この用語は日本人であれば誰もがそれに従うべきであるというニュアンスをもっている。実際に、原発の立地計画が地元住民に知らされる際には、計画している側は「国策」という語を繰り返し使用して、住民たちにそれに同意するよう迫ると指摘されている。そして、この語には非常に圧迫感があるという、東海村の村長の証言がある。[11]

② 潤沢な資金　このことと関連して、原子力開発のための国家予算が削減されたことはこれまでにほとんどなく、また、電力会社は、上述の「総括原価方式」によって必ず利益が出ることが保証されるとともに、電力供給において独占的な立場を持ち続けてきている。[12] その結果、原子力産業複合体は潤沢な資金を持つことができており、それを用いて、原発の建設計画を可能な限り早く実現するべく試みるのみならず、あらゆる手段を講じて原発への批判を抑え込んだり、批判者を金で黙らせることをしてきている。[13]

③ 原子力村の住民たち　日本の原子力産業複合体は、大島堅一によれば、[14] 主として以下の八つの要素から構成されている。経済産業省や文部科学省などの政府機関、電力会社、東芝や三菱ならびに日立などの機器製造企業、鹿島や清水などのゼネコン、国会議員のみならず地方議員も含む政治家、電力会社の労働組合、新聞やテレビなどの多様なメディア、日本原子力学会に所属する原子力分野の教授や研究者。この複合体の中心構成員が、資金提供者である省庁ならびに電力会社であることは言うまでもない。

④ 批判はオミット　この複合体に対する批判は、できる限り抑圧されなければならないとされてきている。すでに言及したように、政府は原子力発電のシステムを日本で実用化することをとても急いでいたのだが、初代原子力委員長の正力松太郎は、政治家として個人的にも功を焦っていたので、湯川秀樹の意見に耳を傾けることなく、一九

五六年一二月に、コールダーホール型原発をイギリスから輸入することを決定した。しかしながら、このタイプの原発を、地震が頻発する日本で安全に実用運転できるようにするための道のりは、とても長くて厄介なものとなった。結局、決定からほとんど一〇年かかって、つまり正力の当初の宣言の二倍の年月がかかって、一九六六年七月にようやく営業運転開始にこぎつけることになったのである。[15]

同じ状況が次の原発導入の際にも生じた。一九六六年から日本の電力会社は、アメリカで新たに開発された軽水炉型の原発を輸入することとした。その際に電力会社は、GEなどのアメリカの原発機器製造会社と「ターンキー契約」を結んで輸入するという方式をとることとした。「ターンキー契約」とは、供給企業側が原発立地の計画から営業運転の開始までを顧客に対して保証することによって、顧客側は「もらった鍵を回すだけで営業運転ができる」というものである。当時は高度経済成長の初期であったので、電力需要が増大しており、電力会社はそれをまかなう必要に迫られていた。それゆえに、この分野ではまったくの初心者であった電力会社にとって、この「ターンキー契約」方式は大いに魅力的なものであった。同時にアメリカ側は、この新たに開発された発電方式は技術的にすでに完成されたものであるとして、「プルーブン・テクノロジー」であることを強調して売り込んできたという。[16]しかし「フクシマ」の破局を引き起こした原発は、まさにこの「ターンキー契約」の枠組みで建設されたものなのである。[17]

(3) 原発安全神話とそれを支える神官たち

これまで見てきたような日本の原子力技術の特殊な成立過程は、その結果として以下のような二つの重大な問題を引き起こすこととなった。第一には、この分野の専門家が十分な知見と経験とを持つことができないままであること。[18]第二には、それにもかかわらず国ならびに電力会社は、原発に対する住民の反対運動に直面するなかで「日本の原発は絶対に安全である」と繰り返し主張し続けなければならなくなったことである。このような対応の結果として、「日本の原発は完璧に安全であって、大きな事故などは決して起こしえない」とする、いわゆる「原発安全神話」がつくられることになったのである。

この神話が成立した結果、関係者たちはさらに以下のような不合理な振舞いをせざるを得ない所にさらに追い込まれることとなった。すなわち、いかなる小さな故障もできるだけ隠蔽する。いかなる機器の改善提案も、できるだけ無視するか、実行する場合には秘密裏に実行する。そして、いかなる内部での議論も内部にとどめて外部に出さない。同時に原子力複合体としては、いかなる外からなされる批判も拒否するとともに、原子力政策に批判的な意見をもつ人物を関係分野の諸機関ならびに諸委員会のメンバーとしては絶対に入れることはしない。

さらに九〇年代の始めからこの原子力複合体は、原発政策に批判的な人々や機関に対して極めて攻撃的になった。例えば、原子力政策や原子力技術を批判的に扱う記事を掲載した雑誌や新聞の編集者に対して、「こういうことがあると、以降、広告の掲載はストップする」というようなことを伝えて「脅す」ことが目立ってきたという。また、これとは反対に、上述の潤沢な予算を用いて、新聞や雑誌ならびにテレビにおいて、有名なタレントや評論家、ならびに「オピニオンリーダー」を動員しながら、また地球温暖化への一般民衆の危惧の念をも利用しながら、「原発の安全性と必要性と地球環境へのやさしさ」の宣伝を継続的に行ってきた。これは、「フクシマ」後の今ではよく知られている。

このように原子力複合体が攻撃的になった理由としては、以下のような事実を挙げることができるだろう。チェルノブイリの大事故が起きてからは、日本国民の間に以前にもまして日本の原子力政策に対して深い不信感が醸成されたので、その結果、原子力複合体自身が原子力産業の将来に対する大きな不安を抱かざるをえなかったということである。その具体例としては、「チェルノブイリ」直後から原子力研究に携わる日本の諸大学のほとんどすべての学科ならびに教授職がその名称を変更して、「基礎資源学科」とか「エネルギー技術学科」とかという、原子力とは無縁であるかのように響く名称に変わっているという事実を挙げることができる。この名称変更が意味することは、おそらく従来のような「原子力」を前面に出した学科名称では後継者としての優秀な学生を確保することが難しくなっている、という判断があったのだろう。つまり第一志望ではない学生でも「原子力」分野を専攻する学生として確保したいということであろう。

ところで、このような名称変更からすでに二〇年以上が経過している。これの意味するところは、原子力分野での現在の専門家の中には、必ずしもふさわしい能力をもった人材として適切に養成されているわけではない「専門家」がいるかもしれないということである。もし、実際にそうであるとすれば、状況はとても危険なことになる。なぜならばこの分野は、人間の技術の完全無欠性が維持され続けて初めて「安全」性がかろうじて確保されるという極めて特殊な技術の分野であるから、これに携わる人間には高度な能力が求められるのだからである。[19]

さらに、フクシマの大惨事の直後に何人かの優れた科学者が表明したことであるが、今日では原子炉用にいっそう適切な手段や材料が開発されているにもかかわらず、原子力複合体はそのような新たな状況を自らの技術革新に生かすことができておらず、以前の技術水準のままに留まっているというのである。だからこそ、この複合体は「原子力村」と揶揄されてもいるのである。[20]

この「原子力村」の中で村人たちは、とても固く団結して自分たちの利益を図っているのであるが、それはまさにベックが言っているように、[21]人類と自然界全体の未来を賭けの対象にしていることに他ならないのである。

さらに、この国策を遂行する複合体は、司法界からも間接的に支えられてきたことを指摘しなければならない。というのは、原子力政策に反対して民衆の側から提起されたこれまでの訴訟においては、下級審では民衆側が勝訴したケースが二つあるものの、最終審において民衆側が勝訴したケースは、今日に至るまで皆無だからである。これの背後には、「原発は止めない」という最高裁の意思に基づいて最高裁判所事務総局が設定する裁判官「協議会」の場で、原発訴訟の判決の方向を統制してきているという事実があると、最高裁判所事務総局にも勤務したことのある元裁判官、瀬木比呂志は指摘している。[22]

フクシマの破局に関しても、同様なことが生じている。二〇二〇年のオリンピックが東京で開催されるという決定がなされて、日本中がその知らせに湧いた二〇一四年九月八日の翌日、東京地方検察庁は、フクシマの大惨事に責任があるとして国民の側から告発されていた東京電力の三人の元幹部全員を不起訴とするという決定をしたのである。この検察庁の決定に対しては、告発当事者はもとより、心ある人々からも強い批判がなされて、告発当事者がこの件をさらに検察審査会に訴えた。しかし、検察庁はその後も再度、この三人を不起訴処分にした。[23]

ここには、国策を遂行する立場にある人たちを何としても守ろうという国の意思が、司法の場にも反映されていると言わざるを得ない状況がみてとれるだろう。

以上が、フクシマの破局を引き起こすことになった日本の原子力政策についての簡単な歴史と現象の考察である。次節ではこの破局を生み出した原因を考察してみたい。

2　自然科学と技術と人間ならびに自然との日本に特徴的な関係

(1)　ヨーロッパにおける「科学」と「技術」という近代的な概念の成立

ヨーロッパ中世においては、人間の真理探求を表現する用語に、サピエンチア sapientia とスキエンチア scientia という二種のラテン語があった。両者の区別の要は、それを用いれば人が正しく生きることができるのが前者であるとされたのに対して、それを用いれば何かを正しく認識できるというのが後者であるということにあった、と言えるであろう。

そして、近代の意味での「科学」という用語は後者の 'scientia' から成立したものであり、フランス語と英語ではラテン語がそのまま転用されて science シアンス／サイエンスとなって今日に至っているが、ドイツ語では 'Wissenschaft' とドイツ語訳されて今日に至っている。

近代の「科学」、とりわけ「自然科学」は、自然に対して実験を遂行するという点において中世の 'scientia' とは異なっているが、両者に共通する要素もある。それは、両者のいずれもが探求ならびに理論構成において論理的であることを重視しつつ、普遍妥当性に到達することに努めるという点である。

しかしながら、「技術」technique, Technik という概念が成立するのには、「科学」の場合とは異なり、少々長くて複雑なプロセスがあった。中世には「技術」をも意味する概念として 'ars' が存在した。例えば、トマス・アクィナスにおいて 'ars' は、「技術とは作り出されるべき何らかの作品にかかわる正しい理性にほかならない[24]」とされていた。このようにして、'ars' という概念の中には今日の意味での「芸術」と「技術」の両方の意味が含まれていたのである。

しかし近代に入り一七世紀以降のヨーロッパ、とくにドイツでは 'ars' 概念の発展と平行的に、'technisch' という語が使用されることが増加し、それに続いて 'Technik' という語の使用が増加する傾向が顕著となり、それらが次第に 'ars' あるいは、それのドイツ語である 'Kunst' にとって代わることとなった[25]。ラテン語である 'ars' ならびに 'Kunst' と、ギリシア語の technē（テクネー）に由来する 'Technik' との間に成立した用語法の変化は、当然のことながら、近代において成立した「術」一般のドラスティックな変化を明示しようとしたものである。

しかしながら近代における技術（中世での呼称では「機械学芸」artes mechanicae）の発展の結果、上で論及した 'ars' と 'Technik' との間の意味の相違は次第に大きくなって、産業革命の時代である一九世紀始めには両者は明確に別の概念となった。すなわち、従来の「機械学芸」にあたるものが 'technique', 'Technik'（技術）と表記され、「芸術」の方がドイツ語では 'Kunst', フランス語と英語では 'art' と表現されて、そこに中世以来の 'ars' の半分の意味が維持されることとなったのである。[26]

このような経緯との関わりにおいて、ヘーゲルが同じ時代に Kunstschönheit（芸術美）と Schönheit der Natur（自然美）とを次のように明瞭に区別したことも注目に値するだろう。

自然美と芸術美とが並存するという観念に対しては、われわれはこう主張する。——芸術美は精神から生まれたものであるから、自然美より高級なものである、と。精神が自然よりもはるかに高いだけ、それだけその所産ははるかに高く、芸術の所産もまたそうである。したがって芸術美は自然美よりもはるかに高いのである。[27]

つまりヘーゲルは、人間の工夫の結果としての美（この意味において Kunstschönheit は「人工美」という意味をももっている）を自然美に優先させているのであるが、これはヨーロッパ近代において Technik が伝統的な ars から自立したことと相即していると言えるだろう。

(2) ヨーロッパにおける自然科学と技術との関係

よく知られているように、一九世紀以来、自然科学と技術とは極めて近い関係にあるようになり、たえず互いに影響を与え合っている。[28] そして、技術の自然科学に対する大きな影響については、一九三六年にフッサールが「技術化における数学的自然科学の意味喪失」[29] と標題をつけてそれについて批判的に論じているとおりである。

自然科学と技術との接近が成立しているとしても、フッサールのこの批判が示しているように、ヨーロッパにおいては依然として自然科学と技術とは截然と区別されており、そのそれぞれが以下のように特徴づけられるのが一般的である。すなわち、自然科学が対象とする領域は、自然に由来して何が存在しているか、あるいは何が目の前に存在しているか、であるのに対して、技術が対象とする領域は、何を人間が人工的に造ることができるか、あるいは何が存在するべきか、というものである。また、自然科学の主要な方法は分析的であり解明的であるが、技術のそれは総合的であり問題解決的である。さらに、自然科学の価値評価の基準は「正しいか、誤っているか」であるのに対して、技術のそれは「良いか、悪いか」である[30]。

福島で引き起こされた巨大な原子力災害の原因を考察している筆者にとって、技術が「良いか、悪いか」という評価基準で特徴づけられるということは、大いに注目すべきことである。というのは、このような評価基準を用いてなされる決定は、或る技術を一定の目的のために応用しようとする関係機関や企業家がなす「良いか、悪いか」の判断に依存することになるからである。その場合、「良いか、悪いか」の判断においてコスト計算が決定的な役割を果たすことがしばしばあり、ある生産計画において、自然科学的な知見に基づいて必要とされる安全の水準を、生産経費を削減するためにあえて低下させることも生じうるのである。米国における有名な「フォード・ピント事件[31]」が、その典型である。

それゆえに、一つの技術が実用に供される際には、そのあるべき安全の水準に到達するプロセスとそれにかかるコストを省くために、まずは実用に供してしまい、その使用過程における試行錯誤によって改善を図ってゆくという方法がとられることもよくある。だから、例えば自動車の新しいモデルを発売直後に買うのは控えた方がよく、買う場合にはそれの最後のヴァージョンにするべきだ、と言われるのである。

しかしながら、この試行錯誤によって技術的な改善を図るという方法は、原子力発電所というような巨大な技術には適用することは不可能である[32]。なぜならば、そもそも原子力発電所という製品の数がごく少なく、また試行錯誤をしている過程でひとたび事故が生じると、それはフクシマやチェルノブイリの巨大事故が示しているように、とてつもない危険性を生み出し、取り返しがつかないことになるからである。

この意味においてわれわれは、たえず以下のことを意識しておかねばならないのである。すなわち技術は、普遍妥当性に立つ自然科学とは異なり、それの実用に際しては常に上述のような、必ずしも科学的ではなく、むしろ目的を優先する調整が入り込むということである。これを概括的にいえば、一つの技術がいかなる性質をもったものとして成立しているかは、それがいかなる社会によって開発されたかという点にもかかっているのである——知識社会学の理論としてのSCOT（social construction of technology. 技術の社会構成主義）が指摘しているように[33]。そして、このことは、当然のことながら日本の原発技術にも妥当するのである。

(3) 自然科学と技術との日本的な関係

① 自然科学と技術の日本への移入以来の両者の密接な関係

一八六八年の明治維新以来、日本はヨーロッパ文明を積極的に受容することとした。当時のヨーロッパでは、すでに言及したように、自然科学と技術とが密接な関係において成立する段階になっていたので、日本には当初から両者がほとんど区別されない形で移入された。そのことは、当時の日本で唯一の大学であった帝国大学の自然科学の学部の中に、ドイツの伝統的な諸大学とは異なり、始めから技術の諸学科が含まれる形で設立された、という事実に典型的に示されていた。

つまり明治政府は、自然科学と技術という異なる専門分野を実践応用に向けてできる限り効果的に結合することで、可能な限り迅速に日本を近代化することに努めたのであろう。それ以来、日本の少なくない大学で「理工学部」という名称の学部を設置して、自然科学という専門と技術という専門とを一つの学部の中に併存させることとなった。それの最初のケースが、一九〇八年に「理工科」を設置した早稲田大学であり、それ以降、主として私立大学に「理工学部」が設置されてきた。しかし、近年になり、とりわけ一九九〇年代以来、多くの国立大学でも、学部と学科の再編成の流れの中で「理工学部」が次々と設置されて今日に至っている。

このような、両者がほとんど一体化するという制度は、自然科学の成果の一定部分を技術的に応用するのには好都合なのだが、自然科学と技術とが内容的にも一体であるかのような誤解を成立させやすいこととなった。その結果、日本では「科学技術」という四文字熟語が使用されることとなっている。[34] しかしながら、この語が意味することは、「自然科学ならびに技術」ということなのか、「自然科学的な技術」ということなのかが、実は不明確なままである。

②「原子力村」による誤解の悪用

すでに言及したように、日本の原子力複合体である「原子力村」は長年にわたって、日本の原発はまったく安全であるから、決して大きな事故を引き起こすことはないという「安全神話」を、あらゆる手段を用いて撒き散らしてきた。その際に彼らは、「科学技術」という、日本で慣用されているが、意味するところが曖昧な四文字熟語を利用して、原子力技術があたかも普遍妥当性を有する自然科学の一分野であるかのようにみせかけてきたのである。それればかりか日本原子力学会を筆頭とする「原子力村」の村民は、小中学校教育における「理科」という科目（文部科学省の英訳では science とされている）で原子力発電について扱うようにと長年にわたって求め続け、その結果、二〇一二年から全面実施になった中学校の理科では原子力発電に関してかなり多くの内容が扱われることとなった。さらに、教科書とともに使用する副読本として『チャレンジ！　原子力ワールド』という、文部科学省と資源エネルギー庁の共同制作の副読本が二〇一〇年に発行され、福島原発事故の直前には配布され始めていたのである。前掲のようなカタカナ英語まじりの怪しげなタイトルをもつ、つまりどこの国の本かもわからないような副読本を、理科すなわち科学を学ぶ教室で使用させて、日本の原発は完全でありまったく安全であると、生徒たちに教えこもうとしていたのである。[35]

しかし、原子力発電というシステムも技術である限りは、すでにみたように、そこには他の技術の場合と同じくコスト計算ならびにそれと関わる形での安全水準の削減が一定程度に介在しているのである。そして実際に、さすがの「原子力村」も裁判所の法廷ではその事実を認めざるを得なかったのである。それは、二〇〇七年二月一六日に静岡地方裁判所の証言席において、当時、原子力安全委員会委員長であった斑目春樹が、「重要機器の多重事故を想定していたのでは原発は造れない。どこかで割り切らねば設計できない」という趣旨の発言をして認めたとおりである。(36)

③「術」についての日本人の理解

明治の文明開化の際にヨーロッパ語の'Technik','technique','technics'を「技術」と翻訳したが、この語を構成する「術」という語は、今日のドイツ語の意味での'Kunst'を意味する。そして日本人は伝統的に手近にあるどんな物でもできる限り心地よく使えるように、またいっそう美しくなるように工夫するのをいとわないということに見られるように、術を愛好する傾向がある。この気質によって日本人はヨーロッパ文明を素早く受容しながら、それらを自分たちの工夫で改善するということをやってきた。その典型が、トヨタ自動車で有名になった「カイゼン」である。

同時に日本人は、人間あるいは生き物を愛するだけではなく、自分たちが使用する道具をも愛するという伝統をもっている。それは、例えば二月八日または一二月八日に催される「針供養」という行事に典型的に見られるものであり、その「針供養」の際には、自分たちが使い古した針を、豆腐のような柔らかい物に刺してやって、世話になった針を供養するのである。

このような、ヨーロッパ人には奇異にさえ見えるであろう道具や機械との付き合い方は、現代のテクノロジーの場にも存在している。よく知られているように、日本の工場にはヨーロッパの工場と比較するとはるかに多くの産業用ロボットが導入されている。これらのロボットは、ヨーロッパとは異なり、現場の労働者たちによって愛されており、それぞれの時代のアイドルの名前が愛称としてつけられていたことがあるほどである。[37] つまり現場の労働者たちは、人間である同僚と同じようにロボットと付き合っていることになる。

日本人のこのような技術・術の扱い方は、ヨーロッパで一九世紀に成立した'ars'の'Kunst'と'Technik'への本質の違いに由来する分化が、日本人の意識の中では成立していないことを示しているだろう。このような、いわば'Technik'と'Kunst'が未分化なまま、前者を後者とみなしながら扱うという日本的なあり方は大きな問題性をはらんでいる、と思われるのである。なぜならば、自然科学ならびにそれから成立している技術が対象とする自然とは、生命をもたない機械的なものと想定されている自然なのだからである。[38] 近代技術が想定するこのような自然と、日本人が伝統的に想定している自然との間に存在する不一致は、われわれが今日的な技術を使用する限りは、決して些細なものではなく、むしろ大いに憂慮すべきものである。

なぜならば、上で摘出した日本人特有の技術に対する態度は、原子力技術を取り扱う場面ではとりわけ危険になるからである。ベックが適切に指摘しているように、原子力は「技術の発展において勝手に想定された〝不可謬性〟に基づく極めて危険性の高い賭けゲーム」[39] である。つまり、人間が一切の過誤を起こさないことによってのみその安全が確保されることになる、という技術だからである。

日本人特有の技術に対する態度から起きた典型的な原子力事故がある。一九九九年六月三〇日に東海村の燃料加工会社ＪＣＯで臨界事故が発生し、二人の死者を出したが、その原因は従業員の一人が行った規則違反の処理プロセスであった。本来は溶解塔という装置を使用しなければならないところを、ステンレス鋼製の容器を使用することで溶解のプロセスを省略していたというものである。この「工夫」あるいは「日本的な巧み」は、この会社内の、少なくとも当該部署では、おそらくすぐれた匠の技、あるいはカイゼンとして評価されていたに違いない。しかしそれは、自然科学に基づく技術としてのウラン加工作業においては決して許されてはならない省略であった。それゆえに、当時、ドイツのボンに滞在していた筆者は、ドイツ人同僚の一人から、本当に呆れたという表情で「どうしてバケツでウラン加工をするというようなことをしたのだろうか」と問いかけられ、もう一人の、日本について知識のある同僚からは、「日本の匠の技は、核物質をバケツで処理しているのか」と皮肉られたということがあった。

このこととの関連で同時に注目すべきことは、近代ドイツと日本との間に存在する人工美と自然美の評価の違いである。すでに見たようにヘーゲルは、芸術美（人工美）を自然美に優先させた。これとは対照的に、日本人にとって美の模範はたえず自然の美である。この点の典型例として、今でも日本人の間で人気のある一七世紀の俳人である松尾芭蕉の『笈《おい》の小文《こぶみ》』を挙げてみよう。彼は自分のあるべき姿として以下のように言っている。

百骸九竅《ひゃくがいきゅうけい》の中に物有。かりに名付て風羅坊《ふうらぼう》といふ。……かれ狂句を好こと久し。終《つい》に生涯のはかりごと〻なす。……つゐに無能無芸にして只此一筋に繋る。西行の和歌における、宗祇の連歌における、雪舟の絵における、利休が茶における、その貫道する物は一なり。しかも風雅におけるもの、造化にしたがひて四時を友とす。見る処花にあらずといふ事なし。おもふ所月にあらずといふ事なし。像《かたち》花にあらざる時は夷狄《いてき》にひとし。心花にあらざる時は鳥獣に類ス。夷狄を出、鳥獣を離れて、造化にしたがひ、造化にかへれとなり。(40)

ここには、造化・大自然における時間と空間の変化の中に美を見出しうることが、人間の、とりわけ芸に親しむ者（としてのより高級な人間）の、本来あるべき姿であることが強調されている。実際にわれわれは今でも、「日本は自然に恵まれている」とよく口にする。その際に日本人がイメージしている自然とは、以下のようなものであろう。稲や草木が豊かに茂る自然があり、その中を小川がさらさらと流れており、そこには温かい陽の光がさんさんと注いでいる。そしてその自然は、われわれが望むならばわれわれを包み込んでくれ、われわれが語りかければ応答もしてくれる、というような自然像だろう。

しかしながら、ここに想定されている自然は、実は日本の現実の自然ではなく、われわれの想像の産物としての理想的な自然に過ぎないのである。日本の大自然には、先の東日本大震災でわれわれが経験したように、われわれ人間とその生活とをいともたやすく破滅させるような側面も存在することは言うまでもないからである。

④　自然と人間との日本人的な関係――「甘える」対象としての母なる自然

なぜ日本人は今でもなお、前掲のような自然像をもっているのだろうか。実はわれわれは、自然のことをあたかも自分たちにとっての母のように想定しているのであろう。この点に関連して、精神病理学者である木村敏の「甘え」という概念についての分析を見てみよう。

> 日本語でいう「甘え」とは、一体化を求める依存欲求を表わす言葉ではなくて、いわばすでに相手に受け入れられ、一体化が成立している状態において、もしくはそのような許容が成立しているという自分本位の前提の上に立って、勝手気儘なほしいままの振舞をすることを意味している。それは、なにをしても許される、という馴れ馴れしい気持ちの上から、したい放題の振舞をすることである。……このような「甘え」の態度は、私の見解では前章に述べた日本の風土性と極めて密接な関係をもつ。……日本の風土の中では人間は自然と密着し、自然の中に身を入れて、内側から自然の動向に適応していく以外に生きる道はない。日本の風土の中で、人間が安心して生きているときには、人間はいわば自然に対して甘えているのである。自然によって罰せられることがないだろうという馴れ馴れしい信頼感を前提にした場合にのみ、人間はそこで自由に振舞うことができる。[41]

⑤　フクシマの原因としての〈母なる自然への甘え〉

このような、日本人の「甘える」ということについての木村の分析を前提にすれば、なぜ日本人が自然のことを、われわれの願いに応えてくれる母のように表象するのかの理由が明らかになるであろう。さらに、このような自然に対する日本人の伝統的な態度を基礎にすれば、「原子力村」の、とりわけ東京電力の不合理極まる態度も理解可能となる、と筆者は考える。というのは、東京電力はすでに二〇〇九年六月二四日に経済産業省産業技術総合研究所の活断層・地震研究センター長の岡村行信から、これまで東電が想定してきた津波よりもはるかに大きな津波が福島第一原発ならびに福島第二原発の立地する海岸に到達した事実があることが調査の結果として明らかになったので、津波対策を根本的に増強する必要があると、強く警告されていたのである[42]。

それにもかかわらず東電は、この研究所によって示された事実はまだ学問的に確証されたものではないとして、さらには必要とされる根本的な津波対策は経費がかかりすぎるとして、この警告を無視したのである。

東電ならびにその他の「原子力村」の構成機関がこの警告を無視した理由は、言語表現の上では前掲のとおりであるが、もう一つの隠れた理由がそこにあったと筆者は考えざるを得ない。つまり彼らは自然に甘えていたのだ。自然という母は巨大な惨事を生み出すような悪意に満ちたものであるはずがないと、あたかも母に甘える子どものように考えては、勝手気儘に振る舞って、この警告を無視したのだ[43]。

このことは、福島第一原発が津波に襲われて全電力喪失の事態に立ち至った直後に、原子力複合体の代表者たちが異口同音に繰り返した「想定外」という言葉と態度に明らかに見て取れるであろう。もちろん、この「想定外」という言明は多くの地震学者たちによって批判された。貞観《じょうがん》地震の際の一五・六メートルの高さをもって襲った大津波のことは学問的に確証されていたことだからである。しかしながら「原子力村」の住民たちは、ほとんど無意識のうちに彼らが抱いていた母なる自然に甘える形で勝手な「想定」をこしらえ上げ、学問的判断は無視したのである。

このように捉えない限り、どうして東電および原子力村が大津波の警告を無視したのかは、まったく理解不能である。なぜならば、もし今回のような大惨事がいったん起きたとすれば、大津波対策を講じるためにかかる費用とは比較にならないほどの多額のコストを払わねばならないことは明らかだったはずだからである。[44] それどころか、上で紹介した「総括原価方式」という電力料金の算定方式が機能している限り、大津波対策の費用は一時的に東電にコストの負担を課すとしても、その負担がより多くの利益をもたらすのだから、東電が企業として経費を削減するためにこの大津波対策を回避する合理性は、そもそも存在しなかったのである。このような二重に不合理な経営判断の根底には、やはり「母なる自然への甘え」があったと想定せざるをえないのである。

(4) 原子力政策における日本とドイツとの違い

自然と人間との関係についての、上に挙げたような日本的な特徴を視野に入れると、原子力政策における日本とドイツとの違いも理解できるだろう。

日本の原子力複合体はスリーマイル島事故の際にもチェルノブイリの大事故の際にも、以下のように繰り返し言明した。このような大事故では人間的要素が大きな役割を果たしたのだが、日本のこの分野での技術者はしっかりと訓練されているので、日本では決して似たような事故を引き起こすことはないと。

日本ではこのような見解に寄りかかって、原発破局フクシマに至るまで原子力政策は変更されることがなかったのであるが、それに対してドイツでは、カルカーの高速増殖炉を一度も稼働させないままに閉鎖することを決定したり、運転を開始したばかりのミュールハイム・ケールリッヒ原発を廃止することを決定したことに典型的に示されるように、上の二つの外国における事故を根拠として原子力政策が根本的に変更されたのである。

このように両国間の対応に相違が生じた理由は、前掲の事故についての評価が依拠した基盤の違いにある、と筆者はこれまでの考察を基にして考える。ドイツでは原子力政策の再吟味・検討に際して自然科学的考察が優先されたのに対して、日本では技術的評価が、とりわけ先に見たような伝統的な「術」の意味での技術的評価が優先されたのである。ここでわれわれは、ドイツが原発破局フクシマの直後に、二〇二二年までにすべての原発を廃止することを決定するに至る過程で、ドイツの首相、メルケル氏が物理学の博士号を有する自然科学者であったことを考慮してもよいだろう。自然科学的な考察の結果は人間の側に裁量の余地をほとんど残すことがないのに対して、技術的なアプローチの結果にはこの裁量の余地が残りやすいからである。[45] むしろ日本の原子力政策は、この技術的な裁量の余地にこそもっぱら依存しているように思えるのである。

原子力複合体は安部晋三首相とともに、日本的な「カイゼン」をもって原子力技術をまだ発展させることができると虚しく信じようとしているのであろう。彼らの主観的願望が彼らの主観の範囲にとどまるのであればまだしも、主観的願望を基盤にして原子力技術にしがみつきながら原発を稼働させていくことは、上述のように人類と地球の未来を賭けることを意味するのであるから、この主観的願望はわれわれの合理的根拠によって拒否されねばならない。

終わりに

フクシマの破局によって日本は二回目の敗戦を喫したのである。なぜならば、九〇年代以来、日本はまさに日本的に「科学技術立国」を標榜して、研究と技術において創造的な国家となることを目指してきており、よりにもよってその中心的な役割を「原子力の研究開発」に担わせることにしていたからである。[46] つまり、「国策」の中心として再定義された日本の原子力技術がこの巨大事故で破綻したことに他ならないのであるから、これも「敗戦」と言えるであろう。

しかしながら、そして残念ながらフクシマの翌年〔二〇一二年〕末に、「歴史修正主義者」として欧米で名高く[47]、日本が過去におこなった諸外国への侵略をあたかも無かったかのように扱おうとしてきた安部晋三氏が首相に就任した。七一年前の敗戦を「終戦」と言い換えて、できる限り破局であることの国民的認識の成立を回避しようと試みた当時の政治中枢部と同じく、この首相もまたフクシマをあたかも些細な、そして自然災害であるかのように見せかけることで、国策の破綻としての敗戦であり破局であることを糊塗しようとしているのである。

そのような首相の後ろ盾を得て、「原子力村」の面々は再び元気づけられ、自らの敗北と責任とを認めまいと試みるばかりか、すべての原発を再稼働させようと努めている。彼らと安倍首相とは、呼吸がぴったりと合っているのである。なぜなら、安倍首相は武器輸出を「防衛装備移転」と名称を変えながら原則解禁にすると同時に、原発輸出も彼の成長戦略の重要な一環として位置づけて、自らのトップセールスでトルコやインドに輸出することに注力しているからである[48]。外国に輸出を図る日本で、その国内の原発がフクシマ以来停止したままでは、日本製原発システムの安全性について輸出先に対して説得力を欠くことは間違いないから、彼は是が非でも国内の原発を再稼働させておきたいのであろう。そのために彼は、国民に向かって新たに制定された「世界一厳しい安全基準をクリアした」原発から再稼働させていくのだから心配はいらないと言う。しかし、安全基準とは人間が設定するものであり、人間の世界で「世界一厳しい[49]」と言っても、それは地震や津波などの自然界の動きに対しては何の保証にもならないことは明白である。もし、彼が本気でこのように考え、そして言っているのであるならば、この日本国の首相にも日本人特有の「術」への寄りかかりと「自然」への甘えが露呈しているということに他ならないのである。

さらに彼は、「万一の事故の際には国が責任を持つ」とも口にしている[50]。福島地域のみならず隣接する地域一帯を強い放射能で汚染してほとんど居住不可能にしたばかりか、広く地球環境をも汚染し続けているというフクシマの責任が未だ取れていないのにもかかわらず、今後さらに原発事故が発生したとして、それに国が責任を持つということが成り立つというのだろうか。そもそも今もフクシマに関わって進行中の被害は、本来、金銭でかたがつくという問題ではない。さらに彼が「国が責任を持つ」と言って再稼働を進めた伊方原発は、日本の長野県から近畿地方、四国地方、そして九州地方と東西千キロメートル以上にまたがって広がる中央構造線のほとんど線上に位置しているのである。この伊方から中央構造線上を約一二〇キロメートルほど西に行けば、そこには二〇一六年四月一六日に熊本地震が発生した地域があるので、この原発の近くでも地震が発生する可能性が指摘されているのである。

それればかりか、二〇一五年八月以来、再稼働している鹿児島県の川内原発の再稼働の際には、免震重要棟が未設置であったにもかかわらず、国は再稼働を許可した。よく知られているように、免震重要棟は大地震の際に原発のシステム全体をコントロールするための対策本部を設置する目的で建設される建物であって、福島第一原発にはそれが東日本大地震の半年前に完成していたので、そこから福島第一原発の幹部たちが指示を出し続けることができ、「これが原発事故の命綱となったことで、東日本の壊滅という最悪の事態が回避できた可能性があります[51]」とさえも言われているものである。

さらには、フクシマに関わる東電の賠償費を工面するために、新電力も含めた幅広い電力利用者に「過去に原発の電気を利用した分」として、電気代に上乗せさせる方針を経済産業省が検討していることが、二〇一六年一一月三日にマスメディアで一斉に報じられた。つまり、国民に責任を転嫁する方針以外の何物でもないのである。安倍首相の言葉の空虚さを改めて認識させられる政策の数々である。

このような彼の言葉の空虚さは、冒頭に示した彼の「東日本大震災五周年追悼式」の際の、ごく短く表面的にフクシマに言及しただけのものにも感じざるをえない。これに対して同じ機会に天皇は、「地震、津波に続き、原子力発電所の事故が発生し、放射能汚染のため、多くの人々が避難生活を余儀なくされました。事態の改善のために努力が続けられていますが、今なお、自らの家に帰還できないでいる人々を思うと心が痛みます[52]」と、具体的にフクシマに言及しているのである。全体でほぼ同じ長さの式辞と「おことば」であるのに[53]、フクシマへの言及にこれだけの差があるのは、安倍首相の意識がいずこにあるかを如実に物語っているのではないだろうか。

実は、むしろ彼こそがフクシマにいっそう深く言及した上で、謝罪すらもしなければならなかったのではないか、と筆者は考えている。なぜなら彼は、二〇〇六年一二月一三日に、「巨大地震の発生に伴う安全機能の喪失など原発の危険から国民の安全を守ることに関する質問主意書[54]」という質問を提出した吉井英勝衆議院議員に対して、同月二二日に、「地震、津波等の自然災害への対策を含めた原子炉の安全性については、原子炉の設置又は変更の許可の申請ごとに、『発電用軽水型原子炉施設に関する安全設計審査指針』（平成二年八月三〇日原子力安全委員会決定）等に基づき経済産業省が審査し、その審査の妥当性について原子力安全委員会が確認しているものであり、御指摘のような事態が生じないように安全の確保に万全を期しているところである」とか、「原子炉の冷却ができない事態が生じないように安全の確保に万全を期しているところである[55]」として、吉井議員の危険性の指摘をことごとくしりぞけながら、全電源喪失の可能性を否定して、結局、新たな対策を講じる道を塞いだのだからである[56]。そして、その五年四カ月後にフクシマが発生したのである。

筆者のみるところでは、彼のこのような、ほとんど言い逃れの積み重ねにすぎないような姿勢こそが、実は彼が、上述の原発破局という「第二の敗戦」の意識をもっていることを如実に示しているのである。

われわれ一般の日本人にとって、現在、必要不可欠なことは、首相である安倍氏の虚しい言説を超えて、自らが破局のただ中に生きていることを認識するとともに、地球規模で、想像することも不可能なほどの自然破壊を今もなおなしつつある、この破局への加担者であるという事実を正面から受け止めて、生きることであろう。それは同時に、「忘却へと沈みこませることと解明されないものを許容すること」という二つのことは、哲学が決して容認してはならないことであるとするヤスパースにならって[57]、そして安倍氏の忘却と不解明への誘導とに抗して、われわれもフクシマから目をそらすことなく忘れることもないように努めるべきであろう。さらに、もし安倍首相がＴＰＰを振りかざして、「日本人は経済におけるグローバル化に適応しなければならない」と言うのであれば、われわれはそれに対して以下のように主張すべきなのである。われわれに必要なことは、倫理的にこそグローバル化することであり、今回の破局の地球的な責任をとる意味でも、できる限り早く原子力技術から脱却するべきなのだと[58]。

安倍晋三首相とは対照的に、反原発の場において言行一致を貫いた高木仁三郎という人物がいた。彼はいったんは大学に研究の場をもつ核科学者であったが、原子力発電の危険性を認識してそこを中途退職した後、長年にわたり反原発の運動家であり続けて、一九九七年にはライト・リヴリフッド賞[59]をも受賞した。すでに十数年前に彼はその遺著『原発事故はなぜくりかえすのか』のあとがきで以下のように記している。「残念ながら、原子力最後の日は見ることができず、私の方が先に逝かねばならなくなりましたが、せめて『プルトニウム最後の日』くらいは、目にしたかったです[60]。でも、それはもう時間の問題でしょう。すでにあらゆる事実が、私たちの主張が正しかったことを示しています。なお、楽観できないのは、この末期症状の中で、巨大な事故や不正が原子力の世界を襲う危険でしょう。ＪＣＯ事故からロシア原潜事故までの一年間を考えるとき、原子力時代の末期症状による大事故の危険と、結局は放射性廃棄物がたれ流しになっていくのではないかということに対する危惧の念は、今、先に逝ってしまう人間の心を最も悩ますものです[61]」。彼の恐れは、まことに残念ながら、よりにもよって日本そのもので現実のものとなってしまったのである[62]。

第二章　現代日本におけるアイデンティティの分裂[1]

1　現今の日本を覆う過剰不安症候群

(1)　小渕首相の「五つの安心の実現」の約束

今を去ること一八年前の一九九九年一月一日に当時の小渕恵三総理大臣は年頭記者会見の席上で、その年の内閣の最重要課題として、一、経済再生への安心、二、雇用についての安心、三、環境に対する安心、四、老後に対する安心、五、育児と教育に対する安心、からなる「五つの安心の実現」を国民に約束した。当時、ドイツに住んでいた筆者は、日本の首相が年頭の記者会見で「五つの安心の実現」を唱えたというニュースに接したとき、日本人が抱いている不安感の度合いが、筆者が以前から感じていたものをはるかに越える段階にまで到達していることを気づかされて、その視点から考えたことを一つの論文にまとめてドイツで発表したことがある。[2]

ところが、それではとどまることなく、同じ年の年末にはいわゆる「コンピュータの二〇〇〇年問題」が日本の社会でも話題となる中で、いっそう大きな不安が国民の間に醸成されたようであった。つまり一二月三一日には、「コンピュータ西暦二〇〇〇年問題官邸対策室」を設置して小渕首相が陣頭指揮にあたる、とマスメディアを通じて報道された――実際には何も生じなかったのだが。この報道にも、やはりドイツで接したのだが、同じ問題を抱えているはずのドイツでは、首相がこの問題の陣頭指揮にあたるというようなことは報じられなかった。このような両国における対照的な対応を目の当たりにすることで、筆者はいよいよ日本人の襲われている不安感について考えざるをえなくなったのだった。

しかし、あれから一七年が過ぎて、今、あの年末の騒動を覚えている日本人はほとんどいないのではないだろうか。しかしそれは、日本人の心の中から不安感が消え去ったからではなく、むしろ次々と新たな不安が生じてくるので、過去の不安騒動について気を配っている暇がないからではないかと思われる。実際、二〇一六年七月に実施された内閣府による「国民生活に関する世論調査」[3]によると、約六五パーセントの日本人が「日常生活における悩みや不安」を抱いているという。そのうちの働き盛りの年齢層では、それを感じている人の割合は七〇パーセント近くにまで上昇する[4]。

この傾向は、上記の「世論調査」の経年変化から観察すると、九〇年代の始めから一九九七年の調査で六〇パーセントが「日常生活における悩みや不安」を抱いていると回答して以降[5]、それから今日まで漸増の傾向をもちながら前掲の数字になっているのである。ここには、過去三〇年近くにわたって日本人が日常生活において不安を感じているという傾向を見て取れるであろう。

(2) 八〇年代に始まっていた過剰不安症候群

実は、すでに一九七〇年代の始めにぼんやりとした形ではあったが、日本における将来への不安の前兆がさまざまな形で現れていた。例えば、一九七三年には野坂昭如、開高健をはじめとする著名な作家、評論家たちが執筆する『終末から』（筑摩書房）という雑誌が発刊されたり、小松左京のＳＦ小説『日本沈没』（光文社）が空前のベストセラーになるということがあったのである。

しかしながら一九八〇年代の始めからは、不安に由来するはっきりとした社会的兆候が日本社会の中に現れ始めた。それの典型例は「不安産業」[6]と称されることになる新たな営業のジャンルが成立して、それが成功を収めたことである。これに属するものの代表格は数々の健康雑誌であり、また店舗を爆発的に全国展開しているドラッグストアである。健康雑誌は、二〇一七年現在、少なく見積もっても七〇種類のものが刊行されている。[7]また、ドラッグストアも七〇年代には数えるほどの少数であったものが、八〇年代以降になると急速に増加して、一九九九年には日本チェーンドラッグストア協会が設立され、二〇一六年現在、その会員数は一四一社、会員企業の売上高は六兆一一三九億円、会員企業の総店舗数は一八七八二店という膨大な数字になっている。

健康雑誌にしてもドラッグストアにしても、人間が感じる不安の最たるものとしての健康への不安に対処するための「予防・治療」についての情報、ならびに薬品を販売するものであるから、ここにも不安が日本社会を覆っていることがうかがえるであろう。

八〇年代初頭以来、日本人が不安にさいなまれている事実をとりわけ顕著に示した社会現象は、「新新宗教」と称されるものが相次いで出現して、とくに若者を信者として引きつけたことである。その典型的な例はオウム真理教である。

衆知のようにオウム真理教は、救済を名目として殺人をも含む多くの犯罪を実行し、その結果として生み出された悲惨さはほとんど想像を絶するほどのものである。またこのセクトの信奉者の中に少なくない有名大学の学生や卒業生が含まれていたことも日本社会を驚かせた。

このオウム真理教は、麻原彰晃（本名・松本智津夫）が一九八四年に開いたヨガ教室「オウムの会」を母体とするが、その後、「オウム神仙の会」となり、一九八七年に「オウム真理教」として設立され、一九八九年には宗教法人として東京都から認定された。オウム真理教の修行をすれば、「空中浮遊」や「水中に長時間入っていられる」などというオカルト的なことを売りにしながら、テレビ取材を積極的に活用して注目を浴びた。そのような流れの中で若者がオウム真理教の信者となった。その中には、上述のように有名大学の学生や卒業生もいて、彼らは一般社会ですでに得ていた一定の恵まれた地位さえも放棄して麻原彰晃教祖に従った。そして極めて熱心に修行を実践し、教祖の命令とあれば、たとえ明らかに反社会的なことであっても、それを実行したのである。

同じく一九八〇年代の始め頃から、その初期形態の活動を開始したものに「幸福の科学」がある。これは、創始者である大川隆法（本名・中川隆）が総合商社に勤務する傍ら教団設立の準備を進めて、一九八六年には事務所を設置し、一九九一年に宗教法人格を取得したものである。大川隆法の著作の広告を新聞に盛んに掲載するほか、教団の大学の設置申請をしたこともあるほどに、活発な活動を続けている。青年たちを布教の主たる対象としているらしく、東京大学や早稲田大学などの大きな大学の近くに事務所を構えている。

このような事実は、八〇年代から日本の青年たちが、自分たちが生きることに対して大きな不安を抱くようになった事実を示しているであろう。というのは、これら「新新宗教」に参加する青年たちを例外的存在とみなして済ますことはできないのであり、つまり、実際の行動に出ない若い世代の中にも、大きな不安が潜在的にではあれ、広く存在しているとみなすべきであろうからである。

このことは、実際、筆者が接する大学生たちにも見てとれる。九〇年代の半ばから、「体調が悪くて、……ができませんでした」と口にする学生がしばしば出現するようになったのである。そもそも人生の真っ盛りにある若者が、「体調が悪い」ということを他人に対して口にすることは、少なくとも一九七〇年前後に学生生活を送ったわれわれの間ではありえなかったことである。彼らは「体調が悪い」と表現することによって、自分の犯すかもしれない小さな失敗をあらかじめ正当化しようとしているように見える。このような振舞いのさらに深い原因は、彼ら自身が自分ではその原因を確定できない、いろいろな不安を抱えていて、それを体調に帰することで安心を得ようとしているということにもあるのではないだろうか。

(3)「不安産業」の拡大

八〇年代後半から九〇年代にかけて青年時代を過ごした世代には、彼らの社会的な成長にともなって、本来は「不安」とは関係なさそうなものと見える「子育て」さえも「不安産業」化したようである。つまり、その世代をターゲットに「子育て講座」が提供されることになり、その後は、さらに「進学塾」さえも「不安産業」として位置づけられて利用されているというのである。

(4) 不安の根源——哲学的付論

以下では不安の本質について、一九世紀のデンマークの思想家キェルケゴール(Søren Kierkegaard, 1813-55)と二〇世紀のドイツの思想家ハイデガー(Martin Heidegger, 1889- 1976)の定説とされている説明を紹介しながら考察してみたい。

有名な『不安の概念』(一八四四年)の第五章で、キェルケゴールは信仰篤いキリスト教徒として、不安について以下のように記している。

> 正しく不安になることを学んだものは、最高のものを学んだのである。もし人間が動物か天使だったら、かれは不安になることはできないだろう。……より深く不安になればなるほど、その人間は偉大である。といっても、

それは一般に考えられているような、不安を外的なもの、人間の外にあるものに関係させている意味においてではなく、人間がみずから不安を生む、という意味においてである[8]。

キェルケゴールの理解では、人間の不安はその本質そのものから生じてくるというのである。では、いかなる本質なのだろうか。彼はさらに言う。「不安は自由の可能性である。ただこの意味での不安のみが、信仰と結びついて、ひたすら形成的である[9]」と。これらの文章から明らかになることは、完全な自由を所有している天使でもなく、まったく自由を持っていない動物でもない人間だけが、限定的な自由を有している存在であるという事実に起因して不安を抱くということである。したがって人間が、自己形成や自己決定の自由を予感しつつも、この可能性に直面すると不安を抱くということは、人間の本質的な特徴であることになる。同時にキェルケゴールは、人間が自らに湧き出る不安を根拠としつつ不安に直面することで、神への信仰が真に深められることになり、こうして成立する信仰によってこそ、実際に自由に生きることができるのだ、と主張してもいる。

次にハイデガーであるが、彼はキェルケゴールからの明らかな影響のもとで、不安についての自身の考察を、彼の主著『存在と時間』（一九二七年）において以下のように展開している。

不安は現存在のうちに、ひとごとでない自己の存在可能にむかう存在を、すなわち、自己自身をえらびこれを掌握する自由へむかって開かれているという意味での自由存在を、あらわにする。不安は現存在を、現存在がはじめから存在してきた可能性としてのおのれの存在の本来性へむかって開かれているという、おのれの自由存在に直面させる[10]。

この認識をハイデガーは、彼の特徴的な思考をもって以下のように深める。「不安においては《(われともなく)不気味である》」。そこにはまず、現存在が不安の中で身を置いているところが、異様な無規定性をそなえていることが表現されている。すなわち、不安は、無と無処とをあらわにするのである。しかし、不気味さ(Unheimlichkeit)という言葉は、それと同時に、落ち着いた家郷 Heimat をもたぬ居心地のわるさ(Nicht-zuhause-sein)をも意味している[11]」。ハイデガーはここで、不安を〈不気味さ〉と性格づけた上で、その内容を「落ち着いた家郷をもたぬ居心地のわるさ」と語源にさかのぼりながら説明している。

さらにハイデガーは、不安からの脱出を神への信仰に方向づけるキェルケゴールとは異なって、自身の思考において次のような深いペシミズムに到達する。

この不安のなかで、現存在は、おのれの実存の可能的な不可能性という無へ臨む自己をみいだす。不安は、このような定めを負う存在者の存在可能を案じて不安を覚えるのであり、このようにしてそれは、もっとも極端な可能性を開示するのである。……死に臨む存在は、本質的に、不安である。このことの偽らざる、しかし「たんに」間接的ではある証拠は、すでに際立たせておいた《死へ臨む存在》が示している。これ「死へ臨む存在」は、不安を臆病な恐怖心へと倒錯させて、この恐怖心を克服することで、実は不安に対する臆病を告白しているのだからである[12]。

ここでハイデガーは、無へと引き渡される存在としての人間は、不確かさを経験せざるをえないのであるが、同時にそれは自己の現存在のそのような独自性をも経験することなのであるとして、彼の実存主義の典型的な側面を示すと同時に、「不安」と「恐怖」について、この古典的な定義、すなわち恐怖とはその対象が特定できるものから生じるものであるが、不安とは、その対象を特定できず、自身が存在していること自体から生み出されてくるものである、という定義をも示しているのである。

さらに、人間学的精神医学者ゲープザッテル（Viktor von Gebsattel, 1883- 1976）は、不安についての定義的な説明で、不安とは以下のようなものであるとする。キリスト教的伝統の中にあり、多くの点で実存哲学的な思考と親近性のある人間学的な理解において不安とは、個人の実存根拠の喪失の兆候であり、またこれと結びついて生じる、信仰や希望や愛という価値観の持続性を成立させる根本的思想の崩壊の兆候である[13]。

以上のような三者の考察を総合してみれば、一般に人が感じる不安の根底には、その人自身のアイデンティティ・クライシス（自我同一性の危機）が潜在しているとみなすことができるであろう。

2　日本人のアイデンティティ・クライシス（自我同一性の危機）

(1)　E・H・エリクソンによる「自我同一性」概念

われわれの考察をさらに進めるために、ここで「自我同一性」・アイデンティティ identity という概念についての考察が必要となる。これについては、エリクソンによる「自我同一性」についての一般に認められている理論を前提にしたい。そこで彼の著作『アイデンティティとライフ・サイクル』（一九五九年）から引用する。

自我同一性の感覚とは、内的な不変性と連続性を維持する各個人の能力（心理学的意味での個人の自我）が他者

に対する自己の意味の不変性と連続性とに合致する経験から生まれた自信のことである。(14)

さらにエリクソンは、この自我同一性の形成は生涯続く過程であるとして、以下のように言っている。

青年期の終りが、はっきりした同一性の危機 identity crisis の段階であるからといって、同一性の形成そのものは、青年期にはじまるわけでも終わるわけでもない。つまりそれは、個人にとっても、社会にとっても、その大半が無意識的な、生涯続く発達過程である。(15)

さらに、上の引用からもわかるように、またエリクソンは、上述のような「個人的システムの次元での個人的自我同一性の概念」と類比的に、「社会的システムの次元での集団的自我同一性という概念も使用した」とされているので、(16)われわれは上述のエリクソンの思考を、日本人という集団についても適用できることになる。

その際にわれわれは、日本人の自我同一性が特別な性格をもつことをも考慮に入れなければならない。精神分析学の教授である木村敏は、それについて以下のように指摘している。

「草木国土悉皆成仏」などという経文を持ち出すまでもなく、日本人には元来、自分自身を（「仏教徒」としても「人間」としても、さらには個人的な「我」としてすら）絶対的独立不羈のアイデンティティーとして立てるとか、他との、自分たち以外のものたちとの絶対的区別において自分自身を見る、とかという心の動きが希薄だったのではないかと思われる。……「われわれ日本人」に表わされている日本人の集合的アイデンティティーが、西洋人のそれと違って個人的レベルのものではなく、超個人的な血縁的、それも血縁史的なアイデンティティーであるということ、これが本書において最初に押えておきたい一つの眼目である。……私がここで最も強調したいのは、このアイデンティティーが個人レベルのものではなく、超個人レベルのものだ、ということである。逆にいうと、この超個人レベルのアイデンティティーが、民族意識というような、それ自体の中に歴史性を含んだ問題の中に姿を現わすとき、これが血縁史的アイデンティティーの形をとるのだ、といった方がよい。(17)

(2) 日本人のアイデンティティ・クライシス――〈ジャパン・アズ・ナンバーワン〉

先に挙げた内閣府による「国民生活に関する世論調査」の結果の中に示されている「日常生活の悩みや不安」(時系列)というグラフは、一九八五年から九二年にかけて「日常生活における悩みや不安」を感じているという回答と、それを感じていないという回答とのそれぞれが激しく上下を繰り返して、一九八六年と九一年には二回にわたって、「感じていない」の回答が「感じている」を上回ったことを示している。(18) 具体的には、九一年は「感じていない」が五一・〇パーセントに対して「感じている」が四六・八パーセントであった。しかし、その翌年の九二年には「感じていない」が四五・〇パーセントに下がり、「感じている」が五三・一パーセントに上がることで、両者は逆転するのである。そしてそれ以降、今日に至るまで、「感じている」が漸増しつつ、上に挙げたような六六・七パーセントになり、それにともなって「感じていない」は漸減しつつ三一・二パーセントにまで減少しているのである。

この一九八五年から九二年までの間に、日本社会には何が起きていたのだろうか。経済的に見ると、この期間の前半は、レーガン・アメリカ大統領のレーガノミクスによる米国の「双子の赤字」という「敵失」もあって、日本経済の強さが世界的に話題となった時期である。そして、後半は「バブル景気」の時期とぴったり重なっている。

実は一九七九年に、ハーバード大学の社会学教授であるヴォーゲル(Ezra F. Vogel, 1930-)が『ジャパン・アズ・ナンバーワン』*Japan as Number One: Lessons for America*(Cambridge MA)という本を出版して、日本の経済的な強さの源には社会的な伝統があることを指摘した。すぐにその日本語訳が出版されて、日本でもベストセラーとなった。出版された当時はまだ、日本がアメリカに数字的に追いつくことは日本人自身には想定されていなかったので、ヴォーゲルの指摘をまともに受け取るという風潮はなかった。しかし、上述の「双子の赤字」という「敵失」ともあいまって八〇年代の前半にアメリカに「追いつく」という形になり、さらに一九八七年には一人あたりのGNPがアメリカを追い抜きさえすることとなった。そしてこの過程で、対米自動車輸出をはじめとしてアメリカからの激しい「ジャパン・バッシング」にさらされた。

このような一連のプロセスは、日本人の心の中に、一方において激しい高揚感を生み出すと同時に、他方において不安感を醸し出したと思われる。この高揚感と不安感というアンビヴァレンツな感情を理解するためには、木村敏の指摘する日本人特有のアイデンティティを前提にする必要があると思われる。

第二次世界大戦に敗戦して以降、日本人にとって生活上の模範は、七年間にわたって日本を占領統治したアメリカであった。アメリカのモデルとしての役割は、占領終了後も強化されこそすれ、弱まることはなかった。それは、テレビという新たなメディアが家庭に普及した結果、その番組のコンテンツの、とりわけ帯番組や映画のほとんどがアメリカのそれを輸入して吹き替えするという形で放映されたためである。それゆえに、意識的にせよ無意識的にせよ、日本人一般はアメリカの庶民のような暮らしができるようになることに憧れて懸命に働いていた。すると、一九八〇年になっていきなりアメリカから「叱られる」という経験をすることになったというわけである。

木村は、日本人に特有の「甘え」という態度について以下のように指摘している。「日本では、〔大自然だけではなく〕人の心もまた予測不可能な激変の可能性を含んだもの、非合理的なものである。相手の支配下に入って相手の言うなりになるか、絶えず相手の心の動きに気をくばって神経を使うかのどちらかでないかぎり、安泰な対人関係は期待できない。そこで、ひとときでも気のおけないくつろぎを味わうためには、どうしても相手の好意に甘えなくてはならない。そこには、相手が許してくれるだろうという、馴れ馴れしい信頼感がある」[19]。このようなつもりでアメリカとの関係をもっていた日本であったところが、いきなりアメリカ人から「ナンバーワンだ」と言われ、そればかりか批判されもすることになったのである。このときの心情を比喩的に表現すれば、いわば一人の子どもが突然に、「明日からは自立して一切を自分でやっていきなさい」と親から突き放されたような思いをしたことになる。それゆえに、母からいきなり引き離された子どもが抱くのによく似た強烈な不安を、日本人が抱いたということになる。

この事態を当時の経済界では、「これからは海図なき航海の時代が始まる」という捉え方をしていた[20]。これからは、日本にはモデルが存在しなくなるので、すべてを自分自身で決定して自力で歩んでいかねばならない、という趣旨である。ところが、よく指摘されるように、日本人のアイデンティティは「母」としての外なる模範を意識しながら自己のアイデンティティを形成するという形で成立してきたから、この、母からいきなり突き放されて自立に追い込まれるという状況は、日本人の従来のアイデンティティが激しく動揺させられることになった。つまり日本人がアイデンティティ・クライシスに陥ったのだと捉えることができるだろう[21]。

(3) 集団的オルギーとしてのバブル景気

途方もない好景気に沸いた一九八〇年代後半からのバブル景気は、実は日本の経済危機のまさに典型的な現象であったと思われる。なぜならばこの好景気はまったく実態を欠いたものであって、投機によって上昇した地価にのみ依拠したものであったからである。これのメカニズムは、日本の地価は永遠に上昇する（少なくともいつとはわからないときまでは上昇する）という想定のもとに、投機によって地価の上昇した土地を担保として資金を借り出し、それを使用してさらに他の土地を購入するということを、互いに繰り返すというものであった。冷静に考察すれば、このような経済活動の形が永遠に継続することはありえないし、またこれがあまりにも不健全であるということは、認識するのにまったく困難なことではなかったはずだ。さらに、このバブル景気によって企業が得た利潤は、税金として社会へと還元されるよりも、社内での接待費として湯水のごとくに費やされたと言われている。

「バブル景気」が成立していたこのようなカラクリの非合理性にもかかわらず、当時の日本人は、とりわけ経済および政治に携わる人々は、なぜ理性的な思考法ができなかったのだろうか。そこには、彼らが「海図なき航海の時代」のただ中に置かれたことによる深刻な不安感、あるいはアイデンティティ・クライシスが重要な役割を果たしていたと思われる。すなわち、自分たちが八〇年代の始めまでに経験してきていた高度経済成長の幻を追いながら、みなで経済的熱狂を演じれば、その危機を克服できるはずだという、一種の集団的オルギーにとりつかれていたように思われるのである。つまり、自分たちで新たに海図を作成するという、苦手な企てからは逃避しながら、日本人特有の集団的アイデンティティの中に浸りつつ、「何とかなるさ」とみなで言い合い思い合いながら、「海図なき航海」の船中でドンチャン騒ぎをしていたということではないのだろうか。

(4) アイデンティティ・クライシスの原因としての環境問題

八〇年代中頃からのアイデンティティ・クライシスの第二の原因として、自然環境の破壊という問題もあると思われる。先に引用紹介した木村の文章の直前で、彼は日本人の自然との関係について以下のように記している。「日本の風土の中で、人間が安心して生きているときには、人間はいわば自然にたいして甘えているのである。自然によって罰せられることがないであろうという馴れ馴れしい信頼感を前提にした場合にのみ、人間はそこで自由に振舞うことができる[22]」。たしかに日本人は、自然が好きでそれを大事にしているという自己認識をもっているのであるが、しかしそれは子どもが母親に甘えるような意味でのそれである。それゆえに、自然も自分たちを大事にしてくれるに違いないという思い込みさえも抱きやすい[23]。

その結果、日本人は高度経済成長を達成する過程で、無意識的にせよ意識的にせよ、この母なる自然を破壊してきた。数々の深刻な公害を日本のあちこちで引き起こし、さらに近年では福島での「原発破局フクシマ」さえも引き起こしたのである。このような自然破壊ならびに自然保護政策における後進性の原因もまた、自然という母に対して、責任を負うことのない子どものような振舞い方に見出すことができるだろう。そして自分たちの「無邪気な振舞い」が引き起こした母なる「ふるさと」Heimat の深刻な荒廃状況を眼前にして、われわれは深くて「不気味な」unheimlich 不安を覚えつつ、茫然としたということではないだろうか。つまり、増大する自然喪失もまた日本社会におけるアイデンティティ・クライシスの増強を加速しているだろう。

(5) アイデンティティ・クライシスの原因としての〈科学・技術〉

前項で述べた事態と密接に関わるもう一つの原因もある。それは、〈科学・技術〉の急速な発展と、それがもたらす結果としての、われわれが生きる世界の急速な変貌とその拡大とである。高度経済成長政策の終焉を自覚せざるをえなかった日本は、一九九〇年代になって新たな国策として「科学技術立国」というものを掲げた。そして、それの中核を担うものとして原子力発電を位置づけたのである。[24] しかし、高速増殖炉「もんじゅ」や青森県六ヶ所村の核燃料再処理施設の度重なる計画遅延に典型的に見られるように、これは九〇年代においてすでに必ずしも順調に発展できないことが明らかになっていた。新たな産業の分野としてのＩＴでの開発競争では、八〇年代における経済競争とは打って変わって、アメリカに差をつけられてしまった。金融工学においても同様であった。つまり、「科学技術立国」という国策を目に見える形で実現できないままに、「失われた一〇年」を過ごすことになったのである。

しかしながら、新たに開発されて実用化される〈科学・技術〉はグルーバル化の加速する状況の中で、日本にも、あたかも幕末の「黒船」のように入ってきて、それに日本人は対応せざるをえなかった。このことがアイデンティティに与える影響を理解するのに有益な記述が、『最新心理学事典』に見出される。「変動の激しい社会になって、社会が不安定さを増すにつれて、アイデンティティの安定を失うアイデンティティ拡散 identity diffusion が蔓延するようになった。日本における一九九〇年あたりからのフリーターの急増、その後の引きこもりの深刻化、早期離職の問題なども、アイデンティティ拡散の問題としてとらえることができる」[25]。このような状況から集団としてのアイデンティティ・クライシスにも襲われたと言えるだろう。

3　日本人のアイデンティティ・クライシスの諸相

一九九〇年代初頭の「バブル経済の破裂」以降も、われわれのアイデンティティ・クライシスは克服されなかった。むしろ、経済的困難に直面する中で、その危機から目をそらそうとする傾向が強まったとさえ言えるだろう。そしてこの危機は、新しい世紀に入るまで続いたのみならず、それを越えて現在〔二〇一七年〕にまで続いているともみなすことができる。以下で、これの諸相を確認することにしたい。

(1)　政治における「五五年体制」の崩壊

一九五五年に、左右に分裂していた社会党が「護憲・革新・反安保」を旗印にして合同し、社会党に一本化されると同時に、保守政党も合同して「自由民主党」となった。以来、議会における保守勢力と革新勢力の議席の割合はほぼ二対一であって、政権を担当するのは自民党であり、社会党はそれをチェックするという、事実上の役割分担が四〇年ほどにわたって続いていたが、その構造が九〇年代に入って崩壊した。直接の背景としては、バブル経済下でのリクルート事件や佐川急便事件などの汚職によって国民の幅広い層に政治不信が醸成される中で、保守政党側が分裂して新党ブームが起き、政権が自民党から新党側に渡ったということがある。

しかし同時に、一九八九年一一月のベルリンの壁の崩壊をきっかけとする社会主義国のドミノ的崩壊が、最終的には一九九一年一二月のソ連の崩壊に至ることで、東西対立が消滅したことも、遠因として挙げることができるだろう。東西対立にともなう核戦争の危機が遠ざかったように見えることになったし、また東側陣営の盟主であるソ連の消滅によってアメリカ単独の世界支配が成立したように見えたからである。

このような政治情勢の中で、敗戦後の日本人のアイデンティティを構成する中心的要素としての平和主義が存在意義を失ったように見え始めた。その結果、憲法改定を実現して軍隊をもち、戦争ができる「ふつうの国」になりたいという主張も、政治の中に現れ始めた。そして、今に続く政党の離合集散が始まったのがこの九〇年代の初期である。ここには、単に政治家自身の政治理念の変化のみならず、それぞれの政党の支持層である国民のアイデンティティの動揺が反映されているに違いない。[26]

(2) 「ゆとり教育」の右往左往

前述の〈ジャパン・アズ・ナンバーワン〉と言われた時代に、日本の教育界には長年続けてきた「詰め込み教育」への反省の機運が高まっていた。当時の中曽根康弘首相は一九八四年に臨時教育審議会を設置した。その委員には教育界のみならず産業界や言論界などからも招かれて、一九八五年から八七年にかけて四次にわたる答申を提出した。それの骨子は、「個性重視の原則」、「生涯学習体制への移行」、「国際化、情報化などの変化への対応」などとされており、これを基盤にして新学力観に基づいた「学習指導要領」が一九八九年に制定され、一九九二年度から実施された。これがいわゆる「ゆとり教育」と称されるものである。

その特色は、児童・生徒が覚える内容を削減するとともに、児童・生徒の思考力や問題解決能力を重視し、児童・生徒の個性を重視する教育を目指すものとされた。折りから、〈ジャパン・アズ・ナンバーワン〉とはやされつつ〈海図なき航海〉に乗り出すことを強いられていた日本社会の指導層は、日本人の創造性ならびに構想力の貧困さを痛感させられていたこともあって、この新たな教育方針に大賛成したのである。

ところが、「ゆとり教育」が小学校で実施され始めて一〇年も経たないうちに、社会で批判が湧き起こり始める。その批判に拍車をかけることになったのが、ＯＥＣＤ（経済協力開発機構）が二〇〇〇年から始めたＰＩＳＡ（学習到達度調査）の結果である。これは、「読解リテラシー」、「数学的リテラシー」、「科学的リテラシー」の三分野について一五歳の生徒を対象に三年ごとに学力調査をして国際比較をするものであるが、これの二〇〇三年の調査において、日本が初回よりも順位を下げたのである。その結果、この事実が「ゆとり教育」の失敗を示しているとの批判が強まり、第一次安倍政権下の教育再生会議によって、二〇〇七年には「ゆとり教育」の見直しが決められた。

「ゆとり教育」をめぐる、このような一連の過程には、日本人のアイデンティティ・クライシスが典型的に現れている、と筆者には思われる。なぜならば、そもそも「ゆとり教育」の目的である、児童・生徒の思考力や問題解決能力を重視し、児童・生徒の個性を重視するという教育の成果は、漢字の読み書き能力や算数の演算能力のように、その進歩の状態がすぐに結果として現れて測定できるようなものではない。つまり「海図なき航海」において、「海図を作成する」能力のようなものを育もうとするものであるからこそ、八〇年代の中頃に必要性が痛感されて実施されることになったはずだ。つまり、「ゆとり教育」の成果は、「ゆとり教育」を小学校から高等学校まで受けた世代が、社会人となって自らの判断力で一定の責任ある仕事をすることができる年齢にならないと、つまり二、三〇年経たないとわからないはずのものである。

それを、あろうことか小学校から高等学校までを通して「ゆとり教育」を受けた子どもが一人も出ないうちに、つまり実施開始から一〇年足らずで「ゆとり教育」は失敗だ、と決めつけられたのである。

さらに、そのダメだとか失敗だとかと決めつけた人々は、当然のことながら「詰め込み教育」の優等生たちであった。何という非合理な判断であろうか。なぜならば、「詰め込み教育」の限界を踏まえてそれの改善のために「ゆとり教育」の必要性が共通認識となったのだから、「詰め込み教育」の優等生たちが自分たちの物差しを振り回して判断するべきことではなかったはずだからである。

これほどの不合理な判断を、政府をはじめとする社会の指導層がくだして恥じることがないということに、現今の日本人のアイデンティティ・クライシスの深刻さが現れていると言わざるをえないのである。[27]

(3) 第一次安倍政権に見られるアイデンティティ・クライシス

第一六五回国会において二〇〇六年九月二九日に首相に選出された安倍晋三は所信表明演説を行った。これは、「ほとんど自分で書き上げたとされています[28]」と報じられているものであるが、その中で彼は「美しい国創り内閣」を組織したと宣言した上で、「美しい国、日本」という表現を四回、「美しい国」という表現を三回用いた。つまり、自らが目指す国家として極めて情緒的な日本像を描いてみせたのである。

当然のことではあるが、具体的な政策の中には未来志向のものも挙げられているものの、それを実施する方向となると、「自律の精神を大事にする」とか「規律を知る、凛とした」とか「規範意識」などという、上から抑制をかける意味合いの強い、明治憲法的な言葉が混ぜられているのである。国民をどの方向に導きたいのかが、おのずと明らかである。実際に彼によると、「教育の目的は、志ある国民を育て、品格ある国家、社会をつくることです[29]」とのことである。国民一人一人のためであるよりは、国家、社会に奉仕できる国民をつくることであるというのである。そして、この結論と関連する模範例として挙げられているのは、江戸時代末期の吉田松陰である。

彼の視線はあくまでも過去に向かっているのである。[30] それのきわめつけは、日本人の美徳を保持すべきだと説くための例として、アインシュタインが訪日の際に述べたという言葉を挙げたことである。アインシュタインは、「日本人が本来もっていた、個人に必要な謙虚さと質素さ、日本人の純粋で静かな心、それらのすべてを純粋に保って、忘れずにいてほしい」と述べたという。アインシュタインの日本訪問は一九二二年であるから、二〇〇六年からさかのぼること八四年前のことである。さらに厳密にいえば、「日本人が本来もっていた」という言葉は、すでにこの時点で失っていた（少なくとも失いつつある）美徳という意味であったはずだ。

そして、あえて言うならば、アインシュタインが日本人に求めたという「個人に必要な謙虚さと質素さ、日本人の純粋で静かな心」は、まずもって国会議員諸氏に、とりわけその代表たる首相に求めたいものである。

同時に、このアインシュタインの言葉の引用が、首相自身の希望を述べるに際して不可欠なものであったのかどうか、そこにも疑問を感じざるを得ないのである。単に古すぎるというのではない。なぜ、西洋の有名人の言葉を引用するのかという疑問である。この疑問は、さらに彼が使用した「カントリー・アイデンティティ」という奇妙な英語らしきもの[31]とも結びつかざるをえない。この語の意味は、「我が国の理念、目指すべき方向、日本らしさ」であると、このカタカナ語のすぐ後に説明されているのである。

この二つの例は、「美しい国、日本」を標榜する日本の首相が、西洋人や英語の影響力を借りて自分の演説を国民に浸透させやすくしたということではないだろうか。そしてここには、他ならぬ安倍晋三という人物のこの時点でのアイデンティティ・クライシスが現れているということではないだろうか。つまり、「新しい国創りに共にチャレンジ」と言いながら、その根拠を過去に求めており、「美しい国、日本」と言いながら、それを根拠づけるために西洋人や英語の影響力に頼っているというアイデンティティの動揺である。

4　二〇一一年以降のアイデンティティの分裂

(1)　フクシマによる退行現象

二〇一一年三月一一日に東日本一帯を巨大な地震が襲い、その結果、たくさんの人命と巨額の財産が失われたが、とりわけ深刻な事故とそれにともなう被害は、東京電力福島第一原子力発電所の炉心溶融にまで至った巨大原子力事故であった（以下、この事故の全体を「原発破局」と捉えてフクシマと表記する）[32]。

黒い巨大な津波が海岸から内陸深くまで遡上してきて、人や車や家々を呑み込み、そしてさらっていく光景をテレビ中継で見せられたわれわれは、被害者への同情の念をもつのは当然のこととして、同時に無力感を感じざるをえなかった。その無力感をはるかに強烈に感じさせたのは、地震発生以来、数日間にわたって混乱を極めたフクシマの中継映像である。「水素爆発」とされている強力な爆発により頑丈なはずの原発の建屋の鉄骨がひしゃげて屋根も吹き飛んだ後、そこから立ち昇る白い煙状のものによって、もしかすると東日本一帯が放射能汚染で居住不可能になるかもしれないとささやかれる中で、東日本に住んでいた国民の多くは底知れぬほどの深い不安にさいなまれた。

東京大学を中心とする原子力部門の専門家たちが、テレビ画面上で実に頼りなくかつ無責任な言動を繰り返して、「東大話法」などと揶揄されたが、これは九〇年代に原子力を中心とする「科学技術立国」を標榜した日本という国家の「敗戦」以外の何ものでもなかった。

筆者は、この「敗戦の経験」が日本国民の半分近くに〈過去の輝ける日本〉にすがりつこうとする退行現象を引き起こしたのではないかと考えている。つまり、〈母〉として甘えてきた大自然によって過酷な仕打ちをされ、それに頼ることができなくなり、いわば〈父〉として依拠してきた「科学技術」の日本的限界も顕著になってその存在の威光が失われてしまった後に、頼るものは〈過去〉しかないという考えに至り、安倍首相も前掲の所信表明演説の締めくくりに活用した、〝アインシュタインにも褒められた日本人の過去〟にすがるようにして、〈過去の輝ける日本〉にアイデンティティを根拠づけようとする人々が一定数現れたのではないかということである。

同時に、このフクシマによって、またフクシマとほとんど同時に、近隣諸国との関係も悪化した。それは、一方において、日本の海産物や中古車が放射能に汚染されているという理由で、近隣諸国から輸入禁止あるいは輸入制限の措置がかけられた(国によっては今もこの措置が継続されている)が、他方においては、折りしも尖閣諸島をめぐって中国との間で紛争が、(愚かな日本の政治家たちの行動によって)引き起こされてしまったのである。この二つの事態は、自らのプライドが近隣諸国によって汚されたという思いを日本人に抱きやすくさせたに違いない。

それ以降、今日に至るまで、テレビをはじめとするマスメディアでは、「日本はこんなにすごい」、「中国や韓国はこんなにダメだ」という「報道」という名のプロパガンダがなされ続け、それが一定数の国民から支持されているのである。

つまり、この段階において日本人の中の一定数は、アイデンティティ・クライシスという不安定な状況から脱して安心を得るために、〈過去の輝ける日本〉にアイデンティティを根拠づけるという選択を、意識的にか無意識的にか、なしたと思われるのである。もちろん、今もなお過半数の国民が、原発再稼働に反対し、「安倍政治」にも反対しているという事実に示されるように、すべての国民がこの〈過去の輝ける日本〉をアイデンティティとすることになっているわけではない。[33] その意味で、日本人全体としてみれば、アイデンティティの分裂が成立しているのである。

(2) 第二次安倍政権成立によるアイデンティティ分裂の成立

二〇一二年暮れの総選挙で政権に戻った安倍晋三は、異常とも見える頑固さをもってアイデンティティ・クライシスの中にある日本人に、〈過去の輝ける日本〉というアイデンティティをもたせようとしているように見える。彼は政権に復帰した最初の国会での所信表明演説の最後に、「我が国が直面する最大の危機は、日本人が自信を失ってしまったことにあります」と述べて、敗戦直後の芦田均元総理大臣の言葉を引用紹介した上で、「この演説をお聴きの国民一人ひとりへ訴えます。何よりも、自らへの誇りと自信を取り戻そうではありませんか」と訴えかけて、演説を締めくくっている[34]。

そもそも「誇りと自信」は、それを裏づける内容がない限り、真のそれとはならずに、単なる強がりかホラでしかない。フクシマの破局に正面から向き合うことを避けながら[35]、居丈高に「この内閣の下では、国民の生命・財産と領土・領海・領空は、断固として守り抜いていくことをここに宣言します」と述べても[36]、近隣諸国との緊張をいたずらに高めるだけで、フクシマの惨状にせよ、近隣諸国との関係にせよ、改善されることはありえない。

同時に安倍首相は、第一次安倍政権以来、〈過去の輝ける日本〉というアイデンティティに依拠しながら、「戦後レジームからの脱却」を唱えている[37]。憲法を改定し、軍隊をもって戦争のできる「普通の国」[38]とならせつつ、国連の常任理事国となり[39]、北方領土問題を「解決」しようと考えているようである。二〇一六年暮れの外交的ドタバタ劇にも典型的に現れているように、二度目に政権について以来、彼は、議席数において野党に対して圧倒的な優勢にあることともあいまって、自身の〈過去の輝ける日本〉というアイデンティティに基づきながらあまりにも安易な「自信」をもって外交を展開しようとしている。そして、まさにそのこと自体において、彼は次々と明白な矛盾に陥っているのである。しかし、彼自身はそれに気づいていないし、彼の周辺の人たちも、それに気づいていないのか、気づいてはいるが首相を押しとどめることができないのかはわからないが、彼に追随し続けていて、総体としてみれば日本という国家に甚大な損害を与えているのである。

その矛盾とは、〈過去の輝ける日本〉という過去に依拠して国を未来に進めようとするという、つまり後ろに重心をかけながら前に進もうとするという、極めて単純な矛盾である。彼の依拠する過去ができる限り「美しい」ものであってほしいと考えると、その瞬間に、最も近い過去である一九四五年の敗戦と被占領という事実、ならびに敗戦にまで至る軍国主義の時代の数々の事実に突き当らざるをえないのであり、それを消去しようとすると、被害者である近隣諸国のみならず、勝者であるアメリカをはじめとする国々が異議を申し立ててくるのである。

その結果、彼のこの間の外交的試みはことごとく失敗を続けている。例えば、北方四島の帰属問題が解決される舞台となるはずだと、二〇一六年一二月中旬に鳴り物入りでセットされていたプーチン大統領の日本訪問、それも安倍首相の地元である山口訪問、これらにもかかわらず主要課題においてはなんらの進展をみることなく、日本がロシアに一〇〇〇億円の経済援助をすることが決まっただけであった。それればかりか、プーチン大統領の訪日の直前である一一月二二日には、「ロシア軍が北方領土の国後島と択捉島に沿岸防衛のための最新鋭ミサイルシステムを導入した」というニュースが報じられた。事態は進展していたどころか後退したのである。[40]日本の首相が国民にふりまいていた期待に、まっこうから水をかける政治的行動にロシアが出たということなのであるが、安倍首相はそれに対してなすすべもなく、予定通りに訪日が行われた。そして、上述のように成果としてはほとんど何ももたらされなかったのである。[41]

同じ一二月には、「安倍首相の真珠湾訪問」というニュースが、国内ではさも画期的なニュースであるかのように報じられた。その際には、「日本の現職の首相で初めての訪問」などという修飾語も付されていた。しかし、のちにその報道が誤りであり、一九五一年に吉田茂首相、五六年に鳩山一郎首相、五七年には岸信介首相が訪問していたことが明らかになった[42]。これは、本来、安倍首相の〈過去の輝ける日本〉というアイデンティティとは矛盾する行動である。

なぜなら、そもそも六〇年の日米安保条約改定をめぐる一大政治騒動で辞任に追い込まれた岸首相以来、半世紀以上もの間、日本の首相が行かなかったということは、日本なりの矜持があってのことであるはずだからである。ところが安倍首相は急遽、ハワイ訪問を実施することになったのであり、それにはマスメディアが報じているような「慰霊」のためという理由以上のものがあったはずだ。それは、「戦後レジームからの脱却」を唱えることと、「日米同盟」のいっそうの強化を主張することとを同時に両立させることは、ほとんど不可能に近いほどにかじ取りのむつかしいことであるからだ。

言うまでもなく「戦後レジームからの脱却」を実現することは、アメリカと日本との関係を根本的に変えることであるはずで、アメリカから見た場合の日本の地政学的位置を考慮すれば、アメリカが日米関係の根本を変えることを望まないことは明白であるからだ[43]。つまり安倍首相の真珠湾訪問は、戦後レジーム内での日米関係を再確認させられる儀式であったと理解すべきであろう[44]。その意味で、もしも安倍首相が一人の人間としての矜持をもっているとすれば、彼は内心で大いに恥じているはずである[45]。

一昨年の暮れ、一二月二八日に突然成立した慰安婦問題についての日韓の「不可逆的な最終決着」というものも、安倍首相のアイデンティティとは矛盾する行動であった。あれほど謝罪を回避し続けた安部首相が、朴大統領に対して「心からのおわびと反省の気持ちを伝えた」というのである。この矛盾した行動に追い込まれたのは、アメリカが日韓両国に対して、とりわけ日本の安部首相に対して、最終決着への強い希望、「指示」を出していたということがあったからだ。アメリカは、アメリカ側からみての東アジアの政治的安定を実現するためには何としてもこの慰安婦問題の最終決着を実現させたかったのである。

その方向に向けて安倍首相に圧力をかけようとしてアメリカは、その年の九月に国連総会に出席するためにアメリカ訪問をした際、日米首脳会談をセットすることなく、副大統領との会見の場を設けただけという処遇をした[46]。国民の大反対を押し切って強行成立させた「安保法制」という大きな手土産もってアメリカに行ったにもかかわらずである。これも本来ならば、「国辱」ものだと言ってもいいはずの「仕打ち」であるが、マスメディアの誰もそれを言うことはなかった。

そして、最近になって「最終決着」にもかかわらず韓国の民間団体が「従軍慰安婦像」を新たに設置したら、そのとたんに安倍首相が日本大使を召還するという極端な行動に出ているのである。ここには、一昨年暮れに取らされた行動についての、彼の個人的な意趣返しが現れているのではないだろうか[47]。

さらに、第一次安倍政権成立時に彼が目標として掲げた国連の常任理事国入りも、「地球儀俯瞰外交」という名の度重なる外遊をしては、国費を諸国に気前よく配分して回っているが、未だ実現できていない。国内では、中国の反対がその理由だという論調が主流であるが、「日米同盟」を強調する日本が常任理事国のメンバーになっても、「もう一票、アメリカの議決権を増やすだけだと」と、中国以外の常任理事国が判断して積極的な賛成に回っていないのである。

つまり、彼が自分の個人的アイデンティティを日本という国の政治の場でむやみに振り回すことによって、外交はことごとく失敗しているということになり、その政治的のみならず経済的損失も莫大なものに上っているはずである[48]。

(3)「不安産業」としての安倍政治

安倍首相の個人的アイデンティティを振り回すことによる相次ぐ外交的失敗にもかかわらず、安倍政権の支持率は常に五〇パーセントを越えている。世論調査が国民の正確な意見分布を反映していないのではないか、という指摘もあるが、そればかりではなくて、「三・一一」以降に国民の半数近くに成立したと筆者が推測した〈過去の輝ける日本〉というアイデンティティの持ち主たちが、同じアイデンティティをもつ安倍首相と親和性が高いということではないだろうか。そして安倍首相側は、それをさらに広範な国民のアイデンティティにさせようと強引に政治を進めていると思われるのである。

その際に強力なツールとして活用されていると筆者には見えるものが、国民の間に〈不安〉を意図的に醸成させることである。そのための効果的な材料とされているのが、中国や韓国、そして北朝鮮との政治的緊張を高めることである。二度目に政権についた際の所信表明演説における彼の口調は、ほとんど隣国との交戦状態目前であるかのようなものであった。上の八四頁に引用した文章（註（36）を付した箇所）に先立って、演説のほとんど冒頭において彼は以下のように言ったのである。「国家国民のために再び我が身を捧げんとする私の決意の源は、深き憂国の念にあります。危機的な状況にある我が国の現状を正していくために、為《な》さなければならない使命があると信じるからです。……外交政策の基軸が揺らぎ、その足元を見透かすかのように、我が国固有の領土・領海・領空や主権に対する挑発が続く、外交・安全保障の危機。そして、国の未来を担う子どもたちの中で陰湿ないじめが相次ぎ、この国の歴史や伝統への誇りを失い、世界に伍《ご》していくべき学力の低下が危惧される、教育の危機。このまま、手をこまねいているわけにはいきません[49]」。

このような扇動的な演説をしたばかりではなく、彼が二〇一三年一月に首相に就任してから二〇一五年一〇月末まで、つまり二年一〇カ月の間、中国や韓国という隣国との首脳会談が開けなかったのである。彼は、一方において例の自分のアイデンティティに基づく発言を繰り返して隣国を刺激しながら、他方において「いつでも会談の門戸は開いている」と言い続けるという姿勢だった。中国や韓国の側から見れば、安倍首相の歴史修正主義的な発言にもかかわらず首脳会談に応じることは、間接的にせよ、安倍発言を認めることになってしまうのである。国際慣習からいえば、首脳が交代したらなるべく早く交代した側の首脳が隣国との首脳会談を開くように条件を整えて開催し、相互理解を深めるように努めるべきであるはずだ。つまり、二〇一三年一月に首相が交代した日本側が会談を開く条件を整えるべきであったはずだ。しかし、そうしなかったのが安倍首相である。

その間に日本のマスメディアは、日本政府の言い分を流すばかりだったから、国民の間の中国ならびに韓国に対するイメージは劇的とも言えるほどに悪化して、今日に至っている。(50) つまり国民は、「三・一一」による不安や閉塞感の中で、近くに対象を見つけては、「この恐れの原因はあれだ」と、自らの根源としてのアイデンティティの動揺から湧き上がってくる不安を、特定の対象をもつ恐れに解釈し直して、今にも中国が尖閣列島を占領し、韓国がサムスン電子を先頭に経済的に侵略し、さらに北朝鮮はミサイルを撃ち込んでくるかのように思いなすという方向に、誘導されつつあるように思われるのである。

火災などでパニック状態に陥った民衆を誘導するのには、理屈は必要ない、避難方向を大きな声で繰り返すだけでよい、と言われている。これは高度成長の初期に日本でしばしば起きたデパートなど繁華街での火災事故の後に、繰り返し説かれた教訓である。これを「不安や恐れに襲われた民衆を誘導するのには、真理や真実は不要だ。フィクションであっても、大きな声で繰り返せば誘導できる」と言い換えられるとすれば、政治の場でも効果を発揮するということではないのだろうか。これが、目下、安倍政治がやっていることではないだろうか。一方で不安を煽りつつ、「日本が正しいのだから私に任せればすべてはうまくいく」とマスメディアをも動員して、大声で叫び続けている。そして、「結果が出ていないから、失敗したのでは」という批判に対しては、「この道しかない、まだ道半ばだ！」、あるいは「私の政策が有効だから、この程度で食い止められているのだ」と答える。つまり、薬が効かない場合や宗教を信じても御利益がないという批判に対する防御や言い訳のトークそのままが、政治の場で国民に対して発せられているのである。つまり不安産業としての政治が、日本で続けられていると言えないだろうか。

ところが他方において安倍首相は、本来、十分に不安を感じつつ対処するべき事態としてのフクシマについては、国民にそれを感じさせないように努めていて、できればフクシマそのものを国民の忘却の彼方に追いやってしまおうとさえ考えているように見える[51]。

そうであるとすれば、日本の政治は〈post truth〉の先進国だということになる。

(4) 天皇と安倍政権との間でのアイデンティティの分裂

「戦後レジームからの脱却」を標榜する安倍政権が成立してから、冷静に観察すると現在の明仁天皇および美智子皇后の行動ならびに発言と安倍政権の言動との間には食違いが顕著に現れていることがわかる。

二〇一六年八月八日に天皇が自身の生前譲位の意向を述べた「おことば」の中にも明言されているように[52]、彼は日本国憲法第一条に規定されている自らの地位をできる限り正確に体現しようと努めてきていることは、この間の行動と発言からわれわれ国民にも明白である。

敗戦後に沖縄県が置かれ続けている特殊に過酷な状況を踏まえてであろう、天皇・皇后は沖縄をしばしば訪問している。また、韓国への特別な思いを表明したこともあった。さらに二〇一五年には西太平洋地域での戦没者の慰霊と国際親善のためにパラオを、とくに日米の激戦地となったペリリュー島を訪問した。さらに二〇一六年にはフィリピンを訪問して、かの地での日本人戦没者のみならず、日米の戦場となったことによって犠牲となった一一万人とも言われるフィリピンの人々の慰霊もした。このような行動は、いずれも「さきの大戦に対する深い反省[53]」の念の表出であるに違いない。

さらに〈三・一一〉の被災地をたびたび訪問して被災者を見舞う姿は、テレビ等を通してよく知られているが、なかでも大震災直後に体育館に避難している人々を激励する際に、床に座っている人々と同じ視線になるように天皇と皇后はほとんど正座をして語りかけていた。この姿は、まさに「時として人々の傍らに立ち、その声に耳を傾け、思いに寄り添うことも大切なことと考えて来ました」[54]という言葉の実践であろう。

さらに、二〇一三年の皇后の誕生日に際しての記者会見では、「五月の憲法記念日をはさみ、今年は憲法をめぐり、例年に増して盛んな論議が取り交わされていたように感じます。主に新聞紙上でこうした論議に触れながら、かつて、あきる野市の五日市を訪れた時、郷土館で見せて頂いた『五日市憲法草案』のことをしきりに思い出しておりました」[55]と、記者の質問に応える中で語って、憲法制定をめぐって明治初期の一般国民の間に熱い思いが存在していたことを指摘したり、また二〇一四年五月には、天皇と皇后が栃木県の渡良瀬遊水地や、鉱毒被害を告発した田中正造の出身地の佐野市の郷土博物館を訪れて、展示されている田中正造の「天皇への直訴状」を熱心に見学した。[56] 天皇と皇后のこのような一連の言動は、旧大日本帝国時代の正統的歴史観の外に存在した価値あるものに目を注いでいることを示しているだろう。これも「日本国憲法」のもとでの天皇のあり方の実践であろう。

つまり明仁天皇および美智子皇后は、そのアイデンティティを「日本国憲法」において、その体現者であろうと努めているとみなすことができる。さらに、この二人の人物が人格の骨格を形成する時期がまさに戦中と戦後であったことを考えると、とりわけ天皇の言行は、戦争と敗戦に翻弄され、かつ本来大きな責任を追及されるべき人物を父にもった一人の人間としての深い思慮の上に立つそれと判断されるべきであろう。

他方、安倍首相の側は、そのような深い思慮も示すことなく、「戦後レジームからの脱却」などという軽薄な言葉を弄んでいる。彼を支える団体は「日本会議」というものだそうであるが、この日本会議は、ほとんど信仰とも言えるほどに「明治憲法の復元を目指す」と公言する日本政策センターと、[57]「皇室を戴く悠久の伝統文化を誇る独立国家にふさわしい新憲法の制定」を運動目標とする日本青年協議会[58]という右翼団体とを、その中心的構成団体とするものである。[59] 敗戦後七〇年間にわたる国民の営為を無視して、〈過去の輝ける日本〉へと国民のアイデンティティを引き戻そうとしているということになる。しかし、冷静に考えてみると明らかなことであるが、彼を支える人々が理想とする「明治憲法」の時代は、厳密に計算すればわずか五六年の間しか継続することなく、そして「明治憲法」そのものは大日本帝国を敗戦による亡国に導いたのである。それに対して、彼らが否定する日本国憲法は、すでに施行後七〇年を経つつあり、そのもとにある日本国はいまなお存続しているばかりか、その中に生活する国民は「明治憲法」の時代とは比較にならないほどの豊かさと平安とを享受しているのである。そして、現在の憲法に圧倒的多数の国民は満足しており、九条を改正して自衛隊を正式な軍隊にすることも望んではいないことを、世論調査の結果は示している。[60] にもかかわらずそのような国民の意識を強引に変えさせるために、隣国との外交的緊張を高めて国民の不安を煽っているのである。つまり、こうして国民の間でのアイデンティティの動揺を加速させながら、自らが「信じる」方向へと引き寄せようとしているということであり、このような荒々しい政治は民主主義の国の政治としてはあってはならないことと言うべきであろう。

5　新たなアイデンティティを共有するために

(1)　未来にアイデンティティを根拠づけた日本国憲法

日本国憲法は以下のような前文をもって始められている。

日本国民は、恒久の平和を念願し、人間相互の関係を支配する崇高な理想を深く自覚するのであつて、平和を愛する諸国民の公正と信義に信頼して、われらの安全と生存を保持しようと決意した。われらは、平和を維持し、専制と隷従、圧迫と偏狭を地上から永遠に除去しようと努めてゐる国際社会において、名誉ある地位を占めたいと思ふ。われらは、全世界の国民が、ひとしく恐怖と欠乏から免かれ、平和のうちに生存する権利を有することを確認する。……日本国民は、国家の名誉にかけ、全力をあげてこの崇高な理想と目的を達成することを誓ふ。[61]

この前文について安倍晋三首相は、自らのホームページで「世界の国々、人々は平和を愛しているから日本の安全、国民の安全は世界の人々に任せましょうという意味にほかなりません。普通の国家であれば『わたし達は断固として国民の生命、財産、領土を守る』という決意が明記されるのが当然です[62]」と批判的に述べている。

この前文は、安倍氏が理解するような「人任せ」の宣言なのだろうか。そうではなくて、敗戦直後の日本国民一般が抱いた理想的な社会を実現しようとする意思の、つまり自分たちのアイデンティティの主要部分を未来に根拠づけようとする意思の表現であるはずだ。この憲法の成立については「押しつけ憲法」などと言われることが多く、安倍首相もホームページでそのような趣旨を記して「これは歴史的な事実です」と強調しているが、他方、敗戦直後から日本人の専門家たちによる新たな憲法制定への動きがあり、それがこの憲法の制定に結実したという事実が、最近も明らかにされている。[63]

それ以上に、当時の日本人がこの憲法の内容にもろ手を挙げて賛同したという事実の意味をしっかりと理解する必要がある。すなわち、たくさんの人々が財産はおろか命までも失い、生き延びた人たちも傷ついたり、職業を失うという現実を経験した一般の国民は、自分たちが直面している現実を端的に「破局」と捉えたに違いないのである――国を敗戦に導いた指導層が、敗戦を「終戦」と言い換えることで、大日本帝国が滅亡していく事実を覆い隠そうとし、そうすることで自らの責任は回避しようとしたとしても。[64]

だからこそ圧倒的多数の国民は、この破局を踏まえて、「新規蒔き直し」をはかったのであり、その道筋を指し示してくれることになった新たな憲法の発布・施行に歓喜さえしたのである。この事実は、当時生まれた子どもたちの名前がそれを示している。筆者自身も、憲法が公布され施行された一九四七年生まれであるが、われわれの小学校時代の同級生には、男女ともに「平和憲法」の四文字のうちのどれか一文字を名前の中にもつ子どもたちがたくさんいた。中には文字通り「平和」君もいたほどである。

その結果、国民主権のもと、徴兵制がなくなり、婦人の参政権も認められ、基本的人権が尊重されることによって言論や学問の自由が保障されることになり、今日のノーベル賞ラッシュが実現されていると言ってもいいだろう。この憲法のもとに実施された戦後改革によって、戦前とは比較にならないほどの平等な社会が実現されて、人々は勤労の成果が自分自身に還元されるようになったことを実感したことから、勤労に喜んで従事した。それが高度経済成長を実現したのである。

さらに、この憲法の柱の一つである平和主義は、敗戦直後に世界中から日本に向けられた厳しく軽蔑的な視線を、比較的すみやかに消えさせることとなった――実際に被害を受けたにもかかわらず、形式的な「謝罪」しか受け取ることができず、それもその表明のすぐ後で、「あれは一応言っておいただけだ」と公言してはばからない政治家たちの言動を繰り返し見せつけられた近隣諸国は別とすれば。

それゆえに、われわれが八〇年代半ばからのアイデンティティの動揺を越えて、再び敗戦直後のような、広く強く共有できるアイデンティティを再形成するとするならば、この方向にさらに大きな理想を描いて、それの実現に共同してあたるということになるべきであろう。

(2) 〈未来〉に向かうアイデンティティの再形成を

日本もその一部に入っている東アジア地域を、文明的な親近性を重視しつつ狭く規定すると、モンゴル、韓国、中国、台湾、香港、ネパール、ベトナム、シンガポール、フィリピンとなるだろう。これら九つの国と地域の総人口は約二〇億六七五〇万人であり、世界の総人口の約二九パーセントを占め、総GDP（ドル換算での名目数値）においては一八兆三〇四〇億ドルとなり、世界の総額の約二五パーセントを占めるという、巨大な力を有する地域である。[65] フィリピンを除いて、儒教文化の影響がある八つの国と地域の合計で計算しても、人口で約二七・三パーセント、GDPで二四・五パーセントで、大きな違いは生じない。

この事実を踏まえて、筆者は〈未来〉に向けてのアイデンティティの再形成として、東アジア共同体の創設を構想することを提案したい。すでにこのような構想は、例えば経済学者であった森嶋通夫によって提案されていることであり、[66] また民主党が政権についた際に鳩山由紀夫首相が構想として発表したことがあるなど、一九九〇年代からでも多くの構想が発表され、またこの構想についての研究も数多くなされている。その上、筆者自身が政治と経済の分野の専門家でもないので、ここにその詳細を記すことは要しないだろう。

しかしながら、目下、政府が煽るこの地域での緊張とそれに色濃く影響された少なくない日本人の、この地域の他国の人々に対する嫌悪感を前にしているからこそ、少々の具体的なことを記してみたいのである。国境を越えて、人々が自由に往来してごく自然に交流すること、外国の素晴らしい文化を容易にわが身で体験し、わが目で楽しむことができること、それぞれの地域が得意とする技や産物を提供し合って日常生活を豊かにすること、とりわけそれぞれの地域や国の将来を担う若者たちが学問や文化で刺激し合うこと、これらの営みは東アジアの発展に大きく寄与するに違いない。一般に平和の中で異文化と出会うことは、まだ吸収する能力が高い若者たちにとっては大きな刺激となり、それがさらに豊かな知的イノベーションをもたらすことが多いからである。こうして互いに手を取り合って東アジア地域が発展し、その平和的特性をもって世界と全人類をいっそう豊かにするようになるということを考えるのは、無意味であり、実現不可能な妄想なのだろうか。

筆者は今、長く続く経済的不調と、ほとんど同じ期間続く国民としてのアイデンティティの分裂、そしてその分裂を煽りつつ〈過去の輝ける日本〉へと国民のアイデンティティを収斂させようとする非生産的な政治的試みという三つの負の事象を、われわれ日本人が成功裏に乗り越えて、われわれの次の時代を本当の意味で輝かせるために、あえてここでこの構想を記してみた。

隣の国々との政治的かつ経済的な摩擦と緊張を眼前にしている大方の日本人は、筆者の提案を途方もなく非現実な空想だと捉えて、一笑に付すであろう。しかし、その捉え方そのものが、実はこれまでの日本人の限界を如実に示しているのである。大きくて高い理想を構想した上で、それの実現に向けてたゆみなく互いに協力しながら前に進もうとする――それも、誰かに指示されたからではなく、自発的に。この姿勢が、これまでの日本人が最も苦手とするところではなかったろうか(67)。

この苦手を克服しないことには、「隣で発展を続けつつある中国に呑み込まれる」という恐れを抱きながら中国への反感を増強しつつ、内心で中国の失敗を期待するという、負の心情に支配され続けながら、現実に中国に追い抜かれることになりかねない。

もし、この苦手を克服できるならば、あるいは克服しようと前向きに進み始めるならば、われわれは自らの弱点を克服できるばかりか、安倍首相の言う「戦後レジームの脱却」は無意味化され、彼が構想している内容のほとんどは超越されることになるのである。

非現実的であるという理由づけは、ほとんどいくらでも挙げることができるに違いない。やれアメリカが許さないとか、やれ中国に呑み込まれるだけだとか、あんな国の人々と共同体を形成したくない等々。

そもそも、東アジア共同体というものが一朝一夕に実現するとは、筆者も考えてはいない[68]。しかし、考え始めなければ、実現の方向への歩みそのものが始まらない。その上、長い間にわたってこの理想を掲げて努力していれば、相手も変化する可能性がある。政治の世界は、人間の営みである限り、相互に影響し合うものであり、また自分たちも相手も、いつも同じ状態に留まっているわけではない。この構想に反対しそうなアメリカも、その政治的スタンスが変わるかもしれないのである。

われわれがいかなる未来をこれからの世代の人々に用意するつもりなのか、それが今、問われているのだ。隣国との緊張状態の中に人々が縛りつけられているような未来でいいのだろうか[69]。太平洋のはるか対岸に位置する国との「同盟関係」だけに未来を託していていいのだろうか[70]。それこそ、安倍首相の言う「人任せ」ということではないのだろうか。

敗戦直後に生まれたわれわれがプレゼントしてもらったような、平和で希望に満ちた未来を、われわれの後にこの国に生きる人々のために用意しておく義務が、われわれにはあるのではないだろうか。「和」の字を名前にもっている一九四七年生まれの一人として、こう強く感じている。

第三章　日本社会における〈社会崩壊〉と企業活動

1　現代における人間の規定——社会的存在、自由意志、責任

哲学という長い歴史をもつ人間の知的営みは、宇宙や世界の成り立ちのみならず、自身がその一員である人間そのものをも考察の対象としてきた。紀元前五世紀のアテナイに生きたソクラテスが、「汝自身を知れ」というデルフォイの神託に導かれて人間の探求に生涯を捧げることになった、そのことに典型が見られるように、むしろその自己言及性にこそ、哲学という営みの特色があると言ってもいいだろう。

しかし、哲学が人間をいかなるものとして捉えるかは、時代によって変化してきているのであり、一例を挙げれば以下のようなものがある。

ローマ帝国末期のキリスト教の聖職者であり神学者であったアウグスティヌスは「人間は、あなた〔神〕の被造物の小さな一断片として、あなたを讃えようと欲する。喜びをもってあなたを讃えるように励ますのはあなた自身である[1]」と述べて、人間とそれの創り主である神との独特の関係ついて述べた。

イタリア・ルネサンスを代表する思想家の一人であるピーコ（Pico della Mirandola, 1463-94）はその『人間の尊厳に

ついて』の中で、最も優れた制作者としての神がその被造物である人間に以下のように説く場面を設定している。「おまえは、いかなる束縛によっても制限されず、私がおまえをその手中に委ねた、おまえの自由意思に従っておまえの本性を決定すべきである。私はおまえを世界の中心に置いたが、それは、世界の中に存在するいかなるものをも、おまえが中心からうまく見回しうるためである」[2]と説いて、神の被造物である人間が手にしている自由を強調した。

一七世紀フランスの哲学者デカルト（René Descartes, 1596-1650）は、有名な「私は現に考えつつある、それゆえに存在しているのである」[3]'Je pense, donc je suis.' という一文をもって、人間の存在価値をその精神としての働きに措定する考え方を示した。

以上、「企業」の発祥地としてのヨーロッパにおける哲学の、それぞれ時代を異にする三つの人間の捉え方を紹介したが、これを歴史的に捉えるならば、人間の神からの独立と自律、そして人間の精神的活動が重視されるようになってきたことが見てとれるであろう。

そこで本章では、現代社会においてほぼ常識化しており、かつ企業活動もそれに基づいて展開されている、「人間とは社会的存在であって、かつ自由意志をもって生きているのであり、その結果、自らの行動について責任をとるものである」という規定を前提として据え、考察を進めることとする。そこで以下では、まず「社会的存在」、「自由意志」、「責任」という概念が哲学の歴史上でどのように現れているかを、順次、簡単に見ていくことにする。

「社会的存在」とは、よく知られているように、古代ギリシアの哲学者アリストテレス（Aristoteles, B.C. 384-322）による、有名な人間についての定義である。[4]つまり、人間とは社会に生きてこそ人間となれるものであり、社会を外れた者は、たとえ生物学的に人間であっても人間とは言えないものであるとしており、それほどに社会に生きることが人間にとって重要なものであることを説いている。

次の「自由意志」という概念については、ヨーロッパ中世のキリスト教の哲学者であり神学者であったトマス・アクィナス（Thomas Aquinas, 1225/26-74）の定義をとおして紹介したい。ヨーロッパ中世の真っただ中に生きて、スコラ哲学を集大成した人として有名な彼は、その著書『神学大全』*Summa Theologiae* の中で、人間は知性的な存在であって、意思決定において自由をもっており、主体的行動を取ることが可能なものであるとしている[5]――「暗黒時代である中世における神学の侍女としての哲学」という、今なお一般に残存する中世哲学についてのイメージからみるとこれは意外なことであるかもしれないが、彼はそのようにはっきりと述べている。

さらに、時代が下がって、われわれに近づいてきた一七世紀後半のイギリスのジョン・ロック（John Locke, 1632-1704）も同じようなことを言っている。彼の著書『統治二論』から引用する。

それ〔すべての人が自然の姿でどのような状態にあるか＝自然状態〕は、人それぞれが他人の許可を求めたり、他人の意志に頼ったりすることなく、自然法の範囲内で自分の行動を律し、自分が適当と思うままに自分の所有物と身体を処理するような完全な自由な状態である。[6]

このようにして、人間というものは社会の中で生きてこそ人間となりえている存在であり、自分で自分の行動を律していく自由意志とそのための能力とをもっているのだ、という認識が社会で一般に共有されるようになったのは、近代という時代である。

その結果として、近代以降では行為主体としての人間の責任という問題が明瞭に姿を現した。このような思想的展開の中で「責任」という言葉が、従来の'liability'という法的責任を主として意味する用語から'responsibility'（応答）という言葉へと変わっていくということが起きた[7]。つまり、主体性をもつ者同士が、法的責任以前の段階で互いに相手をできる限り尊重することによって、平和的に共存してゆくべきであるという思想的スキームである。

この「責任」については、二〇世紀後半の二人のフランスの哲学者の文言を例として挙げたい。一人はジャン＝ポール・サルトル（Jean-Paul Sartre, 1905-80）である。敗戦直後の一九四五年一〇月に行われた彼の講演が、『実存主義とはヒューマニズムである』(8)という本として公刊され、日本でも翻訳されてベストセラーになった。その中で彼は、ナチスによるホロコーストや、アメリカによる日本に対する核兵器使用という事実を踏まえながら、われわれは自分を自らの理想に従ってつくるという意味において自らを選ぶのであり、そのことにおいて自分のみならず全人類に対して責任がある、と明瞭にレスポンサブル responsable という語を使用して述べている。

もう一人は、レヴィナス（Emmanuel Lévinas, 1906-95）である。彼はユダヤ系であって、自身の家族がナチの犠牲になるなかで、それを生き延びたという経験をもつ人物である。彼はこのような自身の経験に立って「責任」の問題を深く考えることとなった。例えば、『他者のヒューマニズム』(9)という本において、人間には人間である限りにおいて、他者に対する前始原的な責任があるのだと言う。つまり人間が人間である限り、本人にはその始原や、その元がわからないような形で、すでに他者に対して責任があるのだ、とレヴィナスは言っている。

二〇世紀のサルトルとレヴィナスの主張も、根本においては先に紹介したアリストテレスの「人間は社会的な存在である」という思想とつながっていて、われわれが社会の中で他の人と一緒に生きているということは、そのことにおいてすでに他者に対して責任があるのだ、という視点を採っているのである。

2　社会の二類型としての〈ゲマインシャフト〉と〈ゲゼルシャフト〉

次に、人間が社会的存在としてその中に生き、また生きるために形成する社会には、〈ゲマインシャフト〉と〈ゲゼルシャフト〉という二種類の社会があり、そのいずれもが、人間が人間らしく生きるために必要である、ということに触れておこう。

この二類型は、よく知られているように、ドイツの社会学者、テンニース（Ferdinand Tönnies, 1855-1936）が、一九世紀の終わり頃に著した同名の『ゲマインシャフトとゲゼルシャフト』[10]という本の中で提示したものである。

この二類型は現在に至るまで社会を捉える上で基本的な枠組みとされており、テンニースの提案から発展的に以下のように理解されている。[11]「ゲマインシャフト」とは、諸個人の間で他者の人格の全体に対して、それを限定することなく、互いに志向し合うことで成立する関係体であり、具体例としては、家族や恋人同士、あるいは信仰をともにする集団等がそれに当たるのである。それに対して、「ゲゼルシャフト」とは、他者の属性の特定の側面に関して功利的に志向し合うことによって成立する、つまりお互いに選んで、この人とはこういう点で人間関係を結ぶことに意味があると考えて結ばれる人間集団であり社会だとされており、これの典型的なものとしては、まさに会社が挙げられる。実際にドイツ語で「株式会社」はアクティエンゲゼルシャフト Aktiengesellschaft という。

そして、テンニース自身は、人類が歴史的に発展していくと、その社会は、「ゲマインシャフトの時代」から「ゲゼルシャフトの時代」へと変わっていき、そしてゲゼルシャフトが優越するようになるのだと考えていたようである。[12]たしかにテンニースが一九世紀の末にこの本の中で予想したように、——後に詳しく触れるが——ゲゼルシャフト的なものが現代社会では卓越しつつある傾向にある。しかしながら、人間が人間らしく生きていくためには、現代でもなお、ゲゼルシャフトとゲマインシャフトの両方の社会にバランスよく属しながら生活するということが必要なのだと考えられる。

われわれは誰でも、昼間の職場というゲゼルシャフトで働いた後に、ゲマインシャフトに戻って、楽な気持ちで付き合える人間関係に身を置くときに、「素《す》の自分」に戻ることとなり、本当の意味でリフレッシュされるという感じをもつことができる。そして翌日になると、そこから再び自分のもつコンピテンシー（専門的競争力）を携えてゲゼルシャフトへと乗り出していき、そして、そこで自分なりの自己実現、目標、理想を達成することに注力する、という循環の中で生きているのである。つまりわれわれは、ゲゼルシャフトにおいて努力することに充実感を味わうことができるのはもちろんであるが、ゲマインシャフトにおいてその充実感を反芻しながら翌日のための英気を養うことも必要とするのである。

3　現代社会における企業の存在位置

大規模な株式会社（アクティエンゲゼルシャフト）ができるようになったのは一六〇〇年の東インド会社に始まるとされる。そして、実際に今のようにたやすく会社がつくられるようになったのは、西欧においても一九世紀の前半以降のようだ。つまり、会社という存在は、長い人間の歴史の中では、ごく最近に成立したものなのである。

(1)　コーポレーション

まず、「会社」を意味する英語はふつう company とされているが、少し法律じみた英語で表現すると corporation となる。この「コーポレーション」という語の意味は、本来、一個の身体化されたものということである。これはラテン語で「身体」を意味するコルプス corpus という語からきているのであり、会社という人間の集団を[13]、いわば一人の人間であるかのように組織化されたものとみなしているのである。

これは、西洋の伝統的思想が現代の会社という概念にも適用されていることを意味するのである。カントーロヴィチ（Ernst Hartwig Kantorowicz, 1895-1963）がその広範な研究の成果である『王の二つの身体』[14]という名著で明らかにしたことであるが、国家を典型とする人間の集団が形成する組織が、ヨーロッパでは中世以来、一人の身体として表象され、その頭が人格を形成しているのだと考えられてきた[15]。換言すれば、一つの組織のトップがいわば一つの身体の頭であるかのように、外部に向かってはその団体を代表したり象徴したりしつつ、組織の内部に向かっては構成員に命令を下し、かつその命令を実行した結果については責任を取るという構造が想定されているのである[16]。これが、英語では「コーポレーション」と言われ、日本語では「法人」と訳されて使用されている概念である。このように企業という組織形態にも、キリスト教中世に由来する独特の考え方が現れているのである。

これを前提とした上で、先に触れた一七世紀の哲学者、ジョン・ロックの文章に戻ることにする。これを上にあえて引用しておいたのは、この中でロックが、「人間は自分が適当と思うままに自分の所有物か身体を処理するような完全な自由状態」にあると言っていることに注目したいからである。つまり、ロックに一世代ほど先立つデカルトは、すでに挙げたように、人間の存在価値をその精神的働きに措定する思想を説いたが、それが社会に共有されることになったヨーロッパ近代では、身体はほとんど物体の一種にすぎないという考え方が主流となっていたので[17]、ロックは平然と、人間は自己の身体を自分の所有物と同様に処理する権能をもっていると言い切ったのである。

ロックによって「自己の所有物と身体」について言われていることが、「コーポレーション」たる企業に当てはめられることになれば、いわゆる企業の売買、M＆Aのようなことも当然視されることになる。しかし、現代の企業のような、人間の生きる社会に根づきつつ活動している「コーポレーション」についても、その所有者は自分の所有している体を自分で思うままに処理できるのだから、企業という自己の所有する「もの」もそれと同じように扱って構わないのだと単純に言い切れるものだろうか、という疑問も湧いてくる。

⑵　ゲゼルシャフトの卓越

このような経過をたどって、われわれの考察の対象は二〇世紀の後半以降になる。現代の先進国においては、周知のように、富のほとんどが何らかの企業形態による生産現場で産み出されることとなっている。同時に、個別の企業という社会は、国家という全体社会の部分社会であるのだが、その活動の広さと深さにおいて企業は、しばしば一つの国家をしのぐ規模と力とを有する存在となっている。ここで「広さ」とは、例えば一つの巨大企業が一国家を包み込んでしまうことがあるとか、あるいは投資ファンドのような企業の行動は、いわばグローバルな形で、国境をやすやすと越えて展開されているということを指している。

「深さ」とは、国家という全体社会の構成員に対する企業という部分社会の影響力の強大さのことである。日本のような先進国の社会の現状を考えれば、その社会に所属して生きている成人のほとんどが、いわば何らかの企業に雇用されて生きていると言えるであろう。その結果、自分も雇用されなければ生きてはいけない、という強い心理的な拘束力が社会一般の構成員に共有されているはずだ。もう一つの「深さ」は、社会全体に対する影響力の大きさである。その第一の例は政治的影響力である。ロビー活動とか、さらには選挙の際の集票行動などというものを通して、政党ならびに個々の政治家に対して企業が影響力を行使し、企業自身の利益を確保しようとする営みがある。さらにもう一つは、マスメディアを通しての影響力である。これは主としてＣＭや広告を通して作用するものであるが、これには直接的影響力と間接的影響力とがある。直接的影響力とはＣＭや広告そのものによって社会の構成員に影響を与えることである。次の間接的影響力とは、ＣＭや広告を出稿するかどうかという企業側のさじ加減によって、プラスにせよマイナスにせよ、当該企業に関する何らかのニュースをマスメディアが報道するに際して、その報道の仕方に対して影響力を行使するということである。

以上のような事態を、さきほどの〈ゲゼルシャフトとゲマインシャフト〉という概念の枠組みを使って描写してみると、次のようなことになるだろう。つまり、自分の生きる場におけるゲゼルシャフト部分の増大と、それに反比例する形でのゲマインシャフト部分の縮小ということである。そして、先に説明したゲゼルシャフトとゲマインシャフトの、われわれ一人一人の人間に対しての存在意義を前提にして考察すると、ゲゼルシャフト部分の増大とそれに比例してのゲマインシャフト部分の縮小という事態が長期間続くと、例えば雇用されている労働者の家庭というゲマインシャフトが崩壊するとか、さらには個人としての人間であるということ自体が崩壊する、あるいは最近よく言われる「鬱になってしまう」、さらには人格が壊れてしまうとか過労死に追い込まれるというようなことになりかねないということである。

(3) ゲマインシャフトの衰弱

上述の状況を社会一般の側から捉えてみよう。社会の構成員のほとんどが企業というゲゼルシャフトに組み込まれていて、自身のもつエネルギーの大部分をゲゼルシャフトに注ぎ込まざるをえないという状況になるので、ゲマインシャフトとしての社会を維持するために必要な人的パワーが、人数としてもパワーの絶対量としても不足しがちになる。その結果として、ゲマインシャフトの弱体化が生じる。今、日本ではこういう状況が急速に進行していると思われる。

それを、少し具体的に説明してみよう。すなわち、利害を考えずに無条件で作用する連帯感が社会の中で衰弱してしまっていて、その結果として「無縁社会」と言われるような社会が生まれているのではないだろうか。例えば、困っている人がいても、誰も積極的に助けの手を差し伸べないどころか、隣近所に困っている人がいること自体に気づかないというようなことが起きている。さらには、隣人が一人でひっそりと亡くなっていても誰も気づくことがなく、白骨化してから発見されたということが、しばしばニュースで報じられているほどである。

あるいは、最近の若いお母さんたちは子どもの体調が心配になると、すぐに救急車を呼んでしまうということがあるようだが、これがしばしば悪いマナーの具体例として挙げられる。そして、「これは救急車の不適切利用です」と言われる。しかしこれを、今指摘した視点から見直せば、別のことが見えてくるのではないだろうか。つまり、自分たちの住んでいる社会のゲマインシャフトの部分の弱体化によって、勤めから帰って自分の子どもがぐったりとしていることに気づいた母親が、自分の子どもの病気がどのくらい深刻か否かを相談する相手が、夫はおろか隣近所にもいないという孤立感の中で、ほとんどパニック的反応として一一九番に電話をしてしまうということがあるのではないのだろうか。

もう一つ、最近の傾向として葬儀が非常に簡略化されているということがある。一人の人が亡くなったとき、周りの人たちが、その人の死を悼みつつ送るということが、しっかりなされなくなっているのである。近年までは、死者の生きていた地域（ゲマインシャフト）の人々が参加して「弔《とぶら》い」が行われた。しかし今や、弔問への参列者は、正式の葬儀に参列するよりも、その前夜に執り行われる通夜に参列するだけで済ませることが圧倒的に多くなっている。そして、通夜にせよ葬儀にせよ、参列者は焼香を済ませると直ちに式場を後にするのである。それのみならず、「家族葬」という形式も増えている。死者の家族だけでごく簡単に葬儀を済ませて、近親者や友人には事後に当人の死去した事実だけを伝えるのである。家族葬を執行する側の人たちは、「みなさんにご迷惑をかけたくないので、簡単に家族だけで済ませた」という説明をする。一人の人間の、それも自分が交際していた人間の死という重い事実をしっかりと受け止めた上で、その個人を悼んで送るという営みは、単純にわれわれにとっての「迷惑」となるのであろうか。もしわれわれがそう感じるとしたら、それはわれわれが、企業社会の中の〈忙しさ〉にとりつかれることで、本来の意味での社会的存在であることを放棄しつつあるということなのだろう。このようなゲマインシャフトの衰弱の具体例も存在しているのである。
さらに同じことの具体例として挙げられることに、「社会の教育力の低下」ということがある。最近では大人がよその子どもを叱らなくなったと言われる。この点をゲゼルシャフトと関連づけて考察してみれば、以下のようなことになるだろう。日本の昼間の社会には、商店などの自営業者の減少にともなって、雇用されていない大人はほとんどいない。つまり、一つの社会の中に生活していて、子どもたちと出会うことがある大人のほとんどは、（ロックの言葉を使って表現すれば）自分の時間と行動を自身の判断によって自由に処理できる状態にはなく、自分が属しているゲゼルシャフトの規則とか指示の範囲でしか動けなくなっているのである。つまり、テンニースの言葉でいえば、選択意志ではなく、本質意志に従って自発的に行動を起こすことのできる大人が、現在の昼間の日本の社会にはほとんどいないということになる。すると例えば、学校帰りの子どもたちが誰かをいじめているのを目にしても、自分の仕事の手を止めてその子たちのところへ行き、事情を問いただした上で、誰が悪いのかを明らかにし、それを踏まえて大人としてしっかりと叱るという、時間と手間のかかることを実行するのが極めて困難であるという状況があるのだ。こういう状況の中で、「社会の教育力の低下」と言われる現象が生じているのであって、単純に大人がよその子どもに無関心になっているということではないように思われるのである。[18]
以上に挙げた具体例を踏まえつつ全体を見渡すと、今の日本では、人を産み育む社会としてのゲマインシャフトの力がかなり衰弱しているということになるのではないか。それは、次世代を育むことが困難なほどのゲマインシャフトの衰弱であると言えるほどかもしれず、そこに、日本社会の少子化とそれにともなう人口減少の原因があるのではないだろうか。
この状況がゲゼルシャフトに与える影響を考えると、実はこれはゲゼルシャフトにとっても好ましいことではないはずである。その理由の第一は、社会の少子化が進行すると、絶対的な出生数の減少にともなって行動的な能力をもった人材の出現する可能性が低下するので、ゲゼルシャフトにとっても人材難ということになるからである。第二には、より主観的な側面であるが、この状況がゲゼルシャフトのゲマインシャフトへの圧迫と受け取られると、これから企業というゲゼルシャフトに入っていこうとする若者たちが、その道は自分たちにとっていいことがなさそうだという悪印象をもつことになり、その結果、有為な人材がゲゼルシャフト、つまり企業へ入っていかなくなるという傾向を生じさせるのではないだろうか。

4　哲学からみる企業の社会的責任

(1)　産業の成立

まず大前提としておさえておきたいことであるが、資本主義という自由競争を基本とする経済システムは、トマスやロックらの哲学者たちが明言していた〈自由〉を根幹とする人間の本性に適っているがゆえに、現代にまで存続してきたのだし、繁栄を保っていると言える。そして、その結果として、現代世界における最も強力で最も卓越的なゲゼルシャフトとして企業が存在しているのである。

ところが国家という全体社会との関係でみると、企業は、理論的にはあくまでも部分社会である。したがって個々の企業側の意識としては、自分たちにそれほど大きな社会的責任があるとは思えないかもしれない。そして法人税や事業税を納めていれば、責任は十分に果たしていると考えているかもしれない。しかし企業の社会的責任は、企業そのものが一つの社会に占めている存在の大きさのゆえに、また人間が営む事業のほとんどが企業化される趨勢にあるゆえに、伝統的な責任意識のもとで企業自身が意識しているものをはるかに越えるほどの大きさのものになっているはずである。この点について、企業と一般の社会との関係の本質という視点から、少し深く、広く考察してみたい。

企業とは、「利潤追求を目的として、継続的かつ計画的な意図のもとに、生産、販売、サービスなどの各種の営利行為を実施する一個の統一された独立の経済的生活体」とされている。(19) そして、産業が成立するためには、二つの道が考えられる。一つは、まず定住している人間の集団としての社会が存在し、その社会の中に生きる人々の生業としての産業が成立する場合である。典型的には、農業が原初的な形態のそれであろう。しかし、近代的な意味での産業としての企業は、すでに成立している社会の中に存在している人材（労働力）を活用して事業を展開し利益を獲得するために、いわば外から資本をその社会に持ち来って事業を展開するケースがほとんどである。つまり、ゲマインシャフトがまず存在しているところに、ゲゼルシャフトが成立するという形である。

もう一つの道は、産業の源になるような資源（例えば、海産物資源や金銀などの鉱物資源）のある場所が見つかって、それを産業として開発するための人員が必要となり、その結果、必要な人員とその家族とがそこに集住することで新たに社会が成立し、その社会内で産業が営まれるという場合である。これは、まず企業が一定数の人員を雇用することでゲゼルシャフトが形成されて、そのような人工的な社会の中にもゲマインシャフトが成立してくるという形である。

成立までの道が上記のいずれであっても、それぞれの社会はそれが存続する中で、ゲマインシャフトとゲゼルシャフトという二種類の社会から構成されることになる。そして、成立した産業が順調に展開されている限り、そこに生きる人々は豊かになるので、人口が増えるし、増えた人口の中に各方面に適した才能を有する「すぐれた」人々が育まれることになる。その結果として当該の産業が発展することになるのはもとより、その社会の構成員によるイノベーションによって新たな産業さえも興され、その地域がいっそう繁栄することになるだろう。それればかりか、その社会の豊かさによって豊かな文化も育まれることになり、その結果として、当該社会の中で生きる人々の全体が自分たちの社会に満足する度合いも高く強くなるはずである。つまり、その社会に生きる人々のアイデンティティが、その社会としっかりとした紐帯をもつ形で成立するはずである。さらに、その豊かな社会の豊かさの源として特定の企業があるとすれば、おのずと人々はその企業をも自己のアイデンティティの一つの層とするであろう。

また、当該社会に生まれ、そこで育まれた人々の中には、授けられ開発された自分の能力をもって他の社会に移り、そこで活躍する人々も出現するであろう。そして、その人々もまた、生まれ育った社会を離れてからも、自身をそのように育んでくれた社会ならびに上述の企業に対して感謝の念と愛着をもつであろう。

上で描写したようなプロセスの中では、ゲマインシャフトとゲゼルシャフトが相互依存的に成立しながら機能しているのであり、その相互依存関係の内部で、構成員は企業というゲゼルシャフトで働き、企業の目的に貢献する人員として供給されることになっているのである。さらに見逃してはならないことは、企業とはその本質がゲゼルシャフトであるとはいえ、その企業で働いている労働者たちの間にも、同じ場所で共同して働いている間に育まれる相互の信頼感を源とし、企業内でのゲマインシャフトも成立するということである。そのような、経営者が本来はその形成を意図していないゲマインシャフトも、企業内での労働の質を高めるために重要な役割を果たしているのである[20]。

(2) ゲゼルシャフトに徹しようとする企業

企業がその設立目的に従って利潤を追求することは当然である。そのために、いわゆる「合理化」を進めることも、それこそ合理的である。しかしながら近年のそれは、ゲゼルシャフトとしての企業であっても、それが人間の集団によって構成されている限り必然的に生み出されてくるゲマインシャフト的側面を徹底的にそぎ落そうとすることまでが含まれているように思われる。企業経営にとっては、ゲマインシャフト的な部分は利潤獲得にとって不要なムダであるとみなすようになっているということ、つまり企業がゲゼルシャフトに徹しようとするようになっているということである。しかし、本当にそれでいいのだろうか、という疑問を筆者はもたざるをえない。

具体的に検討してみよう。ゲマインシャフト的側面のそぎ落としの最たるものは、いわゆる「終身雇用制」を廃止して「有期雇用契約」に切り替えるという雇用形態の変更である。この形態変更によって、雇用主たる企業側は被雇用者たる労働者の仕事に対する能力等を判断基準にして、ほとんど「臨機応変」に解雇することができるようになるので、「終身雇用制」よりは人件費を削減することができる。被雇用者の仕事能力を基準とする判断は、企業という組織としては合理的なものである。他方、雇われる側からみると、最長でも三年とか五年しかその企業に勤めることができなくなり、契約期間終了後は新たに職を探さねばならなくなるので、日常生活の中に大きな不安定要因、不安要素が生じるのであり、また将来設計がむつかしくなることは言うまでもない。

では、なぜかつて日本では「終身雇用制」がつくられ維持されてきたのだろうか。それは、企業側が優秀な人材を自分のもとに確保しておくという目的があったからに違いない。しかし、それが当然に生み出す副次的効果として、「うちの従業員」の「将来設計」を支援するという意味もあり、それはさらに、企業内での福利厚生制度の充実という形さえも生み出した。それが、前頁（および註（20））で言及した企業内でのゲマインシャフトの育成である。それは被雇用者の雇用企業への「忠誠心」、あるいはアイデンティティの育成にもつながったし、当該企業が立地する社会の中でのその企業に対する高い評価にもつながっていた。そして、当該社会内部に次の世代の優秀な人材を育てることを、間接的に支援していることにもなったのである。

それは、企業の利潤追求という視点からは余分で非合理的なことのように見えるが、人間の社会の成り立ちという点から見ると合理性のある企業行動であると言えるだろう。なぜなら企業が雇用する一人の人間は、その企業が育てたわけではなく、また雇用される本人自身の努力だけによって育ったわけでもなく、その人物が育った社会全体によって育てられたのであるから、[21] その意味で企業が被雇用者の「将来設計」に関与することは非合理的なこととは言えないのである。ましてや、上述のように企業活動が一般の社会に深くて強い影響を与えている現代ではそうであろう。

ところが、ゲマインシャフト的側面を徹底的にそぎ落とそうとする企業経営の方針は、年単位での「有期雇用」にとどまらず、時間単位でのそれにまで進んでいる。いわゆる「パートタイム労働」という形態である。専業主婦として家庭にいる女性が、空いている時間を活用して仕事をして収入を得るという場合であれば、これは雇われる側にも雇う側同様に好都合であろう。しかし、「将来設計」を必要とする若年世代の男女がこの就労形態で働くことになると、賃金が低いので、いくつかのパートの職場をかけもちして移動しながら働かざるを得なくなる。賃金が低いばかりか、十分な休養も取れないままに働き続けるケースが多いという。

しかし、雇い主たる企業側からは、個々のパートタイム労働者の生活像の全体は見えないし、それに関心もないのであろう。昨今では、待機リストに登録されているメールアドレスなりケータイ番号に連絡するだけで、代替の労働者はすぐに見つかるからである。

厚生労働省の調査による「非正規雇用労働者」[22] の動向は、若年層に極めて過酷な状況を如実に示している。[23] まず全体の動向であるが、全労働者に占める非正規雇用労働者の割合は、一九八四年に一五・三パーセントであったものが、二〇一五年には三七・五パーセントに増加している。つまり労働者の三人に一人以上が非正規雇用労働者として働いていることになる。さらに、「これまで正社員として働く機会がなく、非正規雇用で働いている労働者」である「不本意非正規」の割合が、全年齢層の平均で一六・九パーセントとなるが、特に、「将来設計」が重要な課題である若年層である二五―三四歳の層がこの全体の二六・五パーセントを占めている。

それればかりか、制度設計の目的からして当然のことではあるが、非正規雇用労働者の収入はとても低いのである。厚労省の『平成二五年版　労働経済の分析』の記述によれば、[24]「二人以上の世帯に属する非正規雇用労働者を性別にみると、男性約四五六万人のうち約六二万人（一三・六パーセント）、女性約一一一七万人のうち約七四万人（六・六パーセント）が、自らが主たる稼ぎ手であり、かつ、世帯所得が三〇〇万円未満となっている。こうした者は三五歳以上層に多くなっている」というのである。つまり結婚して家族がいる家庭でも年収が三〇〇万円程度というケースが、男女合わせて一三六万家族に上る可能性があるということである。[25]年収二〇〇万円以下のいわゆる「ワーキングプアー」という視点から数字化すると、一千万人以上の人たちがそれに該当するという。

さらに、ゲマインシャフト的側面を徹底的にそぎ落とそうとしている雇用者側は、非正規雇用労働者には自らが管轄する福利厚生にかかわる各種制度を極めて抑制的にしか適用しないようにしている。具体的に示せば、雇用保険は非正規雇用労働者のうちの六七・七パーセント、健康保険は五四・七パーセント、厚生年金は五二・〇パーセント、退職金制度はわずかに九・六パーセントしか適用されていないのである。[26]

何という非人間的な生き方を強いているのであろうか。このことの責任は直接的には企業にあることはもちろんであるが、同時にそれを法律的にも許容する体制を容認しているわれわれの社会全体にも、それはあると言わざるをえない。

(3)　コンビニ化される日本社会

コンビニ（コンビニエンスストア）は、今や日本社会において住民が消費行動をとる際の最大の接点となっているだろう。全国に展開されている店舗数は、過去四〇年ほどの間に増加の一途をたどって、今や五万店を越え、[27]その売上高は年間一〇兆円に達し、その結果、従来の個人商店はほぼ消滅した。

このように人気を集めているコンビニは、名称の通りに消費者にとってはとても便利な小売業である。日常生活でとっさに必要となるもののほとんどが揃えてあるほどに、商品の品数が多い。しかし、それらの商品のパッケージは、どれもが個人の当座の間に合わせとしての使用を想定しているらしく、一単位がとても小さい。とりわけ食品関係の商品は、そのほとんどが「出来合い」のものであり、購入した人がすぐに口に入れられる状態で提供されており、調理をした食べ物をこしらえるための食材はほとんど扱われていない。また、早朝から深夜まで営業している店も多く、中には二四時間営業をしている店舗も少なくない。さらに、商品の陳列も顧客に対するサービスもフランチャイズチェーンで標準化されているので、客は買いたい商品を手早く見つけることができる。店員の方も常に足早に店内で行動しており、買い物客の精算にもほとんど即応体制である。「お待ちのお客様はこちらへどうぞ!」という店員の声は、いわばコンビニの象徴でさえある。列に並んでいる客の方も、手早く支払いを済ますようにせかされている感じさえ受けるほどである。

コンビニがこれほどまでに繁盛している主要な原因は、当然のことながら「顧客のニーズ」に対応できているからである。すなわち、日本の社会は「二四時間営業」化しつつあり、小学校の子どもでさえも塾から帰宅するのは夜の一〇時になるのが当たり前であるという。また、上で言及したパートタイムの労働者は、職場から次の職場に移動する深夜に、食べるものを買い込んで移動中に食べることも多いという。

今、日本の社会では、何事にも「スピード感[28]」が重視されて、それが成立してくるプロセスには関心をもたれることが少ない。「結果を出せ」というのは、社会でよく耳にする上から下への指導やお小言の常套句であろう。

この視点から社会全般を見渡すと、いろいろな分野に同じ傾向が存在していることに気づかされる。例えば、子育てや教育の分野でもコンビニ化が進行中のようだ。一人の子どもや青年の成長の過程をじっくりと見守ることがなされにくくなっている。大学でも「単位が足りないので卒業できない」という結果が出ると、親が大学に出張ってきて「たった一科目のためにうちの子の将来を塞ぐのですか。〇〇大学はそういう冷たい大学ということでいいのですね」などと、半分脅し気味にクレームをつけにくることも珍しくはない。「たった一科目」となったのは、自分の子の四年間にわたる大学生活というプロセスの結果であるにもかかわらずである。

昨今では、国会の審議も、従来の表現の仕方であれば「強行採決」の連続である。典型例は二〇一五年の「安保法制」の場合である。安倍首相は日本の国会に上程する前のその年の四月末にアメリカでした議会演説の中で、「夏までの成立」を公言して、帰国後の五月一五日に上程した。その法案の中身は、互いに関連する一〇本の法律を一括改正するものであった。安倍首相の、「熟議してもらう」とは言葉ばかりで、正面からの答弁は避け続けた上で、「必要な審議時間は確保された」と称して、事前の方針通りに強行採決をして成立させたのである――国民からは強い批判があったにもかかわらず。とは言え、国民の批判が長く続いたわけでもなく、そのうちに「強行採決」のことは雲散霧消した。その他の法案の国会審議もこれの繰り返しである。つまり国民の間に「早く結果を出すことはいいことだ」という雰囲気があるので、それほど強くて粘り強い反対にはならないということなのだろう。ここにも日本社会のコンビニ化が見出せるだろう。

さらには、人間の生き方そのもののコンビニ化もある。まずそれは、小売り店舗としてのコンビニに依存して生きる人たちがいることを指す。上述のように、本来は「当座、これで間に合わせておこう」というコンビニでの買い物であるから、割高でも仕方がないということのはずなのだが、見ているとすべてをコンビニで買って済ませているらしい人たちも少なくない。あえて外見から判断すれば、生活に余裕がありそうには見えない人たちが、それも高齢者である人たちが、多いようなのである。同じ商品であれば、コンビニの値段はスーパーなどの売値よりも二割ほど高いのであるから、少し歩いてスーパーに行けば同じ商品を安く買えるのに、なぜコンビニで購入するのだろうか。

こういう人たちはコンビニ依存症とでも言える生き方になっているのであろう。例えば、食材を調理して食事をこしらえれば、おいしさが違うことはもとより、経済的に安く済むのであるにもかかわらず、彼らの選択肢にはこの方法は入ってこなくなっていて、「今日の夕食にはコンビニのあの棚に並んでいるものを買って食べよう」としかイメージされなくなっているのだろう。メルロー＝ポンティ（Maurice Merleau-Ponty, 1908-61）の現象学流にいえば[29]、行きつけのコンビニの陳列棚が彼らの台所となっているというわけであろう。経済的に見るとこのような生き方は、貧しい彼らの生活を圧迫しているはずであるが、そういう視点を取ることもできなくなっているのであろう。それほどに、心理的な意味でも経済的な意味でも余裕のない状況が、彼らをして「当座、これで間に合わせておこう」という毎日の連続という形で「コンビニ依存症」にまでさせているということなのであろう。

いっそう深刻なケースは、自身の生き方そのものが「コンビニ化」されざるをえなくなっている人たちであり、こういう人たちが、とくに若者世代に少なくないだろうと思われるのである。この表現に該当する人たちは、上で論じた「非正規雇用労働者」と分類される人たちである。彼らは、仕事に従事できる期間が長くても三年なり五年と限定されており、さらに短い場合には毎日、新たな仕事に従事しなければならないという立場に置かれている。つまり、小さなパッケージの仕事しか得られないのである。それればかりか、たとえ頑張ってよい仕事をしたとしても、その結果としての昇給も昇進もない。仕事における発展がなく、その場限りなのである。その上、すでに言及したように、このような仕事に従事している非正規雇用労働者の収入はとても低い。このような境遇の中では、前向きの将来設計をすることは心理的にも経済的にもほとんど不可能であろう。それでもあえて実現可能性のある将来設計をするとすれば、〈今と同じであり続けることができれば、それでもいい〉となってしまうであろう。

実は、コンビニそのものにおける労働が極めて過酷であるようだ。それは、雇用されて働く従業員のほとんどが非正規雇用なので、上記のような今日の日本における一般的雇用構造の中では当然のことである。さらに、実は「オーナー」と呼ばれる店舗の経営者の労働のあり方も同様のようである。フランチャイズ制度の契約に拘束される結果、基本的には年中無休の二四時間営業という形を守らねばならず、さらに本部からくる指導や連絡に従って店舗を運営しなければならない。結果的には収入も必ずしも多いとは言えず、過酷な労働の日々となることが多いようだ[30]。

また、コンビニの経営には、素人がみてもすぐに気づく特色がある。それは、簡単に新規開店をして、簡単に閉店するということである。コンビニの店舗が独立した建物として設置される場合には、簡易鉄骨造りの〝薄っぺらな〟外見をもつものが多い。それは、店舗設置の経費を抑えることもあるが、同時に閉店時を想定して、建物の解体にもできる限り経費がかからないようにしている結果とのことである。

この点と関わって、昨今の企業経営一般にもコンビニ化していると言えそうな面がある。つまり、最近では企業は極めて速やか、かつ容易に事業所を移転する。利潤の確保が困難になったり、あるいはより多くの利潤が得られる立地条件をもつところが見つかったりすれば、さっさと移転する。工場の東南アジア諸国への移転などがその典型である。だから、近年の工場は昔のそれのように立派な建物をつくって操業するということはなく、必要最少限の条件を備えたもので操業していて、建物の面でもコンビニ化していると言えるだろう。

(4) 定住する唯一の動物としての人間

これまで筆者が「将来設計」という概念を繰り返し使用してきた理由は、人間にとってそれが極めて重要な意義をもつからである。意外と知られていないことであるが、類人猿も含めて、人間以外には定住する動物はないのである。そして、この定住こそが人類の文明を今の段階までもたらしたのである。それゆえに定住できない生活を長く送ると、人はこの文明を身につけることも、さらに維持・発展させることもできないであろう。以下で、この視点から少し考察してみよう。

冒頭近くで註に引用したアリストテレス『政治学』第一巻第二章のすぐ前の箇所に、以下のような記述がある。

さてまず第一に、互いに他なくしてはあり得ないものは、一対となるのが必然である。例えば、男性と女性が出産のために一対となるが如きである（そしてこのことは人の選択から起こるものではなくて、他の動物や植物においてのように、自分のようなものを別に自分の後に遺そうと欲することが生来のものだからである）……日々の用のために自然に即して構成された共同体が家であって、その成員たちをカロンダスは「食卓をともにするもの」と呼び、クレテのエピメニデスは「飯櫃を同じうするもの」と呼んでいる。しかし、日々のではない用のために二つ以上の家からまず最初のものとしてできた共同体は村である。……二つ以上の村からできて完成した共同体が国である、これはもうほとんど完全な自足の限界に達しているものなのであって、なるほど、生活のために生じてくるのではあるが、しかし、善き生活のために存在するのである。[31]

アリストテレスの二つの引用を合わせてみれば、定住して一つの家を構え、そこで男女が夫婦となって家庭を形成して、協力し合って生きることの重要性が説かれていることがわかる。

他の動物と比べて人間の知能が進化した結果、人間は食料を確保するために群れの構成員のすべてが移動する必要がなくなるほどにまで食糧確保の方法を発展させた。つまり定住したわけである。そして、その延長上で農耕を営むようになったと推測されている。[32] そして農耕の開始が定住の意味をいっそう大きくさせたに違いない。

これは、人間が植物のように土に根を下ろしたとも言えるだろう。定住することは、中国では古くから植物のイメージで捉えられていた。人間が集まって定住しているところを「村落」とか「部落」というが、「落」という語は、本来は草の葉が垂れ下がるという意味であり、そこから人が定住しているところの意味となった。中国語で「落落」とは「心の安らかなさま」という意味ももっている。同じような事情を「住む」という和語も示している。日本語学者によると、「すむ」とは、濁った水などを静かに置いておくと、濁りのもとである泥などが下に沈んで、水が「澄む」ことになるのと同じ語源だと言う。[33] つまり、「住む」ことは、じっと落ち着いて生きていると人間らしさが現れやすいと捉えられたのである。

では、このような定住をするようになったことから、どのような新たな展開が人間に生じたのだろうか。まずは「農耕の成立」が挙げられるが、それについてはすでに言及した。次に「家庭の形成」がある。そして、次に「文化の形成」がある。人間が必要とするような文化は、定住によって形成される集落とその構成単位としての家庭とを基礎としなければ身につきにくい[34]。さらに、文字や計算法などの習得の場合には、子どもたちが落ち着いた環境で繰り返し教わることが必要となるから、定住の結果として形成される家庭が不可欠であるだろう[35]。

では逆に、落ち着いて安らげる空間としての家と、その中でゲマインシャフトを形成できる家庭とを築くことができなければ、われわれはどうなるのだろうか。二〇一六年二月一五日にツイッター上に匿名で、「保育園落ちた日本死ね!!! なんだよ日本。一億総活躍社会じゃねーのかよ。昨日見事に保育園落ちたわ。どうすんだよ私活躍できねーじゃねーか。子供を産んで子育てして社会に出て働いて税金納めてやるって言ってるのに日本は何が不満なんだ?……[36]」という投稿がなされ、それが同月二九日の国会の衆議院予算委員会で野党議員によって紹介された。これの内容について見解を求められた安倍首相は、匿名である以上、本当であるかどうか確かめようがないと答弁して、投稿の切実さがわかっていないと批判を浴びた。たしかに言葉遣いは乱暴であるが、本来が「つぶやき」という意味をもつツイッター上の「発言」であるから、むしろ極めて率直な感想が発せられたということなのだろう。

これは正しく子育て世代の実感に違いない。子どもを保育園に預かってもらいながら働きに出て生活費を確保しつつ、子どもとともに愛情に満ちた家庭生活を送りたい、そのようにして子どもを育ててやりたいというのは、親であれば誰しもがもつ希望であるからだ。上で紹介した投稿の後半には、「金があれば子供産むってやつがゴマンといるんだから取り敢えず金出すか子供にかかる費用全てを無償にしろよ。不倫したり賄賂受け取ったりウチワ作ってるやつを見繕って国会議員を半分位クビにすりゃ財源つくれるだろ。まじいい加減にしろ日本」とも記されている。ここには、子どもをもつことがままならない若い世代の切実な声も表現されているのである。

さらには、経済的な理由からそもそも親許から自立もできないし、ましてや結婚などは不可能であるという、若い世代もたくさんいる。彼らは、親の収入によって養ってもらっているわけである――若者は、後に言及するように、本来なるべく早く親許を離れて一人暮らしをしたいものなのであるにもかかわらず。これは見方を変えれば、若者を安く雇用している企業は、その当人の親からお金をむしりとって、それを自分の企業の利益にしているとも捉えることができるだろう。そして当の若者は、親が亡くなれば親の年金も入らなくなるので、生活を維持することが困難になる、というケースが生じることも少なくないであろう(37)。

これでは、あまりにも若者が将来に希望のもてない社会になっているのではないだろうか。そしてこの状況は、日本社会の治安に悪影響を与えるに違いないのである。

(5) 略奪農業化する企業

上でみたように、人間は土地に定住することで成長し育まれる。その意味で人も、いわば農業による産物の一種とみなしうるだろう。ところで、未開民族が行っている焼畑農業や開拓初期のアメリカの農業のように、自らは肥料を施すことをしないで作物を栽培・収穫し続け、地力が消耗するとそこを放棄して他の地へと移るという農業の仕方を略奪農業と言い、これは「粗放で原始的な農業」とされている(38)。

そうであるならば、上の(2)でみたような、ゲマインシャフト的側面を徹底的にそぎ落とそうとしながらゲゼルシャフトに徹しようとする企業の営みは、「略奪農業」化していると言ってもいいのではないだろうか。なぜならば、それぞれの土地に定住することで成長し育まれた人材を使えるだけ使って、当人たちはもとよりその耕地としての社会全体に再生産の可能性を残さないままにその土地を放棄し、より多くの利潤を求めて他へと移転してゆく企業経営が増えているからである。こうして生じる耕地と地力の消耗という社会の衰弱は、地方の場合とは異なり、東京のような大都市では、社会の巨大さによって目立たないが、しかし確実に生じていることである。それが「格差社会」という名称の背後で進行している事態である。

本来、企業は、ある社会に立地して操業することの対価として、法人税や事業税を国や自治体に納税するという義務を果たすのだ、と捉えることができるだろう。しかしながら昨今では、一方では、事業所の移転とそれにともなう人員整理という名の失業者の産出という計画を国や自治体に示して、なかば脅迫することで、合法的に税金の納入を減額させようとしているし、他方では、海外のタックス・ヘイブンに本社を登記して「脱税」するというような方法を採って、税金の納入を避けようとする傾向が強まっている。その結果として、国や自治体の税収は大幅にダウンしつつあり、その欠落部分を消費税などの増税で埋めようとする結果、住民全体の購買力が低下して不況が深刻化するとともに、住民の生活水準が下がるということが生じているのである。

極めて現代化された企業経営の最先端の姿が、「粗放で原始的な略奪農業化」であるとする筆者の指摘は、あるいは奇異に映るかもしれない。しかし、展開されている事実の本質を捉えると、まさしくこういうことに他ならないのである。そして、この最先端には金融資本主義と言われる企業活動が鎮座している。具体的に描写すればこういうことになる。人々の住む社会で営まれる通常の企業活動――これは「実体経済」と言われる――から産み出される利潤をターゲットにして、それを株式投資等のさまざまな金儲けのスキームを活用して、はるか上空からサッと「かすめ取る」ことだけを企業活動としているハゲタカ・ファンドのような企業が、大きな力をもってこの構造の頂点に位置しているのである。

このような企業活動には、ゲマインシャフト的な要素はみじんも残されていないのである。各国の通貨の姿さえもまとうことのない、まったく抽象的な富が膨大な数字の羅列として蓄積され示されるだけである。

しかし、そもそもゲゼルシャフトである企業であっても、本章の冒頭で指摘したように、それが〈法人〉として存在する限りは、それの立地するゲマインシャフトとの間に、単にゲゼルシャフトとしての関係だけではなく、ゲマインシャフトとしての関係も成立するはずなのである——個々の人間の間に、ゲゼルシャフトとしての関係とゲマインシャフトとしての関係との両方が成立するように。それが、近江商人由来の日本の伝統的経営方針としての「三方よし」の思想[39]が語っていたことであるはずだ。実際に、ある地域に自生した企業の場合と外からその地域に事業展開した企業の場合との間には、その企業としての振舞いに違いが生じることがある。[40]それは、〈法人〉としての地域社会への帰属意識の強弱が生み出す違いであるはずだ。

しかしながら、上空を旋回しながら抽象化済みの富の在り処だけを探して、それをサッとかすめ取るという「企業活動」をする企業にとっては、人間が生まれ育ち生きている土地のことは、まったくと言っていいほど視野に入ることも関心の対象になることもないであろう。つまり、このような「企業活動」にとっては、「経済」economy という語の語源たるギリシア語の oiconomia の語幹となっている oicos（住む場所）が視野に入らないばかりか、「経済」の語源たるギリシア語が本来もつ「家計および家族の管理」ということもまったく関心の外にあるに違いない。ただ富としての数字を自分の側に積み上げることが自己目的であって、その後のことは文字通りに「あとは野となれ山となれ」ということなのだろう。[41]こうして、定住してこそ育まれる人間という存在、ならびにその集団によって形成され維持される社会の双方が、荒廃したり消失していくことになりつつあるのだ。

しかしながら、このような「企業活動」も無人で自動的に展開されているものではなく、たしかに生身の人間が展開しているのである。では、その人たちはどこから現れたのだろうか。自分一人で生まれ育ったのだろうか。もちろんそうではない。彼らもまた土地の上に営まれた社会の中に生まれ、社会によって育まれたのである。この矛盾をわきまえるならば、現代の企業活動一般の向かうべき方向もおのずと明らかになる。なぜならば、一般の企業活動も著しく金融資本主義化していて、大手企業の中にはその利益のかなりの部分を金融事業から得ているところも存在しているからである[42]。

企業の担うべき責任は、ハゲタカ・ファンドが主張するように、出資者にできるだけ多くの利益を配当することだけでないことはもちろんであるが、国や自治体に法人税や事業税を支払うことで十分であるわけでもない。さらには、社員による寄付やボランティア活動を前面に出して、最近、企業が強調している corporate social resposibility（企業の社会的責任）で済まされるべきものでもない。

「企業の社会的責任」と言うのであれば、今やそれは、社会の持続可能性への責任を果たすべき段階に至っていると言うべきであろう。一般に使われる用語としての「持続可能性」は、未来の人々に対して資源や良好な自然環境を保持する必要があるので、そういう視点から企業活動を考えなければいけないのだという意味である。しかし、現代の企業活動による、これまで考察してきたような社会への影響にかんがみれば、資源や環境についてのそれに加えて、むしろ、もっと近未来の、すなわち次の社会を担うことになる世代の人々の将来についての責任を真剣に考えるべき段階に至っているのである。この事実は、金融資本主義の本家本元であるアメリカで、昨年〔二〇一六年〕一一月の大統領選挙の結果として示された。トランプが大統領に選ばれたのは、彼の政策が評価されたのではなく、ヒラリー・クリントンという対抗馬が、これまで述べてきたような企業活動の支持者であると若者たちからみなされて、彼女が支持されなかった結果だと解釈されているからである。その意味では、もちろんわが国でも、企業家のみならず政治家たちも、そしてわれわれ自身も、人間の社会の持続可能性を維持するために真剣に取り組むことが求められているのであろう。

5　人間《じんかん》として共に生きるために

(1)　個人化という現代の趨勢

人は、豊かになると一人であることの意味を認識しやすくなり、その延長上でプライヴァシーを重視するようになる。[43]各自が自分の部屋をもてるようになり、そこに入って一人でいれば、空想にせよ反省にせよ、おのずと自分の精神的領域を意識することになるし、その領域にこそ自分の根拠を見出すことになるからである。これは精神的能力が発達した人間という個体が求める当然の方向であろう。[44]

個人の豊かさは、通常の場合は当人が住む社会の豊かさと相即しているので、上で言及したプライヴァシーの重視という動きは、社会全体の趨勢として現れる。それが典型的に出現したものとして、上で筆者が言及した企業内での福利厚生の一つとしての社宅とか社員用保養施設が急速に人気を失い、利用料金は格安であるにもかかわらず利用者が激減していることである。プライベートな週末や休暇の時間さえも社員としての他の人と一緒であることは苦痛であり、リフレッシュにならないというわけである。[45]

さらに、若者は独立を求めるということもある。そもそも、いつの時代のどこの若者でも、何らかの形で自らを育んでくれた親や社会から独立したがるものである。その際に、当人と親との、ならびに社会との間で深刻なコンフリクトが発生する。このことは、多くの青春小説に描かれているところである。しかしこのことは、当人が一人前の大人になるためにも、自分に適った配偶者を得るためにも必要不可欠なことである。さらには、このコンフリクトから、新たな発見やイノベーションがもたらされることさえもあるのだ。

このような状況の中で、今日の先進国では「個人化」Individualization が進行していると、ドイツの社会学者であるベック（Ulrich Beck, 1944-2015）は指摘した。[46] 彼によると、これは一、脱伝統化、二、個人の制度化された解き放ちと再埋め込み、三、「自分の人生」を追求せよとの強制と純粋な個人性の欠如、四、システムによるリスクの内面化、という四つの特徴をもつという。[47]

近代化された社会の全体から醸し出されている典型的な風潮の一つとして取り出されたものであるが、とくに日本の若者をみていると、この特徴の多くが当てはまることがわかる。上述のように、そもそも親世代から独立したがる傾向をもつ若者世代には、伝統的な社会観をもっているように（彼らには）見える親世代の価値観とは対照的なものとして、そして新たなものとして、カタカナ英語をちりばめながら自分たちの眼前に姿を現してくる企業的な価値観は、とても魅力的なものとして映りやすいであろう。なぜならば、それは個人間の契約を中心とする極めてゲゼルシャフト的な価値観や人間観を提示するものだからである。

それゆえに今日では、もし彼らが企業に正規雇用の正社員として就職できたとしても、労働組合に加入することに積極的ではないし、もし加入したとしても積極的に活動することが少ないようだ。それが昨今の日本の労働組合運動の弱体化の片方の原因である。[48] さらに労働者である若者世代のこのような個人化は、上で扱った非正規雇用政策を進める企業との親和性が高いのである。つまり労働者が自らすすんで「分断化」に身を委ねていることになるからである。

(2) 自己責任論の陥穽

「自己責任」という言葉が日本で頻繁に使われるようになったのは、筆者の記憶では、二〇〇四年に発生したイラクでの日本人人質事件の際に、当時の小泉純一郎首相の発言から国民一般に共有されることになったものである。以来、日本ではほとんど日常用語として使用されるようになり、若干でも当人の判断や決断の要素がある事件や事故については、それは本人の判断や決断の結果だから「自己責任だ」と断罪するために使用されて、結果的に社会や企業の責任をあいまいにすることにつながっている。

上で言及した若者たちの言動は、極めて容易にこの「自己責任」という罠にからめとられやすいものである。たしかに、これも本章の冒頭近くで紹介したロックの見解に立つならば、われわれは自分が適当と思うままに自らの所有物のみならず身体さえも処理することができるとされているのであり、その前提に立ってわれわれは行動しがちである。すると、自らが非正規雇用という立場で苦闘していることも、その結果として貧困にあえいでいることも、いずれも「自己責任」として甘受すべき事態だということになりやすい。

昨今は、大学生がするアルバイトの現場においてさえも、「ブラックバイト」と称される極めて条件の悪いアルバイトを自分の力で辞めることができない、辞めさせてもらえない、と訴える大学生さえも現れているのである。

しかし、サンデル（Michel J. Sandel, 1953- ）の指摘をまつまでもなく、「ひどく貧しかったり公正な条件で交渉する力がなかったりする人がいれば、市場における選択は自由なものではないのだ」[49]。ベックの言う個人化の趨勢の中に含まれている「『自分の人生』を追求せよとの強制と純粋な個人性の欠如」という特徴にも揺り動かされながら、コンビニ化された日々を生きざるを得ない若者が少なくないのである。さらに悪いことには、このような状況に追い込まれている若者こそが、ゲゼルシャフト化に特化しつつある企業にとっては好都合な労働力なのである——彼らがしっかり働いてくれる限りにおいて。

しかしながら、そして残念なことに、このような自己責任論の陥穽構造をその当事者たちの多くが認識できていないのである。むしろ彼らは、自己評価をひたすら低くしつつ、今の境遇は自己責任だと認めているケースが多いのだ。

その原因は、上述のようなメカニズムの中で、彼らの社会観ががっちりと現代の企業のそれと一体化されているからである。国家が戦争を遂行するときには必ず、「君たちのアイデンティティは国家に他ならないのだから、国家が戦争に敗北すれば君たちのアイデンティティはなくなるのだ」と強力にマインド・コントロールをかけて戦争へと若者を動員するのと同様な構造が、ここに成立しているのである。

それゆえに、「社会に貢献するということはお金を稼ぐことであるから、お金を稼げない重度の心身障害者は社会に貢献できていない。だから、二〇一六年七月に神奈川県相模原市で発生した障害者施設殺傷事件の犯人の『重度の障害者は安楽死させた方が、本人のためにも家族のためにもいい』という犯人の言い分も理解できてしまう」などと言う若者が少なからず現れるのである[50]。あるいは、「企業の外には人間の生きることのできる社会はない」というような思いに囚われて、過労死させられるまで企業から逃れられない人々もいるのではなかろうか。

(3) 「企業に勤める」のではなく、『生きることを企業する』

われわれは今、企業の活動によってわれわれに提示されている、あるべき人間像ならびにあるべき人生像を乗り越えるだけの、想像力と勇気とをもつ必要があるのだろう。フランスの実存主義者、サルトルが第二次大戦終結直後に、「人間は何よりも先に、みずからかくあろうと投企したところのものになるのである[51]」と主張した。ここでサルトルは、「投企」と訳されているフランス語として projeter という語を用いているのだが、これは本考察の視点からいえば、entreprendre（企てる、企業を興す）という語でも表現できる内容である。つまり、人生を各自が自由に企てることができると言うのである。

たしかに企業の活動は、われわれに多くの富をもたらし、日常生活を豊かにしてくれた。しかし、その「豊かさ」は人間にとって必要な豊かさの一つであり、企業活動によって示された、企業活動にとって都合のよい（少なくとも不都合ではない）「豊かさ」像である。

そのような「豊かさ」とは別の「豊かさ」を味わいながら生きる人がいてもいいだろう。例えば、断片的にではあるが時々マスメディアによっても提示されることのある、山あいの村の生活である。金銭的な収入はいたって少ないが、自分の自由に使える時間はたっぷりとあり、興味のおもむくままにその時間を使う。小さな社会であるが、互いに助け合い、ときには対立もし合いながら、人間の素晴らしさがお互いに確認できる。このような、山間に人間《じんかん》として生きるという生き方も、一つの「豊かさ」であるはずだ。

都会のただ中にさえも、このような生活をこしらえようと思えばできるのではないだろうか。都会であれば、広い土地もいらないし、立派な建物も不要だ。雨露がしのげる程度の家があり、そこで家庭を営むことができて落ち着いて子育てができればいい。そもそも、その地に定住することで人となっているわれわれには、その「さと」という自分の住み慣れた地面の上に生き続ける権利があるはずだ。その「さと」というゲマインシャフトには、誰しも格別の思い入れが生まれ、その意識の地平に戻れば、誰でもが仲良くなれるのだから。それを行政に認めさせて、そこに都市型農業などの何らかの生業が成り立つようにさせるならば、貧しくても企業に頼らない人生を送ることができるのではないだろうか。

もちろん、自分でひとたび「自分の生きることを起業する」ことを実践してみた上で、その結果として何らかの企業に勤めることを選択する人が現れることを否定するものではない。

(4) 網目の結び目としての個人

現代人は、上述のように個人化の圧力に絶えずさらされ続けて苦しんでいるのであるが、筆者は人間世界のあり方について、このところまったく異なったイメージをもっている。われわれはみな、お互いにつながっているというイメージである。

たしかにわれわれ人間は、外見上の身体でも、精神で考えることも、他の人とは容易に区別されるのであり、それは昨今の自然科学的研究の成果によって、個々人が遺伝子構造においても明白な固有性を有することとして明らかにされている——とはいえ、そのゲノムの個人間での相違は全体の〇・一パーセントというわずかな割合であるという。

この微妙な相違が実はわれわれの生き方そのものにも反映されているのだ、と考えているのである。つまり、互いに異なっているけれども、互いに孤立して生きているわけではないということである。そこで筆者は、このような人間の世界をボールを入れる網袋のようなものだと表象するのである。すると個人として捉えることができる存在は、その網袋を構成している網糸の個々の結び目なのである。それゆえに、個人としての一つの結び目は、それだけが孤立して存在しうることは決してなく、他のいくつもの結び目によって支えられているものなのである。このことは、結び目同士に互いに妥当する構造である。そして、どれか一つの結び目が壊れると、その影響は他の結び目にもたちどころに及んで、結び目が結び目として成立しなくなるのであり、ひいては網袋全体がその球形を維持できなくなるのである。

個々人相互の関係、ならびに個人と世界との関係は、このようなものなのではないだろうか。しかし、ボールを入れる網袋との違いには十分に留意しなければならない。それは、現実の網袋の結び目は、ほとんどの場合が同じ種類の網糸によって結ばれたほとんど同じ結び目であるのだが、人間の場合には、一つ一つの結び目が、それぞれ異なった人格として存在しているという点である。つまり、個人としての多様性をもつ結び目が、隣の結び目と互いに支え合いながら、全体として色彩豊かな球形の網袋を構成していて、その意味でゆるく統一された人間の世界を形づくっていると考えることができると捉えているのである。

このように表象すれば、われわれは、世界の特別な一人とだけ赤い糸で結ばれているのではなくて——そういう存在がいても構わないが——すべての人と互いに見えない糸で結ばれており、支え合っているということになる。そうだとすれば、困っている人がいたらその人を支えたり助けたりすることは、決してその人のためだけではなく自分のためでもあることになる。「情けはひとのためならず」という古来のことわざ通りの事態である。さらに、隣人や知人、友人の冠婚葬祭で時間がとられることを迷惑とみなすこともなくなるであろう。自分が生きていることが他の人々によって支えられているという意味において、すでに「迷惑」をかけているのであり、それは正にお互い様なのだからである[52]。

こうして、老いも若きも互いに助け合いながら、楽な気持ちで生きたいものである。

第四章　近代的思考様式の限界についての一試論

――「科学・技術」との関わりを中心にして――

近代的思考様式は、われわれ現代人にとってはすでに当然のものとなっており、それが多くの有意義な発展をもたらしたことは明白である。筆者自身もその恩恵にあずかりながら、今、この小論を綴っている。

しかし他方において、この二一世紀の初頭の、とりわけ二〇一一年三月一一日の東日本大地震にともなう福島第一原子力発電所による事故とその甚大な悪影響に直面しているわれわれは[1]、それらが生じることになった原因の大きなものの一つとして、この近代的思考様式を再検討する必要に迫られていることもまた、明白であろう。そこで、筆者なりに若干の考察を試みることにしたい。ここで「近代的思考様式」という表現で意味させようとしていることは、哲学とか物理学などの専門分野における「近代的思考」のことというよりも、それから派生して一般社会に受容されたものとしての「思考様式」のことである。

1　「質を量に変換して表示する」という思考様式について

哲学の歴史においては、〈質〉と〈量〉は、古代ギリシアのアリストテレスによって一〇のカテゴリーの中の二つの互いに異なったものとしてまとめられて以来、ヨーロッパ中世を通じて近代に至るまで、論理学において互いに異なるものとみなされてきていた[2]。

しかし近代に至る頃に、〈質〉を〈量〉に変換して捉えることが可能であるいう思考法が徐々に広まった。その結果、現代では〈質〉を〈量〉に変換して表示できるということは常識化している。例えば、リンゴジュースの甘さの程度を、かつては人が「とても甘い」、「まあまあ甘い」、「酸っぱい」などと〈質〉にのみ依存して表現してきたものが、今の日本では「糖度」という数字としても表示されている。それは、対象となるジュース百グラムの中に糖分が何グラム含まれているかで表し、単位はパーセントか「度」で表される。その糖分の検出には光の屈折現象を応用しているという[3]。

このような「質の量への変換」とは、元来が人間の感覚に依存するところが大きい〈質〉という要素を、数値という客観的に読み取ることが可能なものをもって表示することであるので、「理解されやすい」、「客観的である」というような大きな利点をもっている。

では、この思考様式には問題はないのだろうか。この点を検討するために、まずはこの思考が登場した最初期の姿に立ち戻ってみることにしよう。それは、中世末期の一四五〇年夏にニコラウス・クザーヌスが著した『無学者考――秤の実験について』*Idiota de staticis experimentis* という対話篇にある。そこでは、水や空気の質の良し悪しを、それらの重さを比較することで判定できるという提案がなされているのみならず、以下のように人間の健康状態をも尿の色と重さから判断できるというのである。「(無学者) 健康な者と病弱な者、若者と老人、ドイツ人とアフリカ人では血液や尿の重さが異なっているので、これらすべての相違を認知していることは、医者に大いに役立つことではないでしょうか。(弁論家) まさしくその通りである。この重さによって確証されることで、彼〔医者〕は自己を〔他のひとから〕驚嘆されうる人にすることができるであろう。(無学者) さらに医者は、尿の色と重さとを同時に用いて判断する方が、欺きやすい色だけによって判断するよりも、一層真なる判断 verius iudicium をすることができると私は思います[4]」。

この引用でまず注目すべきことは、(尿の) 色という「欺かれやすいものとしての質」だけによって判断するよりも、「尿の質」が量化されて示される重さに着目しつつも、「尿の色と重さとを同時に用いて判断する」ことによって、「一層真なる判断」をすることができるというのである。これは、筆者が上で記した「理解されやすい」、「客観的である」という利点を指摘しているのである。しかし、クザーヌスのここでの提案は、何の病気であるかを見極めるために血液や尿の重さの異なりを用いようというものではなく、病気であるか健康であるかの徴候をみてとるためにこの量的比較を活用しようというものである。このように身体における異変の徴候をみてとろうとして量化された指標を用いることは、現在でも日常的にわれわれが体温測定によって行っていることである。つまりクザーヌスは、ここで何らかのものの〈質〉が完全に〈量〉化されうると言っているというわけではないのである。

クザーヌスの時代から五五〇年以上経った現代においては、実にさまざまな分野で「質の量への変換」という思考様式が活用されており、またその方法も現代科学の最先端の知見を技術的に応用したものが少なくない。先に挙げたリンゴジュースの糖度計もその一例である。

しかし、厳密に人間としての捉え方に注目するならば、糖度計で示される数値は、具体的な人間が感じる甘さの質を表しうるものではない。同じ糖度の数値が示されているリンゴジュースであっても、それを口にする人によって、その「甘さ」という質は異なることがありうるのである。ここに、人間の思考一般におけるカテゴリーとしての〈質〉というものがもつむつかしさがある。この点を解消しようとして、ジョン・ロックが、〈もの〉が本来有するものとしての「固体性」、「延長」、「形態」や「運動または静止」という物体そのものと不可分である第一性質と、「色」、「音」、「味」などの感覚をわれわれに生じさせる力としての第二性質とを区分したことはよく知られている。この区分にもかかわらず、人間の捉え方から出発する限り、「第二性質」とされている「質」を人間の思考から排除することは、非人間的なこととなる場合が少なくないはずである。

さらに現代医学の最先端においては、人間の思考そのものを研究して解明しようという試みがさまざまな方法でなされているが、そこにも一つの大きな隘路が存在しているという。ある人が何かを考えたり、何らかの外部刺激に反応している際に、脳内の特定部分の血流が増加するということは、fMRI や PET などの最新機器によって特定されている。しかし、その量化され可視化された状態は、脳内で起こっている現象そのものではなく、またその脳の保持者が現に感じている現象と同一でもないのである。(5)

これを一般化すると、ある事象に関して何らかの方法で数値化がなされる場合でも、その数値はその数値が関わっている事象そのものを常に示しているというわけではないことになる。

しかし一般に現代社会には、「科学・技術」に対して「信仰」と言っても過言ではないほどの高い信頼が存在しているので、その「科学・技術」で駆使される数値化や可視化への願望や圧力が強力に存在する。その結果、できる限り多くの事象をできる限り数値化して示すことが、社会全体で競争のようにして試みられることになる。そして、ある事象について何らかの数値が示されると、その事象を数値化する方法や過程がいかなるものであるのかの吟味はなされないままに、数値化された結果だけをみて、その事象の良し悪しを判断する傾向が生じやすい。しかし、この点について、先年亡くなったドイツの物理学者であり哲学者であるヴァイゼッカー（Carl Friedrich von Weizsäcker, 1912-2007）が経済学について述べた言葉を紹介しておきたい。「なるほど経済学は数・量的世界を自身の中心概念として設定するところに成立した学問です。しかしながら、人間のすべての問題を数や量だけに依拠して記述することは不可能ではないかと私は考えています。私の見るところ現代の人間は、必ずしも今以上にすぐれた経済学を必要としているわけではありません。もちろん、その努力自体が否定されるということはありえませんが。そうではなく、これまでお話ししてきたように、人間を学問の対象として論じるときにその学問的営為は最終的に人間のために存在するのでなければならないのです。そうした自覚が求められているのではないでしょうか。本質的に重要なことは、人間を人間として正しく理解することなのです[6]」。経済学そのものではないが、筆者自身も大学の広報室を手伝っているときに、業者から奇妙な数値化による説明を受けたことがある[7]。

数量化が人間そのものに適用されると、極めて浅薄で危険なことになることは明白であろう。ここで、あえて極めて陳腐化された問題を提出してみよう。現代日本では、学力というものが数値化されうることになっている。それぞれ教科の内容についてテストを行って、その結果を採点するという形で学力を数値化することは、ある意味での「公平性」を強調して、可視化するには便利な手段である。入学定員をもつ学部で誰を入学させるかを決定する場合に、入学試験を課して、その得点順に順位をつけ、得点上位者から入学定員の順番に至るまでの得点者を入学させることにすることは、得点の内容を問わない限り合理性を有し、「公平な選抜である」と評価されやすいであろう。日本におけるほとんどの入学試験がこのように実施されている。

しかしその数値は、入学試験という制度の本来的な意味である、当該大学の当該学部で勉学するにふさわしい学力という〈質〉を測定するという点について、どれだけの有効性をもっているのだろうか[8]。

そこで最近は、重要なのは学力ではなく人間力だ、と言われることも多い。では、ここで言われる「人間力」は数値化できるものだろうか。むしろ、数値化はできないが大切だと思われる、人間が備えるべき力を「人間力」として表現し理解しようとしているのではないのだろうか。しかし、数値化への願望が強い現代日本では、もし「人間力」という概念が社会一般で重要視されるようになれば、それを数値化できたという主張が登場するだろう（すでにそれが存在しているかもしれない）。しかし、たとえ数値化されたとしても、その内容の全体が示すものは、われわれが「人間力」という言葉で本来イメージしていたものとは異なるものになるだろう。

しかし、その数値化が大方に受容されれば、逆にその数値化されたものが「人間力」として扱われることになるだろう。さらには、「人間力」が社会において注目されたとしても、説得力のある形での数値化に成功しなければ、逆に「これは価値のないものである」という主張も現れるだろう。

一般化していえば、「質の量化」を当然視する社会においては、量化して数値として示されにくい物や事は、無視されるか、顧慮するだけの価値のないものとして扱われやすくなるだろう[9]。このような傾向が社会で一般化するならば、人間のあるべき姿の内容も、愛情、思いやり、品位、徳などの量化しにくい質は無視されやすくなる。つまり人間観が貧困化させられることになるだろう。

逆に、〈質の量化〉を単純に逆転する〈量の質化〉という社会現象も生じやすくなるはずだ。つまり、「値段の高い商品は良質である」とか「お金持ちは偉い人である」とかという形の判断である。日本のように長い歴史をもつ社会では、さすがに後者のような判断は一般化されていないが、前者については相当程度一般化されているのではないだろうか。

改めて人間に関わる領域での〈質の量化〉についてその本質を考察してみると、質を量化するという作業には、当該の〈質〉そのものについての「質の良い判定能力の保有者」という存在が必要になる。なぜならば、普遍妥当性の高い〈質の量化〉を実現するためには、質の良い判定能力の保有者による〈質〉の判定基準を〈量〉化のための基準に用いねばならないからである。このような事態は、あらゆる場面における〈質〉を〈量〉へと完全に還元してしまうことができないということを意味しているだろう。

2 〈無限〉と〈永遠〉の世俗化

近代に先立つヨーロッパ中世において〈無限〉infinitasと〈永遠〉aeternitasは、以下のトマス・アクィナスの文章が示すように、神にのみ属することであった。まず〈無限〉についてトマスは、『神学大全』の中の「神のほかにも本質において無限な何ものがありうるか」と題する項において、「神を措いては如何なるものも無限ではありえない。……神以外のものが無限たりうるのは、或る限られた意味においてにすぎず、端的な意味においてではない[10]」としている。また〈永遠〉についても同様に、「永遠なものであるということは神に固有なことがらであるか」と題する項において、「永遠性はひとり神においてのみ、真の、そして固有の仕方で存している。なぜなら、永遠性は、前述によって明らかなごとく、変わらないということに伴うのであるが、あらゆる意味において不変であるところのものは、然るに、さきに示されたごとく、ひとり神のみだからである[11]」としているのである。

これは、神によって無から万物が創造されたとするキリスト教の教義においては当然のことであった。しかし、近代になると〈無限〉と〈永遠〉とは、先の第1節で見た、〈質〉を〈量〉に変換して理解するという思考様式の展開と相即する形で、いずれもがいわば〈量〉化されて、神のもとから人間の手もとへと引き降ろされることになった。

この、〈無限〉と〈永遠〉との〈量〉化の移行期を示す思考が、第1節でも紹介したニコラウス・クザーヌスの著作に見出されるので、以下に少し紹介する。

(1)〈無限〉の世俗化

まずは〈無限〉についてであるが、それは彼の初期の著作である『覚知的無知について』*De docta ignorantia*（以下、『覚知的無知』と略）の中の「一で無限な宇宙を結論するための予備的な諸帰結」と題されている章に、次のように説明されている。「絶対的に最大なものだけが否定的に無限なもの negative infinitum であり存在しうるいっさいのものである。ところで、宇宙は万物を包括しているが、万物は神ではないがゆえに、宇宙は否定的に無限なものではありえない、たとえ、それが限界をもたないので欠如的に無限なもの privative infinitum であるにしても」[12]。この引用からわかるようにクザーヌスは、神を「絶対的に最大なもの」であり「否定的に無限なもの」としつつ、他方において、神によって創造された世界としての宇宙は「欠如的に無限なもの」[13]としている。この二種類の無限を考えることはトマス・アクィナスをはじめとして中世スコラ哲学においてもなされていたことではあったが[14]、この著作においてクザーヌスは、神の無限性を前提にした上で、宇宙の無限性を神の無限性の縮限されたものとして捉え[15]、さらに宇宙は絶対的なもの〔神〕の似姿 similitudo であるとみなしている[16]。この似姿という関係を神の無限性と宇宙の無限性との間に新たに設定することによって、クザーヌスは宇宙の存在意義を積極的に認めることができ、同時に宇宙の無限性を解明することに意義を見出すという方向づけが可能になったと見ることができるだろう[17]。

(2)〈永遠〉の世俗化

次に〈永遠〉については、彼の後期の著作である『球遊び』*De ludo globi* に典型的な叙述があるので引用して紹介する。

理解力のある人が、世界が永遠であるということを否定したと、私は思わない――たとえ世界が永遠性ではないにしても。たしかに万物の創造者だけが永遠性 aeternitas そのものとして永遠に存在しているのである。もし他の何かが永遠であると呼ばれる場合には、それは、それが永遠性そのものであるからそう呼ばれるのではなく、永遠性の分有によって eius participatione 存在しているか、永遠性に由来して存在しているからである。なぜなら、永遠性と同一である永遠なるものでない限りは、いかなる永遠なるものにも永遠性が先立つからである。したがって、世界の永遠性が、永遠なる世界に先立っているのである――それは世界の永遠性なのだから。つまり世界は、永遠性に由来してそれが永遠である aeternus ということを受け取っているのである――白いものが白さに由来してそうであるのと同様である。つまり、世界の永遠性が絶対的永遠性であるものを所有しているゆえに、永遠な世界 mundum aeternum を、つまりけっして終わることがなく継続するもの perpetuus としての世界を構築しているのであり、それが永遠と呼ばれているのである。[18]

ここでクザーヌスは、神としての永遠性そのものを前提にしつつも、われわれがその中で生きている世界が永遠であることを容認しており、それを神である永遠性の分有という枠組みで根拠づけているのである。

こうして、ヨーロッパ中世から近代への移行期において〈無限〉と〈永遠〉とがこの世界（被造物としての世界）にも容認されることとなった。これか、その本来的な源泉たる神との関係から解き放たれると、つまり〈世俗化〉secularization されるならば、それの〈質〉としての本性を失い、容易に〈量〉化されることになることは、見やすい道理であろう――〈無限〉が〈無限大の量〉として、〈永遠〉が〈無限大の時間〉として。

(3) 操作可能性としての〈無限〉と〈永遠〉

以上のような思考の展開から、アレクサンドル・コイレ（Alexandre Koyré, 1892-1964）によって表題化された「閉ざされた世界から無限の宇宙へ[19]」という表現が示しているように、神の被造物としての世界は有限であり完結した秩序を有するものであるという中世の世界観から、たとえ神によって創造されたものであっても現実の宇宙は無限大であるという世界観が成立することになった。このような世界観の転換が近代自然科学の成立に重要な役割を果たしたことは、コイレの著書で縷々説かれているところである。

さらに、近代の自然科学の成立には、その第一の集大成者であるニュートン（Isaac Newton, 1643-1727）の著書の表題『自然哲学の数学的諸原理[20]』が典型的に明示しているように、自然現象を量化して把握することが重要な役割を果たしたこともよく知られている。

今、この小論の視角から以上の展開を大づかみに捉えるならば、近代になって人間が〈無限〉と〈永遠〉とを操作可能な対象とみなすことになったと言えるだろう。それの典型は、ニュートンとライプニッツ（Gottfried Wilhelm Leibniz, 1646-1716）がほぼ同時に発見したとされる微分積分学 infinitesimal calculus である。

そしてこの方法が技術 technology の世界に応用されることで、われわれにとって便利で有益な手段が開発されると同時に、さまざまな人工的な世界が構築されてきている。しかしその中には、人間にとってのみならず他の生物にとっても、さらには地球環境全体にとっても有害な影響を与えていると言わざるをえないものも開発されている。その典型例は原子力発電というシステムである。

また、思考方法においても有害な結果を生じさせるものがある。その具体例を、筆者が経験したことから挙げてみたい。筆者の学生時代であった高度経済成長期初期の日本では、工場からの排水はほとんど垂れ流し状態であった。

高校生の頃にこの状態について以下のような説明がなされたと記憶している。n分の1という分数の数列を考えると、任意の数nが大きくなるにつれて、分数の値は限りなく小さくなり、nが∞（無限大）になると値は0に収束する。分子の数は、1でなくても分母よりも小さい数であってそれが一定であれば、同様に分母が∞（無限大）になると値は0に収束する。そして、これを工場排水にあてはめることができる。つまり、工場から出される排水の量は有限量であり、排水の流れ込む先は海なので無限大の量とみなすことができる。すると、排水に有害物質が含まれているとしても、海に流れ込めば、その濃度は限りなく0になるとみなすことができるので、有害性は消失するのだ、ということであった。

当時、すでに水俣病が発生していて、多数の地元住民が苦しんでいる時代であったはずだが、実に恣意的な〝科学的思考〟がなされていたことになる。今の日本では、このような思考法に立った排水処理が誤りであることは明らかとなっており、もはやこのようなことは行われていないが、地球上には依然として同様な対処が行われているところもあるように思われる。

言うまでもないが、海水にせよ大気にせよ、いかにそれが大量なものであっても、無限量でないことは明らかであるし、さらにそれらはまったくの無機質なものとして、われわれの環境を形成しているわけではない。例えば海水であるが、その中には、クジラやイルカなどの哺乳類から、魚、さらにバクテリアに至るまでの微小生物、そして海草などの植物も存在しており、それらの生物は自己にとっての環境である海水を生体の中に取り入れて生きている。その過程で、人間が排出した有害物質が、海中のそれぞれの生物の体内に吸収されることでいっそう濃縮された形で蓄積されていくのである。そのプロセスは、より小さい生物がより大きな生物に摂食されるという食物連鎖のプロセスによって極めて強く濃縮されるものだという。目下、メルトダウン事故を起こした福島第一原発に隣接する海面からも同様な事態が進行中のはずである。

大気の場合は、海水の場合と比較すると有害物質の濃縮プロセスは遠回りではあろうが、大気を呼吸している生物の間で同様なことが生じているのである。

つまり、無限量であり無機質であるかのように人間に捉えられがちな海水にせよ大気にせよ、それぞれは有限であり有機的であって、生きた環境なのである。それをわれわれ人間は、自分に見えにくいからという理由で、あたかも単なる水であり空気であるとして扱おうとしがちである。ここには、われわれ人間の思考上の偏見が存在しているのである。

そもそも、われわれの生きる世界を〈量〉化することは、極めて強力な抽象化作業である。例えば、教室に学生が何人いるかと数える場合を考えてみよう。われわれは、ここにいる学生が、男性であるか女性であるか、いかなる衣服を身につけているか、どのような思いをもって教室に座っているかなどという、紛れもなく現実に存在している差異をいっさい無視して、ただ頭数だけを数えるわけである。自然科学の分野のみならず社会科学の分野でも、〈量〉化する場合には、これと同様な抽象化が遂行されているのである。

もちろん、〈量〉化する際に一定の条件を設定することは——上の例では「頭数を数える」という条件を設定している——必要不可欠なことである（これが上述の「抽象化」でもある）が、問題は、その条件設定の意味を〈量〉化する側が十分に認識しているか、また〈量〉化して得られた結果を解釈して何らかの実践に活用する場合に、その設定した条件を改めて正しく考慮するか否かである。

西洋中世から近代への移行期に〈無限〉と〈永遠〉の〈量〉化という世俗化が生じたということは、上でみた通りである。この段階では、神という存在がいまだ現実性をもっていたので、人間が眼前で扱いつつある〈無限〉と〈永遠〉とは、神のもとにある真なる〈無限〉と〈永遠〉とは異なる、いわば二次的なそれらであるとみなされており、同時に、人間がそれを安易に操作することができるとも考えられてはいなかった。しかし、近代に入ってしばらくすると、西洋においても神のプレゼンスは加速度的に弱体化し、その座に人間そのものが腰を降ろすこととなった。

その結果、眼前にしつつある〈無限〉と〈永遠〉を、人間があたかも神のように操作して、それを人間の利益のために活用することは当然である、という思想が成立することとなった。その典型をフランス啓蒙思想の代表者であり数学者でもあったコンドルセ（Marie Jean Antoine Nicolas Caritat de Condorcet, 1743-94）の著作『人間精神の進歩史概観』*Esquisse d'un tableau historique des progrès de l'esprit humain* に見出すことができる。[21] 彼は人類の歴史の発展を一〇段階に分けて論じ来った上で、その最後の段階である第一〇期を締めくくるに際して以下のように述べている。

> 人間の完成可能性は無限であるということを、もう結論することができるであろう。とはいえ、今までわれわれは、人間のいろいろの自然本性的能力や体質が同一であるということだけを仮定してきた。したがって、もし、この人間の自然本性的能力そのものや、その体質がまた改善されうるものであるということが信じえられるならば、人間の希望の確実性や範囲は、いったいどのようなものであろうか。そしてこれこそ、われわれが検討すべく残されている最後の問題である。……今や、人類のこの完成が無限に進歩すべきものとしてみなされねばならないということ、死ということがもはや異常な偶発時か、もしくは生命力の漸次的な緩やかな消滅の結果に他ならなくなるような時期に達するにちがいないということ、そして最後に、誕生とこの消滅（死）との間の平均間隔の長さは、期間を限定しようにもできなくなるということ、などを仮定することは、ばかげたことであろうか。確かに人間は不死なものにはならないであろう。しかし、人間が生をはじめる時（出生）と、自然本性的に、病気でもなくて、偶発事故でもなくて、生きてゆくことが困難であると感じる普通の時期（死）との距離は、たえず増大してゆくことができないのであろうか。われわれは今、数量もしくは線でもって正確に示されうるような進歩について語っているので、無限という語がとりうる二つの意味を述べるのに適当であろう。事実、われわれ

が未来に進み入るにつれて、不断に増大すべき平均寿命は、ある限りない長さにつねに接近しつつ、しかもけっしてそれにいたりえないというような法則に従ってか、あるいは、この同じ期間が数千万年の間には、限界として指示されていたある一定量よりも大なる長さをとりうることができるようになるというような法則に従ってか、この二つのいずれかの法則に従ってこの生命の平均期間は増大しうるものである。この後者の場合には、この増大は、もっとも絶対的な意味で真に無限である。というのは、この増大が止まるべき限界が存在しないからである。[22]

このコンドルセの思想に現れているような、語の本来の意味での humanism（人間中心主義）は、一九世紀から二〇世紀の西洋社会で常識化された。さらに西洋社会のみならず日本でも普及し、「人間は無限に進歩しうる」とか、「科学は無限に進歩する」とかという言説は、今や義務教育の場において繰り返される常套句となっている――たとえそれが、児童や生徒を励まそうとして教師が発する言葉であるにしても。つまり、このような言説が「励まし」の意味を持ち得るということは、少なくとも「絶えざる、永続的な進歩」という観念が社会に共有されていることを示しているのであろう。

このような、人間存在の本質に眼をふさぎながら常套句的に思念されてきた人間中心主義は、今、環境破壊、自然破壊という事実を前にして、反省されつつあることは確かである。しかしながら、それが拠って立っている「無限」と「永遠」の思考が反省されない限り、形と場所を変えて再び姿を現すのである。例えば、「現代の自然破壊は確かによくないが、科学と技術の絶えざる進歩によって、それは必ずいつかは解決されるに違いない」という主張である。これに対して疑義を投げかける意見に対しては、悲観主義であるとか敗北主義であるというようなレッテルを貼りつけて済ましがちである。

しかし、この思考法からは、現在を生きている人間ならびに他の生物や自然に対して責任を負うことなく、問題の解決を「無限の進歩」とか「絶えざる進歩」とかという美名のもとで未来に委ねるという態度が生まれやすい。美しいスローガンに身を隠した無責任主義であると言わざるをえない。

3　自然科学と技術の問題性

近代を特徴づけるものの一つが、自然科学ならびにそれと密接な関係をもつことによって目覚ましい発展を遂げた技術であることは、論をまたない。そして、この両者が人類にとって多くの有益な知見と手段を新たに提供したことも明白である。冒頭にも記したように、現に筆者がこの小論を記すに際しても、この両者の恩恵にあずかっているのである。

とはいえ、この両者にまったく問題がないわけではないことは、今やますます明らかになっている。そこで、以下において、まず自然科学について、次に技術について、筆者の視角からそれらの本質に関わる問題性を検討することにしたい。

(1)　自然科学の問題性

われわれの考察の出発点であるヨーロッパ中世においては、もちろん自然科学はまだ存在しておらず、哲学philosophiaの一部門である「自然哲学」philosophia naturalisが、研究対象を自然としていた点において、自然科学の先駆形態とみなすことができるものである。また、「哲学」は中世においてもその淵源である古代ギリシアに成立した語をほぼそのままラテン表記して'philosophia'として使用していたが、時にギリシア語における語源をあえてラテン語表記して'amor sapientiae'（知恵を愛すること）と表記することもあった。そしてこのように哲学が表記される場合には、sapientia（知恵）とscientia（知識・学）とが意味的に対照されることがほとんどであった。sapientiaは、それがキリスト教信仰における真理を意味する場合があるように、積極的に価値判断に関わる知のことを意味することが多かったのに対して、scientiaは個別的な知のことを意味し、それの内部での論理的首尾一貫性が厳密に追求されるものであった[23]。

そして、その個別的な知の形態としてのscientiaが近代語であるフランス語と英語に取り入れられてscience（シアンス／サイエンス）となって今日に至っているのである。この点が、近代以降の自然科学natural scienceにおいては明証性が必須の要件とされているという点に継承されているであろう。しかしそれゆえにsapientiaが中世において担っていた価値判断、とりわけ人間の生きる上での価値判断に関わることには、サイエンスがほとんど無関心であるか中立的であるindifferentという性格をも継承しているであろう。

また、近代において自然科学という普遍妥当性を有する理論体系が構築されるに際しては、本章第1節において考察した〈質の量化〉という思考方法と、当時、発達しつつあった数学の知見とが結合されることが決定的な役割を果たしたことは明らかである。また、この自然科学という探求の営みが、第2節でみた〈無限〉と〈永遠〉の世俗化という思考とも密接な関係をもっていることもまた明白であろう。

ここで筆者は、自然科学の本質である普遍妥当性と数学的方法に由来する明証性とから、必然的に生み出されている問題性について指摘してみたい。「普遍妥当性」とは、自然科学の理論的成果は世界中のどこにおいてもいつでも妥当するとされていることであり、「明証性」とは、数学を用いた理論構築であるので、一定の知識さえ備えていれば、誰でもが理解できるということである。

たしかに、この自然科学の普遍妥当性と明証性こそが、近代ヨーロッパにおいて自然科学が爆発的に進歩することを可能にした重要な要素の一つでもある。なぜなら、この二つの要素によって自然科学の世界へは誰でもが参画できるようになり、また参画者の数の増えることは多様な才能のリクルートを実現することになったからである。さらに、その結果として新たな理論なり知見なりを得るための競争が激しく展開されることにもなったからである。(24)

しかし同時に、まさにこの点にこそ筆者は問題性を見出さざるをえない。言うまでもなく自然科学という学問も、それ自体が自己展開しているというものなのではなく、具体的な人間によって営まれて、初めて学問として存在しているものである。ところが自然科学研究に携わろうとする人間については、自然科学あるいはその中の個別的な諸科学についての研究能力が激しい競争の中で吟味されるということはあっても、自動車の運転免許証交付の際に検査されるような意味で、人間としての判断力や、広く道徳のようなものが身についているかどうかが試されることはない。

つまり、自然科学の明証性のゆえに、極端に表現するならば、自然科学の研究を遂行するための理解力と能力とを有する人物であれば、人格的にいかなる人物であっても、それに参画することが可能なのである。近代初期の自然科学揺籃の時代はともかく、技術との密接な関係に立つことによって途方もない力をもって人間をも含む世界を広く深く研究するようになっている自然科学の現状にかんがみれば、これは極めて危険な状況を生み出しているのではないだろうか。

ここで想定される危険性には二種類のものがある。一つは、悪魔メフィストフェレスに魂を売ったファウスト博士のような形で自然科学研究に携わる場合である。つまり、悪と思われる研究にも意図的に乗り出していく人物が現れるという危険性である。もう一つの危険性は、エピメーテウスの場合のような危険性である。無邪気にもパンドーラに箱を贈って、彼女がそれを開けるのを許してしまってから、人類に災厄がもたらされたことに気づいたのが、ギリシア神話のエピメーテウスであるが、これと同様に、自分の興味のある研究をやってみたいとか、ある事柄を解明してみたいという思いによってだけ行動して、その結果、解明されたことが人類にとっての災厄になることに、後になって（本人あるいは他者が）気づくという場合である。

個々のケースとしてみる場合には、前者の危険性は、後者のそれに比べると制御しやすいであろう。その研究に携わる本人が、「悪」に手を染めようとしていることを認識している瞬間があるはずなので、その決断あるいはためらいに周囲の人間が気づきやすいからである。しかし、後者の場合は、当事者自身に何のためらいもないままに無邪気に研究を遂行するのであるから、本人はもとより周囲の他者もその危険性に気づきにくいであろう。

このような筆者の指摘に対して、現代の自然科学の研究はファウスト博士の時代の研究とは異なっていて、ほとんどが共同研究として行われているので、言われるような危険性は少ないとか、近年は「研究倫理」を守るようにという指導がなされているから危険性は減少している、という反論がなされるかもしれない。たしかに個人の研究よりも共同研究の場合のほうが、過ちはなされにくいように思われる。しかしながら、同一の価値観をもつ集団であれば、一人の場合と同じような行動パターンとなりやすいであろう。この点は、後に考察の対象とする技術の場合にはさらに顕著になる。

さて、ここまでに指摘してきた危険性が当事者たちの認識と決断によって回避されて、当該の研究が中止されたと仮定してみよう。しかしそれだけの措置では、この問題性が根本的に解決されることにはならない。自然科学のもつ普遍妥当性と明証性とがそれを許さないのである。つまり、ある研究者か研究グループが当該の研究を断念し封印するにしても、自然科学研究のもつ普遍妥当性と明証性のゆえに、他の研究者か研究グループがそれを進めているかもしれないし、あるいは彼らがいくらかの時間差でその研究の課題を解明してしまうかもしれないという疑念に、断念する側が囚われることになるのである。その結果、「自分（たち）だけが止めても意味がない。他の人に名誉を横取りされるだけだ」という思いに駆られやすくなり、結局、研究が止められることは極めて起こりにくくなっているのである。[25] ましてや、現代の自然科学研究は大型化しており、国家予算によって遂行されるか、そもそもが国家プロジェクトとして遂行されるケースが多いので、ますます倫理的観点からの判断が介在しにくくなっているであろう。[26] さらに、長期の経済停滞が続いている日本の大学では、今、研究費不足の状況が生まれており、その結果、敗戦以来、科学研究に携わる者の間で共有されてきた「軍事研究には協力しない」という姿勢が、大学から失われつつあるのではないか、という危惧が広がっている。それは、防衛省が二〇一五年度から発足させた競争的資金制度である「安全保障技術研究制度」に応募する大学が一定数存在しており、この事実を評価した防衛省は、今後、一件当たり、五年間で数十億円の資金を提供する枠を、新たに付加することも検討中と報じられているのである。[27]

(2) 技術の問題性

日本では「科学技術」という四文字熟語として使用される場合がほとんどであるが、筆者はここまで技術についての言及をあえて避けてきた。その理由は、そもそも自然科学と技術とは、現代においてもなお、その本質を異にする別のものであるからである。

この点を明らかにするために、ここでもまた、われわれの考察の出発点であるヨーロッパ中世後期の状況を見ることから始めよう。中世において技術にあたる語はarsであったが、それの全体は大きく二つに分類されていた。大学で神学、法学、医学等の学問を専門として学ぶための予備教育である artes liberales（自由学芸・自由七科）[28]と、実践的な術である鍛冶術、建築術、操船術等をまとめて総称する artes mechanicae（機械的技芸）[29]とがそれである。大学で学ぶ学生は前者によって論理的・合理的な知的訓練を受けたのに対して、後者の場合は、職人たちが徒弟制度の枠の中で働きながら、弟子が親方から経験をベースにして技芸を習得するという形で機能していたのである。[30]

中世の盛期から後期にかけての西ヨーロッパ全体の経済的発展にともなう都市ならびにその市民の有力化の進展に

よって、機械的技芸も大いに発展した。しかし、ツィルゼルの指摘にもあるように、この機械的技芸に携わる職人の社会的地位は未だ低く、自由学芸に携わった大学関係者とは明確に区別されて、同列に扱われることはなかった。[31] その理由は、筆者の見るところでは、二つある。その一つは、言うまでもなく、当時の封建社会における伝統的な身分制度にあり、[32] 職人層は、日本と同じく、下層に位置づけられていたことである。もう一つは、機械的技芸の本質に由来する理由である。当時、つまり中世後期のスコラ学全般においては、フランシスコ会神学者であるドゥンス・スコトゥス（Johannes Duns Scotus, 1266?-1308）に典型的に見られるように、概念的正確さと論理的方法に対する鋭敏な意識が特徴的であったので、[33] ルネサンス時代に向かって機械的技芸が次第に数学・幾何学的知見と結びつけられる部分が増えつつあったとはいえ、[34] まだ職人の経験と裁量に委ねられながら実践されていた機械的技芸は、学問 scientia とははっきりと区別されたのである。

　上述のように、ヨーロッパ中世後期における技術としての artes mechanicae が「それに関わる人の技量に依存」するという特徴をもっていることは、古代ギリシアの 'technē' そして古代中国以来の「技術」という用語にも共通するものである、と科学史の専門家佐々木力は述べている。[35]

　さらに、自然科学の成果と密接に関わることで、一九世紀になって本格的に登場した技術[36] technology にも、この「それに関わる人の技量に依存」するという要素は残っており、それは単なる理論としての科学ではなく、実際に眼に見える効果を生み出さねばならない実践としての技術がもたざるをえない、そして、消失させてしまうことのできない本質ではないか、と筆者自身は考えている。この実践としての技術が「それに関わる人の技量に依存」するという特徴的な本質は、二つの方向から生じてきている。一つは、或る種の名人とか名工と言われるような人によって、極めてすぐれた作品や技量が「なぜかはわからないが、できてしまう」というような側面である。具体例としては中国医術のいくつかの施術が挙げられるだろう。もう一つは、自然科学の理論から判断すると実践への応用にともなう危険性については十分には判断できていないが、社会的に必要とされるので実用化してしまう、という側面である。これは、佐々木が前掲書で「技術をさまざまな社会的要求の渦巻く構造から一定の方向性をもって構成されるものと見、さらに社会を駆動する一つの構成要素と見る立場には説得力がある」[37]としてまとめているSCOT（social construction of technology. 技術の社会構成主義）の視点からも裏づけられるであろう。

この視点をさらに具体的に検討すると、上の自然科学における問題性の検討の際にも論及したのと同様な、技術に関わる人間自身の判断と振舞いにおける問題性が浮かび上がってくる。それは以下のような事態である。ある知見に基づく技術を実用化するに際して、それを実用化することは社会的に意義のあることで問題を生じることはないと判断するのは、まずは当該技術の専門家たる技術者であろう。しかし、その技術が実際に社会で実用に供されるためには、商品の場合には企業の経営者等の最終的判断が、また、一国の社会全体に関わるシステムのような場合には、関係官庁の大臣等の最終的判断が必要となる。ここに生じる留意すべき事態は、当該技術の開発担当者と実用化決定者との間に〈距離〉が生まれているということである。そしてこの〈距離〉は、当該技術が実用化されるために要する経費が大きくなればなるほど、大きくなるはずである。

同時にこの〈距離〉には、たとえ科学的技術であっても、技術であるがゆえに、科学以外の要素が介入する余地が生じる。そして、その介入とは、一方において、当該技術が社会に実用化されるべきものかどうかを冷静に評価するという形の場合もあるし、また逆に、「経営判断」とか「社会的要請」とかという大義名分のもとに、開発担当者の指摘する当該技術の短所を無視しつつ実用化を決定するという場合もありうる。後者の典型的な例は、有名な「フォード・ピント事件」であろう。短期間に小型車を開発して市場に売り出すために、現場の技術者の意見を無視して実用化した結果、燃料タンクの位置が原因で死亡事故が相次いだが、その欠陥をすべての車両において改善するよりも、起こることが予想される死亡事故に対して金銭的賠償をする方が経営的にはプラスになるという判断を経営側はしていたことが、内部告発によって明るみに出されたケースである。[38]

技術ならびにその生産物が、試行錯誤によって改善されていくことはよく知られている。その結果として、例えば家庭用冷蔵庫のように、ほとんど故障することがなく、一〇—二〇年の耐用年数を有する域にまで達している技術の産物もある。電気で稼動する家庭用冷蔵庫がこのレベルまで改善されるに至るまでにはさまざまな試行錯誤が繰り返されたに違いないが、その際の「錯誤」は、冷蔵庫においてであるために、火災の原因になるというようなことはあっても、多数の人命を奪うとか一つの社会全体に害を及ぼすというような大規模な事故は、おそらくなかったであろう。つまり、この種の試行錯誤は社会において許容されうるものなのである。

ところが、巨大技術においては、試行錯誤によって技術の改善を図ることがほとんど不可能な場合がある。河田昌東によると、[39]ある機械や商品の安全性や性能を保証するためには、以下の三つの条件が必要であるという。一、事故や性能劣化につながる欠陥をあらかじめ予測し、解決の努力をする（設計・製造段階）。二、それでも起こる思いがけない事故や故障は、実用の現場で発見し改善する（実用段階）。三、したがって、潜在的欠陥を顕在化させるには製品の利用数（生産台数）が多いほど、欠陥発見の確率は高く、その後の安全性・完成度は高まる。[40]ところが、ジャンボジェットやスペースシャトルのような巨大技術は、四百—六百万点に及ぶ部品で構成されており、設計段階での予測には困難がともなう。この予測困難を克服するために実証試験というものが行われるが、システムの巨大化にともない、この種の実証試験は困難になる。例えば、原発に対して実際の地震と同じ振動を与えて安全を確かめたり、炉心溶融や核暴走の実物大の試験をやって放射能の拡散実験をやることは、費用の上からも危険性の点でも不可能である。では、次の実用段階での「思いがけない事故の発見・蓄積と解決」はどうであろうか。巨大技術の場合には生産台数が少ないので、この経路を活用することもほとんど望めない。つまり試行錯誤による技術の完成度において、巨大技術の産物は大量生産される自動車等と比較すると極めて低くならざるをえない。その結果、「巨大技術の産物は、巨大であるがゆえに技術の完成それ自体を妨げる」というパラドックスが成立するというのが、河田昌東の指摘である。[41]

この巨大技術をめぐるパラドックスの意味するところは、ある技術が量的に拡大された結果としての巨大技術について、その安全性を調べるために、それに相似的に量的拡張を施した手段に頼ることが不可能となる局面があるということである。換言すれば、このような技術は、自己の安全性を社会に証明することがほとんど不可能な技術であることになり、合理的に考えれば、その時点で社会から撤退すべきものであるはずなのである。しかし、巨大技術のほとんどは国家的プロジェクトであるから、当該技術内部での合理性に由来する判断だけでは、それの撤退を決めることができないということになりがちである。日本の原発がその典型的な例と言えよう。

(3) 日本的「科学技術」の問題性

① 「科学技術」という日本的受容と展開

「科学」と「技術」とは、上で見たように、本来、本質を異にするものである。ところが、すでに言及したように、日本では「科学技術」という熟語がよく使用されている。厳密に考えると、この語はあいまいである。「科学と技術」という意味なのか、それとも科学と密接な関係にある技術、つまり「科学的技術」という意味であるのか、それとも、「科学技術」という日本に特有なものがあるのか、それがわからないのである。

たしかに、近代のヨーロッパにおいて科学と技術とは相互に影響しあいながら発展するという歴史的事象が成立し、一九世紀になるとそれが本格化した。しかしながら欧米においては、その本質を異にする「科学」と「技術」とが一語とされることは、今なお存在していない。[42]

日本語での「科学技術」という表記が日本で通用している背景には、佐々木も指摘するように、欧米において科学と技術との関係が上に言及したような歴史的段階にあったまさにその時に、明治維新を経た日本が、欧米から科学と技術とを移入したということがある。つまり、当時の日本人には科学と技術ははじめから一体のもののように見えたのである。[43]

しかしヨーロッパにおいては、上で示した用語の区別が示しているように、科学とりわけ自然科学と技術との区別は、それぞれを教える高等教育機関が、前者は自然哲学の発展形態としての伝統的な大学（university, université, Universität）であったのに対して、後者は、専門高等学校に限定されていたという形で明らかであった。その典型的な形態は、ドイツにおけるTechnische Hochschule（工業高等学校）である。

ところが日本では、その最初の大学である帝国大学においてすでに、技術を教える工学部が設置されていた。つまり、自然科学と技術とが密接に結合された形で（つまり、その本質の相違が明確に顧慮されることのないままに）教授されたことになる。

②　自然科学の社会的信頼性を技術の信頼性確保に利用する

私見では、この自然科学と技術とを安易に結合してしまう理解が、日本における技術の扱いに重大な問題を生じさせているのである。上で見たように、自然科学は、極めて厳密な明証性をもち、それゆえの、そしてその限りでの普遍妥当性をもっている。他方、技術は、社会における実践的効用を発揮できるものであれば、その内部についての明証性は必ずしも求められることはなく、またSCOT説が示しているように、それぞれの社会において求められ発展させられる技術の形態は異なるものである。つまり科学のような普遍妥当性は必ずしも求められることはない。この点についての極めて深刻な具体例は、原子力発電所の設計の日本における権威である班目春樹による、「どこかで割り切らねば原子力発電所は設計できない」という趣旨の言明に見ることができる。[44]そして、この「割り切り」の際には、当該技術の実践の視点から、技術者の判断だけではなく、「社会的要請」やコストという〝外部的〟要素も重要な役割を果たす。特に日本の場合には、この〝外部的〟要素が入りやすい理由がある（この点については後述する）。

つまり、自然科学と技術との間には、その成立と運用において本質的な違いがあるにもかかわらず、日本における「科学技術」という用語法はこの区別をあいまいにしてしまうのである。さらに同時に、技術の側からは自然科学との関係を強調することで、技術に本質的に内包されている「割り切り」という要素が、明証性と普遍妥当性とを有する自然科学に対して社会一般がもっている信頼性によってカモフラージュできるので、社会的認知が受けやすくなるということが生じるのである。

ここに、いわゆる「原発の安全神話」が成立しやすかった理由があると思われる。さらに、これの成立に積極的な役割を果たしてきており、さらに果たそうとしているのが、例えば日本原子力学会であろう。笠《りゅう》潤平が指摘しているように[45]、この学会は、内部に「原子力教育・研究特別専門委員会」を設置して、過去一五年近く初等中等教科書におけるエネルギー関連記述の調査を行い、「〝資源・エネルギー・環境〟を柱として教科書の内容充実を図ってほしいとの働きかけを、文部科学省をはじめ政界・官界・財界の各方面に行ってき」たと、その報告書に明記している[46]。その上で、この報告書五頁において、「新学習指導要領に基づく小中学校教科書のエネルギー関連記述に関する提言」というタイトルを掲げて、1、小学校の理科・社会科で原子力エネルギーを教える、2、中学校の理科・社会科で核燃料のリサイクルを教える、3、中学校の理科で放射線利用の実例を教える、4、中学校の理科で自然放射線の存在を教えるとともに測定実験を行う、5、中学校の理科で原子力の安全性について教える、6、中学校の社会科で世界の原子力利用拡大の流れを教える、という六項目を立てて詳述している。そしてその最後には、「以上の6点につき、教科書の執筆者が真摯に取り組んで頂けるよう、強く要請するものであります」と記して、学会の報告書としては異例にも高圧的とも受け取れる「要請」をしているのである。

上掲の笠の研究によれば、二〇一二年四月から全面実施となった中学校の新学習指導要領には、上記の要請が全面的に反映されているわけではないが、新たに「放射線の性質と利用にも触れる」という記述が入り、さらに文部科学省発行の同指導要領の「解説」は、原子力学会の「要請」と対応するような内容が増えているという[47]。

ところが、新指導要領に対応するべく二〇一〇年に発行され、二〇一一年三月の震災時にはすでに全国の学校に数万部配布されていたという文部科学省と経済産業省資源エネルギー庁の共同制作による副読本『チャレンジ！ 原子力ワールド』は、その内容が福島第一原発で現実に起きた事故を前にするとあまりにも非現実的に原発の安全性を強調するものであったので、国会での追及ののちに回収と廃棄を余儀なくされたということがあった。これは、副読本という形であれば教科書よりも自由に内容を書くことができるので、「原子力推進側の観点をそのまま要約して掲載しているといわれても仕方がないものになっています[48]」とされるほどにまで強く、上掲の「要請」に対応したということであろう。実物を読んでみると、驚くほどに原子力発電は安全であるということが強調されているのである[49]。

これまでに取り上げた原子力学会の「提言」と「副読本」に共通する基本姿勢として、笠は「科学では決着がつかないような領域の問題について特定の立場を『科学的常識』とみなし、その常識が国民に欠けているのが問題であるとする、かなり一方的な『欠如』モデルであると言え」るし、「原子力発電は必要だし安全であり、それを受け入れるのが常識である」と国民に思わせようとする意図のもとに「系統的に書かれたものといってもおかしくはないと思います」と記している[50]。

さらに筆者自身が由々しい問題だと考える点は、小学校から中学校までの「理科」という教科で、「原子力発電は必要だし安全だ」という教育をしようとしていること自体である。「理科」という教科は英語で'science'と表記することとされている[51]。小中学生向けの'science'という教科において、技術の領域に属することをあたかも自然科学の到達点であるかのように教えることは[52]、まだ批判能力の弱い小中学生に対する教育のあり方としては大いに批判されてしかるべきであろう。

以上のように見てくれば、残念ながらここには、筆者が上に「自然科学の社会的信頼性を技術の信頼性確保に利用する」と題したことの典型例が存在している、と指摘せざるをえないのである。

③「母なる自然」への甘えと〈無限〉信仰による楽観主義

「日本は自然が豊かである」という表現がわれわれ日本人の間で常套句として定着している。しかし、この場合に想定されている自然とはどのような自然であろうか。もし、西欧語の「自然」(Nature, Natur etc.)という語でこの表現を理解すると、それが同時に含意する「ものの本性」という意味を排除して、いわゆる自然界の意味で理解したとしても、西欧では意味不明とされるか、「自然はどこにもあり、日本だけが豊かだと主張する意味がわからない」と反論されるだろう。なぜならば西欧語での本来の意味の「自然」Nature とは、「人間の制御下に入ることのない物質的世界のすべてのもの。例えば野生の植物や動物、ならびに土壌や岩石や、それに天候など」'Everything in the physical world that is not controlled by humans, such as wild plants and animals, earth and rocks, and the weather.' というものであるからだ[53]。

「日本は自然が豊かである」と言っている際に意識されている自然は、明らかにこのようなものではない。それを具体的にイメージすれば、草木が生い茂り、水が適度に流れ、温かい陽光がさんさんと降り注いでいる「自然」、われわれ人間を温かく包みこんで育み、ときには癒してくれるようなものとしての「自然」であろう。しかし、日本列島にはこのような自然ばかりが存在しているわけでもないことは明らかである。つまり、これは客観的な意味での自然からわれわれが恣意的に抽出した、われわれにとってありがたい〝自然〟なのである。そして、この〝自然〟は、何らかの意味での命をもっていて、われわれが語りかけると応答してくれて、われわれが嘆くと慰めさえもしてくれるもののように想定されているであろう。つまり、われわれは自然を〝母〟と見たてているのである。

しかし、自然科学およびそれと密接に関わって成立している技術がその対象として想定している自然は、このような自然ではもはやなく、命をもっていることもなく、語りかけに応えてくれるような自然でもない。無機質な機械的自然であり、さらに部分的にはわれわれ人間の支配下に入ることもありうるような自然である[54]。

このような、われわれが伝統的に抱いている自然観と、近代科学ならびに技術が前提している自然観との間の食違いは、決して些細なことではないはずである。日本には「三尺下れば水清し」ということわざがある。これは大いなる母のような自然を流れる川は、人間の排出する汚れをいともたやすく浄化してくれるという意味である。このことわざを支えている思想は、筆者が先に記した、工場からの排水が〈無限〉概念を操作することによって無害なものとなるのだ、という高度成長初期までに自然科学的な装いをまとってなされていた〝技術的〟な説明との間で、或る種の親和性をもっている。それゆえに当時の日本の社会にあって、この〝技術的〟説明についての社会的納得を醸成するために少なからず力を貸したことであろう。

そして今もなお、この「三尺下れば水清し」に示されている自然観は、われわれの潜在意識に存在しているに違いない。なぜならば、六年前〔二〇一一年〕の三月一一日以来、絶えることなく途方もない放射性物質が福島第一原発から大気中、土中、そして海中に放出され[55]、そのことによって自然が回復不可能なまでに汚染・破壊されていても、それにほとんど罪悪感を感じることなく、原発再稼動を言い、原発の輸出による日本経済の回復を唱える首相が存在しており、それを支持する国民多数がいるのだからである。

改めて「母なる自然」という見たてに注目して以上の状況を捉えるならば、われわれは〈無限な存在としての母〉、それゆえに〈いくら脛をかじっても大丈夫な母〉を勝手に想定しているのではないだろうか。これは、一方において自然という母を殺すことに加担しながら、他方において、母が死ぬことはないと考えているということではないだろうか。つまり、われわれは〈母に甘えている〉のであり、とてつもない「親不孝者」なのだと自覚するべきではないだろうか。

では、なぜわれわれは、これほどまでに自然科学と技術とに依存して生きていながら、現代でもなお「無限な母なる自然」のイメージを保持できているのだろうか。それは、われわれ日本人が自然をみる場合に、自然科学の視角から自然をみるのではなく、技術との付き合いを通して自然を見ることが習いになっているからなのではないだろうか。技術は、先に見たように、それに携わる人の技量に依存する側面をもつものである。つまり、技術を通して対象としての自然に関わる場合には、その技術を用いる人は、自然が自分に合わせてくれる側面があるという感じを抱く場合があるだろう。他方、自然科学の視角から自然と関わる場合には、自然の法則性と自然の自律性とが強烈に印象づけられるという、技術の場合との違いがあるはずである。

このような技術を通して成立する自然と人との関係にこそ、とくに近年強調されることの多い「日本の匠の技」と言われる工夫が成立する理由があるのではないだろうか。

一九八六年四月二六日、旧ソ連のウクライナ地方にあったチェルノブイリ原発において、（当時の評価で）人類史上最大にして最悪の事故が起きた。その数日後にドイツに到着することになった筆者は、日本のマスメディアを通して報じられていた、この事故に対する日本政府ならびに日本の専門家の見解と、彼の地のそれらとの違いに驚かされた。日本で繰り返し言われていたのは、日本の原発はチェルノブイリのそれとは方式が違うのであのような事故は起こらないし、日本の原発で働く作業員は優秀なのであのような事故は起こさない、というものであった[56]。しかし、彼の地のメディアが伝えたのは、原発そのものの方式の違いは前提にしつつも、事故の深刻さと原発というシステム一般への強い懸念と疑念の表明であった。そして、この見解はすぐに民意として共有され、結果として、ドイツ（当時西ドイツ）では、第一章でも言及したようにカルカー（Kalkar）高速増殖炉が完成したものの運転することなく廃止され、また一九八六年三月に運転を開始したばかりのミュールハイム・ケールリッヒ原発が一九八八年九月には運転を中止して廃止されることが決まった。これに対して日本では、国民のレベルにおいては反原子力発電の機運が一定程度高まったものの、上記のような見解を前面に押し出す原子力PA（パブリック・アクセプタンス。地域住民や国民を納得させようとする方策）が効果を発揮して[57]、政策そのものは変更されることのないままに原発破局フクシマの日を迎えてしまうこととなったのである。

同じ事故に対するこのような日本とドイツとの対応の違いは何に起因しているのだろうか。私見ではそれは、先に言及した自然観の違いである。日本人も意識の上では機械論的自然観を理解しており、それゆえに自然科学やそれに基づく技術を理解し運用しているのであるが、ほとんど無意識のレベルでは「母なる自然」という自然観をもっていると考えられるのである。その結果として、日本とドイツ（西欧）との間には、自然と自然科学と技術という三つの問題系の相互関係についての理解と、それに基づく扱いの違いとが生じているのだと思われる。

一言で表現すれば、ドイツでは事故を自然科学的に捉えたが、日本ではそれを技術的に捉えたと言えるだろう。この点をより具体的に記してみよう。自然科学にとって自然そのものは機械論的なものであり、その自然のメカニズムを法則性として捉えようとするのが自然科学という営みである。そして、その成果として獲得されるものが、普遍妥当性をもつ自然法則ならびにそれに由来して解明される自然の諸性質である。近代以降の技術は、この自然科学の成果を利用することによって成立し、目覚ましい効果を発揮するものとして社会に容認されていることは、すでに述べた通りである。

ところが、核エネルギーの解放という、日常的な自然界に存在するわけではないプロセスを利用する原子力発電のような巨大技術は、人間の日常的な工夫でシステムやプロセスを改善することの可能な範囲がほとんどないか、あっても極度に狭いものであるはずだ。換言すれば、技術ではあるものの、自然科学的な普遍妥当性がより直接的に現象している領域であることになる[58]。それゆえにドイツでは、チェルノブイリで起きたことに類似することがドイツの原発でも生じうると考えた。そして、今回のフクシマに際しても同じ考え方をとり、「三・一一」の直後からメルケル首相がイニシアティヴをとって原発政策の再検討を開始し、二〇一一年五月末には、一切の原発を二〇二二年までに廃止するという決定をしたのである。

他方、日本では、チェルノブイリにせよフクシマにせよ、原発の事故を技術の範囲に由来するものと見なして、自然科学的普遍妥当性の領域に由来するものと見なそうとしないのだと解釈できる。つまり日本では、技術のメガネをかけて自然と自然科学とを捉えつつ、人間に由来するミスである限り人間の努力によってそのミスなくすことができると捉えていて[59]、自然科学的に、人間という生物は本性的にミスをするものであるので、ミスを人為的に皆無にすることはできない、と捉えることがないのである。

このような理解こそが、一九九九年九月三〇日に起きた東海村JCOにおける臨界事故のような深刻な事態を引き起こしやすいのである。すでに触れたように、この事故では、正規マニュアルをショートカットする裏マニュアルが使用されており、さらに事故当日にはこの裏マニュアルをも改悪した手順で作業がなされていたという[60]。

さらに、マニュアルのショートカットのような自然との関係における「工夫」にとどまらず、自然との関係における感情論的楽観主義も抱きやすいだろう。つまり、われわれ人間がこれだけ一所懸命にやっているのだから、自然もきっとわれわれに牙をむいてくることなどはしないはずだという、あえて表現すれば〝甘えた〟判断が成立しやすいのであろう。その典型例は福島第一原発における津波対策の放置に見られるだろう。政府事故調の指摘によると、地震研究推進本部が二〇〇二年に得た知見等をもとに東電が計算した津波の予想高さが一〇メートルを越えるという値を、東電は二〇〇八年には得ていたにもかかわらず、それを十分な根拠のあるものとはみなさず、福島第一原発における津波対策の見直し・強化に着手することはしなかった。「結果として今回の原発事故を防ぐことができなかった」というのである[61]。「追加工事で発生する経費を抑えるために工事着手を遅らせていた」という理由も挙げられているが、たとえ経費削減が意識された理由であったとしても、今回のような重大事故を起こしてもかまわないという判断が東電にあったとは思えないので、この判断の根底には「まあ、そこまでの津波はこないだろう。大丈夫だ」というほとんど無意識的な割り切りが東電に（そしてその監督官庁にも）共有されていたと思われる。

このような〝甘えた〟判断の根底にある上述の〈母なる自然〉という想念は、人間と自然との一体感[62]をも醸成している。その結果、自然が〈無限〉であるならば、われわれの能力もまた〈無限〉であるという思想が抱かれやすくなるはずだ。その結果、技術において、一方で「試行錯誤」への安易な依存を、他方で「無限の進歩」という〝信仰〟を生み出すであろう。

その典型的な例を高速増殖炉の開発計画にみることができる。フランスを除く欧州各国が開発を中止した高速増殖炉であるが、日本では「もんじゅ」として一兆円をつぎ込んで建設したものの、一九九五年に冷却材であるナトリウム漏れ事故という致命的な事故を起こして停止したままの中を、政府は二〇一六年一二月二一日まで、その開発計画は存続させた[63]。ところが「もんじゅ」の計画が廃止されると同時に、政府は新たな「高速実証炉」の開発に着手する方針を決めたと報じられているのである[64]。ここには、一切のコスト計算を無視して従来の原子力政策を維持することに全力をあげる日本政府の姿勢が如実に現れていると同時に、このような政策が許容される背景として、上述の「科学技術」の「無限の進歩」という日本的〝信仰〟が今もなお生きているからではないのだろうかということを指摘せざるをえない。

(4) 現代日本の大学を浸蝕する〈科学（学問）の技術〉化

ここまで、日本における「科学技術」というものの特殊性とその問題性を考察してきたが、これは筆者自身がその一員である大学という機関の中にも存在するのであり、その傾向は近年、ますます顕著になりつつある。

そもそも日本の大学では、その創成期の帝国大学において〈科学〉（学問）と〈技術〉とが併存していたばかりか、近代技術の性質上、密接な関係に立っていたことはすでに言及した通りである。そこでは、「富国強兵」と「殖産興業」という当時の国家政策も重要な役割を果たしたことは記すまでもないだろう。この、大学という学問（science）の場に技術（technology）が入ることに効用が存在するのは明白であるが、ときにそれが学問のあり方を歪めることにもなりかねない。それが典型的に現れるのは各国における戦時体制であり、日本でも例外ではなくむしろ典型的な現れ方をしたと言えるかもしれない(65)。

それへの反省に立って、第二次世界大戦敗戦後の日本の大学では「産学協同反対」とか「軍事研究反対」というようなスローガンが二〇年間ほどにわたって叫ばれていた。その時代には、大学にいる自然科学者が自然科学のあるべき姿を積極的に説き、その他の分野の学者たちも「科学者」の一員たる矜持のもとに、各自の専攻する学問（科学）のあるべき姿を説いていた。しかし、時が流れ、人が交代するにつれて、そのようなこともほとんどなくなった。すでに言及したように、二〇一五年度以来、防衛省が設けている「安全保障技術研究制度」という競争的資金制度にさえも応募する大学が、東京大学をはじめとして一定数現れているのである。

このような事態を概観的に捉えれば、そもそものはじめから自然科学と技術との区別が明確ではなかった日本の大学にとって、敗戦後の二、三〇年ほどが例外的な時代にすぎなかったのだとも言えるかもしれない。進化生物学者である長谷川眞理子は、「横田めぐみさんのDNA鑑定に関する疑惑」を例にとって、日本の自然科学者や日本学術会議が、科学的に不誠実な見解が「科学的である」かのように流布されることに無関心であることを批判している(66)。

さらに近年、日本の大学で頻発している、論文の剽窃とか実験データの偽造や改変等の不祥事も、〈科学（学問）の技術化〉という視角から捉えることができるのではないだろうか。これを、あえて人的要素に着目してまとめるならば、「大学は社会の役に立つべきだ」という「社会的要請」が強まる中で、学問の場に、結果を「巧く早く出そう」

とする傾向の強い職人的な〝研究者〟が増えているということではないだろうか。このような傾向がさらに強まっていくとすれば、大学という学問・科学を担うべき場所からそれにふさわしい人材が駆逐されて、つじつま合わせにたけた人材が跋扈する所となる。そのような大学は、論理性と実証性とを重視しながら「真理」を探求するものとしての学問が存在しない、大学という名にふさわしくない機関となるだろう。それが許容される社会とは、無責任でその場しのぎの欺瞞的言説が許される社会であることになり、長い目で見た場合には人類や社会にとって決して良いことにはならないであろう。

4　人間観の貧困化

(1)　人間機械論の日本的現実

近代西欧において、自然そのものを命をもたない大きな機械とみなすという思想、つまり機械論的自然観によって自然科学が成立し発展したこと、さらにその際に、〈質〉を〈量〉に変換して扱うこと、ならびに〈質〉を〈量〉によって説明することが重要な役割を果たしたという点については、すでに述べた。

機械論的自然観の提唱者と見なされているデカルトにとっては、自然界全体ならびに人間を除く動物までは、この大きな機械の中の小さな機械であった。さらには、人間の身体も自然界と本質を同じくする機械であった。しかし、総体としての人間は、彼にとって決して機械ではありえなかった。人間が精神活動を有していることがその理由とされた。有名な‘cogito ergo sum.’(Je pense, donc je suis. 私は現に考えている、それゆえに［そういう考えるものとして」私は存在している)[67]という言明にこの思想が盛り込まれていることは、よく知られている。

これに対して、その約一〇〇年後に同じくフランス人であるラ・メトリ(Julien Offray de La Mettrie, 1709-51)は、唯物論の立場から、人間の精神活動は身体の一器官である脳の働きによるものであるとして、デカルトらの比喩を人間総体にまで拡張して、人間はぜんまいで動いているのであり、そのぜんまいを自身で巻く機械であるとした[68]。

この二人のフランス人思想家の間には、人間の精神活動の重要性を大前提にした上での、立場の違いが存在している。

しかし、これから扱う日本的な〝人間機械論〟には精神活動への敬意が著しく欠けているのであり、筆者はこれを人間観の貧困化の象徴的な例として挙げる。デカルトも、また彼を否定したラ・メトリも、彼らの言う機械とはまずもって自然界として存在しているものであって、人間の生産物ではない。彼らが比喩として用いる時計であっても、それは宇宙としての機械をモデルとして、それを小型化したものなのである。ところが日本では、人間の技術的な産物、工業製品になぞらえて人間を捉えるという、日本特有の人間機械論が横行しているように思われる。工業製品としての人間という思想では、当然のことながら精神活動の重要性は問題になりがたいのである。

そのような思想の現れている具体例としては、日本の育児や教育における技術依存、技術化がある。目標を掲げた上で、それに向けて子どもたちを育て、知識や技能を習得させようとする。そればかりか、その習得のプロセスのうちの省けそうなものは省き、目標達成までの時間をできる限り短縮しようとする。そして、その成果の達成の度合いは学力偏差値というもので測定して判断し、その実効性は受験偏差値のより高い学校の入学試験への合格で判定される。このような営為は、そもそも命あるものには、それの生育のために必須な、かけるべき時間となすべき経験があるということを理解していないのである。つまり子育てや教育を、工業製品の合理的生産と同じように考える風潮が、日本の社会に横行しているように思われるのである。

また大人の世界では、社員や公務員の転勤の常態化が挙げられるだろう。働く人間を、あたかも企業という大きな機械の中の小さな部品を動かすように、組織の意図によって全国規模どころか、グローバルな規模で勤務地を移動させたり、勤務内容を交替（交換）させる。人間は〝動物〟であるのだから動くのは当たり前で、組織の一員になっているのだから命令に従うのは当然である、と考えられているようだ。しかしこれでは、人間の本質についての理解が不十分であると言わざるを得ない。筆者は、そもそも人間とは〝植物〟であって、生活の本拠地に〝根〟をおろして生きているものであるので、本人の主体性と自発性に寄らない移動は、その人間に有害な強いストレスを与えるものだと考えている。[69]

近年の日本の社会について「無縁社会」と言われることがある。隣の住人と互いに付き合いをしないばかりか、まったく知り合うこともないままに暮らしている。そのような状況の中で、前章でも言及したように、隣家あるいは隣室で隣人が死亡していても、何ヵ月も、時に何年間も誰も気づくことなく、白骨化して発見された、というようなことが報じられる。また、親が死去しても、葬式を出すがことないばかりか、死亡した親の年金をもらい続けていた息子や娘がいたという報道もあるほどだ。

親の葬式を出すという、子どもとして当然果たすべきことを無視しても生きられる人は、亡くなった親を単なる動かなくなった機械と見なして放置しているとしか言いようがない。これほどにも人間性を失った人が日本には増えつつあるということではないだろうか。[70]

(2) 欲望の過大評価

現代社会には、人間のもつ欲望を充足すれば幸福が実現されるのだという、単純な思いこみと欲望の過大評価が横行している。この背後に働いている想定は、人間を内燃機関の一種と見なして、それに必要な燃料を供給することが内燃機関の順調な機能を保証する手段であり、それによって幸福が実現されるのだ、ということのようである。

しかしながら、人間の欲望は、工業製品であるエンジンが必要とする燃料のように求める質も量も一定ではなく、同じ形式のエンジンであればそれらが一様であるということもない。人の欲望は、例えば同じ食欲であっても求める内容は人ごとに多様である。さらに、一つの欲望が充足されると、他の欲望の充足が欲求されるようになる。

それればかりか、美味なるものを食べ飽きると、あえてゲテモノを食べてみたくなるように、人間の欲望はしばしば自己増殖する。そしてその自己増殖は、放任される限りほとんど〈無際限・無限〉とも言えるほどである。また、自らの欲望を充足するための手段として、他者の欲望を刺激することさえある。ここにこそ、社会主義国の崩壊の原因があると筆者は考えている。すなわち、人間の欲望の自己展開が上記のような〈無際限・無限〉であるのに対して、社会主義に特有の計画経済というシステムはそれにうまく対応することができず、その結果、国民の不満を増強したということではないだろうか。古来から、人間の欲望の抑制、足るを知ることの重要性が言われてきている意味を、われわれは改めて思い返すべきであろう。

(3) エゴイズムとしての人間中心主義の横溢

すでに述べたように、科学と技術という本来は本質を異にする二つのものが、相互に密接にかかわり合いながら成立している現代においては、自然科学の研究が驚異的に進化しつつあると同時に、それに支えられる形で技術もスペクタクル的ともいえるほどに展開している。これを目の当たりにしつつある現代人は、このような状況を成立させているものとしての人間自身について肯定的な自己評価を下すことを当然としている。その結果として humanism（人間中心主義）が社会的に横溢していることは、改めて記すまでもないだろう。

しかしながら、これだけ巨大な技術を手にした人間が、単純な人間中心主義、すなわちエゴイズムに基づいて行動し続けるならば、自然および地球環境を破壊して、ひいては人間自身がここに生きることができなくなる危険性のあることが、過去三〇年来強く指摘されている。ところが、個人としての人間はたかだか一〇〇年間しか生きることがなく、現に生きている人間はその一〇〇年の道程をすでにかなり歩いてきている。その結果出される判断は、「自分たちの生きている間が何とかなるならば、後のことは知らない。それは後の人が何とかするだろう」という無責任な現実主義である。

さらには、すでに繰り返し述べてきたように、現代では技術が目覚ましい展開を遂げているので、その技術を利用することによって、他者に頼らずに生活できていると錯覚しやすい状況が生じている。貨幣を投入してボタンを押せば商品が転がり出てくる自動販売機や、近づけばそれを感知して開く自動ドアのようなものが、われわれの日常生活にあふれている。実際には、それらの製品や装置が造られたり設置されているのも、他者によってのことであるのだが、われわれがそこまで意識することは少ない。その結果、われわれには〈他者〉がとても見えにくくなっているのである。さらには、〈他者〉を見たくない、〈他者〉と関わりをもちたくないと考える傾向も強まっているであろう。個人レベルでのエゴイズムの横溢である。この事態を逆に捉えるならば、自分が〈他者〉に影響を与えているという事実への認識もまた希薄であることになる。

しかし実際の人間は、いかなる状況であっても人間である限り、互いに他の人間を必要とし、支え合って生きているのである。「個人の尊重」というような視点から、「人に迷惑をかけない限りは何をしてもよい」という主張がしばしばなされる。しかしこれは、実に短絡的な主張である。なぜならば、この主張の前提には「人に迷惑をかけない」ということが誰にでも、いつでも可能であるということがあるのだが、そもそもそういうことはありえないのである。人は人として他者の傍らにいるかぎり、他者にとって何らか〝迷惑〟な存在なのだからである。(71)

(4) 責任意識の希薄化

〈責任〉とは、近代的人間観の本質的要素としての主体性から必然的に生じるものである。われわれは機械でも動物でもなく主体性を有する人間であると主張する限り、当然引き受けるべきものが〈責任〉である。ハンス・レンク（Hans Lenk, 1935-）は、この〈責任〉の重要性を強調するために、デカルトの前掲の 'Cogito ergo sum.' をもじって、'Respondeo ergo sum.'（我、応答す、ゆえに我あり）と表現し、さらに適切なのは 'Responsabilis sum, ergo sum.'（我、責任を負うている、ゆえに我あり）であるとしている。[72]

ところが他方において現代社会では、自然科学によって自然界の因果関係がますます詳細に解明されつつあり、また社会科学によって人間社会における因果関係の解明もなされつつあると主張されており、さらにそれらの成果を利用して発展する技術的メカニズムが機能している。そして、このような状況のただ中でわれわれは生きることを余儀なくされているのである。このことに思いを馳せるときに、自分はいったいどこまで自己の主体性を発揮して生きているのだろうか、という疑念に囚われるのも当然のことである。[73] つまり現代人は、近代思想に由来する大きな矛盾に直面していることになる。

アメリカ合衆国の社会を典型として、タバコや食品が自分の健康障害の原因であるとして、それらの商品の製造業者や販売業者の責任を訴訟によって追及するというケースが頻発している。タバコやコーラなどにはある種の習慣性または中毒性がある（と言われている）ので、その習慣性・中毒性を隠蔽して消費者にその商品を手に取るように仕向け、習慣性・中毒性をつけさせて継続的に当該商品を買わせ続けるということも営業政策上はありうる。それが倫理的に問題にされるのは当然であろう。

しかし、中毒性はともかく習慣性というものから、人間はいっさい自由になれるものだろうか。健康被害に結びつかない習慣性もあるだろうし、さらには健康維持に役立つ習慣性もあることは明らかである。同時に現代人は、先の欲望について論じた際にも言及したように、自己の欲望を解放した上でそれを満たすことが幸福の実現だと信じる傾向が強いのである。もし、本人が特定の欲望に身を委ねることに慎重であれば、あるいは特定の商品に近づくことに慎重であれば、健康被害から身を守ることができるということも無視できない事実ではないだろうか。

訴訟を起こして業者の責任を追及するということは、自身の責任は最小化しつつ、他者の責任を最大化するという構造をもっている。この訴訟を客観的に整理してみれば、自己の主体性を確保するために、自己がいかに強く他者から影響されたかを、その他者の責任を追及する形で、法曹という第二の他者の力を借りて証明するということである。ここに大きな矛盾が存在していると感じるのは、筆者だけだろうか。

同時に、上記のような複雑な因果関係の網が解明されつつある中で、それを認識している組織あるいは個人は、自己の選択や行為についての責任を自覚しにくくなるという構造が現代には存在している。つまり無意識的に無責任な態度が形成されやすいということである。

そればかりか、もしこの構造が意識的に利用されるならば、意図的な責任転嫁がしやすくなるのである。なぜならば、因果関係の網の目についての知識を多くもっているほうが、それをできるだけ広く深く詳細に活用することで、責任を他に転嫁しやすくなるからである。それゆえに、何らかの被害を受けた側がいわゆる社会的弱者である場合には、その被害を証明する責任（挙証責任）を弱者の側が負わされると、強者の責任を追及することは極めて困難になるのである。現在進行中の福島第一原発事故による責任追及の停滞には、この構造が内包されているだろう[74]。

最後に、今さらのように陳腐なことかもしれないが、他者に与えた損害の責任を金銭で済ませるということの問題性についても記しておきたい。ここにも、損害の〈質〉の〈量〉化がなされるのである。これがとりわけ強い違和感をわれわれにもたらすのは、生命とか心身の損傷とかに対する金銭的賠償の場合である。これらのものの損傷とは、いわば心身にわたる〈痛み〉という〈質〉だからである。いかなるメカニズムによって、ここで痛みの〈質〉の〈量〉化が妥当とされているのだろうか。この疑問に対しては以下のような返答がなされるかもしれない。すなわち、こういう処置が本質的解決でないことは白明であるが、被害者は何ももらわないよりもいいし、また被害者の加害者への怨念が溜まるのもよくないし、逆に加害者がいつまでも罪悪感に駆られるのもよくないので、便宜上、こういう処置をして、「一件落着！」としているのだと。

しかし、一切の罪悪感から自由な人間がありうるのだろうか、そして人間はそのような意味で自由であってよいのだろうか。これは上で見た、欲望の全面解放が幸福の実現なのだという現代人の欲求観と相即的な、いっさいの心理的負荷からの解放が幸福なのだという精神観だと言えるだろう。これは実に貧困な人間観ではないだろうか。仏教にせよキリスト教にせよ、人間が生きていることにおいて抱くべき罪悪感を、古来説いてきている。一見するところ不要に見える負の意識としての罪悪感であるが、それをわれわれが感じることができるということが、人間の人間たる所以ではないのだろうか。そして、この罪悪感のゆえに、われわれは他者を思いやり、人間という社会を形成してこられたのではないのだろうか、そして絶えず自己の向上をはかろうとしてきたのではないのだろうか。

5　より人間らしく生きるために

(1)　自己超越性を十分に働かせる

デカルトが人間と他の動物とを区別する際に、人間だけがもっていて動物には欠けている能力として精神を挙げたことには、すでに言及した。この精神が、デカルトの言うように、物体とは独立した実体であるかどうか、また人間以外の動物はいっさいもっていないものであるかどうかは措くとしても、「精神」という概念で表現される活動が人間にとって極めて重要なものであることは言をまたないであろう。

では、人間の精神活動に最も特有のものは何であろうか。それは自己超越性であろう。個人としての人間が、自身について何らかの意識をもたないことはありえないが、それは自らが自らを超越して意識していることである。サルトルは人間の自己意識に注目して、以下のように説く。意識されている自己を「即自」en soi として、意識している自己を「対自」pour soi と名づけるならば、この即自を捉える対自という意識の作用は、絶えず〈対自と即自〉という関係性をも超えつつ、つまり自らが脱自となりつつ自己展開していくという運動である。そこに人間の無と、それゆえの自由の源があるのだと。(75)

たしかに、個人としての人間であれ、類としてのそれであれ、人間の自由とは、自然界がもつ法則性そのものからの完全な離脱という意味での自由ではない。まずは自らが自らを意識において超越し、その意識における超越を基盤にして、自然界がもつ法則性を前提にすることで現実の生における超越が実現されることになるという意味での自由である。

このようなものとしての自己超越性を十分に働かせるときにこそ、真に人間らしい生き方が現実化するものなのであろう。ここで「十分に」とは、時間的にも空間的にも奥行き深く働かせる、という意味である。「時間的」とは、過去に向けても、未来に向かっても自己超越的であるということであり、「空間的」とは、自らが生きるこの地球、この宇宙へと自己超越的であるということである。

しかしながらこれは、自己をいたずらに外に向けて拡大するということではない。何よりも、あらゆる〈他者〉のもとへと自己超越的であるべきだということである。それは、他者へと想像力を馳せることであり、共感を寄せることであり、責任を引き受けることに他ならないのである。

(2) 時間的存在として、未来への責任を十分に意識する

上で述べた自己超越性から、人間が時間的存在であることが明らかになっている。[76] この時間的存在であることは、とりわけ未来に向かってのわれわれの責任の大きさを浮かび上がらせる。なぜならば、すでに繰り返し見てきたように、近代以降のわれわれが獲得した自然科学と技術とは、現在を生きているわれわれ自身の生の総体に影響を及ぼしているのみならず、まさにそのことによって未来にも大きな影響を及ぼしているからである。

もし、われわれが手にした「科学・技術」がもっとささやかなものであって、自然総体の自己回復能力の範囲に納まっていたのであれば、このような責任を感じる必要もなかったであろう。その場合のわれわれにとっての未来とは、時間を意識し始める幼子たちにとっての未来のように、心が躍るとともにそこはかとない頼りなさを感じるだけの幸せを予感させる未存在であっただろう。しかし、今やわれわれは、未来を意識するとき、われわれが現にわれわれであることのゆえに、大きな責任を意識しなければならない。否、われわれは未来にまで生きることができるわけではないので、責任を意識しているだけでは不十分なのであって、今、ここで、未来への責任を取らねばならないのである。

つまり、できる限り未来に負の影響を与えないような生き方を選択し実践しなければならないのである。「できる限り」とは、先に言及した自己超越性を駆使して、想像力を広く深く働かせて、まだ見えないものを見ようとすることに他ならない。

⑶ 〈質〉的思考の回復

自然科学が成立発展するに際して重要な役割を果たした機械的自然観が人間にまで適用された人間機械論では、人体の諸部分は機械の部品のようなものであると想定されていた。そのために近代西洋医学では、機械部品の修理と同じような意味合いで外科手術が一般化し、さらに近年ではその理解の延長上で、機能不全に陥った臓器を他人の健全な臓器と取り替えるという、臓器移植手術も行われるようになっている。

ところが、臓器移植手術の際に生じる拒否反応の研究ならびに近年に飛躍的に発展しつつある遺伝子研究の成果によって、人間の個体を形成しているゲノム（遺伝子情報全体）は各人において固有であり、同時に個人間での相違は、全体の〇・一パーセントであるという、実に意味深い事実が判明している。[77] 同時に、その固有性を有するゲノムは人間の体を形成するすべての体細胞の中に含まれているのである。つまり人体は、汎用性のある部品から組み立てられている自動車のような機械ではないということである。実際に或る人（例えば、A氏とする）の頭のてっぺんから足のつま先までを構成しているあらゆる細胞の中枢部に、「A氏性」とも名づけることのできるようなゲノムが収まっていることになる。かりにA氏の肉体を機械とみたてたとしても、それを構成している部品はそのままでは他の人の身体との汎用性をもたないA氏のために誂えられた特注品であることになるのである。

このような個性が存在するという事態は、〈質〉という観点で捉えることができるものではないのだろうか。人として数えれば数えることのできる各人の身体の総体に、このような固有性が存在していることは、一体いかなる理由によってなのであろうかと、不思議に思わざるをえないような現実である。[78]

今、われわれはしきりに「個性の重視」を言い、「人間力」について語る。ところが、他方では相変わらず、例えば入学試験においては学力試験というものから導出される点数の多寡によって入学者を選別している。この点の問題性についてはすでに言及した通りであるが、それをわれわれが容認してしまいがちな心理的メカニズムを探ってみると、以下のようなことが言えるであろう。数値化されたデータを眼前にすると、われわれはそれが自然科学の法則性に従った結果であるかのように（意識的にか無意識的にか）誤解しやすい。そして、その数値が出されてくる根拠にまで思いを馳せることのほとんどない自動的反応が生じる。その結果、こうした数値に依拠する選別について、実際にはそれがわれわれ自身の選択であるという認識が、われわれにとってあいまいになってしまっているのではないのだろうか。そうすることで、自己の責任をできるだけ感じないで済むようにしているのではないのだろうか。

一斉の学力試験による得点の数値を判断の根拠とする以外の方法は時間がかかり過ぎるのだという反論は、筆者自身の胸中にも湧いてくる。しかし、「時間がかかりすぎる」ということは、〈量〉に根拠をおいた判断である。むしろ、時間という〈量〉に囚われることを少なくして、自らの責任を感じながら判断するという方法を、どこかの段階で採用すべきなのではないか、と自戒を込めて考えている。

II 他者の衝撃

第一章　『信仰の平和』におけるタタール人像

――〈破局〉のただ中での〈他者〉への眼差し――

1　コンスタンティノープル陥落という〈破局〉を認識したクザーヌス

一四五三年五月二九日、一千年以上にわたって栄華を誇ってきた東ローマ帝国の首都コンスタンティノープルが、オスマントルコの大軍の攻囲の前に陥落し、東ローマ帝国も滅亡した。以来、六五〇年以上が過ぎた今、かつてのコンスタンティノープルはイスタンブールのままである。これは、東ローマ帝国のみならず、ヨーロッパの西方にとっても〈破局〉であった。二〇世紀イギリスの歴史家ランシマンは、これについて以下のように叙述している。「キリスト教世界がコンスタンティノープルの陥落によって深刻な衝撃をうけたことはたしかである。当時の西方諸勢力は、賢明さ――それは今日に至ってわれわれが言いうるものだが――に欠け、トルコ族の征服がもはやいかに避けがたいものになっていたかがわからなかった。しかもなお、コンスタンティノープル陥落という悲劇がおこったからといって、『東方問題』にたいする西方諸国の政策、否むしろその政策不在が変わったわけではけっしてなかった。ただローマ教皇職位だけが心底から狼狽し、心底からこれへの対応策を計画した。そして、その教皇職位も、まもなくより身近にいっそう切迫した諸問題をかかえることになった」[1]。ランシマンの言う「心底から狼狽し」た教皇の近くで、枢機卿および司教として仕えていた一人がニコラウス・クザーヌスであって、彼自身も一四三七年末から一四三八年始めにかけ、教皇特使としてこの古くて文化の香り高い都市に滞在した経験もあった。

しかし彼は、周囲の狼狽からは距離をとって、自分たちの文明の先輩でもあり友邦でもある東ローマ帝国の滅亡を冷静に受け止めた。なぜならば彼は、教会政治家の一員として、東ローマ帝国の実情ならびに西ヨーロッパにおける諸侯と教会の分裂した関係をも、身をもって知っていたので、近い将来にキリスト教世界が自らの原因で神から厳しい精査を受けるだろうということを予想していたのである[2]。また、『信仰の平和』*De pace fidei* を執筆した一年後に長年の友人であるセゴビアのフアン（Iohannes de Segovia, -1456 頃）に宛てた手紙で、八四六年のサラセン人によるローマ教会の略奪に言及して、それは教会の中に生ぬるさが忍び込んでいたための鞭であったと捉えた上で、今回の迫害も同様であり、〈生命〉と〈信仰の引き上げ〉に向けてなされたのだ、と記しているのである[3]。

つまりクザーヌスは、コンスタンティノープルの陥落と東ローマ帝国の滅亡、そしてその延長上で西ヨーロッパがオスマントルコに脅かされているという現実を、起こるべくして起きた〈破局〉として捉えるための勇気をもっていたのだろう――教皇をはじめとする教皇庁内の把握とは異なって[4]。

だからこそ彼は、この〈破局〉と正面から向かい合うことが可能となったのであり、それゆえに生じた事態の根本的原因を冷静に見すえながら、同じことが再び起きないようにするための方策を考察することができたのである。その結果として彼は、一四五三年九月中旬頃に『信仰の平和』[5]という一書を公刊したのであるが、小論ではそれを考察の主たる対象とする。この著作における思考の要は、コンスタンティノープルの場合をはじめとする宗教迫害の残虐になる中心的原因は宗教の間での儀礼の多様性にある、とクザーヌスが捉えたということにある[6]。

そしてこの点についての合意を達成するために、彼はこの著作において、全能者の主宰のもとに天上で会議を開催するという設定にして、そこに諸々の王たちの王、すなわち神が「あらゆる国民および言語を司っている天使たちを召集して、その各々に対して、各自が一人ずつ、できるだけ経験豊かな者を肉になった御言葉のもとに連れてくるように指示した」[7]。こうしてあらゆる国民から呼び集められた経験豊かな代表者たちが、御言葉によって「知者」sapientes あるいは「知恵を愛する者」sapientiae amatores と名づけられた上で[8]、御言葉や使徒たちに問いかけられながらさまざまな問題について討論するということになっているのである。

このような状況から、この会議に召集された人々は、天使の指導のもとにあるそれぞれの国民の最もすぐれた人物であるとみなすことができる。それゆえさらに、この知者たちは神の知恵のそれぞれの国民に対する一種の顕現であると捉えることもできる。なぜならば、クザーヌスはギリシア人の知者に次のように言わせているからである。「知恵を分有しているゆえに知者は数多く存在するのですが、知恵そのものは単純で分割不可能なものとして自己の内にとどまっているのです[9]」。

同時に見過ごしてはならないものは、クザーヌスによって巧みに構想された天上での会議における討議の構造である。すなわち、あらゆる国民と言語を司っている天使たちがこの会議に臨席しているにもかかわらず、彼ら自身はいっさい討議に加わることがなく、討議に加わるのは諸民族の代表たる知者たちだけである。この事実は次のような意味をもっているだろう。どの知者も人間として各自の民族伝統に深く根ざしていると同時に、「この感覚的世界では何ものも確固として存続することはなく、また意見や憶測は流動的であって時間によって変化するのであり、それは言語や意味の理解でも同様で[10]」あるゆえに、つまり、このような典型的に人間的な特性をもっているからこそ、個々の知者が御言葉あるいは使徒たちとさまざまな問題について議論して、その結果、各自の見解が変化し、始めは多様であった見解が最終的に一致するに至る可能性が開かれているのである。この意味においてこそ、諸民族の代表である知者が集う天上での会議が存在意義を有するのである。他方、天使たちは、神に近い存在としてこのような役割には適さないのである。

2　タタール人に対するクザーヌスの長期にわたる関心

さて、この著作での一四番目の知者として、タタール人が登場する。しかし、クザーヌスの時代のヨーロッパにおいては、「タタール人」という名称は決して価値中立的ではなかった。むしろ明らかに否定的な意味を帯びていた。それは一三世紀にタタール人がヨーロッパに侵攻して以来のことであって、とりわけそのラテン語表記が tartarus とされることで、古代ギリシア神話の冥界であるタルタロスと関係づけられることになり、「キリスト教徒をその罪のゆえに罰するために冥界から出現した存在」として受け取られることが多かったという[11]。これは一六世紀に至っても、マルティン・ルターがその「卓上演説」で述べている通りに、同様であった。「私は徒歩傭兵というものが大嫌いである。彼らに守ってもらうくらいなら、トルコ人やタタール人の下で暮らした方がまだましである[12]」。

このように、「タタール人」という存在は当時のヨーロッパ人一般にとって、その想像上の存在のあり方も含めて、〈他者〉以外の何ものでもなかった（そして部分的には現在でもなお[13]）。

つまりクザーヌスはこの著作において、よりにもよってこのような〈他者〉以外の何ものでもないほどの否定的な意味環境にあった「タタール人」に極めて重要な役割を担わせながら、〈多様な儀礼に一なる宗教が〉という、注目すべき宗教的寛容の思想を説得的に提示しようと努めているのである。

彼はすでに最初期の二つの説教において、タタール人に言及している。一四三〇年一二月になされた第一説教 *Sermo*, I で彼は、神について多様な名称が当てはめられていることに論及しながら、以下のように説いている。

ギリシア人は一なる神について幾つかの名称をもっている。例えば、その権能にちなんで「イスキュロス」、その支配にちなんで「キュリオス」、そしてもっとも本来的には「テオス」と名づけている。そしてラテン語の「デウス」は、この「テオス」に由来しているのである。またタタール語では彼は「ビルテンゲル」と呼ばれているが、それはつまり一なる神という意味である。ドイツ語では〈ein got〉というが、つまり「一なる善」という意味である。……このように、一なる神が、その多様な属性に応じて、多様な民族によって別々の名称を付与されているのである。しかしながら彼は、あらゆる名称においてもあらゆる民族においても、一なるものである。(14)

翌一四三一年一月、つまりそれから一カ月も経たないうちになされた第二説教 *Sermo*, II でも彼は、神の子としてのキリストの存在を論じつつ、以下のように言及している。

神の子キリストが処女マリアから生まれたことが世界中で信じられている。これを信じているのは、インド人、ムハンマド教徒、ネストリオス派、アルメニア人、ヤコブ派、ギリシア人、およびわれわれのような西洋のキリスト教徒である。タタール人でさえもこれを非難することはない。そればかりか彼らは、これへの信仰を公言しているわけではないものの、皆で信じているのである。つまり、いにしえの人々が待望していた真正なるメシアとしてキリストが到来したことを信じていない民族は、今日、世界に存在しないのである——メシアはこれから到来するものであると信じているユダヤ人を除いて。(15)

また、一四三三年から三四年にまとめられたと推測されているクザーヌスの最初の著作『普遍的協和について』*De concordantia catholica* にも、タタール人への言及が見出される。

タタール人の王は、もっとも少ない威厳しかもっていない。なぜならば彼は、神の法にもっとも少なくしか一致しない法に従って統治しているからである。ムハンマド派の王は〔タタール人〕より大きな威厳をもっている。なぜならば彼は、旧約聖書の法と新約聖書の幾つかの法を尊重しているからである。キリスト教徒の王はもっとも大きな威厳をもっている。なぜならば彼は、自然法と旧約聖書および新約聖書の法、ならびに正統的信仰を受容しているからである。[16]

ここで注目しておくべきことは、以上の引用箇所におけるタタール人への言及がたえず「タタール人でさえも」という語法を伴って、論証の最後の根拠として使用されていることである。この点において、若きクザーヌスにとってのタタール人は、本章の冒頭で紹介した同時代の意味環境と同様に否定的な意味をもつ存在であったことになる。

3 『信仰の平和』第一六章におけるタタール人の知者

この書物には全部で一七人の知者たちが登場するが、すでに言及したように、タタール人の知者はその中の一四番目として、この書物のほとんど最後である第一六章に登場する。彼はまず次のように言う。

私はここで、たくさんのこれまで自分が知らなかったことを聞きました。タタール人は人口の多い素朴な民族ですが Tartari multi et simplices, 一なる神を最大限に崇拝している unum Deum ut plurimum colentes ので、自分たちと共に一なる神を崇拝している他の人々の許で、儀礼が多様であることに驚いています。彼ら〔タタール人〕は、キリスト教徒のうちのある人々およびアラブ人とユダヤ人のすべてが割礼を施されていること、またある人々が顔に焼印を押されていること、また、ある人々が洗礼を受けていることを嘲笑しています。……犠牲に関しても、その儀礼はいちいち述べきれないほどに様々です。これらの多様な儀礼の中でも、キリスト教徒のあの儀礼は嫌悪すべきもののように思われます。というのも、そこではパンとぶどう酒が供された上で、それがキリストの体と血であるとされて、犠牲奉献の後に彼らはそれを食べたり飲んだりするのですから。つまり、彼らは崇めるものを貪り食うわけです。場所と時によってかくも多様になっているこれらのこと〔儀礼〕のなかに、いったいどのようにしたら合一が成立しうるのか、私にはわかりません。そして、それが成立しなければ、迫害も止むことがないでしょう。相違こそが分裂と敵対を、また憎しみと戦争を引き起こすのですから[17]。

以上の引用に関してまず確認しておきたいことは、他の民族の知者たちの発言と比較した場合に異例なことに、ここでタタール人の知者は自分の民族の特性について論及して、自分たちは人口の多い単純な民族であるが、一なる神を最大限に崇拝していると述べていることである。登場する知者の中で、タタール人以外で自分の民族について語るのはインド人知者だけであるが、彼はこう言う。「インド人は知恵ある人々であり、宗教にとって必要不可欠なものは唯一神の祭式のなかにこそ存在するということを、躊躇なく認めています[18]」。タタール人とインド人の知者とはともに自分が代表する民族について言及しているものの、その内容に相違が存在することは、容易に認識できるであろう。すなわち、後者は自己の民族についてかなりの自負を示しているのに対して、前者はおおいに慎み深く、かつ自己の民族について二度にわたって「素朴な民族である」と表現しているのである。[19] このようなタタール人の知者の発言は、事実の指摘であるのみならず、この知者自身の内的態度の表現でもあるに違いない。なぜならば、彼は自己の意見表明の冒頭において、「私はここで、これまで自分が知らなかったことをたくさん聞きました」と、率直に自らの無知を告白していたが、これはクザーヌスに特有の思想である〈docta ignorantia 覚知的無知〉の実践であって、タタール人知者はこの思想を自己のものとすることにおいて、真理へと近づく条件を整えたことになっているはずだからである。[20]

4 〈素朴なタタール人〉

すでにみたように、クザーヌスの描くタタール人の代表者は、タタール人が単純な民族であることを自認して、その見解を繰り返し表明していた。このような「タタール人は素朴である」とする知者の告白は、この著作においては、後に明らかになるように、むしろ肯定的な意味をもたされているように思われる。

ところで、タタール人が素朴な民族であると言う捉え方は、クザーヌスに先立つ、マルコ・ポーロのいわゆる『東方見聞録』における報告の全体、および別の逸名の修道僧による報告[21]からも容易に導き出されるものである。しかしながら、この関連で考察の対象から外すことのできないものは、クザーヌスがその写本を所有していたモンテクルチスのリコルドゥス（Ricoldus de Monte Crucis, 1243 頃 -1320）による報告である。そこには、タタール人が素朴な民族であることを極めて否定的に描写する次のような叙述がある。

タタール人は救済からもっとも離れているように思われる。なぜならば彼らは、その本末転倒した習慣のゆえに彼らのもとでは堕落してしまっている自然法以外に、いかなる法も所有していないからである。彼らには断食も神殿も聖職もなく、犠牲もなければ、彼らを精神的生活に導く外的な補助手段もない。彼らには道徳哲学も自然哲学もなく、礼儀作法もなければ見知らぬ人に対する礼遇もなく、一定の場所に対する愛もない。彼らは土地を耕すことも種を蒔くことも樹木を育てることもせず、家を建てることもしない[22]。

このような〝野蛮なタタール人〟像とは対照的に、クザーヌスにおけるタタール人は素朴で実直な民族として描かれている。つまりクザーヌスは、リコルドゥスの報告を利用しながらも、タタール人の素朴であることを肯定的な意味に解釈し直しているのであり[23]、それゆえにタタール人の知者には、諸民族の教師たるパウロに対して、ナイーヴではあるがそれだけに事態の核心を突く問いを次々と提出させているのである。この点について、次の5節で検討してみよう。

5 〈タタール人は一なる神を最大限に崇拝している〉

タタール人が一なる神を信じているという報告は、クザーヌスに先立ついくつかの情報源に見出される。前出のリコルドゥスはこう記している。「しかしながら彼ら〔タタール人〕は一なる神が存在することを信じており Credunt tamen Deum esse, ある種の仕方で現世と同じく〔堕落した〕生に復活することを期待している[24]」。またプラノ・カルピニのヨハンネス（Iohannes de Plano Carpini, 1182-1252）は、以下のように報じている。「彼らは一なる神を信じており Unum Deum credunt, 彼があらゆる可視的なものと不可視なものとの創造主であること、ならびに彼がこの世における善きことどもと食べ物との授与者であることを信じている。……しかしながら彼らは、人間の形に似せて作られたフェルト製の偶像の類を所有しており、これらを彼らの滞在場所の入口の両側にかけておくのである」[25]。C. de Bridia とだけ知られる修道僧の報告も、次のように非常に類似した内容である。「彼らは、可視的なものと不可視なものとの創造主であり、この世における善きことどもならびに悪しきことどもの授与者である一なる神を信じている Credunt tamen vnum deum creatorem rerum uisibilium er jnuisibilium et datorem bonorum in hoc seculo pariter et malorum. しかしながら彼らは、本来あるべき仕方で彼を崇拝することはない。というのも彼らはさまざまな偶像を所有しているのである。人間の形をしたフェルト製のいくつかの偶像を、同様にフェルト製の乳房の上にのせて彼らの滞在場所の入口の両側にかけておく。これらのものが自分たちの家畜の保護者であり、自分たちにミルクと肉とをもたらしてくれるのだ、と彼らは主張している」[26]。タタール人が一なる神を信じているということは、一二四五年に開催された第一リヨン公会議の場でも、当時のキエフ大司教ピエトロ・アケロヴィッチによって報告されたことがあった[27]。

さらに、かつてはクザーヌスの所有になり、現在はロンドンに所蔵されているマルコ・ポーロの『東方見聞録』の写本 Kodex: Brit. Mus. Addit. 19952 には、以下のような報告がある。「タタール人は彼らがナチガイと名づけている一なるものを神として崇拝している」[28]。「彼ら〔タタール人〕は彼らがワタガイと名づけている一なる神を崇拝している」[29]。クザーヌスは以上のような情報を収集し研究した上で、自信をもってタタール人の知者に、「彼ら〔タタール人〕は一なる神を最大限に崇拝している」と言わせているに違いない。

6 〈彼らは、自分たちとともに一なる神を崇拝している他の人々の許で儀礼が多様であることに驚いています〉

先の引用からも明らかなように、タタール人は極めて単純な儀礼をもって一なる神を崇拝しているとされる。タタール人の知者が、同じ一つの世界において同じ神に捧げられる儀礼が多様であることに驚くその驚きは、この自分たちの単純な儀礼が根拠となって、いっそう強調されているのだろう。また、キリスト教の儀礼である聖体拝領に対する彼の違和感は、ミルクと肉を供物として捧げるものの、自分たちはそれらを飲んだり食べたりすることはないという、タタール人の儀礼体験から引き起こされているのであろう。

さらにタタール人の知者は先に引用した発言において、とりわけ以下の二点を強調している。第一に、儀礼というものが時と所によって多様であり、第二に、このような儀礼の多様性が宗教的迫害の原因となっている、ということである。さらに注目すべきことには、彼がここでいわば大天使の代理を務めているかのような重要な役割を果たしていることである。そのことは、以下のような『信仰の平和』における論の展開を考慮すると明らかになる。すなわち、前掲の引用でタタール人が述べている内容は、天国の会議の冒頭ですでに大天使が神に向かって訴えたことである。[30]それればかりかさらに、この著作の最後に、世界中の書物を調査した結果のいわば締めくくりの言葉として、以下のように記されることでもあるのだ。「それらを閲読してみると、あらゆる相違は結局、唯一の神の崇拝のうちに存在していたというよりも、むしろ儀礼のうちに in ritibus こそ存在していたことが明らかになった」[31]。もう一つの注目すべきことは、タタール人の果たしている役割が、同様に異教徒であるトルコ人のそれとはまったく異なっていることである。後者はタタール人よりも前に登場するのであるが、わずかなことを語るにすぎないのである[32]。ここにもクザーヌスの描くタタール人像の特殊性が見てとれるであろう。

つまりタタール人の知者は、パウロとの討論において、一なる神への信仰とそれに結びついている多様な儀礼との関係を根本的に説明することが可能となる理論的な出発点を措定する、という重要な任務を担っているのである。そしてパウロは、このタタール人によって提示された問いに対して極めて重要な理念をもって回答するに至るのである。それは、次の節の標題である。

7 〈救済が明らかにされるのは業《わざ》によってではなくて信仰によってである〉

諸民族の教師であるパウロは、御言葉の依頼に基づいて最初にこう発言する。「救済が明らかにされるのは、業によってではなくて信仰によってである non ex operibus sed ex fide, ということが示されねばなりません[33]」。このパウロの発言は、信仰と儀礼とを区別するための重要な前提となる。なぜならば、儀礼は行為である限り人間の業に属するものであり、したがって魂の救済に対して決定的な役割を果たすことはできないからである。こうして、タタール人の知者を驚かせた儀礼の多様性が、魂の救済という信仰本来の目的を達成するためにはもはや大きな意味をもつことがなくなるのである。

しかしながら、儀礼は信仰とはまったく関係がないと、ここで主張されているわけではないことにも、留意しておかねばならない。すなわち、少し後の箇所でタタール人とパウロとの間には以下のような対話がなされるからである。

タタール人　〔……〕信仰だけで十分であるのかどうか、教えてください。

パウロ　〔……〕それ〔信仰〕は愛によって生かされたものでなければなりません。なぜならば、業なしには信仰は死んでいるのですから。

タタール人　それはどんな業ですか。

〔……〕

パウロ　〔……〕神の命令は極めて簡単で万人によく知られているのであり、またそれは諸国民すべてに共通ですDivina mandata brevissima et omnibus notissima sunt, et communia quibuscumque nationibus. さらに、それをわれわれに明らかにするものとしての光は、理性的魂とともに創造されているのです。なぜならば、神はわれわれのうちで、われわれが存在を受け取る源としての彼〔神〕を愛すべしと語りかけ、また、われわれが自分になされるのを望むことをだけをほかの人になすべし、と語りかけているからです[34]。

この対話において強調されているのは、第一に、信仰は愛によって生かされねばならないということ、第二には、人が従うべき神の命令をこの愛が示しているということ、第三に、この命令を知らしめる光はあらゆる国民に対して、すなわち単純素朴なタタール人に対してさえも賦与されている、ということである。

8　〈変化を受け容れるものはしるしsignaであって、しるしで表されるものsignatumではない〉

パウロの第二の発言は以下の通りである。「それら〔儀礼〕は信仰の真理の感覚的なしるしとして定められ採用されているのです。つまり、変化を受け容れるものはしるしsignaであって、しるしで表されるものsignatumではないのです[35]」。もちろんこれは、儀礼が時と所によって極めて多様であるという事実に驚き、疑義さえも抱いたと発言したタタール人に対する答えである。つまりこのパウロの発言は、たしかに儀礼の多様性が宗教上の迫害の原因となっているとしても、そのことが直ちに、世界中で告白されている一なる神への信仰を損なうものでは決してない、という主張の理論的根拠となりうるのである。なぜならば、すでに上で言及したように、儀礼とは信仰の真理が〈感覚で把握されうるしるし〉signa sensibilia としてこの世界に導入され受容されているものであって、さらに、これも以前に言及したように、そもそもこの世界では「なにものも確固として持続することはない」のであり、それゆえに儀礼も同様なのだからである。[36]

純理論的な視点から見れば、この事態は理解しやすい。すなわち、ここには、「言葉の多様性は、一つの精神のさまざまな顕示にほかならない」[37]という、クザーヌスの『神学綱要』の一節を適用することができるのである。

以上のわれわれの考察を、この節で示したパウロの発言を基礎にして考察し直すならば、以下のようにまとめることが許されるであろう。一なる神への信仰は、個々の国民における儀礼がいかに多様であろうとも、それとは無関係に成立し続けることが可能である。なぜならば、人間の業の結果である諸々の儀礼は、神の命令に従ってそれぞれの国民の間でこのように相違しているのであって、各々の国民が彼らに賦与された光を用いて受容しているものとして、現にある儀礼となっているのである。したがって、神への信仰においては、儀礼という外的な形式はもはや重要なものではないことになる。こうして、儀礼に関する寛容への前提が、パウロとタタール人知者とによって創出されたのである。それゆえに当然ながら、タタール人に関するこの章が、タタール人によって提出された儀礼についての問いに導かれる形で、パウロの次の言葉で締めくくられるに至るのである。「人々が互いに儀礼を耐え忍ぶことによって ritum hinc inde tolerando, 信仰と愛の律法とにおける平和が確立されるならば、それで十分あろう」[38]。

9 〈多様な儀礼の中に一なる信仰が〉

こうして、〈儀礼の多様性の中に唯一の宗教が存在する〉[39] religio una in rituum varietate という命題が確証される。これは、天的存在たちが集う会議の論題としてこの著作の冒頭で提出されていたものである。実はわれわれは、このようなクザーヌスの理念に極めてよく似た思考法を、すでに第4節で言及した報告、すなわちリコルドゥスの『道程』に見出すことができるのである。しかし、この報告で論じられているのは、次に示すように、キリスト教内部での儀礼の多様性である。

たとえ彼ら〔異なった宗派の人々〕がその儀礼においてわれわれと一致しないとしても、彼らが信仰においてわれわれと一致しているかぎり、その不一致は危険ではない。なぜならばキリスト教徒の信仰は一なるものだからである。それゆえにこそ使徒〔パウロ〕が『エフェソの信徒への手紙』四章〔五―六節〕で、「神は一人、信仰は一つ」と言ったのだ。しかし彼は「儀礼は一つ」とは言っていないのである《Unus Deus una fides》,non dicit unus ritus. それにもかかわらず、われわれの兄弟たちは彼らと、多様な儀礼をめぐって空しく争っているのである――兄弟たちは、彼らを信仰における一致に導かねばならないのであって、儀礼における一致に導かねばならないわけではないのにもかかわらず。[40]

このリコルドゥスの引用のうち第一の文章と類比的な構造をもっているのが、次のようなクザーヌス自身による主張である。「一つの儀礼が危険性なしに多様であることができることを疑う者はいない」[41]。この二つの文章に内容的にも形式的にもこれほどの密接な関係がみてとれるという事実は、クザーヌスがリコルドゥスの報告に含まれている着想から影響された可能性を示唆している。

クザーヌスのこの点に対する他者からの影響については、さらに別の例を挙げることもできる。すなわち、ハイデルベルク版『信仰の平和』の序文に引用されている、著者逸名の著作『ムハンマドの法または教説』*Lex sive doctrina Mahumeti* である。この書物には、異なった宗教、とりわけユダヤ教とイスラームにおける儀礼の多様性について、以下のように記されている。「〔或るユダヤ人がムハンマドに尋ねた。〕『ではあなたは、あなたに先立つ預言者たちについて何と言いますか』。後者が答えた。『たしかに万人の法あるいは信仰は一つである。しかし異なった宗教における儀礼は疑いもなく多様である』と」。この箇所の欄外にクザーヌスは、「信仰は一つ、儀礼は多様」fides una, ritus diversus と記しているというのである[42]。したがって、クザーヌスが前掲の定式の重要なヒントをこの文章から得たことも、大いに想像されるのである。

以上のようなわれわれの考察によって、次のことが明らかになる。まず最初はキリスト教内部での寛容の理念が提唱され、それが普遍的寛容の理念にまで展開してゆく一つの道筋が、リコルドゥスから逸名著者を経てクザーヌスに至る形で見出される。そしてその最後の段階は、既成観念に囚われることが少なかった思想家ニコラウス・クザーヌスによって用意された。その際に彼の思考においては、一四三〇年代の末期に彼によって紡ぎ上げられた〈docta ignorantia〉「覚知的無知」の思想が、タタール人知者の発言に表現されている通りに、生き生きと脈打って彼の思惟を支えていたのだ、とみなすことができるのである[43]。

10 〈あらゆる民族が彼において神の祝福を得る〉

さらに、タタール人の存在に関して、同じ章の第五七節にあるパウロの以下のような発言にも、ここで言及しておく必要がある。「神はアブラハムに対して、イサクという一人の子孫を与えることを、そしてそのイサクという子孫においてあらゆる民族が祝福されるようになることを約束したのです。〔……〕そこで〔アブラハムがイサクを神に差し出したとき、〕彼〔アブラハム〕は義とされ、彼に由来してイサクを通って下ってくる一人の子孫において、あの約束は成就されたのです」。この発言を聞いてタタール人は尋ねる。「その子孫とは誰のことですか」。パウロは答える。「キリストです。すなわち、彼においてすべての民族が神の祝福を得るのです[44]」。印象的なことは、この短い節でパウロが、一なる神への信仰によってすべての民族が祝福され得るということを、繰り返し言明していることである。この発言で意図されているのは、タタール人のような民度の低い素朴な民族であっても、等しく神によって祝福され得ることを確証することであろう。

11 〈破局〉のただ中でタタール人という〈他者〉を見すえる

タタール人の存在は、ニコラウス・クザーヌスにとって本来は遠いものであったはずだ。彼らの国は、コーカサスの彼方のはるか遠方にあったからである。ところが当時、彼のすぐ近くに、少数ではあるがタタール人が暮らしていた。このタタール人を見出すのには、身近に視線をめぐらすだけで十分であった。というのも、当時のイタリアには「タタール人」と呼ばれる奴隷たちが家庭内奴隷として生きていたからである。この事実を研究したのは、I・オリゴである。[45] 彼女の研究によると、この種の奴隷は、大多数がタタール人であり、ロシア人、サーカシア人、ギリシア人、ムーア人、エチオピア人も少数いたという。トスカナ地方の裕福な貴族や商人は、どの家でも少なくとも二人あるいは三人のこういう奴隷を所有していた。[46] 現在に至るまでフィレンツェには、人相書をともなった当時の奴隷の台帳が残されている。例えば、一三七二年のタタール人の少女についてのものとして、以下のような記録がある。「身の丈は中くらいで、肌はオリーヴ色で天然痘の痕がたくさんあり、左の頬に二つのほくろがあり、唇は厚い[47]」。

これらの家庭内奴隷は人格としてではなく、完全に物とみなされていた。それは、一四〇一年のピサの財産目録が示している。そこには、一人の奴隷の価値が幾頭かの家畜と並べて書き込まれており、「この主人は女奴隷を一名、馬一頭、ろば二頭、雄牛の四分の三を所有している。これらをわれわれは総額七〇フローリンと評価する」とされているのである。[48]

オリゴは、この奴隷たちの使った言語についても言及している。「これらの奴隷たちは彼らが用いる奇妙な言語で他の住民たちと区別されていた。彼ら同士は、半分は理解不能な方言で、あるいは肯定的に表現すれば、彼ら独自のジャルゴンで語り合っていたようだ。〔……〕それはある種のピジン・トスカナ語であり、そのなかにはタタール語やサラセン語の単語が混じっていた[49]」。

クザーヌスもパドヴァでの学生時代以来、この種のタタール人を目にしていたはずである。オリゴの研究によれば、[50] アエネアス・シルヴィウス・ピッコローミニ（Aeneas Silvius Piccolomini, 1405-64）、後の教皇ピウス二世も黒人の家庭内奴隷を一人所有していたというが、彼はクザーヌスの長年にわたる友人であった。古典的な書物『イタリア・ルネッサンスの文化』の中でブルクハルト（Jacob Burckhardt, 1818-97）も、これに類することを記述している。それによれば、一四八八年（クザーヌスの死から約二〇年後）のことであるが、教皇インノケンティウス八世はフェルナンド・カトリック王から贈り物としてもらった奴隷一〇〇名を枢機卿や他の貴顕におすそ分けをしたという[51]。

ところで、筆者がこの考察の主たる素材としてきた『信仰の平和』の冒頭には、奴隷としての現状のゆえに神を探求することが不可能である人間一般についての論及が、大天使の言葉として以下のように見出される。

主よ、あなたは知っておられます。この大群衆は大いなる相違無しには存在しえないことを、さらに、ほとんどすべての者が辛苦と悲惨に満ちた困難な生活をおくることを強いられており、彼らを支配している王たちの奴隷として従属することを強いられているということを。それゆえに、これらすべての者のなかでほんのわずかな者しか、その自由な意志を用いて自分自身を認識することに到達できるだけの閑暇がもてないのです。多くの者たちが〔自分の〕肉体の配慮と奴隷的使役によってかき乱されており corporalibus curis et servitiis distrahuntur, したがって隠れたる神であるあなたを探求することができないのです[52]。

これは、先に言及した当時の家庭内奴隷の境遇を、神との関係における大多数の一般民衆のものとして、位相を一段ずらして描写したものとして捉えることができるだろう。このずらしで想定されている構造は、先にわれわれが論及した、一なる真の宗教との関係においては、既成の宗教がその一なる真の宗教の儀礼と位置づけられたものと同様なものなのである[53]。

もし、これまでの考察で明らかにされた、『信仰の平和』においてタタール人の果たしていた重要な役割と、イタリアにおいてクザーヌスが身近に経験していた現実のタタール人奴隷の低い地位とを、さらに、第2節における考察が示していたような、三〇代のクザーヌスがタタール人に対して配当していた貧弱な役割とを比較考量するならば、われわれは驚かされつつも、次のように言うことにためらいを覚えることはないだろう。ニコラウス・クザーヌスは、二重の意味で自分にとって〈他者〉である――すなわち地理的にもまた社会階層的にも〈他者〉である――タタール人を、クザーヌスの意味での〈イディオータ〉[54]という重要な役割を果たさせるべく、この著作において入念に描き上げているのであり、タタール人という〈他者〉が、クザーヌスの思想に豊かな理論的実りをもたらしてくれたのである。つまりクザーヌスは、タタール人の当時の一般的な意味環境における「冥界から現れた得体のしれない存在であり、ときにキリスト教徒を罰する役割も果たす」という意味をまったく逆転して、「覚知的無知の思想を身につけた素朴で実直な存在」として描き出しているのである。

ここにも、われわれが「楕円の思考」と名づけるクザーヌスの思考が典型的に現れている。この思考は、二つの対立する極、すなわち立場が、思惟の中で互いに歩み寄り、一致するか、少なくとも調和に至る思考の営みである。[55]そして、これは総体として、真の意味での、またそれゆえに現代にも妥当する、寛容の思想の基盤を形成しうるものであろう。

第二章　クザーヌスにおける理性の普遍性と哲学の複数性

――『信仰の平和』を中心にして――

はじめに

ニコラウス・クザーヌスの著作『信仰の平和』*De pace fidei* は、一四五三年、コンスタンティノープルがオスマントルコによって攻略された直後に著されたものであるが、宗教的寛容の理念が説かれた早期の著作の一つとして、今日でも重要な意味をもっている。[1]

著作の冒頭でクザーヌスは、本書における議論は神によって召集された天上での会議でなされたものであるという設定をしている。その上でこの会議の目的は、「多様な儀礼のなかに一つの宗教だけが religio una in rituum varietate 存在しているということを万人が認識することになる」ようにということであるとする。[2] そして注目すべきことには、この会議に招聘されているメンバーは、諸宗教の聖職者ではなくて、あらゆる民族の「経験豊かな人」あるいは「現世の思慮深い人」[3] なのであり、彼らについては以下のように記されている。「今ここに出席している汝らは、汝らと言語を共にする者たちのなかで知者と呼ばれているのであり、少なくとも『哲学者すなわち知恵の愛求者』philosophi seu sapientiae amatores と呼ばれているであろう[4]」。

このように、哲学の源であるギリシアにおいてそれが philosophia と称され、それの意味が「知恵を愛求すること」であるという語源説に基づいた上で、その哲学をしている人、すなわち「知恵の愛求者」が招聘されるという設定の根拠は、この会議において知恵概念が中心的な意味をもっていることにある。なぜならば、知恵とは分割不可能な唯一の理念ではあるが、それを人間がこの世界では互いに異なった仕方でそれを分有しているものとして、この天上の会議での討論において説明されることになるからである。クザーヌスは以下のように記している。「〔ギリシア人の知者が発言する〕われわれのうちの誰も、一なる知恵が存在することに疑いを抱きません。われわれのすべてがそれを愛しているのであり、そのためにこそわれわれが哲学者と呼ばれているのですから。つまり、それ〔知恵〕を分有しているゆえに知者は数多く存在するのですが、知恵そのものは単純で不可分なものとして自己のうちにとどまっているのです[5]」。

このように著作の冒頭で「哲学」という概念に関して語源的に説かれていることは、もとより偶然のことではない。ここには、語源的把握を用いながら宗教的寛容のための普遍的な根拠を構築するとともに、「哲学」の伝統的な概念に代えて自分の考える理想的な〈哲学〉のあり方を提示しようとする、クザーヌスの明らかな意図が示されているのである。

以上のようなことを前提にしつつ、「クザーヌスにおける理性の普遍性と哲学の複数性」について、以下で考察してみたい。その際に筆者の視点は「哲学」についての、上述の視点からクザーヌスが語源的に再構成したラテン語の表記である 'amor sapientiae'（知恵の愛）という概念に集中されるであろう。

1　哲学の目的

では、クザーヌスの思惟において哲学の目的とは何であろうか。一四五〇年に著された『無学者考――精神について』*Idiota de mente* において、理想的な哲学者として描かれているのは、精神の不死性について自分を納得させてくれる知者を探して世界中を彷徨してきた知恵の愛求者である[6]。その彼は、最終的にローマにたどり着き、市内の小さな地下室に住んでいる素朴な無学者を訪ねて、自分の懸案について納得させてもらうことになったとされている[7]。同じ時期に記された『無学者考――知恵について』*Idiota de sapientiae* では、この目的について以下のように述べられている。「あなたは知性的な生活のあらゆる切望においても、永遠なる知恵以外の何物も切望してはいないのです。それはあなたの切望を満たすものであり、つまり始めであり中間であり終わりであるのです[8]」。

この二つの叙述は、クザーヌスの後期の著作である『可能現実存在』*De possest* における以下の観点とも密接な関係にあるだろう。「全能者自身を知性的に観ることである究極的な幸福とは、それによって私たちすべてが知ることを希求するわれわれのあの希求の充足なのです[9]」。以上のことから、クザーヌスが哲学の目的としているのは、本性的な希求によって動かされつつ最高の幸福、すなわち全能者自身を知性的に観ることに自らが到達するということ、これであるのが明らかとなるだろう。

2　哲学と神学についてのヴェンクの理解に対する批判

このような観点をもつクザーヌスにとっては、同時代の大学の講壇で支配的であった哲学および神学の位置づけと扱い方は、スコラ学の堕落した形態にしか見えなかったに違いない。それゆえにこそ彼は、一四四九年に著した著作『覚知的無知の弁護』*Apologia doctae ignorantiae* において、当時ハイデルベルク大学の教授であったヨハンネス・ヴェンク（Johannes Wenck, ?-1460）によるクザーヌス批判に対して、以下のように述べて激しい反批判を展開したのである。

もし彼〔ヴェンク〕が、〔クザーヌスの説く覚知的無知によれば〕〈いかなるものも存在するかしないかのいずれかである〉というこの〔同一律の〕原理に含まれている学問の基礎とあらゆる推論さえもが取り去られると言うのであれば、彼は正しく理解していないのだ。なぜなら彼は、覚知的無知が精神の眼と知解可能性の周りを走り回る〔に関わって働く〕ものであるということに気づいていないのである。そしてそれゆえに彼は、あの観へと導かれることになる熟慮〔覚知的無知のこと〕からも全く離れているのであり、彼の証言は幻に由来しているのである。〔……〕それゆえに論理学およびいかなる哲学的探求もあの観に到達することはないのだ。[11]

3　知恵の三角構造

では、伝統的な「哲学」という概念に代わってクザーヌスによってここで提出されている 'amor sapientiae'「知恵の愛求」とは、いかなるものとして理解されるべきであろうか。

これを把握するためにはまず、クザーヌスがそれを基盤として彼の思想を構築した知恵概念の全体構造を把握しておく必要がある。しかし、筆者はこの点についてすでに他の論文で詳述しているので[12]、ここでは簡単に説明するにとどめる。

クザーヌスの知恵概念は、興味深いことに三重の意味をもっている。第一にこの概念は、キリスト教神学の伝統に即して、神あるいは創造主そのものを意味する。それは『信仰の平和』にも示されている通りである[13]。第二にこれは、人間に本性的に内在する人間の知恵を意味する。しかしこれは、クザーヌスにとっては神の知恵の似像なのである[14]。そして第三に、神によって世界内に整えられた秩序も、クザーヌスでは知恵と捉えられる。

神の学芸つまり神の知恵は永遠なる神であり、それは永遠なる神に由来するものである。父なる神はこの学芸を用いて万物を創造したのである。それゆえにこの学芸は秩序の中に映現している。なぜならば知恵はそのように秩序づけられているものなのであり、それはわれわれが読書の際に自ら経験する通りである。〔……〕彼〔神〕は万物を知恵に溢れ秩序正しくあるものとして創造したのである[15]。

このような把握は、後期の著作である『知恵の狩猟について』*De venatione sapientiae* では、以下のようにいっそう明瞭に強調されている。

それの活動によって世界の全体構造が、極めて美しく安らかに存続しているものとしての宇宙の秩序は、永遠で不壊なる知恵〔神〕の第一の比較的正確な似像である。(16)

上記のような知恵 sapientia に関する三種の意味は、それぞれを、神の「創造主としての知恵」と人間のもつ「精神としての知恵」と世界のもつ「秩序としての知恵」と名づけられうる。さらにそれらは、次のような三角構造をなしていると、比喩的に表象できるであろう。つまり、「神の知恵」が三角形の頂点を形成し、他の二つが下のそれぞれの角をなすのであり、この三角形の内部において〈肉となった神〉としてこの世界に現れたキリストが、この三種の知恵の相互関係をとりもつ知恵として働きかけているのである。この場合、人間の「精神としての知恵」は、絶えず「創造主としての知恵」に導かれて、一方においてその「創造主としての知恵」を希求するのであり、同時に「秩序としての知恵」を認識しようと努めるのである。他方、「秩序としての知恵」は「精神としての知恵」に作用して、後者が「秩序としての知恵」の美しさを認識することで、前者の創造主である神の知恵を賛美するに至る、というわけである。このような知恵の三角構造はクザーヌスの哲学の基本要素であり、それはとりわけ一四五〇年以降の彼の思索においては明確に姿を現しているものである。

4 結合する力としての愛

では、クザーヌスが「哲学」の同義語として用いた'amor sapientiae'「知恵の愛求」という概念において、愛amorとは何を意味しているのであろうか。彼にとって愛とは、まずもって結合する力である。それは、次の『信仰の平和』の一節が示している通りである。「愛は結合するものです Amor autem nectit. それゆえに、その力が宇宙全体に拡散しているものとしての上述の霊〔世界霊魂〕は、この『神である愛』と呼ばれてよいのです。同様に結合とは、それによって諸部分が、或るものおよび或るものの全体に結合されるものであり、それなしには完全ということが存続しないものでありますから、それは神を自己の根源として所有するはずです」[17]。この引用が明らかにしているように、クザーヌスは愛を、被造世界の至る所で作用している「宇宙的な力」として表象しているのである。

それればかりか、クザーヌスによれば、人間の認識一般さえもこの愛が可能とさせているのである。この点について彼は、『推測について』*De coniecturis* の一節で以下のように明記している。

あなたの知性が有する分け与えられた一性のなかにも、この知性の相等性の力が、すなわち知性的に認識する力が存在するのであり、また知性とそれの活動から生まれる結合する力すなわち愛する力 virtus conectendi amandive が〔存在するのである〕。つまり知性は自己を認識することを愛するのである。知性の愛は、知性認識されるものと知性認識するものとを前提にする。同じことが理性についても感性についてもそれぞれの仕方で妥当するのである。[18]

5　クザーヌスの思惟における「知恵の愛求」'amor sapientiae'

これまでの考察から、知恵の愛求に他ならない、クザーヌスにおける真の哲学は、以下のような構造をもっていることが明らかになるだろう。人間の認識が外界を対象とする場合、それは「精神としての知恵」が「秩序としての知恵」を把握しようと試みることを意味する。そしてこのとき、神の愛がこの両者に対して以下のように作用することになるのである。すなわち、それは一方において、神から注ぎ込まれた知性的な光として人間の認識を可能とさせ、他方において、神によって創造された宇宙的な愛として世界に働きかけて、世界を秩序ある姿に保持させるのである。このような構造においてこれら上述の三種の知恵は、ダイナミックな相互関係に立つことになる。もちろん、それらの間には、「創造主としての知恵」は、「精神としての知恵」ならびに「秩序としての知恵」の両者の原像であり、後者の双方は前者の似像であるという本質的な相違が存在するのではあるが。

この構造は三種の〈知恵〉の相互関係であるゆえに、クザーヌスが依拠する〈同は同を〉という、ギリシア哲学以来の認識論の伝統的原理に根拠を与えたことにもなる。この入念に考えられた理論的基本構造は、ここでのクザーヌスの思考を特徴づけるものであるのみならず、すでに彼の哲学的探求の始めから装備されていたものでもある。それを示すのが、彼の哲学的処女作である『覚知的無知』の最後に記されている、哲学の課題とは「把握不可能なものを把握的でない仕方で覚知的無知において捉えること」[19]であるとする言明である。

さらにこの関連で興味深いことは、一四五七年になされたクザーヌスの或る説教における以下のような一節である。

自然の中に事物の原因を探求する者は、万物を秩序づけ美しく整えるものとしての〈知恵の愛〉に ad amorem illius sapientiae 到達するほかはない。しかし彼らはそれを把握することはなく、むしろそれらによって驚かされるのである。驚きが哲学の終わり〔目的〕なのである。[20]

この引用文中の最後にある「驚きが哲学の終わり〔目的〕である」という文章は、伝統的な哲学からクザーヌスが距離を取ろうとしていることを明らかに示している。なぜならばアリストテレスの権威ある教えによれば、そして周知のように、驚くことはむしろ哲学の始まりなのだからである。[21]

ではクザーヌスの考える真の哲学は、伝統的な哲学概念といかなる異なりがあるのだろうか。それを示すのが、この引用の中に含まれている「知恵の愛」という概念の二義性である。すなわちこれは、一方において、真の知恵を希求している人間のもつ愛を意味するが、他方において、この探求している者に世界の秩序を認識可能にする神の知恵としての愛をも意味するのである。

それゆえにクザーヌスの真の哲学は、人間による自立的で一方的な知恵の希求に尽きるものではなくて、知恵そのものである神の愛が人間自身の中へと下降してきてくれることを不可欠な要素として希求するものでもある。[22]この意味から、哲学することにおいて重要なことは、論理学的推論の結果としての学問的な体系なのではなくて、知恵を探求する者の正しい探求の態度なのである。それは、『無学者考──知恵について』の冒頭近くで、信仰は篤いが学問的訓練を受けたわけではない無学者が、知識で膨れ上がっている弁論家に対して、「あなたが好奇心による探求を捨てた心構えになっていることが認識できれば、私はあなたに大いなることを説き明かすことができるのですが」と要求していることに見てとれる通りである。[23]

6　理性の普遍性と哲学の複数性

これまでの考察をまとめてみよう。まず、クザーヌスは根本的前提として、唯一の神という知恵が存在するのであり、それはそれ自身としては単純にして分割不可能なものであるが、しかしこの世界ではそれが、何らかの仕方で多様に分有されているのだとしている。また知恵は、総体としてみると神の「創造主としての知恵」と、人間のもつ「精神としての知恵」と、世界のもつ「秩序としての知恵」という三種の形態で存在していて、それらが神の知恵を頂点とする三角構造を形成しながらダイナミックな相互関係に立っている、と想定されている。

それにもかかわらず見逃すべきでないことは、この構造の中でも人間だけが、創造主を把握する能力を神という創造主から付与されているとされていることである。しかし、その付与の目的は、人間が自己目的的に世界を探求することなのではなく、この秩序づける働きをする知恵すなわち神を賛美することである。この点は、一四五四年になされた説教一六八の以下の一節が示している通りである。

> 神は、神の善性をよりよく分有する本性すなわち知性的本性を創造した。それは、それが自由な意志をもっているという点で〔他の被造物よりも〕いっそう創造主に類似しているのである。それゆえにそれは、いわば第二の神 quasi alius deus である。神はこの本性において自己の栄光の豊かさをよりよく啓示しようと欲したのである。[24]

ここには、人間は人間という存在である限り、認識のための知性的能力を神から備えさせられていることが説かれているのであるから、この意味において理性が人間に普遍的に存在するという主張をクザーヌスの思惟の中に見出すことは当を得ていることになるのである。

そうであるのならば、クザーヌスにおいても万人に共通の唯一の哲学が想定されているのだろうか。これについては、本考察の冒頭で行った「知恵の愛求」'amor sapientiae' という概念の解釈を背景にしてみれば、そうではないことが明らかになるだろう。クザーヌスは『信仰の平和』の中で以下のように記している。人間は地の泥から創造されてこの世界に存在しているので、多性と多様性なしには存在することが不可能であり、したがってすべての人間が自然の異なる条件の中で、またそれぞれの社会の必然性にも強く拘束されて生きているのであると[25]。

それゆえにクザーヌスにとっては、哲学すなわち知恵の希求も、それが成立する基盤の多様な条件に応じて、必然的に多様な形態をとらざるをえないことになる——その希求の対象たる知恵は唯一であるにもかかわらず[26]。

しかしながら、クザーヌスは哲学的な相対主義を主張するわけではない。それればかりか彼は、互いに異なる意見が将来的には一致することへと自らの希望の眼差しを向けている。これは『信仰の平和』の冒頭近くにある以下の一節が示している通りである。

> この感覚的世界では何ものも確固として存続することはなく、また意見や憶測も流動的で時間によって変化するものであり、それは言語や意味の理解でも同様です。それゆえに人間というものは頻繁に吟味されることを必要とするのであり、そうして初めて、あなた〔神〕の御言葉に関して存在する極めて多くの偽りを根絶されるのであり、そのようにして真理がたえず輝き出ることになるのです。そもそも真理は一なるものであって、いかなる自由な知性によっても把握されえないはずがないものですから、もろもろの宗教のあらゆる差異が一つの正統的信仰へと導かれることになるでしょう[27]。

最後に、クザーヌスの〈哲学〉に関してこれまでに筆者が述べたことのさらなる根拠として、『信仰の平和』に登場するタタール人の人物像を挙げてみたい。これについては、すでに本書第Ⅱ部第一章で扱っているので、ここでは簡単に記すにとどめるが、タタール人は、クザーヌスの時代のヨーロッパでは差別される存在であった。それは、家庭内奴隷としてたくさんのタタール人が生きていたイタリアではとりわけそうであったことがよく知られている。しかしながらクザーヌスは、この『信仰の平和』において、あえてタタール人の知者に極めて重要な役割を負わせているのである。すなわちタタール人知者はここで、素朴ではあるが、それゆえにこそいっそう問題の核心に迫るさまざまな問いかけを諸民族の教師である使徒パウロに向けて発しては、パウロとともに儀礼における寛容の前提条件を確立しようとしているのである[28]。つまりクザーヌスは、コーカサスの向こうに住む素朴で無知な民族の代表としてのタタール人、そして身近には家庭内奴隷として生きているタタール人でさえも、「知恵の愛求」としての哲学をしているのであり、さらに、真理を愛求する熱意があり、その探求の構えが正しければ[29]、彼らであってさえも（つまり誰であっても）パウロとともに哲学すること、すなわち神である真理を愛求することが可能なのであると説いて、人間世界における理性の普遍性と哲学探求の複数性を主張しているのである。

このクザーヌスの主張は、オスマン帝国によって東ローマ帝国が滅亡させられてキリスト教世界に大きな衝撃が走ったクザーヌスの時代においてのみならず、〈文明の衝突〉がかまびすしい現代においても、大きな意義をもつものであると考えられる。

第三章　〈他者〉[1]の豊饒性

1　現代における〈他者〉の排斥

「一つの妖怪が、二一世紀の世界を徘徊している。排他主義という妖怪が」と、マルクスとエンゲルスにならって記してみたいほどに、このところ急速に排他主義の雰囲気が目立つようになっている。[2]

これは、現代社会において人々の生きる空間が拡大していることによって、〈他者〉と出会う機会が増えていること、このことと密接に関わっているであろう。[3] われわれは一般に、「人を見たら泥棒と思え」ということわざが示すように、〈他者〉と出会うことをリスクの一つと考える傾向があるからである。そしてこの傾向は、われわれ自身に心理的な余裕がなくなればなくなるほど、それにつれて強化されるものである。

このような状況から生み出されつつある排他主義の徘徊という趨勢に抗して、人間が人間であるためには〈他者〉を必要とするということと、〈他者〉とはどのように付き合うべきであるのかについて、本章では考えてみたい。[4]

(1) トランプ・アメリカ大統領による〈他者〉の排斥

二〇一七年一月二〇日に第四五代アメリカ大統領に就任したドナルド・トランプ（Donald Trump, 1946- ）は、就任早々から「アメリカ第一主義」という標語のもと、矢継ぎ早に「排他主義」的な大統領令に署名して、世界とアメリカ国内を驚かせた。中でも、テロを事前に防止するために必要な措置だとして出した、シリア、イラク、イランなど七カ国の人のアメリカへの入国を九〇日間、停止するという大統領令と、すべての国からの難民の受け入れも一二〇日間、停止するという大統領令[5]には、世界の国々の首脳および国民から批判の声が上がるほどだった[6]。また、メキシコからの違法な移民を防ぐために国境に壁を築くという選挙中の公約も、大統領令として実施を宣言し、その結果、二月始めに予定されていたメキシコ大統領との会談はメキシコ側からキャンセルされた。

これらの一連の「排他主義」的な政策は、ほぼ半数のアメリカ国民によって支持されているようだ。二〇一七年二月一日に発表された米国全土での世論調査によると、アメリカ国民の四九パーセントがこれに賛成しており、反対の四一パーセントを上回っている[7]。ここには、歴史的にみると多数の国からの移民によって国づくりをしてきたアメリカの国民が、目下、意識の上ではっきりと分断されていることが示されている。イスラーム圏からの入国を禁止することが、テロ対策としてそれほど効果的とは言えないことはよく指摘されているし、ここ数年の間にアメリカで発生したテロは、アメリカ国民として生活していた人々、いわゆる「ホームグロウン・テロリスト」homegrown terrorist によって起こされたものである。このような客観的事実も「排他主義」的心理にとりつかれた人々にとっては説得力をもつことがなく、人々は自分にとって「わかりやすい」（つまり post truth な）主張に同調しやすくなっているのである。

トランプ大統領の煽る〈他者〉の排斥は、ムスリムに対してだけ向けられているわけではない。経済分野においても「排他主義」的な政策をとることが予想されており、大統領就任前のトランプの発言に沿う形で、すでにいくつかの米国企業がメキシコでの生産をやめて国内生産に切り替えると発表している。むしろ、彼の「排他主義」的な政策の中心は経済分野となるはずである。彼を大統領に当選させた支持層は、「没落しつつある中間層」と括られる人々であり、「田舎に住む大卒以下の四五歳以上、世帯持ちの白人男性である」とされている。[8] 彼らは自身の境遇の変化の原因を、米国企業が生産拠点を外国に移転させたことと、新たに到来した移民によって職を奪われたことに見ているゆえに、外からの〈他者〉を排斥すれば以前の自分たちの境遇が回復されると信じたがっており、その希望をトランプがかなえてくれると信じているからである。それゆえにトランプは、大統領就任から当面の間はその支持層の希望に応える姿勢を見せて支持を固める必要があるのだ。

(2) ヨーロッパにおける〈他者〉排斥の動向

ここ数年来、日本のマスメディアでもしばしば報じられているように、イギリス、フランス、ベルギー、オランダ、ドイツなどで〈他者〉排斥の動きが目立っている。筆者の知る限り、EU成立以前にはヨーロッパ内の「後進国」出身者に対する同様な視線や態度も目立つ形で存在していた。ギリシアから出稼ぎにきた男性がドイツで結婚して家庭をもち、そこに育った子供たちが被差別的な経験をした、というような話をしばしば耳にした。それは、聞き手であった筆者自身が非ヨーロッパ人としてドイツで暮らしていたので、被差別的経験をした側の人たちが話しやすい対象と判断してのことであったのだろう。[9]

そのような〈他者〉排斥の動きは、EU成立後にはEU域外の（つまり非キリスト教圏の）人々に対するものへと変化しているようだ。その背景として、もちろんイスラーム過激派によるテロ行為の続発ということも、有力な一因としてあるに違いない。筆者自身が比較的事情に通じているドイツでは、旧東ドイツの地域で比較的貧しい若者たちの間に〈他者〉排斥の動きが目立つのである。

ＥＵ域外出身の人々がドイツに居住している経緯は、第二次世界大戦中に五〇〇万人以上に上る戦没者が出た結果、ドイツの戦後は深刻な労働力不足に陥り、ギリシアなどのヨーロッパ域内のみならずトルコからも大量の労働者（ガスト・アルバイター）を受け容れたということが主因である。その人々の二世、三世が居住している結果、二〇〇八年現在でドイツの総人口の約一割弱である約七三〇万人が外国人となっている。[10]ドイツ国内が経済不況に陥ると、ドイツの旧東ドイツ地域の若者と外国系の若者の失業率が上昇しやすいので、この両者との関係が険悪化しやすいという事情があるようだ。

イギリス、フランス、ベルギー、オランダにおける同様の問題は、ドイツの場合とは事情を異にしている。なぜならば、これらの国内に居住している非西欧圏系の少数派である人々は、もともとはこれらの国によって植民地化された地域の出身者であるか、その二世、三世の人々だからである。その結果として、それぞれの国の多数派の、上記のような少数派を見る目には、すでに植民地主義的なバイアスがかかっていることが多く、逆にマイノリティの側も現在居住している国の社会において自らが望む境遇で生きることができていない場合には、容易に「多数派の民衆が自分たちを〈他者〉として差別しているから、自分たちがこのような不遇な状況に置かれているのだ」と理解することになる。ここには、マジョリティとマイノリティとの間で、植民地主義の残滓に基づく相互作用的な対立が生じているのである。

この問題については、すでに一九八〇年代においてヒック（John Hick, 1922-2012）がイギリスの事例について正鵠を得た指摘をし、あるべき解決の方向を示していたのだが、[11]残念ながら全面的にはその方向に向かうことがなく、今日の混乱した状況に、イギリスのみならず上記の国々が陥っているのである。

旧植民地系のマイノリティ国民が〈他者〉として差別されたり排斥されたりする結果として、マイノリティの若者の中にはフラストレーションをためて、ほとんど自暴自棄のうちにイスラーム過激派のリクルートに呼応し、その結果としてテロ行為を実行するという者も出てきているのである。その結果としてヨーロッパでは、米国の状況を扱った際にも言及した「ホームグロウン・テロリスト」がこれ以上出現することのないように、社会の根本からの改善が不可欠であると指摘されており、この点についてはヨーロッパ諸国の良識ある政治家たちは認識を共有している。それゆえにこそ、これらの国々の首脳たちはこぞって、トランプ米大統領の上記の「排他主義」的な政策を批判しているのである。しかしその批判表明は単に米国大統領に対してだけ向けられているものではなく、それぞれの自国のマジョリティに対してもマイノリティに対しても向けられているのである。つまり、われわれはアメリカと同じ道を歩むつもりはないという、国民への訴えである。

(3) 日本における〈他者〉排斥の動向

日本では、幸いにしてテロ行為は発生していないが、長引く経済不況のもとで自らが経済的に恵まれていないと感じている人々を中心として、朝鮮・韓国系の人々に向けたヘイトスピーチを伴うデモ行進が行われるようになっている。彼らは「朝鮮人は出てゆけ！　自分の国に帰れ！」とか、「在日特権を廃止しろ！」などと叫びながら、白昼の道路を行進するのである。そのような行動をしないまでも、いわゆる「嫌韓意識」や「嫌中意識」を内心で膨らませている人々の数は少なくないようである。それは本書第Ⅰ部第二章でも触れたように、世論調査の結果からも、書店に平積みにされている各種のいわゆる「嫌韓本・嫌中本」の多さからもうかがわれる。そういう人々は、トランプを大統領に当選させたアメリカの白人男性たちと類似した思い込みと偏見とによって自己を正当化し、彼らの考える〈他者〉を排斥することで、自己を有利な立場に置こうとしているわけである。

事態を複雑にしているのは、このような意識をもっている人々が一般人だけではなく、現政権に近く、経済力をもっている人々の中にも少なからずいるということである。つい最近も、自身が経営するビジネスホテル・チェーンの各部屋に「南京大虐殺はなかった」という内容をもつ書籍を置いている経営者のことが、国際的に話題となった[12]。また、「似非日本人はいりません。母国に帰っていただきましょう」というような文言を入れた「会長メッセージ」を掲載している化粧品メーカーがあり、その社長が経営するグループの放送局で「ヘイトデマ」とされるものがニュースとして流されるということも起こっている[13]。そもそも朝鮮系の人々や中国・台湾系の人々が日本に住んでいることの原因は、日本がかつてそれらの地を植民地支配したり、そこに軍事的に侵攻していたことと無関係ではないのであり、むしろ日本による植民地化の余波を受けて、母国から日本に移住を余儀なくされた人々が多いのである。まさに、ヒックがイギリスの状況について指摘したこととまったく同一の状況なのである。それと同時に、われわれがしっかりと認識しておくべきことには、上述のような、明治以降に日本にきて生活している人々は、社会生活の上で日本人と異なる生き方をしているわけではなく、ましてや社会的に問題となるような行動をとっているわけでもないということである。欧米のケースと比較すれば、日本の状況は極めて平穏なのである。しかしながら嫌韓・嫌中の人々は、自らの内部にある不安と不満とによって冷静な判断ができず、その上、政治的に扇動されているので、この事実を正しく認識できないのであり、また自らそれを認めることを忌避し続けているのである。

現政権が近隣諸国との緊張を高め、それによって日本の社会の中に不安を増大させて、敗戦以来続いてきた日本人一般の平和憲法に対する高い評価を揺るがせ、憲法の改定を目論んでいるであろうことは、本書第I部第二章で言及した通りである。そのような動きと先に触れた国民の間に生じている一連の〈他者〉排斥の動きとは、密接な関係にあると言わざるをえない。

そして、この節の冒頭でも記したように、日本国内では幸いにしてテロ行為は発生していないにもかかわらず、安倍首相は、オリンピック期間中にテロが起きてはならないので、それを防止するためには不可欠な措置であるとして、

「共謀罪」とも呼ばれる「テロ等準備罪」を新設する「組織犯罪処罰改正案」を国会に上程する意向である。政権側が言っているような、この法律が成立することで可能となるテロ防止に必要な措置は、現行法規で十分にカバーされうるとの批判があるが、それに耳を傾ける姿勢は見られない。ヨーロッパ諸国の首脳とは異なり、政権側が自ら率先して国内に不安定要因をまき散らしている印象さえ受けるほどである。

2 〈他者〉排斥の起源

(1) 原初的な〈他者〉の排斥と受容

① 生命体としての〈他者〉の排斥と受容

社会状況が相互に対立的になってくると、「人間には自己保存本能が備わっているので、ホッブズが言うように『万人の万人に対する闘争』[14]は避けることができない」という議論が、諦めの気分とともに卓越的になりやすい。そして、その際に挙げられる論拠の一つとして、臓器移植における拒絶反応があげられることもある。

たしかに個人としての人間が一つの自己完結した生命体として存在する限り、その生命体は自己の生命を維持するために必要とするわけではない異物という〈他者〉を、自己という生命体から排除するという自然本性的な活動をする。それが臓器移植における拒絶反応である。これには超急性拒絶と急性拒絶と慢性拒絶の三種類があり、超急性拒絶は移植後数分でみられ、急性初期拒絶は移植後一〇日内外、急性後期拒絶は移植後一一日以降にみられ、慢性後期拒絶は移植後三カ月後以降に起こってくるものとされており、それぞれが異なったメカニズムによって発症するので、それに対応するためにはそれぞれ異なった対策が必要とされるという。[15] 他の人体の臓器が自己に移植されることに対して、一つの人体がこれほどに多様で長期にわたる拒絶反応を示すということは、完結した身体が生命体としての自己を維持するために、いかに強力に〈他者〉を排斥するかを示しているだろう。ここにはたしかに、個々の存在の独自性が明白に現れており、われわれはその意味を軽視してはならないことも明白である。

しかしながら同時に見逃してはならないことは、一つの完結した生命体としての人体は、自己を維持するために積極的に〈他者〉を内部に取り込んでもいるということである。言うまでもなくそれは、食事という形での〈他者〉の取り込みである。このような形の〈他者〉の取り込みは、生命維持のための栄養摂取に必須な営みである。しかし、当然のことながら、この〈他者〉の受容は無条件のものではなくて、生命体の維持と成長のために必要で効果的なものだけを受容するというものである。さもないと、その〈他者〉によって自己という生命体が呑み込まれ、その〈他者〉なる生命体の「餌食」にされてしまう可能性もあるからである。

つまり人間は、自己の身体において〈他者〉を排斥しつつも、同時に（まったく同じものではない）〈他者〉を受容するという、一見すると矛盾した営みをしていることになるのである。さらにより広い視野から事態を捉えれば、そもそも生命体であるわれわれは、誰もが自己ならざる母と父という〈他者〉から生み出されたものであることも見えてくる。そして、その母と父とは、そもそもが〈他者〉同士であった二人が互いに〈他者〉ではなくなって夫婦という関係性を形成し、その結果として新たなわれわれの一人一人が生み出されたのである。

このように捉えてくると、われわれは原初的な生命のあり方において、すでに〈他者〉との多層的で矛盾した関係の中にいることがわかる。それは同時に、人間が〈他者〉なしには生きられないものであるということをも示しているのである。

② 心理的な〈他者〉の排斥と受容　ホッブズ流の「万人の万人に対する闘争」が一般に理解されている意味の

地平は、むしろ心理的な面においてであろう。そこでこの点について具体的に検討してみよう。

われわれは、この世に生を享けた瞬間に母体から切り離されることで、肉体的な関係においては母親がわれわれに

とっての最初の〈他者〉となるのである。その乳児はまだ目が見えるかどうかもわからない段階から、最初に出会っ

ている〈他者〉たる母体を求める、とりわけ母の乳房を求める行動をとる。

しかし心理的に見ると、乳児にとっては幸福なことに、母はまだ〈他者〉とはなっていない。母体の中にいたとき

と同じ母親の声が聞こえてくるのであり、同時に、乳児にはまだ自我が芽生えていないので、母との関係での対立は

生じることがなく、その結果、母はまだ〈他者〉ではないのである。

しかし乳児は成長するにしたがって、母とすでに〈他者〉の関係にあるという事実を認識することになり、母との

心理的な一体感を失わざるをえない。発育した自身の身体が、「母との一体」感という虚構を許さないし、またそれ

を拒否するようにもなる。しかし同時に乳児は、その互いに〈他者〉の関係にある事実を打ち消して、母との一体感

を維持したがるような行動に出る。それがいわゆる甘えるという態度ではないだろうか。この際にその幼児は、必死

になってすでに〈他者〉である母を〈他者〉とみなさないように努めているのである。これは、そのような意味で〈他

者〉を排斥していることなのである。つまり、自己の視野にある〈母という他者〉を排斥して、母は〈他者〉ではな

く、今もなお自己と一体であり、したがって自己の視野の中には〈他者〉は存在しないという幻想を、たとえ一時的

にでも味わおうとして、甘えているのではないだろうか。

しかしながら、幼児がさらに成長して学校という場に通うようになると、心身ともに〈母〉からの自立が成立する

ようになる。われわれの誰しも、学校に初めて通い出したときの緊張と待望感を覚えているだろう。学校で児童は、

一方において教師という、〈母〉と同年代以上の大人である〈他者〉から、ときに〈母〉とは異なる価値観を教えら

れてそれに納得し、他方において同級生という〈他者〉からも、〈母〉に教えられてきた暮らし方とは異なる行動をとっても大丈夫であることを学びとる。つまり、児童は学校において、「自分と同じ社会空間に自分とは異なる他者の存在を認める[18]」のである。それゆえに児童となった子どもは、それまでの自分の判断基準がすべて〈母〉のそれと同一である世界から独立して、〈母〉のそれに全面的には従わないようになる。つまり、この段階で子どもは〈母〉という〈他者〉をはっきりと発見した上で、その〈他者〉を自らの視界から排除しようとし始める。それが「反抗期」と言われる行動なのであろう。

以上のように、乳児から幼児、そして児童という、子どもの発育の三段階における〈母〉との関係を考察してみると、〈母〉という〈他者〉を子どもがどのように排斥するかについて、二種の方法があることがわかる。つまり、まずは自己の視野の中にある〈他者〉を視野の中に置きつつも、それを〈他者ではないもの〉、つまりほとんど〈自己〉と同じものとみなすと言う形で、自己の側に併合・吸収してしまう場合と[19]、自己の視野の中にある〈他者〉を視野の外に実際に排除するという場合との二種である[20]。この際にとりわけ重要なことは、〈母〉という〈他者〉を排斥しつつも、当の子どもは別の〈他者〉を受容しているのであり、それによってより大きな世界の認識へと進んでゆくのである。このような過程を経て自我が形成され、それがその後の、「自我同一・アイデンティティ」というものの確立へとつながっていくとみなすことができるだろう。

3 〈他者〉の諸相

(1) 〈他者〉概念の特質

〈他者〉という概念は、誰にとっても極めて自明でありながら、同時に変幻自在なものでもある。例えば姑《しゅうとめ》と嫁という関係において考えてみよう。姑は自分の生んだ子どもたちに囲まれているときには嫁を他人として、つまり〈他者〉としてみなすことがごく自然である。ところが、その姑がよその人々、つまりより大きな集団としての〈他者〉の中で同じ嫁のことを話題にする場合は、身内として扱う。だから、嫁がよその人から批判されると、嫁の味方をして嫁を守ろうとする。これは、同じ一人の人が、同じ他の一人の人を、或るときは身内としてみなすのに、他の時には〈他者〉とみなすということである。その理由は、当人の有する属性が変化するからではなくて、当人と関係をもっている〈他者〉である或る人（この場合には姑）が想定する、社会の中における当人の位置づけが変化するからである。

同時にこの例は、〈他者〉という概念の意味する範囲が、容易に拡大したり縮小したりすることを示していると解釈することもできる。そこで、以下において〈他者〉の意味する諸相を見てみよう。

① 自分以外の人としての〈他者〉

これは、先に扱った乳児ならびに幼児と〈母〉との関係をすでに脱して、自我をもつようになっている人間であれば、誰にとっても自明な区別である。たとえ生みの母であっても、すでに

〈他者〉である。そのことは、一人の子どもが自分にとって大事な物は、たとえ母親に対してであっても無条件には使わせないことがあることにも示される。

この意味での〈他者〉は、自明ではあるが、同時にそれが有する意味はかなり茫漠としている。自分に対して危険な存在であるとか、自分を利する存在であるとかという価値的な意味が付与されることはほとんどなく[21]、意味的にはニュートラルである。そして、この意味での〈他者〉の場合には、自分が困ったときには容易に助けを求める対象ともなるし、逆に、その〈他者〉の中の誰かが困っていれば、自分が助けの手を差し出すこともある。

しかしながら留意すべきことは、この判断の中心に位置する〈自己〉がどれほど明瞭に〈自己〉であると、当の本人によって意識されるかどうかによって、この意味での〈他者〉が当人に現象してくる仕方は変わるはずである。それは、家族関係のあり方について、ヨーロッパの中世と近世以降とを比較することによっても、また現代のヨーロッパと東アジアとを比較することによっても明瞭に認識できる。具体的に言えばプライヴァシーの重視の度合いの違いとして捉えることができるのである。

② ゲマインシャフトから見る〈他者〉

この意味での〈他者〉とは、個人としての〈自己〉が無条件で属している一定の集団（血縁、地縁、信仰などによって結合している）を中心として想定した上で、その集団の外に存在する人間のこととなる。「赤の他人」とか「よそもの」という日常表現で意味されているものがこれである。

このゲマインシャフトというものが価値観を共有する集団の関係として機能しているものである限り、その外部に存在する〈他者〉は自己にとってもはや価値的に中立なものではなく、上であげた二つのことわざのもつニュアンスからも明らかなように、原初的には一定の警戒心をもって接するべきものとみなされる。ゲマインシャフトは歴史的には相互扶助の役割をも担うものとして成立してきているので、もし外部の〈他者〉との間に敵対的関係が生じれば、ゲマインシャフト内部の構成員が、本来は一人一人独立した人間として互いに〈他者〉の関係にあるにもかかわらず、総体としての構成員が強固に結束して、容易にほとんど一つの人格のようになる。この結果、自分たちの結束に相即して当該の敵対する〈他者〉をも同じく一つの人格であるかのようにみなしつつ、それに対して顕著な攻撃的態度に出ることが多くなる。[22] これは、先に見た身体上の原初的〈他者〉排斥と類比的に捉えることができるだろう。

③ ゲゼルシャフトから見る〈他者〉

〈他者〉の属性の特定の側面に関して功利的に志向し合うことによって成立する人間集団としてのゲゼルシャフトから〈他者〉を見る場合には、そのゲゼルシャフト内部の自己以外の〈他者〉は、当然のことながらはじめから〈他者〉として認識されており、一定の目的を達成するために、同僚でもある〈他者〉と協働するということになるのである。その意味で、この〈他者〉は排斥したり敵対したりするべき〈他者〉ではない。

また、自己が所属するゲゼルシャフトから外を見る場合には、外にある〈他者〉のすべてが自動的に自己にとって〈他者〉となるわけではない。自己の目的と関わる範囲に存在する集団を、例えば営業上の競争相手であるとか、営業上の連携相手とかというような、自己の属するゲゼルシャフトとの間で利害関係にある集団が〈他者〉と認識されることになる。その場合には、たとえ〈他者〉である他のゲゼルシャフトと敵対関係に立ったとしても、互いの構成員同士が人格的に敵対するという意識をもつことにはならない。

しかしながら見逃すべきでないことは、ゲゼルシャフトにおいても、それが人間の集団であって一つの目的を達成するために協働する限りは、その過程でそれの内部には自然発生的にゲマインシャフト的側面が生じることが多いということである。つまり構成員の間で「乾いた」人間関係が想定されているゲゼルシャフトであっても、その構成員の間で互いに人格的な信頼感も醸成されることになり、それが共同の目的を達成するために極めて有益に作用するのである。[23]

(2)〈他者〉の定義

これまでの考察で筆者は、〈他者〉とはどういうものであるかの定義はしないままに、まずは〈他者〉という概念が、自明なものでありつつも変幻自在に姿を変えながらわれわれに現れる事情をみてきた。

ここで、これまでの考察を踏まえながら、〈他者〉とは何かを記してみよう。

〈他者〉とは、各自がその時点で重心を置いているアイデンティティの範囲で、〈自己〉ではない存在のことである。これはさらに説明する必要があるだろう。すでに、本書序章1において記したように、われわれのアイデンティティは重層構造をもっているのであり、同時にわれわれは、自身が立つ現実の個々の状況において、その重層構造のうちのいずれに重心を置くかを自ら選択しつつ、「自我同一性」としてのアイデンティティを確保しながら生きているのである。その結果、特定のアイデンティティの範囲が変化するごとに、〈他者〉も変化することになるわけである。

具体的に描写してみよう。個人のアイデンティティの重層構造を形成する要素として、一般的には出自としての家族、出身地、職場、自らが一方の配偶者となって形成する家族、自身がその一員である国家等を挙げることができるだろう。[24] そして、これらの要素が以下のように機能するのである。例えば或る男性が、自分の生まれた家族の一員であることを意識するときには、たとえ妻であってもその女性は〈他者〉になる。しかし、自分たちが形成している家族を意識するときには、その女性は〈他者〉となることはなく、むしろ自分と一心同体とすらみなされる。また彼が、自分の生まれた家族という視点からは〈他者〉となる同郷の人物と、郷里ではない場所で出会えば、同郷の仲間となる。さらに彼が、ゲゼルシャフトの最たるものとして企業を職場とする場合に、取引のある他企業の社員である人物をその枠組みで捉えている限りは〈他者〉に他ならないのであるが、仕事中の会話の中でその人物が自分の遠い親戚にあたることがわかれば、その相手は〈他者〉ではなくなり、親戚とみなされることになる。さらに彼が、仕事で日本人のほとんどいない外国に滞在し始めたときに、街で出会った東洋人に見える人物が日本人であるとわかれば、その瞬間に東洋人風の〈他者〉が仲間となり、すぐにその地の事情について教えを受けるために交際を始めるであろう。

このように捉えてみると、われわれにとって〈他者〉の意味が変幻自在であることの原因がわかる。それは、われわれが生きている過程で、自ら〈他者〉を生み出しているということでもあるのだ。つまり、人間は、自身の有する重層的なアイデンティティに依拠しつつ、上述のように重層的な〈他者〉との交わりを遂行しているのである。しかしながらもちろんのこと、この交わりの目的は〈他者〉を生み出すことではなく、自分と相手との間の〈他者〉性を解消することであって、それによって人間《じんかん》としてともに安らかに生きようとしているのである。

(3) 自己の内部にいる〈他者〉

われわれにとっての〈他者〉は、自分の外に存在するばかりではなく、〈もう一人の自己〉という形で自分の中にもいる。それは「良心の咎め」という形で現れることもある。逆に、悪魔的な想念や邪悪な心の動きとして現れることもある。[25]

前述のように、近代以降の哲学において人間の主体性が強調されることによって、〈自己〉というものが強く意識されるようになっており、その際に〈自己〉の内部にいる〈他者〉の問題もさまざまな形で扱われている。哲学における典型的な例は、サルトルがそれを〈即自〉en soi と〈対自〉pour soi の関係として、自己の自己自身による投企の構造の中に位置づけて提示したことである。[26] また、西欧の近代文学の世界でも、いわば自己告白という形の文学が、ルソー（Jean-Jacques Rousseu, 1712-78）の『告白』*Confessions* を典型例として、陸続として表現されてきた。さらに、その影響のもとで日本でも、明治期以降に「私小説」という文学のジャンルが成立するほどに、多くの作品が発表された。

そして、太宰治（一九〇九―四八年）をはじめとする私小説の多くの作品が、いまもなお日本の若者に読まれていることは、アイデンティティの確立に苦闘する多感な青春時代において、〈自己〉の中にもう一人の自己としての〈他者〉が現れるという事実に、彼らが敏感であることを示しているだろう。この、〈自己〉の中に〈他者〉を見出すという経験は、決して無意味なことではない。それは人間の自己超越能力がなせる業であって、人間の精神的な発達に大きな役割を果たすのだからである。

(4) 神という〈絶対的他者〉

最後に、人間がいかにしても〈自己〉の中に併合することもできないし、完全に排斥してしまうこともできない〈他者〉としての〈絶対的他者〉に言及しよう。これは、人間の精神的な活動によって見出されていて、一般に「神」と呼ばれる存在である。人間をまったく超越していて、無限な力をもつ存在であるから、それが存在することをわれわれが知ることができるとしても、それが何であるかを認識して規定することはできないし、われわれの意思でそれをどうこうできるものでもない。人間は神からの働きかけを切望する思いをもちながら、神の側からの働きかけを待つしかないのである。[27]

ところがこの「隠れたる神」[28]が、キリスト教の信仰の現場においては〈非他者〉non aliud として捉えられることもある。ニコラウス・クザーヌスは彼の著作『非他者について』*De non aliud* という対話篇の中で以下のように述べている。まずクザーヌスは単刀直入に次のような問答を設定する。「われわれに知ること〔学問〕を成立させるのはいったい何だろうか。……定義です」[29]。「では汝は、万物を定義する定義は定義されるものに他ならない、ということがわかるだろうか。……わかります」[30]。さらに、「誰かが汝に『他なるものとは何か』と尋ねれば、汝は『他なるものに他ならない』と答えるのではないだろうか。また、同様に『天とは何か』と尋ねれば、『天に他ならない』と答えるであろう[31]」。このようにして〈他ならざる〉non aliud という神が、現に存在しているものに展開し随伴しているのであって、総体として見れば現に存在しているものの全体を包含しているのだ、とクザーヌスは説明するのである。

つまり、「隠れたる神」としての〈絶対的他者〉は、人間の側から接近しようとすると絶対的に接近不可能なものであるのだが、神の側からはすでに常にわれわれに随伴してくれており[32]、ただ、われわれがこの事実に気づかないだけであるということになる。人間同士の〈交わり〉という視点からこの事態を捉えれば、これは人間相互の間で〈他者〉としての〈交わり〉を成立させている場としての、いわば不可視の〈他者〉であることになるのである[33]。

4 〈他者〉の豊饒性

これまでの考察によって、現代の世界を覆い尽くそうとしている単純な〈他者〉排斥の動きが、いかに皮相的で危険で無意味なものであるかが明らかにされたであろう。翻って考えてみれば、人類はこれまでの長い歴史の中で、自分にとって近しい人間との交わりのうちにだけ安住することなく、あえてさまざまな意味で遠い〈他者〉との交わりをも成立させてきた。その結果として、現在の人類の地球上における繁栄がある。その一例として結婚を挙げることができる。地球上で人類がこれほどまでに個体数を増やし、かつ文明を発展させている原因として、遺伝的に安全な子孫形成の方法をとっているからであろう。定住して家族を形成することで、〈自己〉と〈他者〉とを明確に区別しながら、同時に結婚においては——伝統的には社会階層の上下によって、その遠さには違いがあるが[34]——遠い〈他者〉を配偶者として選ぶことによって、遺伝的なリスクを低下させてきたのである。しかしながら一般的にいえば、遠い

〈他者〉のことはよくわからないのであるから、それは冒険でもあるはずだ。だが、その冒険がもたらす利点としては、遺伝的なリスクの低下に加えて、生活上のイノヴェーションがもたらされやすいということもあるはずだ。異なる文化を互いに交換することになるからである。

この遠い〈他者〉と、あえて関係を成立させるということのもう一つの例として、文化人類学などで「異人歓待」と称される、かつては多くの民族がもっていたしきたりがある。放浪する修行僧や遠来の「まろうど」のような、自分たちの社会にとっては明らかな〈他者〉を、神の化身として歓待するものである。これも、広い意味での生活上のイノヴェーションがもたらされることを期待しての行為であったと解釈できるだろう。

さらに以下では、より一般的で多様な形での〈他者〉との交わりが人間に大きな恵みをもたらしてきている具体例を考察してみたい。

(1) 移民と難民がもたらす恵み

移民とか難民という、受け入れ側の社会にとって当初は明白な〈他者〉である存在が、後にその社会にとって重要な貢献をする例は、枚挙にいとまがないほどである。

一概に「恵み」とだけは言えないが、アメリカ合衆国と旧ソビエト連邦との核兵器とミサイル開発の例がある。ナチス政権が成立したことでドイツからこの両国に「難民」として移住した学者たちが、大戦中から戦後にかけて両国のこの分野を主導したことはよく知られている。筆者が一九八〇年代に旧西ドイツで学んでいたときに、「アメリカとソ連は人工衛星の開発競争をしているけれども、その基盤はわれわれのところから両国に行った人たちが支えているのだから、実は両国の人工衛星は宇宙で出会うとドイツ語で挨拶をしているのではないだろうか」という冗談を、二、三のドイツ人から聞いたことがある。現実を踏まえると、言い得て妙ではある。

そして同様なことは、他の学問分野でも指摘されている。例えば、宗教学、宗教史学の専門家として戦後のシカゴ大学で教鞭をとりつつ活躍したエリアーデ（Mircea Eliade, 1907-86）は、共産党支配となった祖国ルーマニアから亡命し、パリを経てアメリカで教授職に就いた人である。彼の浩瀚な著作は戦後の宗教学、宗教史学の世界に大きな影響を与えた。

哲学の分野では、アーレント（Harna Arendt, 1906-75）がいる。彼女はユダヤ系ドイツ人であったので祖国ドイツにナチス政権が成立した一九三三年にフランスに亡命するが、四〇年にフランスがドイツに降伏したことにより、四一年にはアメリカに亡命した。五一年には『全体主義の起源』*The Origins of Totalitalianism*（San Diego 1973）を発表するなどして、ナチス勃興の原因を哲学的に解明するほか、いくつかの大学で教鞭をとった。

日本の実業界にも孫正義（一九五七年―　）という、韓国から日本に移住した両親から日本で生まれた成功者の例がある。彼は高校時代から大学までアメリカに留学した後に、そこで起業して成功した後、日本に戻って「日本ソフトバンク」を設立し、今日ではよく知られているような一大実業家になっている。なお彼は日本に帰化して日本国籍を取得している[35]。

(2) 他国への留学という恵み

海に囲まれた国としての日本の歴史は、古来から意を決して海をわたり外国に学びに出る、留学という営みがもたらした恵みによって多彩にいろどられている。遣隋使や遣唐使は言うに及ばず、鎖国の解けた幕末から明治期にかけてのあまたの留学生のこともよく知られている。その間の千年以上にわたる期間にもさまざまな留学生が海を渡って中国に学びにいった。例えば、雪舟は一四六八年に明にわたり、約二年間にわたって水墨画を研究した。その成果は、今もなおわれわれを楽しませてくれている。

留学とは、〈他者〉の懐に、その相手にとっては〈他者〉である自分が入っていくことである。それは、単に自国にまだない文物を外国に学びにいくということではない。最近、『欧米留学の原風景——福沢諭吉から鶴見俊輔へ』という一書を公刊した安酸俊眞《やすたかとしまさ》の言う通り、「異他なるものとの接触や出会いを通して、自覚的に自己に立ち返り、自己省察的に自己を変革していくことこそ、異文化体験の真の妙味であ」る。(36) このことは、筆者のささやかな留学体験からも裏づけられる。

さらに、安酸は言っている。「一般に、自己のアイデンティティの確立は、自己と他者との不断の折衝・対決のなかでのみ可能であり、他者を排除しても、あるいは自己を喪失しても、真の自己実現には至れない。……欧米留学体験の一番の利点は、〈自〉と〈他〉の二方向に認識の交錯と相乗作用による自己アイデンティティの確立である」(37)。筆者もまったく同感である。

〈他者〉によって〈自己〉が相対化され、逆に〈自己〉が〈他者〉を相対化するという相互作用の中で、学びにいっている外つ国についての理解が深まると同時に、自身の国への理解も深まるのである。これは〈他者〉を避け続けていたのではできない経験である。

留学を論じる時に見逃してはならないことは、自分の国に学びにくる留学生だけが一方的に自分の国から利益を得るわけではないということである。留学生を受け入れる国の側も、留学生から大きな利益を得る。留学生という〈他者〉が、自分たちの学びや研究の場に登場することで、その既存の集団が大きな刺激を受けるからである。それの基本構造は、上で述べた、「〈他者〉によって〈自己〉が相対化され、逆に〈自己〉が〈他者〉を相対化するという相互作用」にほかならない。

アメリカ合衆国は伝統的に、あらゆる分野で留学生を受け容れることで得られるこのような利益を活用してきた。留学生の中でもとりわけ優秀な人物には、留学期間が終わると引き続き研究者として米国に留まるように勧めることで、その人物の能力を米国のためにも活用するのである。それゆえに米国は、優秀な留学生をリクルートすることを諸外国の主だった大学で継続的に行っているのである。

留学生が米国においてーー間接的にではあるがーー重要な役割を果たした例として、スティーブ・ジョブズ[38]（Steve Jobs, 1955-2011）と、つい最近までアメリカの大統領であったオバマ[39]（Barack Hussein Obama II, 1961- ）の例を挙げることができる。

(3) 〈他者〉による批判という恵み

① ヨーロッパにおける批判の伝統

日本では今もなお「批判」とは、してはいけないこと、悪いことと捉えられる傾向がある。しかし、西ヨーロッパならびにそれから大きな文化的影響を受けて成立しているアメリカでは、それは進歩のために必要不可欠なものだと捉えられている。

欧米において批判をこのように捉えることになった源は、一二世紀の末に西ヨーロッパに成立した、高等教育のシステムとしての大学 universitas にある。これは、従来からあった修道院学校ならびに大聖堂付属学校とは異なる教育方法をとった。それは、読解と註釈という教授の施す教育内容に対して、学生が質問を提出し、教授と学生とが徹底的に討論する定期討論会が催されるというものである。つまり、学生という〈他者〉が、教師という〈他者〉たる権威の説く教えをそのままありがたく受け取ることで学んだとするのではなく、自分にとって納得のいかない点を見つけては、それを教師に問いただすことが許されたのである。逆に捉えれば、教授という〈他者〉は学生という〈他者〉の意見にも自らを開いて対応しなければならず、その厳しい批判の応酬が結果的に学問を進歩させると同時に、教授と学生という〈他者〉同士が大学という共同体の成員同士として仲間になるということを意味する。

だから、定期討論会に備えて学生同士が討論することもあり、定期討論会の後も議論が続くこともあった。その様子を少々揶揄的に表現した文章が伝わっている。「彼らは、夕食の前に討論し、夕食の間に討論し、夕食の後に討論する。公開で、一対一で、いつでも、どこでも討論する」[40]。そればかりか、退職する教授の後継者は、公開の討論会でその教授の学説を最も鋭く反駁できた人が選ばれるという慣行さえもあった。

さらに、この西ヨーロッパの批判の伝統が生み出したものに、火薬、羅針盤、活版印刷という「ルネサンスの三大発明」がある。これは、元来は中国で発明されていたものであるが、このユーラシア大陸の彼方の〈他者〉が発明した技術をヨーロッパ人が得意の批判を適用して改良し、社会の多方面に応用できるようにしたのである。たしかに彼らは、火薬を応用して兵器としての火器を開発したり、羅針盤を船にとりつけて大洋を航海し、東洋まで到着したり、活版印刷によって大量の印刷物を迅速につくり出して、宗教改革を進めたり一般庶民の知的水準を向上させたりした。この画期的なイノヴェーションを西ヨーロッパに成立させたのは、大学で育まれ磨きをかけられた〈批判〉という方法に他ならない。

ところが皮肉なことに、大学という制度は西ヨーロッパで数世紀の時を経るうちに自らの学問のあり方において、〈批判〉の本来の意味を見失うことになっていった。したがって、ルネサンスを成立させた人々の多くは、大学人ではなくて、レオナルド・ダ・ヴィンチ（Leonardo da Vinci, 1452-1519）のような大学外で活動した知識人や職人であった。むしろ、この時代以降、西ヨーロッパの大学はそれ自体が〈批判〉の対象となった。本書第一部第三章1で言及したデカルトも、大学で学んだ人物であるものの大学のあり方を批判して、自分の活動の場をあえて大学に見出すことはなく、自らの財産で自由な知識人として生きたことはよく知られている通りである。

さらに時代がくだって、いわゆる一七世紀末から一八世紀にかけての啓蒙主義の時代に到達すると[41]、この批判という方法が大学から一般社会へと持ち出され、社会の中でそれを徹底的に応用しようとすることになった[42]。啓蒙主義とは、キリスト教の教会の教えを批判して世俗的価値の容認を訴え、中世の大学で確立されていたキリスト教神学を批判して理性主義的な学問探求を称揚し、ひいては人間という存在のそれ自体での存在意義を強調する思想運動である。これまでも民衆による一揆的な反対運動はヨーロッパにもしばしば発生していたが、一流の知識人が鋭い舌鋒をもって、教会の高位聖職者や彼らを理論的に支える大学の神学者および哲学者[43]、さらにこれらの専門家に支えられている王侯貴族に対して〈批判〉を行使することは、この時代になって初めて起きたことであった。その際に、先に言及した印刷術の進歩がこれら啓蒙思想家の〈批判〉を広くわかりやすい形で一般社会に浸透させるのに大いに貢献した。

こうして、一七八九年のフランス革命を経た結果として、民主主義という新たな政治システムが構築されることになったのである。したがって民主主義に〈批判〉は不可欠なのであり、民主主義とは〈他者〉による〈批判〉に自己を開いているシステムなのである[44]。

② あえて〈他者〉を探すクザーヌスの〈楕円の思考〉

先立つ二つの章で扱ったように、一四五三年にローマ・カトリック教会の高位聖職者の一人であったニコラウス・クザーヌスは、同じ年に起きたイスラーム・トルコによるビザンツ帝国（東ローマ帝国）の征服という一大事件に直面した際に、宗教間の争いを平和的に解決するための方策を、当時のキリスト教世界の腐敗・堕落を前提にしつつ、キリスト教徒自身に対して説得的に示すために、『信仰の平和』という書物をまとめた。その中で彼はタタール人の知者をして、キリスト教の中心的な儀礼である聖餐式について、さらに神による魂の救済と信徒の側の業との関係について、率直かつ核心に迫る質問を提出させているのである。

この著作がまとめられたのは、啓蒙時代より三〇〇年ほど前の一五世紀中葉のことである。当時のヨーロッパにおいて「タタール人」とは、前章でも論及したように、空間的にははるか彼方の地に生きる民度の低い民族のことであり、あえて身近に「タタール人」を探せば、出自が真のタタール人であるかどうかは別として、家庭内奴隷として使われている「肌の黄色い」使用人一般を指す語であった。このような、文字通りに〈他者〉の典型と言えるタタール人に、キリスト教の重要な儀式と教義について質問を提出させているクザーヌスは、極めて明瞭な意図をもって〈批判〉という営みの有する意義を称揚しようとしていると解釈できる。

いわば自分の立場とは対蹠的な存在である〈他者〉であるからこそ、タタール人はことの本質を衝く疑問を呈することができる、とクザーヌスは考えている。ここに、筆者が名づけているところの「クザーヌスの〈楕円の思考〉」の一典型例を見出すことができるであろう。

これについては拙著『クザーヌスの世界像』第四章に詳細な説明があるので[45]、ここではその骨子だけを記すにとどめる。クザーヌスは、人間各自の精神の働きを表象して、円形の広がりをもち、その円形の中心に思考の主体たる各自が位置し、その作用形態としての円は精神が向かう対象の遠近に応じて大きさが変わるとする。つまり、精神としての各自は、大小無数の同心円の中心に位置していることになる[46]。

同時にクザーヌスは、人間という有限な存在は決して絶対的な真理をありのままに把握することはできないという〈覚知的無知〉docta ignorantiaなる根本的立脚点を前提にしつつも、神の被造物たる各自が真摯に真理を探求するならば、真理についての何らかの推測的な正確さをもった内容に到達できるはずだと考える〈推測〉coniecturaという思想をそれに結合する。その結果、誰であっても自己の判断の絶対的な正しさを主張できないと同時に、真摯に思考する者の判断であれば、その中に何らかの真なることが含まれているはずだという想定も成立することになる。

すると、見かけ上では対立しているような思想や判断の立場であっても、互いに相手たる当の〈他者〉から学ぶべきことや得られることがあり、そのように互いが交わることで前掲の別々の円が次第に接近し合うことになる。その結果、もとはそれぞれが中心をもつ二つの円であったものが、一つの楕円の中の二つの中心を形成することになるわけである。もちろん、もし両者の立場が完全に一致すれば、二つの中心が一致することになるので、一つの真円を形成することになるが、完全に一致しない場合でも、楕円として、両者の協和 concordantia や合致 cointidentia の関係に入ることになるわけである。それゆえに、自己の認識や判断をできる限り真理に近くするためには、問題となっている事柄に関していわば対蹠的な立場にある〈他者〉を見出し、それとの間で上述の交わりの関係に入ることが重要となる。

しかし同時に留意すべきことは、当時の大学において卓越的であった自己目的的に批判を繰り返し合うという学問の仕方に対しては、クザーヌスが批判的であったということである。なぜならそれは、当時すでに大学というギルドにおける馴れ合いの批判か重箱の隅を突くような批判でしかなく、真理への接近を図るという真摯な姿勢の発露ではない、とクザーヌスには見えたからである。それゆえにこそクザーヌスは、われわれが前章において示したように、無学者（愚人・イディオータ）を対話篇の主人公として設定しているのである。

③ 原発破局フクシマの原因としての〈他者〉の排除

本考察で中心に据えている〈他者〉という視角から、改めて本書第Ⅰ部で扱った原発破局フクシマの原因を見ると、「原子力村」の住民たちが、「村」の内部から一切の〈他者〉を排除し、それゆえに〈他者〉からの批判を正面から受け止めないで済む体制を構築して、その中に安住していたことが判明する。

「原子力村」からの他者排除のいくつかを列挙してみれば、まず日本で初めて原子力発電を開始するための費用を予算化した際の、中曽根康弘科学技術庁長官の「札束で頬ぺたを叩く」ような強引な行動があった。学術会議の慎重論を札束で押し切ったのである。また、原子力発電のシステムをイギリスから導入することを独断的に決めた正力松太郎初代日本原子力委員会委員長の決定がある。さらに、日本各地に原発を設置するに際しての地元説明における「国策」の強調がある。反対するのは日本国民ではない、と言わんばかりの説明があったという証言があるのだ。さらには、アメリカのスリーマイル島原発と旧ソ連のチェルノブイリの原発とで相次いだ大事故の後に明らかな形となった「原子力村」の成立がある。自分たちの立場と利益を守ることに汲々とするばかりで、外の各分野の専門家という〈他者〉と交わることも学ぶこともほとんどしないままに、彼らは旧態依然たる材料や技術を使いながら、フクシマの日を迎えてしまったのである。そして、最後に指摘しなければならないことは、現在、再び首相になっている安倍晋三が最初に首相であった二〇〇六年一二月に、国会議員吉井英勝から出された質問主意書に対して、「原子炉の冷却ができない事態が生じないように安全の確保に万全を期している」という答弁書を書いて、全電源喪失の危険性に備える必要性の指摘を一切排斥したのである。

しかしながら、極めて頑なな「原子力村」による〈他者〉排斥にもかかわらず、二〇一一年三月一一日に、東日本大地震という「想定外」のまぎれもない〈他者〉が、東日本一帯の人々と大自然のみならず「原子力村」とその「村民」をも襲ったのである。その「村民」たちの中に少しでも良心のあるものがいれば、従来、自分たちが排斥してきた〈他者〉からの批判に耳を傾けておけばよかった、と後悔しているに違いない。

(4) ダイバーシティという〈他者〉の恵み

日本では「ダイバーシティ」というと、組織の中に女性を積極的に入れる政策のことだと誤解されているようだが、本来は、社会の中の構成員が多様であることを意味するものである。この表現は英語の diversity のカタカナ表記であるが、英語の語源はラテン語の diversitas である。英語と同じく「多様であること」を意味する、

しかしながら、ヨーロッパ中世の哲学ならびに神学の分野では、この語はアンビヴァレンツなニュアンスをもっていた。なぜならば、万能で一なる神が創造した世界がどうして多様であるのかについての理論的説明は不可能であるのみならず、その多様性が〈違い〉と捉えられると、その〈違い〉が原因となって、それこそ多様な争いが生じてき

たからである。クザーヌスも彼の思想的生涯の前半において、この問題の解決を試みようと苦闘した。しかし思想的生涯の後半では、思索の力点を変えて、神の創造した世界の多様性を安んじてそのまま善しとし、世界の多様性こそが創造主たる神の豊饒性の一端を示しているのだと解釈して、それを説くことにした[47]。そしてこの姿勢は、被造物としての世界に対して学問的関心を向けることを広く容認することにつながるので、クザーヌスの思想的営みにおいてのみならず[48]、ルネサンス期のイタリアを中心に、自然科学の先駆的形態としての自然哲学的な探求が盛んに行われるようになった。その結果の一端が、前述のレオナルド・ダ・ヴィンチや少し後のガリレオ・ガリレイ（Galileo Galilei, 1564-1642）らが明らかにした成果である。

ところでわれわれは、一般にあらゆることにおいて多様であることに常に耐えられるかどうかが問題になることがある。とりわけ精神的にゆとりを失うと、多様性よりも単純性・単一性を好むようになる。つまり、われわれはダイバーシティを厄介な〈他者〉とみなして、排除したくなるのである。みなが同じものを食べ、同じものを身につけて、みなの意見が同じ方向に向かっていることをよしとしがちになる。それは、心理的にも時間的にも能率を重視しがちになるからである。その結果として、——クザーヌス的に表現するならば——神が多様なものとして創造した世界をことさらに単純化しようと企て、神の豊饒性の認識から背き離れることになるわけである。

この点についてわれわれが保持すべき方向性を、上掲のアーレントが具体的に述べている。「男性と女性が、相互に絶対的に相違するものであることによってのみ人間としては同一でありうるように、すべての国の国民は現にあるがままのものであり続け、かつあくまでもそれを維持することによってのみこの人類の世界史に参加することが可能となる。一つの世界帝国という専制のもとに生活し、ある種の美化されたエスペラント語で話したり考えたりする世界市民とは、両性人間に劣らぬ怪物であろう。……人類の統合とその団結は、一つの宗教、一つの哲学、あるいは一つの統治形態に万人が同意することにあるのではなく、眼前にある多様なものが、多様性を覆い隠すと同時にあらわに示してもいるある一致を指し示しているのだ、という信念のなかに存在しうるのである」[49]。

さらに、多様性よりも単純性・単一性を志向するという動きは、一八世紀後半のイギリスから始まって一九世紀前半には西ヨーロッパ全体に広まった産業革命の中核システムである工場制機械工業（工場制大工業）が要求してきた結果でもある。すなわち、工場における生産システムに自身を合わせる形で自分の労働力を提供できる労働者だけが労働者として雇用されうるのであり、それに合わせることができない者は、他の能力においていかに優秀であろうとも、労働者としては雇用されないからである。その結果として、成人になる前の教育の過程でも工場労働者に向けての教育の標準化が行われることとなり[50]、それについていけない者は、そのシステムから排除されることとなった。その結果として女性や「障害者」が排除されることとなった。むしろ、「障害者」とは、上記の標準化の枠内に入らない存在をそのように名づけて括ったカテゴリーにすぎない。こうして企業労働者におけるダイバーシティは排除されて、モノカルチャー的な労働現場が成立することになったわけである[51]。

歴史的にはこの産業革命に一〇〇年ほど先立って、民族国家 Nation-state という近代に特有の国家が西ヨーロッパに相次いで成立することになった。その特徴は一国家は一民族だけからなる、という原則と幻想をもつ国家だという点にある。その結果、国家内での民族的ダイバーシティは失われるか、あったにしても、ないこととされることとなった。

そして時代がひと回りして、かつ資本主義の経済システムにおける富創出の現場が、かつてのように肉体労働が中心ではなくなることによって、『婦女子』や『障害者』でも働ける」という理由から、この部分でのダイバーシティが容認されるようになっているのだと見るのは、皮肉がすぎるであろうか。

もちろん筆者は、この世界のダイバーシティを、それも人間の世界に限らずあらゆる分野でのそれを、できる限り尊重すべきであるとする立場である。いかなるものも無駄に存在しているはずがないのであり、われわれがつくり出したのではないものであって、われわれに「無駄」とか「無用」と見えるものがあるとすれば、[52]それはわれわれ自身の眼が見誤っているか、あるいは見るべきものを見ていないのかのどちらかなのである。[53]それゆえに、世界に存在するありとあらゆるダイバーシティをそのままわれわれは受け取り、それらを生かして、さらにその多彩であることの美しさを楽しむべきなのである。

民族的なダイバーシティの最先端は、本章冒頭で言及した排外主義が荒れ狂いつつある現場としてのアメリカ合衆国であることは記すまでもないだろう。そしてそこにこそ、アメリカの長年にわたって継続する強さの源もあることをも見逃すべきではないであろう。

5 〈他者〉として〈他者〉と共に生きる

結論的に言ってしまえば、日本人は〈他者〉に堪えることが苦手である。〈他者〉が自分の身近に〈他者〉として居続けることに極めて強いフラストレーションを感じやすい。そしてそれへの対処法としては二つの方法が一般的である。その一つは、〈他者〉たる相手を自己の方に呑み込むことで同一化させる方法、もう一つは逆に自らが進んで〈他者〉の方に溶け込むことで同一化するという方法である。[54]

さらにもう一つの対処法は、攘夷である。つまり〈他者〉たる相手が自己の傍らに存在することを許さずに追い払うことで、少なくとも自己の視野からは消失させようとするのである。しかしこれは根本的な解決を図ったことにはならないので、この立場は容易に第一の方法の後者へと転化する。攘夷派の開国派への転向、そして鹿鳴館に象徴される欧化主義への転向である。

これらの対処法は、実は人の生きる世界の巨大さと偉大さをまだ知らない子どもの生き方に類似している。世界の全体は常にすでに自分の〈母〉のコントロール下にあるはずだと頑なに信じこもうとして、ひたすら〈母〉にしがみついている子どものようなものである。

しかしながら、そもそも〈他者〉がわれわれに現れてくるメカニズムについて考察した本章第2節2項「〈他者〉の定義」における筆者の指摘を想い起こすならば、いかなる〈他者〉がわれわれの視野に入っているかは、われわれ自身がいかなるアイデンティティに依拠して今を生きようとしているかに関わっているのである。つまり〈他者〉は自己自身の投影された姿でもあることになる。さらにいえば、次の瞬間のわれわれ自身でさえもありうるのだ。そのことは、われわれ自身の内なる〈他者〉のことを思えば、充分に納得がいくはずだ。それどころか、〈他者〉は神のわれわれへの現れであるかもしれないのだ。かつて、われわれの共同体の中に存在したという「異人歓待」というしきたりは、このように〈他者〉が〈他者〉としてもつ尊厳を、そのままわれわれが受け止める行為でもあったのであろう。

逆に戦争の際には、戦争を遂行する権力は自分の側の国民や兵士をして、敵である〈他者〉の尊厳について一切の思いを馳せることのないようにすることで、〈他者〉の抹殺を容易に実行できるようにするものである。そして、われわれが〈他者〉成立のメカニズムに冷静に思いを致すことができなければ、容易にその扇動にのせられてしまうのである。

だからわれわれは、たとえ〈他者〉がわれわれに対して同調したり同一化したりしないとしても、〈他者〉は〈他者〉であるというそれだけのことで、その〈他者〉自身にとってはもとより、われわれ自身にとっても意義のある存在であるということをしっかりと認識しなければならないのである。〈他者〉がわれわれの意のままにならないという理由でその〈他者〉を攘夷することは、われわれ自身を粗末に扱うことになるのである。〈他者〉はまさに〈他者〉として、われわれを教え導いてくれるものなのだからである。

メルロ＝ポンティは第二次大戦が終了して間もない時期の或る講演で、哲学者は完全に現実的な存在というわけにはいかないという意味においてよそ者 étranger であるが、実は、人類全体がこの点において哲学者として区分されるべきであるとした上で[55]、こう締めくくっている。

哲学者は……まず反省によって世界や歴史から身を引き離すわけですが、その反省の果てに彼の見出すものは、自己についての深淵や絶対知の深淵ではなく、むしろ世界の新しいイメージと、そのイメージの中に〈他者〉とともに植えつけられている自己白身なのです[56]。

つまり、われわれが生きている限り、われわれは常に〈他者〉から無縁でいることができないばかりか、むしろ生きている限り、たえまなく〈他者〉を生み出しているのであり、それがわれわれの生きている世界を豊饒なものとしているのである。

III

語りえぬものへの〈開かれ〉と〈閉ざされ〉

第一章　西田幾多郎におけるクザーヌスとの出会い

はじめに

明治維新直後の一八七〇（明治三）年に生を享けた西田幾多郎が自己の思索を展開深化させるに際して、欧米のさまざまな思想家との対決を重要な契機としたことは、よく知られているところである。その中の、アウグスティヌス、マイスター・エックハルト、ヤコブ・ベーメ、ライプニッツというような、中世から近世初期にかけての思想家と並んで、ニコラウス・クザーヌスもそれに含まれている。特にわれわれがクザーヌスに注目するのは、西田がその処女作『善の研究』以来ほぼ間断なくクザーヌスに論及した上で、彼が自ら公刊した最後の論文である「予定調和を手引として宗教哲学へ」において以下のように記しているからである。「無分別の分別と云ふことが真の自覚である（鈴木大拙）。西洋哲学においてはニコラウス・クザヌスの無知の知 docta ignorantia が最も之に近いと思ふ。……クザヌスの『反対の合一』coincidentia oppositorum の哲学は、最もよく場所的論理によつて言ひ表はされるであらう」[1]。すなわち、西田はクザーヌスの〈docta ignorantia〉と〈coincidentia oppositorum〉という二つの中心的な思想を高く評価しつつ、これらは自己の立場においてこそ最善に表現されるのだと主張しているのである。

上の引用の中に名前の挙げられている鈴木大拙（鈴木貞太郎）と西田が少年時代から深い交友関係にあり、終生にわたって互いに敬愛し啓発し合っていたこともよく知られている。この二人を結びつけていたものは、彼らが少年時代より親しんだ禅を通しての真理探求であった。つまり、日本の伝統の一つであった。しかし、この二人は、その方法こそ違えど、日本の伝統の中に安住していたわけではなかった。大拙は自らの禅をもってアメリカ合衆国に渡った後、アメリカのみならず広くヨーロッパにまで、禅を伝えることに尽くした。西田は、大拙とは異なり、その生涯にわたって日本の国内にとどまっていたが、ヨーロッパの哲学と、それも古代から同時代までのヨーロッパ哲学との対決を通して自らの思想を構築し続けた。

西田に、「読書」という晩年の一九三八（昭和一三）年に執筆された随筆がある。その冒頭で西田は記している。「極小さい頃、淋しくて恐いのだが、独りで土蔵の二階に上って、昔祖父が読んだといふ四箱か五箱ばかりの漢文の書物を見るのが好であつた(2)」と。おそらくこうして、西田は日本の伝統的思想に触れていったのであろう。その西田が大拙に続いて上京して、当時の帝国大学文科大学哲学科の選科に入学したのが、一八九〇（明治二三）年、西田の二〇歳の時のことである。同じ随筆の少し後に、「それでも若い時には感激を以て読んだ本もあつた。二十歳少し過ぎの頃、はじめてショーペンハウエルを読んで非常に動かされた。面白い本だと思つた」と記している。これは、上記の入学直後のことであろう。ここで西田は、ヨーロッパ思想という〈他者〉としっかりと出会ったわけである。帝国大学文科大学哲学科選科で西田は、思想という〈他者〉と出会ったばかりではない。ケーベル（Raphael Koeber, 1848-1923）という哲学の「お雇い外国人教師」であった〈他者〉とも出会った。この出会いは西田に大きな影響を与えたようだ。やはり晩年の随想「明治二十四五年頃の東京文科大学選科」の中で西田はケーベルについて記している。「先生はその頃もう四十を越えて居られ、一見哲学者らしく、前任者とはコントラストであつた。最初にショーペンハウエルについて何か講義せられた様に記憶して居る。……先生は時に手づから煙草をすゝめられ、私は（当時）煙草を吸ひませぬと申し上げると、先生は、Philosoph muss rauchen とからかはれた[3]」と。この互いに師弟であった時代は、晩年の西田にとって、なお懐かしい思い出であるような、よき時期であったのだろう。

このような、ヨーロッパ哲学とケーベルなるヨーロッパ人哲学者という二種の〈他者〉との出会いの中で、西田は自分の思想を紡ぎ始めた。そしてそれから五〇年以上後の一九四五年に息を引き取る間際まで、それらを活用しつつ自己の思惟を深め続けたのである。その活用し続けた哲学者の一人がクザーヌスであった。先に挙げた随想「読書」の中ではこうも記しているのである。「私は思ふ、書物を読むという云ふことは、自分の思想がそこまで行かねばならない。一脈通ずるに至れば、暗夜に火を打つが如く、一時に全体が明となる。偉大な思想家の思想が自分のものとなる、そこにそれを理解したと云ひ得る様である[4]」と。

「西田幾多郎におけるクザーヌスとの出会い」という表題を有するこのささやかな考察をもって、ここに記されている通りの経験を西田がクザーヌスとの出会いでもったことを明らかにしてみたい。

さて、われわれが確認できた限りでの西田によるクザーヌスへの名前を挙げての言及あるいは論及は、上で挙げた二つの論文に加えて、講演「Coincidentia oppositorum と愛」と小篇「心の内と外[5]」と遺稿「場所的論理と宗教的世界観」という、総計五篇の論述と、篇の「宗教哲学」講義のための草稿である[6]。以下では、小篇「心の内と外」と講義用草稿とを除く四篇におけるクザーヌスの思想への論及箇所を中心的対象と設定して、西田がクザーヌスの思想に示した関心の所在とその理解を確定するとともに[7]、その上でそれとクザーヌスの思想そのものとの比較対照を遂行することにしたい。

1 『善の研究』

クザーヌスへの論及の第一の箇所は、『善の研究』の「第二篇　実在、第十章　実在としての神」の中の一節である。少し長く引用して紹介する。

然らば我々の直接経験の事実上に於て如何に神の存在を求むることができるか。時間空間の間に束縛せられたる小さき我々の胸の中にも無限の力が潜んで居る。即ち無限なる実在の統一力が潜んで居る、我々は此力を有するが故に……我々は自己の心底に於て宇宙を構成する実在の根本を知ることができる。即ち神の面目を捕捉することができる。……神を外界の事実の上に求めたならば、神は到底仮定の神たるを免れない。又宇宙の外に立てる宇宙の創造者とか指導者とかといふ神は真に絶対無限なる神とはいはれない。……神は如何なる形に於て存在するか、一方より見れば神はニコラウス・クザヌスなどのいつた様に凡ての否定である、之といつて肯定すべき者即ち捕捉すべき者は神ではない、若し之といつて捕捉すべき者ならば巳に有限であつて、宇宙を統一する無限の作用をなすことはできないのである（De docta ignorantia, Cap. 24）。此点より見て神は全く無である。然らば神は単に無であるかといふに決してさうではない。実在成立の根底には歴々として動かすべからざる統一の作用が働いて居る。実在は実に之に由つて成立するのである。……神は此等の意味に於ける宇宙の統一者である、実在の根本である、唯その能く無なるが故に、有らざる所なく働らかざる所がないのである。……而して宇宙の統一なる神は実にかゝる統一的活動の根本である。我々の愛の根本、喜びの根本である。神は無限の愛、無限の喜悦、平安である。[8]

ここで西田は、自己の考える宇宙を統一する無限の力としての神が、実在の根底において無のごときものとして働いていることを示すために、西洋哲学における否定神学的要素を援用しており、その具体例としてクザーヌスの『覚知的無知』[9] *De docta ignorantia* を挙げているのである。ここで西田は「二十四章」と指示しているが、内容的には「第一巻二十六章」が正しい。しかし、西田の蔵書中にあった資料、すなわちシャルプのドイツ語訳を見ると、たしかに西田は第一巻二十四章で青鉛筆の下線を三箇所に引いており、加えて一箇所では三行にわたる傍線を欄外に付している。この四箇所は、内容的に神が「　的に全て」omnia uniter であるという主張と、肯定的な名称は神には適合しないという主張との二つになる。[10] いずれもクザーヌス自身の論の展開としては、二十六章において結論づけられるべきことがらの導入的論述であるのだが、西田はこの段階ですでに、クザーヌスが導くであろう結論を先取り的に把握しているように見える。なぜならば、二十六章における、この問題についての結論的な論述には、西田はもはや何の印もつけてはいないからである。[11]

『善の研究』における第二の箇所は、「第四篇　宗教　第四章　神と世界」、すなわちこの書物の最後の章の冒頭である。これも少し長く引用して紹介する。

純粋経験の事実が唯一の実在であつて神はその統一であるとすれば、神の性質及世界との関係もすべて我々の純粋経験の統一即ち意識統一の性質及之と其内容との関係より知ることができる。先づ我々の意識統一は見ることもできず、聞くこともできぬ、全く知識の対象となることはできぬ。一切は之に由りて成立するが故に能く一切を超絶して居る。……仏教はいふに及ばず、中世哲学に於てディオニシュース Dionyusius 一派の所謂消極的神学が神を論ずるに否定を以てしたのもこの面影を映したのである。ニコラウス・クザヌスの如きは神は有無をも超絶し、神は有にして又無なりといつて居る。(12)

ここで西田が挙げているディオニシウスとクザーヌスの説に類似する内容は、クザーヌスの『覚知的無知』第一巻一七章末尾近くに、以下の通りに存在する。

われわれは諸存在者の分有を取り除くことによって神を発見するのである。なぜならば、全ての存在者が存在性を分有している。それゆえに、全ての存在者から分有が取り除かれれば、残るのは、あらゆるものの本質としての、最も単純な存在性それ自体である。ところが、われわれがこのような存在性それ自体を認識するのは、最も覚知的な無知においてのみである。その理由は、存在性を分有している全てのものを私が精神から取り除く場合には、無しか残らないように見えるからである。このゆえに、大ディオニシウスは、神を知解することは、或るものへ近づくというよりはむしろ無へ近づくことであると言っている。他方、聖なる無知が私に対して、知性には無であるように見えるものが把捉しえない最大者である、ということを教えた。(13)

西田は、この引用部分に該当するシャルプ訳の欄外に青鉛筆で傍線を引いており、特に引用文中の前者の「無」にあたる'Nichts'には青鉛筆で下線を付している。(14)

西田がこのように『善の研究』における第二の箇所で、クザーヌスの思想を、擬ディオニシウスはもとよりエックハルト、ベーメ等とともに、否定神学（この時期の西田の用語法では「消極的神学」）の典型として扱いつつ、この処女作を締めくくろうとしているのは、その後の彼の思想の発展を知りうる立場にあるわれわれには印象的である。

2　講演「反対の合　Coincidentia oppositorum と愛」

このあまり大きくない講演においては、冒頭に「このCoincidentia oppositorum は近世の始、ルネサンスの頃に、ニコラウス、クザヌスが云つたことである[15]」としてクザーヌスの名前が提示されて後、繰り返しクザーヌスの思想との関連に言及されつつ、講演が進められている。『善の研究』ではcoincidentia oppositorum（反対対立の合致、西田の訳語では「反対の合一」）には言及されることがなかったが、ここではそれが明確にクザーヌスのものとして紹介されつつ、以下でみるように西田自身の思考に組み込まれている点に、西田のクザーヌス研究の深化をうかがうことができる。また、この講演が一九一九（大正八）年に、真宗大谷大学の開校記念日においてなされたものであるので、その内容の展開において、西洋哲学とならんで仏教への論及がなされているのは当然のことであろうが、同時に注目すべきことには、カントールの無限数論等も紹介援用されているのである。このことは、西田が、「Coincidentia oppositorum は一切の人間活動の基礎となり、愛の形によつてその極地が示されるのである[16]」という主張を、真剣に説き明かそうとしているということが理解できるであろう。

　さて、この講演での思索の出発点は、「神と世界との対立」をいかなるものと捉えるか、である。「一体神は普通無限なものとして考へられる、さうして神と世界の対立を有限と無限の対立と見て居る。然し神は無限と云つても、それは有限を否定した無限ではない。さなくば神の無限が如何にして世界を生み出すか、有限と無限とが如何にして結びつくことが出来るか。そこで神の無限は有限を否定したものではなく有限と無限との一致した無限である、即ちCoincidentia oppositorum である。神は総ての反対の統一である。論理的に矛盾したものを統一したものであつて、両立しないもの丶一致を神の性質と考へた[17]」。

この引用部分にはすでに、後の思想となる「絶対矛盾的自己同一」につながる視点が現れていることに目を引かれるが、とくにクザーヌスの思想との関わりでは、coincidentia oppositorum のことを「神は総ての反対の統一である」と解釈している点が注目される。西田はこの理解に立ちつつ、無限者においてはそれの部分と全体という対立するものが一致することを、無限数の例および幾何学図形における面積の例を挙げて説明する。その上で、彼は『我』の意識に於て之を体験」することもできるとする。「例へば自分がコップを知つてゐると云ふ場合は、自分はコップより大であるが、自分が自分を知つて居ると云ふ場合は、知る自分と知らる丶自分とは一である。即ち部分と全体とが同一で之が真の無限であり、具体的には『自覚』がそれである。Coincidentia oppositorum は始めは宗教上に用ひられたが、宗教の上では煩瑣な議論に見えるが現今の数学や、現実の自覚も之によつて成立つのである[18]」。

ここでの西田の推論は、「知る自分と知らるる自分とは一である」ということを前提にしているが、果たしてその通りであるか否かは、この論の限りでは簡単に断定できないであろう[19]。それはともかく、西田はこれを前提にして推論を進め、明示的にではないものの、命題上の〈逆〉を真なることとして導出しているようだ。「即ち部分と全体とが同一で之が無限であり」というものである。「自覚における我」が無限であるというのは、すでに上に引用した「時間空間の間に束縛せられたる小さき我々の胸の中にも無限の力が潜んで居る[20]」という『善の研究』以来の確信であるのだろう。

西田はさらにこの理解を一般化して、「実は知識はすべて Coincidentia oppositorum を根柢として成立して居るものと思ふ[21]」と述べて、以下のような例を挙げる。「『白は黒にあらず』と云ふときには、白と黒とを比較する或全体があつて、この判断が生れる。そうしてこの全体は白でも黒でもない。且つ白ともなり黒ともなり得るものでなければならぬ。それは反対のものであるとともに一であるところのクザヌスの Coincidentia oppositorum である[22]」。ここまで展開されてくると、「クザヌスの Coincidentia oppositorum」であるとされつつも、すでにこれが西田独自の思考を構築するための見事な機構として活用されていることが明らかである。そして、さらに以下のように論じ進められる。「それではその全体は知識の対象となりうるかと云ふに、そうではない。……知識が成立するには知識となり得ないものがある。之が全体の直覚である。夫は論理的判断の対象とはならぬがその基礎となるのである。そこで、我等が新なる知識を得る事は、こんな直覚を得る事である[23]」。

そして最後に西田は、coincidentia oppositorum としての愛に説き及ぶ。「我等が真に愛すると云ふ事は自と他の矛盾の一致である。即他を愛すると云ふ事が自分を愛する事になる。かく愛の本質はこの Coincidentia oppositorum が尤も純粋に顕はれたものである。この Coincidentia oppositorum はまだ論理に於ては消極的であるが、愛に於てそれは積極的につかまれる。……この愛は論理的には説明はできぬが、論理上の Coincidentia oppositorum が生活に於ての愛であつて、一切の基礎となつてをる[24]」。このように論じた上で、「から考へると、宗教上の神仏とはその本質は愛であると云つてよいと思ふ。知識の竟まるところ人格となりてこの人格は Coincidentia oppositorum であるが Coincidentia oppositorum の結合するものが神又は仏であつて、愛が神や仏の essence である[25]」とまで述べる。この考察が、この講演のタイトルに適うことになるのであり、「極めて論理的な概念が現実生活に極めて密接な事実となる[26]」と締めくくられるに至るのである。

以上のような西田による論の展開について、最後に二つの問題を確認しておきたい。第一は、すでに若干言及したとおり、無限の場で成立するはずの coincidentia oppositorum が日常の場で成立しているように論じられていることである[27]。第二は、「クザヌスの Coincidentia oppositorum」としながら、西田は coincidentia oppositorum を神の本質であるとしたり、神そのものであるとしているが、クザーヌスにおいて実際にその通りであるのか、ということである。この点については、節を改めて次に考察する。

3 「絶対矛盾的自己同一」と「coincidentia oppositorum」

前節で検討した講演の二〇年後の一九三九(昭和一四)年頃に、西田は「絶対矛盾的自己同一」という思想に到達し、この年に同名の論文を発表した。これは、しばしば指摘されているように、クザーヌスの「coincidentia oppositorum」と類似点が見出される思想である。[28] しかし、クザーヌスの名前は、反復を頻繁に繰り返しながらこの思想を紡ぎ出すこの論文の中に見出されることはない。以下では、まず西田「絶対矛盾的自己同一」とクザーヌスの「coincidentia oppositorum」のそれぞれの特徴を摘出し、次いで、両者を比較することで、西田のこの思想の独自性を明らかにしてみたい。

西田はこの論文のほとんど冒頭で、いささか唐突に次のように記す。「現実の世界は何処までも多の一でなければならない、個物と個物との相互限定の世界でなければならない。故に私は現実の世界は絶対矛盾的自己同一といふのである」[29]。これだけの記述からでは、「絶対矛盾的自己同一」とはいかなる内容のものであるか、ほとんど不明である。そこで、この論文の中からこの概念について述べられているところを抽出して、内容の限定を試みることにしよう。

まず第一に、――上に挙げた導入部の論述とも関わるが――絶対矛盾的自己同一としての世界は無底であり、かつ超越的である。さらに西田は記している。「この世界の根柢に多を考へることもできず、一を考へることもできず、何処までも多と一との相互否定的な絶対矛盾的自己同一の世界」であると。[30] さらに、「絶対矛盾的自己同一の世界は自己自身の中に自己同一を有たない。矛盾的自己同一として、いつも此世界に超越的である」[31]。

第二には、多と個物との関係が相互否定的に一である。「絶対矛盾的自己同一の世界に於ては、個物が個物自身を形成することが世界が世界自身を形成することであり、その逆に世界が世界自身を形成することが個物が個物自身を形成することである。多と一とが相互否定的に一となる、作られたものから作るものへである[32]。

第三には、永遠と時とが相即的な関係にある。絶対矛盾的自己同一の世界においては、「時の瞬間に於て永遠に触れる」、逆に「時が永遠の今の自己限定として成立する」のである[33]。

第四には、第三の点から導かれることであるが、過去と未来とが現在において包摂され、かつそこに臨在している。「絶対矛盾的自己同一として作られたものより作るものへといふ世界は、過去と未来とが相互否定的に現在に於て結合する世界であり、矛盾的自己同一的に現在が形を有ち、現在から現在へと自己自身を形成し行く世界である[34]」。

第五には、神と人間との関係が、〈対すると共に結びつく〉という、「絶対の断絶の連続[35]」の関係にある。一方において西田は、「人間より神に行く途けない[36]」、「個物が何処までも超越的なるものに対することによつて個物となると云ふことでなければならない[37]」とする。しかし、同時に「我々は我々の自己成立の根柢に於て神に結合するのである。……我々はいつも絶対に接して居るのである。唯之を意識せないのである。我々は自己矛盾の底に深く省みることによつて、自己自身を翻して絶対に結合するのである」とも言う[38]。すなわち、「神と我々とは、多と一との絶対矛盾的自己同一の関係に於てあ[39]り、「いつも之に対すると云ふこともできない絶対に接して居るのである[40]」。

第六には、上の第二点において示されたように、絶対矛盾的自己同一的世界の個物として確立しているわれわれでありながらも、しかし、「我々は自己成立の根柢に於て自己矛盾的なのである[41]」。

以上を整理してみるならば、西田の「絶対矛盾的自己同一」とは、〈絶対者〉と〈個物としての人間〉との間に成立する「絶対の断絶の連続」的な関係を叙述することにその中心があるものだと言えよう。また、この「絶対矛盾的自己同一」の思想は、西田においてその最晩年まで深化発展され続けるのであるが、それは以後の節で論及しよう。

他方、クザーヌスにおける「coincidentia oppositorum 反対対立の合致[42]」も、複雑な意味連関の中にあり、かつ、西田の「絶対矛盾的自己同一」と同様に発展のプロセスが存在する。ここでは、前節末尾において西田の「反対対立の合致」についての理解において問題として指摘しておいた二点と、さらに次節以降で言及する西田による「反対対立の合致」理解における問題点に絞って、検討することにしたい。その問題とは、改めて記せば以下のようなものである。一、「反対対立の合致」は、神そのものであるのか、または神において成立する、とクザーヌスは考えているのか。二、クザーヌスにおいて、実際に神と人間との「反対対立の合致」が存在すると考えられているのか。三、無限の場で成立するはずの「反対対立の合致」が、西田においては日常の場で成立するように論じられているが、クザーヌスにおいてもそのとおりであるのか。

まず一の問題であるが、これについては、第二次大戦後のヨーロッパでコッホとヴィルパートが論争をしたことがある[43]。しかし、この論争が意味を有するのは、議論を『覚知的無知』に限った場合であって、そこにはクザーヌス自身に責任が帰せられる不明瞭さが存在しているのである。すなわち、彼はある箇所では、「この深遠なことがらに関してわれわれ人間の天賦があげてなすべき努力は、矛盾するものどもが一致するところのあの単純性へと、自己を高めることでなければなりません[44]」と記しており、かつ、この書物では「単純性」simplicitas は神と同義で用いられているので[45]、「反対対立の合致」が神において成立すると解釈されることも可能である。しかし他方においてクザーヌスは、同じ書物の中で、「あらゆる対立に無限に先立っている無限な一性を誰が知解可能であろうか[46]」と記しており、かつこの「無限な一性」とは神のことに他ならないのであるから、「反対対立の合致」が成立する場は神とは区別されていることになるのである。

ところが、クザーヌスは『覚知的無知』に引き続いて著した『推測について』*De coniecturis* では、「反対対立の合致」の多様な形態を区別しており[47]、理性において成立するもの、知性において成立するもの、そして神において成立するものについて論じている[48]。さらに、『覚知的無知』から九年後に著した小さな書物『覚知的無知の弁護』*Apologia doctae ignorantiae* において、クザーヌスは最終的に、神と「反対対立の合致」が成立する場とを明確に区別した。「ディオニュシウスによれば神は反対対立の反対対立であるゆえに、私が『推測について』において、神は矛盾的対立の合致を超えていると説明したのは、汝が読んだ通りである[49]」。

この点についてクザーヌスは、さらに四年後の一四五三年に著した『神を観ることについて』*De visione dei* において、以下のように思考を深めている。少々長く引用する。

> 以上のことから、私は身をもって分かります。自分が闇の中に歩み入って、理性の全ての能力を超える〈反対対立の合致〉を許容し、不可能性が現れる場にこそ真理を探究しなければならないということが。さらに私が、〔理性の〕あらゆる能力を超えて、知性的な最高の上昇さえも超えて進み行き、いかなる知性にも不可知なものであって、真理から最も離れているものであると、全ての知性が判断するようなものに到達するならば、そこにこそ、私の神よ、あなたは居られるのです。……それゆえに、私の神よ、私はあなたに感謝いたします。あなたは私に次のことを開示して下さっているのですから。すなわち、あなたに到達するための道は、あらゆる人間にとって、最も学識深い哲学者達にとってさえも、全く到達不可能であり存在不可能であるように見える道以外には存在しないことを。つまりあなたは私に、不可能性が現れ取り巻いている所でのみ、あなたが観られうるものであることを示して下さっています。主よ、強者の糧であるあなたは私を激励して、私が自分に強制するようにして下さいました。なぜなら、不可能性が必然性と一致するのだからです。その結果私は、あなたがあからさまに見出される場を見出したのです。そこは諸々の矛盾するものの合致によって囲まれているのですが、これはあなたが住まっておられる楽園の城壁です。それの門は理性の最高の霊が監守しており、彼が打ち負かされない限りその中

に入ることはできません。それゆえにあなたは、この諸々の矛盾の合致の向こうに見出されうるのですが、こちら側ではけっしてありえません。[50]

（傍点は引用者。断りのない限り以下も同じ）

このいささか長すぎる引用から明らかなように、西田がクザーヌスの「反対対立の合致」を、神において成立するものとしたり、または神そのものであると捉えることは、クザーヌスにおける事実には即していないことが明らかとなる。西田のこのような理解は、彼がクザーヌスの著作としてほとんど『覚知的無知』のみを使用していたことに起因しているのだろう。[51]

さらに、二の問題点と関わってのことであるが、『神を観ることについて』におけるクザーヌスの「反対対立の合致」の思想の展開に、興味深いことが見出されるのである。それは、「反対対立の合致」の中に、われわれの名づけるところの「水平的合致」と「垂直的合致」との区別がなされていることである。

「水平的合致」とは、天国の壁の周囲で、以下のように成立する。「不可能に思われることが必然性そのものなのです。なぜならば、〈今〉と〈その時〉ということは、あなた〔神〕の言葉の後に存在しているものなのです。それゆえにそれら〔今とその時〕は、あなたに近づいて行く者に対して、あなたが住んで居られる場所を囲んでいる城壁において、一致して現れるのです。つまり、〈今〉と〈その時〉とは楽園の城壁の周りで一致しているので。しかし、私の神よ、絶対的永遠性であるあなたは、〈今〉と〈その時〉を超越して存在し語るのです[52]」。

これに対して「垂直的合致」とは、天国の壁にある入口において、すなわちイエス・キリストの存在によって成立するものである。当該箇所を引用する。

主よ、私はあなたが助けて下さることを確信しつつ、包含と展開の合致の城壁の向こう側にあなたを見出すために、もう一度戻ります。すると、あなたの言葉であり概念であるこの門を通って、私が同時に入り出る時に、私は極めて甘美な糧を見出すのです。私があなたを、万物を包含している力として見出す時、私は入っています。私があなたを、〔万物を〕展開している力として見出す時、私は出ています。私があなたを、〔万物を〕同時に包含し展開している力として見出す時、私は同時に入り出ているのです。私は、創造主であるあなたから、つまり原因から結果へと出るのです。〔神においては〕出ることが入ることであり、同様に入ることが出ることであるということを観る時に、私は同時に入り出ているのです[53]。

神にして人という例外的存在たるイエス・キリストが、クザーヌスにとって〈矛盾〉と捉えられていることは、この著作にも以下のように明らかに記されている。「あなたは、この世界のいかなる知者にも全く知られていません。なぜならばあなたは、同時に創造者にして被造物であり、引き寄せる者にして引き寄せられる者であり、有限なる者にして無限なる者であるのですから、われわれはあなたについて最も真なる矛盾を確証することになるからです[54]」。

以上のようにクザーヌスにおける「反対対立の合致」の展開を考察してくると、文字通りに符合するわけではないが、西田における「絶対矛盾的自己同一」との内容的な近似性を見出すことができるであろう。すなわち、西田において「我々はいつも絶対に接して居るのである。唯之を意識せないのである。我々は自己矛盾の底に深く省みることによつて、自己自身を翻して絶対に結合するのである」と言われていることが、クザーヌスにおいてはキリストという存在を前提にして、「神秘的合一」の場において成立することとされているのである。

さらに、三の問題点に関しては、以下のように言えるだろう。クザーヌスにおいて無限の場で初めて成立するとされる「反対対立の合致」であるが、西田が「我々はいつも絶対に接して居る」と捉える限りは、それと近似した「coincidentia oppositorum」が、大谷大学での講演の段階では日常の場で成立するとされたことも、また後の「絶対矛盾的自己同一」が同様であることも、西田においては当然のことである。

4 「予定調和を手引として宗教哲学へ」

第四のクザーヌスへの直接的な論及箇所は、西田の死の前年である一九四四（昭和一九）年の春に完成された論文「予定調和を手引として宗教哲学へ」の中の一節である。

この論文の主題は以下のように要約できるであろう。時間的かつ空間的意味でのこの世界は、「絶対現在としての神[55]」の自己限定であるがゆえに、「歴史的世界構成の論理的原理」としての予定調和[56]に貫かれている。この西田の予定調和は、ライプニッツのような「仮定としての予定調和[57]」ではない。それは、「未来永劫現れるものが、すべて絶対空間に映されて居る、絶対現在に含まれて居る[58]」という現実的意味においてそれとされているものであり、それゆえに「世界は何処までも予定調和的である[59]」とされるのである。このような絶対現在の自己限定の立場においては、「神と人間とは絶対矛盾的自己同一である。人間より神へ行く途は絶対にない[60]」。その途を開きうるのは唯一、「自覚の立場[61]」のみであるが、これこそが真の「宗教の立場であ[62]」り、さらに、それは哲学という学問成立の立場でもある[63]。

ところで、西田はこの論文を執筆する頃、すなわち一九四二（昭和一七）年の暮れ頃からクザーヌスへの関心を改めて深めていたようである。同年一二月二日付けの下村寅太郎宛ての手紙に以下のような一文がある。「……それからこれはどちらでもよいのだが若しシュミットの Docta ignorantia の訳がいくらか余分が残つてゐます様なら私にも一冊御分与下さいますまいか　無論これは強いて御配慮なき様に　私はシャルプの訳をもつてゐるのですから[64]」。

引き続き、年の明けた一九四三年二月頃から、西田がデカルトおよびライプニッツらと並んでクザーヌスを集中的に研究したことが、弟子たちとの文通および日記からわかる。一九四三年二月一八日付けの下村寅太郎宛ての手紙の末尾に、「クザヌスの Docta ignorantia の独訳をいつでもよいが御用ゐになつてゐない時に一寸見せて下さいませぬか」と記されており、[65] 同年二月二六日の日記には「クザヌス下村へ返却」と記されている。[66]

クザーヌスへの西田の関心は翌年になっても続く。彼は一九四四（昭和一九）年三月二日の下村宛ての手紙の冒頭で、「マーンケとクザヌス難有御座いました　暫く拝借いたします」[67] と記しているが、この「クザヌス」とは、上述の通り「シュミットの Docta ignorantia の訳」のことであり、「マーンケ」とは、ディートリヒ・マーンケ（Dietrich Mahnke, 1884-1939）の著作になる『無限球と中心の遍在――数学的神秘主義の系譜学』*Unendliche Sphäre und Allmittelpunkt : Beiträge zur Genealogie der mathematischen Mystik*（Halle 1937）のことである。[68] そして同年の三月二三日の下村宛てのはがきで以下のように記している。「Mahnke　その中お返しいたします　今度は一寸宗教哲学の入口にふれてクザヌスを引きました『思想』の五月か六月に出ます」[69]。このような内容から、この時点で西田が論文「予定調和を手引として宗教哲学へ」を脱稿したことが推測されるのである。[70]

さて、この論文におけるクザーヌスへの論及はいかなるものであろうか。少し長くなるが、当該箇所の約二頁を全集から引用する。

哲学と云ふ如き学問は、我々の自覚的意識の立場に於て成立するのである。従来の哲学に於ては、自覚的意識の独自性、その根本性と云ふものが深く考へられてゐない。……自覚と云ふことは、知るものが知られるものと云ふことである、考へるものが考へられるものと云ふことである。……或はそれは不可能とか、自己矛盾とかと云ふであらう。併し矛盾的自己同一なるが故に、自覚であるのである。デカルトの如く我々の心理的に自己のコギトから出立するのでなく、般若経には、寧ろ論理的に、諸心為非心名之心と云ふのである。背理の様だが、無分別の分別と云ふことが真の自覚である（鈴木大拙）。西洋哲学に於てはニコラウス・クザヌスの無知の知 docta ignorantia が最も之に近いと思ふ。彼は一面に否定神学に導かれて、而も一面に論理的たらんと欲したものである。ライプニッツの前駆をなすものと云つてよい。彼は云ふ、すべての研究は、既知のものとの比例による比較であると（comparativa est omnis inquisitio）。故に彼は数学的である。最大なるものとは、比較対立を絶したもの、それ以上に大なるものがないものでなければならない。而してかゝる最高の充実者は一でなければならない。すべての他との比較をこえたかゝる一者は、すべてであり、すべてに於てあるもの、最小と合一するものでなければならない。これが神である。極大は極小と合一すると云ふ（彼には現代数学の無限論を想起せしめるものがある）。数学が神の真理を知るに最良の手段であると云ふ。彼は神を表すに、所謂無限球の例を用ゐて居る。すべてのものの根源として、肯定神学的に、所有最大の名を以てすべき神は、否定神学的に、名づくべからざる神である、絶対の有であるとともに無である。クザヌスの「反対の合一」coincidentia oppositorum の哲学は、最もよく場所的論理によつて言ひ表はされるであらう。クザヌスの考は、キリスト教的に尚主体的である。否定と云つても、尚主語的論理の立場を脱してゐない。真の絶対否定即肯定ではない。真の絶対否定に於ては、否定すべきものすらもないのである。従つて彼の哲学は神秘的色調を脱し得ない。彼の論理は真の現実の論理ではない。真の「無知の知」の論理は、自覚の論理でなければならない。そこに、すべての我々の知識及び行為の根源が含まれて居るのである。絶対現在の自己限定として、矛盾的自己同一的に、世界が世界自身を限定する所に、我々の自己は自己自身を知る、自覚的であるのである。逆に我々の自己が自覚する所、そこに世界が自己自身を限定するのである。自覚の論理は世界成立の論理、世界成立の論理は自覚の論理である。対象論理の立場から考へる人は、之を万有神教的とも云ふであらう。併し全く逆である。個が何処までも個なることが全が全なることであり、全が何処までも全なることは個が個なることである。然らざれば自覚の論理ではない。自己の底に深く深く自己の根柢に反省すればする程、外に絶対の神に対するのである。神と人間とは、矛盾的自己同一的に結合して居るのである。これは神秘的と云ふことではない。かゝる自覚的立場から、我々の自己は、知的に、行的に、無限なる矛盾的自己同一的過程であるのである。自覚の論理は我々の歴史的生命の公理である。科学の公理も之からである。我々の自己は、歴史的世界の形成要素として、いつも矛盾的自己同一的に働いて居る。自覚の論理によつて働いて居る、而して何処までも作られたものから作るものへである。[71]

以上の引用部分が、この論文の主題を解明する重要な部分を担っていることは、容易に読み取れるであろう。ここで西田は、自分の考える「自覚」との関わりにおいて、「無分別の分別と云ふことが真の自覚である（鈴木大拙）。西洋哲学に於てはニコラウス・クザヌスの無知の知 docta ignorantia が最も之に近いと思ふ」と記して、クザーヌスのこの思想を高く評価している。しかし、少し後で西田は、クザーヌスを批判して言う。「真の『無知の知』の論理は、自覚の論理でなければならない。……絶対現在の自己限定として、矛盾的自己同一的に、世界が世界自身を限定する所に、我々の自己は自己自身を知る、自覚的であるのである」。

この論法は、前節の前半において、「絶対矛盾的自己同一」論における絶対矛盾的自己同一の特徴としてわれわれが摘出した第二点と同じ内容である。すなわち、ここで西田は自身の絶対矛盾的自己同一の立場からクザーヌスの立場を区別しているのである。

また、西田はこの引用の中で、「クザヌスの『反対の合一』Coincidentia oppositorum の哲学は、最もよく場所的論理によつて言ひ表はされるであらう」として、クザーヌスの「反対対立の合致」を評価しつつも、それはなお不充分であるとしている。この「場所的論理」が何であるかは、ここでの論の限りでは明らかではないが、翌年に完成された遺稿「場所的論理と宗教的世界観」における論述を参照することで理解を深めることができる。それは次のようなものである。「相互否定的なるものの結合」には「矛盾的自己同一的なる媒介者と云ふものがなければならない」が、「相互対立的に相働くもの」の「相互限定によつて一つの結果が生ずると云ふことは、矛盾的自己同一的なる媒介者自身の自己変化とも考へることができる」として、「媒介者の自己変化」という事態を浮き彫りにし、その上で、「物理現象が力の場の変化として考へられる所以である」と付言している。[72] つまり西田は、物理学の理論の類比からこの「媒介者」を「場」として、この「媒介者の自己限定の中心と云ふべきものが、……私の所謂場所的有と考へられる」とする。さらに西田は、「すべてのものを、場所的有の自己限定として見ることができる」[73]と言う。すなわち、このような場にあたるものがクザーヌスの「coincidentia oppositorum」には存在しない、と西田は言いたいのであろう。これは、西田がクザーヌスにおける「coincidentia oppositorum」と神とを同一視していたことから生じた見解であろう。しかし、すでに見たように、『神を観ることについて』を執筆した頃（一四五三年）のクザーヌスにおいては、神と「coincidentia oppositorum」とは明確に区別されているので、この西田の指摘は直ちには妥当しないのである。

さて、すでにしばしば言及した晩年の西田によるクザーヌス研究の跡を調べてみると、興味深いことが見出される。それは、この「予定調和を手引として宗教哲学へ」という論文を執筆しつつあったまさに同時期の日付けを有する、西田の手になる九種の鉛筆による書き込みが、シャルプ訳の『覚知的無知』の頁上に存在することである。

それの典型は、欄外余白に記された「絶対現在の自己限定　昭和十九年三月」というものであり、これには、——すでに註（7）でも言及したように——本文部分の約半頁にわたる範囲に赤鉛筆で下線および欄外の縦線が引かれている。[74] 下線の付けられている箇所は、『覚知的無知』の第一巻二一章にあたり、該当部分のこのドイツ語訳テキストをさらに日本語に訳出すると以下のような内容となる。「最大者の合一された持続においては、過去は未来と異なるものではなく、未来も現在と異なるものではない——始めと終りなき永遠である。最大な円においては直径も最大であり、多くのの最大者は存在しえないゆえに、最大な円は、直径と円周が一なるものであるほどに、合一されたものである。しかし無限な直径も無限な中央つまり中心を有する。それゆえに、最大な円においては中心と直径と円周は一なるものである。……（最大な円は）中心として能動因であり、直径として形相因であり、円周として目的因である」[75]（傍線は西田による下線を示す。以下、同じ）。

ここに西田の手で書きこまれている「絶対現在の自己限定」という概念は、もちろんクザーヌスのテキストの中に存在するものではなく、西田独自のものである。以前の論文「絶対矛盾的自己同一」において「永遠の今の自己限定」とされていたものの言い換えであるが、目下われわれが考察の対象としている論文「予定調和を手引として宗教哲学へ」の中の上に掲げた引用文にも見出すことができた。しかし、内容的に深く関わるのは、次節でわれわれが考察の対象とする遺稿で深化展開される思想である。西田がここにあえて「昭和十九年三月」と日付けまで記していることは、この時に西田が一つの新たな確信に到達したということが推測されるのである[76]。

同じく西田の手になる書き込みとして、「Sphaera infinita」[77]がある。これは、「彼は神を表すに、所謂無限球の例を用ゐて居る」という、われわれの上での引用部にも関わるが、中心的には遺稿の内容として利用され、極めて重要な役割を果たすことになるものである。

さて、目下の論文「予定調和を手引として宗教哲学へ」の内容と密接に関わる書き込みは、同じ頁の欄外にある「予定調和」である。これは、『覚知的無知』第一巻二二章の「神の予見は、それが知るものを、時間的な差別をもって知るのではない。なぜならば、それけ未来を未来として知るのではなく、過去を過去として知るのでもなく、永遠的に知るのであり、可変的なものを不可変的に知るのである」[78]という部分の欄外に、縦線とともに書きつけられている。この「予定調和」は、もはや記すまでもなく、われわれが今対象としている論文の標題と関わるものであり、それの本文中にも、例えば以下のように説かれているのである。「表現するものが表現されるものであり、絶対の無にして自己自身を限定する世界は、映すものが映されるものであり、映されたものから映すものへとして、永遠の未来が永遠の過去に映されたる世界である。未来永劫生起するものが含まれた世界である。これを予定調和と云ふ。即ち絶対現在の自己限定の世界である[79]」。

この引用文における予定調和の説明は、上記の書き込みがある部分のクザーヌスのテキスト、前頁に引いた『覚知的無知』第一巻二二章の箇所の内容と近似していることが明らかである。西田はこのクザーヌスの文章に、自身の「予定調和」の思想に近似する内容を見出して、書き込みをしたものであろう。同時に留意しておきたいことは、この西田自身のテキストの末尾において、「これを予定調和と云ふ。即ち絶対現在の自己限定の世界である」と記されていることである。ここには、上でわれわれが見た西田の書き込み、「絶対現在の自己限定」も記されているばかりか、これら二つの書き込みが結合されているのである。つまり、クザーヌスの著作の中の前後三頁間の欄外に書き込まれた二つの語が、この西田自身の一文に結合されて重要な役割を果たしていることになるのである。

さらに、同じような関連性において把握できる別の書き込みがある。それは、「予定調和」の書き込みの次の頁に記されている、「自己自身を表現するもの」と「Gott ist rationeller Grund.」というものである。そして、そのうちの前者と同じ文言が論文「予定調和を手引として宗教哲学へ」において、「絶対現在としての神は、何処までも自己自身を表現するものと云ふことができる[80]」と記されているのである。

一方、この書き込みが付けられているクザーヌス自身のテクストは、シャルプのドイツ語訳では以下のようなものである。「「無限な」球が線と三角形と円との十全な現実態であるのと同様に、最大な者は万物の現実態である。従って、それからあらゆる現実的存在がそれから自己のすべての現実性を得ているのである。……球が諸々の図形の可能な限りの完全性であるのと同様に、最大な者は万物の最も完全な完成であり、従って、あらゆる不完全なものがそれにおいては最も完全なものとして存在するのである――無限な線が球であり、その球においては〔無限な〕曲線が直線であり、〔無限な〕合成が単純であり、〔無限な〕相異するものどもが同一であり、〔無限な〕）他性が一性であるのと同様である。……それゆえに神は、全宇宙の唯一の最も単純なる理性的根拠である」。[81]

つまり西田は、無限な球があらゆる図形を包含しているという考えを神と諸存在者との関係に転移するクザーヌスの思考法が、西田自身が考える「絶対現在としての神」と「絶対現在の自己限定」としての世界との関係、すなわち「絶対現在としての神は、何処までも自己自身を表現する」という事態を叙述するのに好都合であるとみなしたのであろう。

以上の考察から明らかになったように、クザーヌスの『覚知的無知』の中の、シュミットの訳書でわずか四頁にしかまたがらない部分の内容が、西田のこの時期の思索に深く関わることが可能であったのである。この事実は、西田がいかに高くクザーヌスの思想を評価していたかを物語っているであろう。このような西田のクザーヌスの思想に対する強い共鳴は、さらに遺稿にまで持続している。むしろ、この論文「予定調和を手引として宗教哲学へ」で中心的な役割を果たしているのはライプニッツに着想を得た「予定調和」であって、この時期における西田のクザーヌスとの取り組みは、次節の考察が明らかにするであろうように、遺稿においてこそ結実しているとも捉えることができるものなのである。

5　遺稿「場所的論理と宗教的世界観」

本章ですでに繰り返し言及したように、西田は一九四五（昭和二〇）年に「場所的論理と宗教的世界観」を完成していた――それを自ら生前に公刊することはかなわなかったが。

全集において七三頁にわたるこの長大な論文は、以下のように論じ始められている。まず、絶対矛盾的自己同一の思想が世界についてさらに深められ、世界とは時間と空間とが矛盾的自己同一的に一つとなっているものであるとされる[82]。さらに、この世界とわれわれとの関係は、〈焦点〉を介して以下のように成立しているとされる。「世界は絶対矛盾的自己同一的に、絶対現在の自己限定として、自己の中に焦点を有ち、動的焦点を中心として自己自身を形成して行く。……〔他方、〕我々の自己は、か丶る世界の個物的多として、その一々が世界の一焦点として、自己に世界を表現すると共に世界の自己形成的焦点の方向に於て自己の方向を有つ。……〔これは〕永遠の過去未来を含む絶対現在の一中心となると云ふことである。私が、我々の自己を、絶対現在の瞬間的自己限定と云ふ所以である[83]」。

しかし、この関係は単なる抽象論理的関係ではなく、「自己存在の根本的な自己矛盾の事実」としての「死の自覚[84]」を典型とする「宗教の問題[85]」として捉えねばならないとされる。この点を具体的に叙述しているのが、以下の部分である。少し長くなるが引用する。

> 絶対の自己否定を含み、絶対の無にして自己自身を限定する絶対者の世界は、何処までも矛盾的自己同一的に自己の中に自己を表現する。即ち自己に於て自己に対立するものを含む、絶対現在の世界でなければならない。応

無所住而生其心と云はれる所以である。中世哲学に於て神を無限球に喩へた人は、周辺なくして到る所が中心となると云つた。これは正しく私の所謂絶対現在の自己限定である。之を我々の自己の霊性上の事実に於て把握せないで、単に抽象論理的に解するならば、此等の語は無意義なる矛盾概念に過ぎない。併し真に絶対的なるものは、対を絶したものではない。絶対者の世界は、何処までも矛盾的自己同一的に、多と一との逆限定的に、すべてのものが逆対応の世界でなければならない。般若即非の論理的に、絶対に無なるが故に絶対に有であり、絶対に動なるが故に絶対に静であるのである。我々の自己は、何処までも絶対的一者と、即ち神と、逆限定的に、逆対応的関係に於てあるのである。[86]

この引用の中の「中世哲学に於て神を無限球に喩へた人」とは、すでに前節で扱った論文の中で西田がクザーヌスのことを、「彼は神を表すに、所謂無限球の例を用ゐて居る」と記していたことを知っているわれわれには、まぎれもなくクザーヌスのことであることがわかる。とはいえこの引用箇所だけからは、この「無限球の喩へ」がこの論文でいかなる意味を持っているかは、にわかには明らかでないであろう。これについて西田は本論文の前半で、以下のように記している。「私は屢々絶対矛盾的自己同一的場所、絶対現在の世界、歴史的空間を無限球に喩へた。周辺なくして到る所が中心となる、無基底的に、矛盾的自己同一的なる球が、自己の中に自己を映す、その無限に中心的なる方向が超越的なる神である」[87]。すなわちこの無限球の比喩において、上に引用紹介した（二六八—二六九頁）、世界の焦点であり自己表現点としてのわれわれの存在が説明されているのである。球が無限大であれば、それの中心は至る所に無数に存在しうることになるので、「多の一」としてのわれわれの存在を表象するのには好都合な比喩であることになる[88]。

さて、この比喩は、後に論及するように、この論文における論旨展開の要のような役割を果たしている。実は西田は、ここに到るまでに自己の「絶対矛盾的自己同一」の思想の、とりわけ「世界と個物との関係」を的確に表現できる比喩を探し続けてきた。そして遂にこの「無限球」の比喩に至ったのである。まず西田は、上述のように一九三九（昭和一四）年に同名の論文を公刊して、「絶対矛盾的自己同一」という思想を詳述した。その中に以下のような叙述がある。「か丶る個物と世界との関係は、結局ライプニッツの云ふ如く表出即表現といふことの外はない。モナドが世界を映すと共にペルスペクティーフの一観点である。か丶る世界は多と一との絶対矛盾的自己同一として、逆に一つの世界が無数に自己自身を表現すると云ふことができる」[89]。このように西田は自己の考える個物と世界との関係を、モナドの比喩を借りて説明しようとしているのである。しかしすでに同時に、モナドでは不充分であることにも気づいている。「而も真の個物はモナドの如く知的ではなく、自己自身を形成するものでなければならない、表現作用的でなければならない」[90]とも記しているのである。

次に彼は一九四四（昭和一九）年の「予定調和を手引として宗教哲学へ」において、「予定調和」という着想については ライプニッツのそれを利用しつつも、モナドについてはさらに批判的となっている。「ライプニッツのモナドの世界は、結局、神を中心として無限なる人格と人格とが相対する、共存的世界でなければならない。そこには既にカントの目的の王国を思はしめるものがあるのである。併し主語的論理の立場を脱することのできなかつたライプニッツに於ては、全と個とが、真に矛盾的自己同一ではない。何処までも全体的一が基底的であるのである。キリスト教的に神が絶対的主体である」[91]。つまりモナドにおいては、全と個とが真に矛盾的自己同一ではなく、全体的一が基底的であるという点で、「絶対矛盾的自己同一における世界と個との関係」は表現し尽くせないというのである。

同時にこの同じ論文の、すでにわれわれが上で引用した箇所の中で、西田はクザーヌスについて言及しながら、「彼は神を表すに、所謂無限球の例を用ゐて居る」[92]と記して「無限球」の比喩への関心を示している。しかし、この論文においては、これ以上の論及はなされていない。

しかし、遺稿に至って、モナドの比喩と並んでこの無限球の比喩も導入され、最終的にはモナドを含意したものとしての後者の比喩が西田によって最も高い評価を受けることになる。それの具体相は以下の通りである。まずこの論文の前半で、両者が以下のように併用されている。「絶対矛盾的自己同一的世界に於ては、個物的多の一々が焦点として、それ自身に一つの世界の性質を有つのである。モナドロジーに於ての様に、一々のモナドが世界を表現すると共に、世界の自己表現の一立脚点となるのである[93]」。つまり、ここに用いられている「焦点」という表現は、ライプニッツのモナドから出てくるものではなく、この文章のすぐ近くにある、クザーヌス的な「絶対現在の世界は、周辺なき無限大の球として、到る所が中心となるのである[94]」という表象に由来するものであろう。

そして最終的にクザーヌスの無限球の比喩に至るのである。すでに引用した箇所であるが、再度掲げる。「中世哲学に於て神を無限球に喩へた人は、周辺なくして到る所が中心となると云つた。これは正しくわれわれの所謂絶対現在の自己限定である[95]」。ここで西田は「正しく」とまで記している。なぜここで西田は、これほどまでにクザーヌスの無限球の比喩を高く評価しているのであろうか。その理由は、西田が絶対矛盾的自己同一を具体的に説明しようと試みている「図式的説明」という「絶対矛盾的自己同一」と同じ論文集に収められている論文の内容を参照することで、より明瞭に判明する。そこでは、M*x*を中心とする実線で描かれた小さな円があり、その小さな円を点線で描かれた大きな円Mが包摂しているという図示を用いつつ、以下のような説明がなされている。「絶対矛盾的自己同一なるMの世界はM*x*として自己自身を限定する。それは何処までもM*x*を中心として考へられねばならない[96]」。その「歴史的現在の世界M*x*を中心として、世界は無限の周辺を有つ[97]」のであるが、「ライプニッツのモナドロジーでは、個物的多が実在と考へられたが故に、全体的一は非実在的と考へられた、単なる合成と考へられた[98]」というのである。モナドは、他のすべてのモナドを互いに映し合うだけであって、全体との関係が想定されていないので「単なる合成と考へられた」と西田は記しているのであろう。

この西田の説明に基づくならば、ライプニッツのモナドには〈世界の中心〉という要素が存在せず、さらに、〈世界は無限の周辺を有つ〉という要素も存在しないので、西田の意図するところを表現し尽くせない。しかし、クザーヌスの無限球の比喩は、この二点の不足を満たしうる。すなわち、モナドのように「世界を表現する自己」としての「無限球の中心・焦点」という解釈が成立する点に、クザーヌスに対する高い評価が成立しているのである。(99)

つまり、時間と空間の矛盾的自己同一でもある絶対現在の世界と、その内に存在するあらゆる個物との絶対矛盾的自己同一の関係というものは、この比喩においてこそ最も的確に表現される、というのが西田の考えである。無限大の球は無数の中心をもつ。その中心の各々は焦点でもあって、それらがいわばモナドのように各々の仕方で、自己を包摂する無限大の球を映している。ここには、無限大の球と、それの中心としての無限小な存在である点という対比が存在し、しかもその無限小の点が無限大の球を映すという仕方で、自己を表現しているのである。以上のような、いわば逆説的構造がこの比喩において想定されているのである。この無限大の球を絶対現在の世界になぞらえ、無限小な焦点としての中心を個物になぞらえるときに、西田の求め続けた説明が成立するのである。

さらに、西田が本論文で提唱し、われわれがすでに、クザーヌスが論及されている箇所として引用したテキストにも現れていた〈逆対応〉という概念も、この比喩に表現されている逆説的構造を前提にすれば理解しやすくなるであろう。西田は〈逆対応〉について、以下のように記している。「我々の自己は何処までも唯一的個的に、意志的自己として、逆対応的に、外に何処までも我々の自己を超えて我々の自己に対する絶対者に対すると共に、内にも亦逆対応的に、何処までも我々の自己を越えて自己に対する絶対者に対するのである。前者の方向に於ては、絶対者の自己表現として、我々の自己は絶対的命令に接する、我々は何処までも自己自身を否定して之に従ふの外はない。……後者の方向に於ては、之に反し、絶対者は何処までも我々の自己を包むものであるのである、何処までも背く我々の自己を、逃げる我々の自己を、何処までも追ひ、之を包むものであるのである。即ち無限の慈悲であるのである」(100)。

この西田の説明を無限球の比喩に従って捉え直せば、「外に何処までも我々の自己を超え」るということは、実際には無限球の内部に無限小な点として存在しているにすぎないわれわれが、自己を自存的存在であるかのように思いなす場合のことを指しているのであり、「内にも亦逆対応的に、何処までも我々の自己を越え」るというのは、無限球の内部に無限小な点として存在しているわれわれが、自己を最小な点にすぎないとしてその価値を否認する場合のことを指しているのであろう。前者の場合には、その自己はあくまでも「射影点」にすぎないとして裁かれ、後者の場合には、その自己であっても無限大の絶対者を映している存在であるとして「慈悲に包まれる」というのであろう。

以上、われわれは西田のクザーヌスとの出会いを考察してきたのであるが、本章を締めくくるにあたって、西田が直接に出会うことのできなかったクザーヌスの思想を提示してみたい。クザーヌスの『神を観ることについて』*De visione dei* の第一三章に、次のような一節がある。

私が、無限者が存在すると主張する場合には、私は、闇が光であり、無知が知識であり、不可能なことが必然的なことであることを容認することになるのです。……われわれは矛盾対立の合致を容認するのですが、無限者はそれを超えて存在するのです。しかしこの合致は、矛盾なき矛盾なのです。……一性における他性は、それが一性であるゆえに、他性なしに存在します。それと同様に、無限性における矛盾対立は、それが無限性であるので、矛盾なしに存在するのです。無限性は単純性そのものですが、他性なしの矛盾というものは存在することがありません。ところが単純性における他性は、それが無限性そのものであるので、他性化なしに存在するのです。つまり、絶対的単純性について言表されるいかなることも、絶対的単純性と一致するのです。……「諸々の対立の対立」とは「対立なき対立」です。それは、「諸々の終わり」が無限であるゆえに、「終わりなき終わり」であるのと同様です。そうであるならば、神よ、あなたは「諸々の対立の対立」です――あなたは無限なのですから。さらにあなたは無限なのですから、無限性そのものです。無限性においては「諸々の対立の対立」は対立なしに存在するのです。[101]

このクザーヌスのテキストには、西田の絶対矛盾的自己同一に対する、ある近さが存在しているのではないだろうか。しかしすでに記したように、西田はこのテキストにおそらくは出会うことがなかったのである。なぜならば、西田が愛用したシャルプのクザーヌス著作集のこの部分は、訳者シャルプによって省略されているからであり、また西田が『覚知的無知』*De docta ignorantia* については参照することが可能であったハイデルベルク版の校訂版クザーヌス全集 *Nicolai de cusa Opera Omnia* で、この著作が刊行されたのは、はるか後の二〇〇〇年のことだからである。

しかしながら、この文章の直前と直後のテキストは西田も大いに興味深く読んでいるはずである。[102] ところが興味深いことに、冒頭で引用紹介した西田の随想「読書」には次のような叙述がある。「私は屢若い人々に云ふのであるが、偉大な思想家の書を読むには、その人の骨といふ様なものを摑まねばならない。そして多少とも自分がそれを使用し得る様にならなければならない。……そして、彼自身の刀の使ひ方といふものがある。それを多少とも手に入れれば、さう何処までも委しく読まなくとも、かういふ問題は彼からは斯くも考へるであらうといふ如きことが予想される様になると思ふ。私は大体さういふ様な見当にして居る」。[103]

まさにこのような「見当」で西田幾多郎はニコラウス・クザーヌスの「骨」を「摑み」、そして「使用」したのである。最後に引用紹介した、西田が読まなかったはずのクザーヌスのテキストと西田の「絶対矛盾的自己同一」との間に見出される或る近さも、このような西田の思想家としての非凡な「見当」を如実に示しているのであろう。何と深くて豊かな〈他者〉との出会いであったのだろうか。

第二章　東アジアにおける〈知恵〉概念の伝統とクザーヌスの〈知恵〉概念

——〈知恵〉と〈道〉、〈無学者〉と〈愚人〉[1]——

1　覚知的無知

二千年前に或る哲学者がユーラシア大陸の東側で次のように言った。

知って知らざるは上なり、知らずして知るは病《へい》なり。夫れ唯だ病を病とす、是をもって病あらず。聖人は病あらず、その病を病とするをもって、是をもって病あらず[2]。

（『老子』七一章）

ユーラシア大陸の西側に一五世紀に生きた思想家ニコラウス・クザーヌスの〈docta ignorantia〉「覚知的無知」の思想をわれわれに想い起こさせるこの言葉を語ったのは、ソクラテスではなく、老子という名の紀元前四—五世紀に生きた人である。

儒学が形成されたのとほぼ同じ時代に、この老子は儒学を、彼に特徴的な否定的思考をもって激しくかつ根本的に批判した。よく知られているように、老子の思想は儒学と並んで東アジアの伝統的な思想全体に大きな影響を与えてきており、老子なくしては、例えば禅仏教と浄土仏教の成立は考えられなかったであろうと言われているほどである。われわれは、このような老子とクザーヌスとの間に横たわる地理的懸隔のみならず、時間的なそれもわきまえつつ、副題に掲げた二つの点を中心にしてこの両者の思想を比較検討することで、両者の思想の間に深い共通性と興味深い相違があることを見出そうと試みる。

では、老子とはどんな人物であるのか。また老子に帰せられる『道徳経』という（日本では一般に単に『老子』とされる）著作はいかなる意義を有するものであろうか。W.Y.Tonn(3)も述べているように、老子についてはたくさんの文献が存在するが、この偉大な思想家自身について、および彼の実際の生涯については僅かしか知られていない。最も信頼に値するのは、司馬遷の『史記』の以下のような一節である。

> 老子は楚の県万郷曲仁里《けんらいきょうきょくじんり》の人なり。名は耳《じ》、字《あざな》は聃《たん》、姓は李氏、周の守蔵室の史なり。……老子道徳を脩め、その学自ら隠れて名を求めざるを以て務めとなす、周に居るこれ久しくして周の衰えたるを見、すなわち遂にさりて関に至る。関の令尹喜《いんき》曰く、「子まさに隠れんとす、強いて我がために書を著せ」と。是において老子すなわち書上下篇を著し、道徳の意をいうこと五千餘言にして去り、その終わる所を知るなし(4)。

しかしながら、紀元前二〇〇年頃には既にこの著作全体が老子『道徳経』として伝えられていたことが、一九七三年に馬王堆《まおいたい》古墳の発掘の際に見出された二つの若干異なったこの著作の写本の存在から明らかになった。この古墳の主が司馬遷の約一〇〇年前に生きていたことを考量すると、武内義雄、福永光司とともに、老子とは、すでに述べたように、紀元前四―五世紀に生存していた人物であると推測するのが妥当であろう。

2 〈知恵〉と〈学〉

さて、クザーヌスの「覚知的無知」の思想を老子のそれと結合するものは、根源的真理あるいは存在そのものとしての〈道〉である。『老子』一章において老子は次のように記している。

> 道の道とすべきは常の道にあらず、名の名とすべきは常の名にあらず、名無し、大地の始めには、名有り、万物の母には。故に常に無欲にしてもってその妙を観、常に有欲にしてもってその徼《きょう》を観る。この両者は、同じく出でて名を異にし、同じくこれを玄《げん》という。玄のまた玄、衆妙の門。(5)

この引用からも明らかなように、永遠の〈道〉は言表もされえず名づけられることもない。つまり概念的には認識されえないものである。したがって、それは超越的である。しかし、同時に内在的でもある。なぜなら、「道」という漢字は道を意味すると同時に「言う」とか「話す」という意味をも有しているからである。(6) それゆえに、〈道〉はわれわれに何らかの仕方で語りかけるものでもある。したがって、この〈道〉はヨーロッパにおいて、ときには「ロゴス logos」と翻訳された。(7) では、内在的〈道〉とはどのように理解されうるものなのだろうか。これは大きな問題であるが、後に改めて考察することにしたい。

老子はこの〈道〉の超越かつ内在について、かなり無骨で野生的かつ逆説的な表現を用いて繰り返し説いている。

之を視れども見えず、名づけて夷《い》という。之を聴けども聞こえず、名づけて希《き》という。之を摶《う》てども得ず、名づけて微《び》という。この三者は致詰すべからず。故に混《こん》じて一となす。その上はあきらかならず、その下は昧《くら》からず、縄縄《じょうじょう》として名づくべからず、無物《むぶつ》に復帰す。これを無状《むじょう》の状、無物の象《しょう》という。これを恍惚という。これを迎えてその首《こうべ》を見ず、これに随《したが》いてその後《しりえ》を見ず。古《いにしえ》の道を執りて以て今の有を御《おさ》む。よく古始《こし》を知る、これを道紀《どうき》という[8]。

（『老子』一四章）

これまでの二つの老子の引用は、われわれにクザーヌスの次のような一節を想起させる。「まず第一に知るべきことは、神〔つまり永遠な sapientia〈知恵〉〕は理性によっても表象力によっても感覚によっても把握されることはないということである[9]」。

さらに多くの老子との共通点を、クザーヌスに見出すことができる。例えば、『無学者考――知恵について』*Idiota de sapientia*（以下『知恵について』）第一巻では、「〈知恵〉は街に呼ばわる、そしてそれは、〈知恵〉そのものがいと高きところにいますという叫びなり[10]」。さらに同じ書物の他の箇所では、「〈知恵〉はあらゆる〈学問[11]〉scientia よりも高いものであり、だから知られえない[12]」。また同じ書物の別の箇所では、「最高の〈知恵〉とは、到達されえないものが、これまで述べられた類似において到達されえない仕方で到達されるということを知ることである[13]」。以上のような共通性から、われわれは老子の〈道〉を、クザーヌスにおける sapientia〈知恵〉と類比的に捉えることができると考える。そこで以下では、この前提で比較考察を進めたい。

ところで、クザーヌスにおける〈知恵〉という概念は、当然のことながらキリスト教の伝統に従って用いられており、それゆえに、一方において、いわば神および神の言葉（御言）と同一である〈永遠な知恵〉を意味するとともに、他方において「この〈永遠な知恵〉としての神によって創造された万物に対して、神的な知恵が反映したものとしての〈知恵〉[14]」をも意味するのである。つまり、前者が神的で超越的な〈知恵〉であるのに対して、後者は「この世界」的で内在的〈知恵〉である。それゆえに、クザーヌスは次のように記しているのである。「誰でもこの〈知恵〉の力が展開するなかで、その力そのものは言表不可能であり、かつ無限なものであることを経験するのである[15]」。

しかしながら、クザーヌスの〈知恵〉概念がこのような二義性を有しているということは、単に伝統に従っているというばかりではなくて、クザーヌス自身の思弁上の経験の結果でもあるように思われる。現に彼が『観想の頂点について』*De apiece theoriae* において述べているところによれば、精神は自己の「能力 posse」の一定の経験において、自己が永遠なる〈知恵〉と同一な「能力そのもの posse ipsum」の顕現であると知るものなのである[16]。そして、このことは、彼がその著作『神を観ることについて』*De visione dei* において、Visio dei という概念の二重性によって、つまり「神が（万物を）観ること」と「神を（われわれが）観ること」との二重性によって表現しようとしていることと相応しているであろう[17]。

しかし老子には、このような〈知恵〉概念の二重構造は存在しない。〈道〉の内在性は何らか不可知なものとしてとどまっている。どのようにして人間が〈道〉を自己のものとすることができるのか、について老子が語ることはほとんどない。しかし、人間がそれに成功した状態については彼も語ることがあり、それを彼は「玄徳《げんとく》」と名づけるのであるが、この「玄徳」は〈道〉の顕現によく似て、やはり不可知なもの、暗い（玄い）ものである。なぜならば、五一章で言われているように、またわれわれが後に見るように、人間は「玄同」（〈道〉との深い、暗い一致）によってのみ「玄徳」に到達しうるとされるのである[18]。

他方、クザーヌスにおける〈知恵〉もまた、人がそれに到達するためには、語ることによってではなく、それを内的に経験しなければならないとされている。「永遠な〈知恵〉を探求している人にとっては、それについて書かれたことを読んで知ることでは充分ではないのであり、知性の助けによってそれが存在するところを知った上で、それを自己のものとしなければならない[19]」。

「では、どのようにしてそれを自己のものとするのか」という方法論については後に立ち入って考察することにして、今はまず老子における〈知恵〉と〈知識〉との関係を、すなわち彼自身の用語における〈道〉と〈学〉との関係を考察することにしよう。『老子』四八章で次のように言っている。

学を為せば日に益《ま》し、道を為せば日に損《そん》す。これを損しまた損して、もって無為に至る。無為にして為さざる無し[20]。

この「学をなせば日に益し」という一節が、当時の中国で支配的であって、その知識と博学を誇っていた儒学者に対する批判であることは、多くの専門家の解釈が一致している[21]。現に儒学の祖である孔子は、次のように説いているからである。

子曰く、由よ、汝に知ることを誨《おし》えんか。知れることを知るとなし、知らざることを知らずとせよ、これ知るなり。

（『論語』第二章「為政篇」第一七）

つまり、孔子およびその後継者たちの学についての理解によれば、無知と知とは論理的に区別できるものであるとされているのであるが、老子にとっては、そのような区別は不可能なのである。

この両者の関係は、クザーヌスの論敵であり、ハイデルベルク大学の教授であったヨハンネス・ヴェンクとクザーヌスとの関係をわれわれに想起させる。すなわち、ヴェンクはその著書『無知な学識』*Ignota literatura* において、スコラ学の伝統的立場に基づきつつクザーヌスの〈覚知的無知〉の思想を激しく批判した。その際に彼は、クザーヌスがこの思想によって学問を破壊していると繰り返し強調しているのである。[22] これに対してクザーヌスは、彼の著書『覚知的無知の弁護』*Apologia doctae ignorantiae* において次のように反論している。

> 或る人が神学研究に没頭していて、一定の伝統とその形式に関わりをもって、ようやく自分が模範としている他の人のように語ることができるようになると、そういう人のほとんど全てが、自分のことを神学者とみなす。しかし彼らは、一切の暗さがその中には存在しないあの到達不可能な光について、自分が無知であることは知らないのである。[23]

すでに見たように、老子によれば「道を為す」ことができるのであるから、われわれは〈道〉を自己のものとできるのであり、またそうしなければならないのである。しかし、学によってそれをなすことは不可能であり、したがって儒学によって推奨されている四つの徳、つまり仁、義、礼、楽は、〈道〉を自己のものとするには何の役にも立たないのである。なぜなら、儒学においていわば〈知恵〉と同一視されている徳が、老子にとっては真の徳ではなく、一つの〈学問〉あるいはせいぜい知識でしかないのである。老子は次のように言っている。「前識は、道の華にして愚の始めなり[24]」。

知識の集積としての〈学〉に対する老子の批判的態度は、クザーヌスの〈無学者〉idiota が弁論家 Orator に対して示すそれと共通している。特に鮮明なそれは『無学者考——知恵について』の次の箇所に見出される。

> 〈弁論家〉　書物を研究しなくとも、時には多くのことを知ることができるかもしれないが、難しくて意味のある

ものはぜったいに不可能である。なぜなら学問というものは蓄積によって成長するものであるのだから。〔無学者〕それこそが私が言ったことです。つまりあなたは権威に引きずられ欺かれているのです。あなたの信じている言葉も誰かが書いたものなのです。しかし私はあなたに言いたいのです。〈知恵〉は街に呼ばわる、そしてそれは、〈知恵〉そのものがいと高きところにいますという叫びなり、と。[25]

このような批判がいっそう明確に現れているのは、「クザーヌスの遺書[26]」ともみなされることのある『ニコラウスへの書簡』の中の次の一節である。

彼〔人間〕は、不死を保証する神の栄光を観ることに学問の進歩によって到達することを望んだのであるが、逆に自分が出てきた死と灰へと戻ってしまったのである。……あらゆるアダムの子たちが、自分は知解できると、また自分は学問をもっていると思い込んでいるのであるが、それは高慢で増長したものにすぎない。しかし彼らは、それを根拠として、自分を博士であり学者であるとして誇っているのである。[27]

つまり、『知恵について』で以下のように述べている通りなのである。「それによって自分が他の人に優れているとあなたが思っているこの世界の学問は、神のもとでは愚かさに過ぎず、そのゆえにこそそれはうぬぼれるのである。しかしながら真なる学問〔つまり〈知恵〉〕は、人を謙遜にするものなのである[28]」。

それでは、なぜこれほどに学問はこの世界において力を有するのだろうか。その理由についてクザーヌスは、学問が人間特有の能力である言語にその根拠を置いており、また人間に典型的な思考能力としての理性 ratio を根拠として成立しているからであるとした上で、さらに次のように言う。

語の意味の中に自らの固い根拠を置いているものとしての学問は、人間の本性に適ったものであるかのようにして、人間にとってもっともお気に入りのものとなる。しかしながら、この神の〈知恵〉を狩りする者は、人間による根本的命名に従って成立している人間の言葉を、神については否定しなければならないのである。例えば、すべての生命あるものに拡がっている生命［という語］が、すべての命の原因である神に到達することはないように、それと同様なことが、すべての言葉にもあてはまるのである。[29]

この、人間の言葉にまつわる洞察は、老子の主張とも一致している。老子は、すでに引用したように、「名の名とすべきは常の名にあらず。名無し、天地の始めには、名有り、万物の母には」（『老子』一章）というのである。そもそも〈道〉には名前はない。ところがわれわれは、この世界のものに名前をつけねばならない。そのことによって〈道〉にも必然的に名前が与えられてしまうのである。ところがそうすることで、不可避的に〈道〉が学の次元に引き下ろされてしまうことになる。老子は「名」について四四章で以下のように言っている。

名と身といずれか親しき、身と貨といずれかまされる、得と亡といずれかうれいある。この故に甚だ愛すれば必ず大いに費え、多く蔵すれば必ず厚くうしなう。足るを知れば辱められず、止まるを知ればあやうからず。以て長久なるべし。[30]

さらに留意すべきなのは、「名」は中国語において「名声」をも意味するということである。諸物、諸現象を名づけて区別すること、および知識の集積に価値を置く儒学は、同時にそれをもって自身が高い名声を得ることにも価値を置いている。この儒学のあり方に対して老子は、今引用した章で批判を加えているのである。[31] 儒学も理想的君主が統治するべきことを説いて、当時の中国社会のあり方を批判していたのではあるが、その批判は老子からみれば充分な深さをもつものではなく、いわば、クザーヌスにおける〈学問〉scientia の地平における批判にとどまっていた。それゆえに老子は、〈知恵〉の地平に立って思索する者として、単に当時の社会を批判するだけではなく、儒学をも批判の対象としたのである。

この老子と儒学との関係は、再び〈知恵〉をめぐるクザーヌスとヴェンクとの関係と比較しうるであろう。すなわち、ヴェンクは、人間が何性[32] quidditas の真理を把握しうると主張するのに対して、クザーヌスはそれが不可能であると主張する。つまり、前者が〈学問〉の地平において〈知恵〉を考えているのに対して、後者は〈知恵〉の地平において〈知恵〉を考えているのである。[33]

このクザーヌスと類比的に、老子はもはや世俗世界の地平に立っているのではなく、身はそこにありつつも精神的視覚はそれを超越したものとなっている、と言えよう。老子は言っている（四五章）。

大成はかけたるがごとく、その用、やぶれず。大盈《たいえい》はむなしきがごとく、その用、窮《きわ》まらず。大直《たいちょく》は屈するがごとく、大功《たいこう》は拙《せつ》なるがごとく、大弁《たいべん》は訥《とつ》なるがごとし。躁《そう》は寒《かん》に勝ち、静は熱に勝つ。清静にして天下の正《せい》となる。[34]

また言う。「正言は反するがごとし」[35]（七八章）。さらに次のようにも言う（六七章）。

天下皆ないう、我が道は大にして不肖《ふしょう》に似たり、と。夫れ唯だ大、故に不肖に似たり。もし肖ならば、久しいかな、その細たることや。[36]

このような逆説的な表現を重ねながら、老子は〈道〉の超越性を強調しているのである。これと同様なことをクザーヌスも、以下のように言っている。

（弁論家）君は、奇妙で驚くべきことを言うものだ。

（俗人）これこそが、隠されていることは誰にでも言っていいわけではないという理由です。なぜなら、それが啓示されると、人々には奇妙なことのように思われるからです。[37]

まさにこの世界においてこのような方法でこの世界的なものを超越すること、これが老子およびクザーヌスに共通する目的なのである。

3 〈無学者〉のモティーフ

クザーヌスにおいて、〈覚知的無知〉のいわば具象化された人物像として存在する〈無学者〉idiota のモティーフが、興味深いことに『老子』においても、例えば二〇章に、次のようなパラドクスに満ちた表現で存在しているのを見出すことができる。

学を絶てば憂い無し。唯《い》と阿《あ》と、相い去ることいくばくぞ。善と悪と、相い去ることいかん。人の畏《おそ》るる所は、畏れざるべからず。荒《こう》としてそれ未《いま》だつきざるかな。衆人は熙熙《きき》として、大牢《たいろう》をうくるが如く、春、台《うてな》に登るが如し。我れ独り泊《はく》としてそれ未だ兆さず、嬰児の未だわらわざるが如し。るいるいとして帰する所無きがごとし。衆人は皆余り有りて我れ独りとぼしきがごとし。我れは愚人の心なるかな、沌沌《とんとん》たり。俗人は昭昭《しょうしょう》たるも、我れ独り昏昏《こんこん》たり。俗人は察察《さつさつ》たるも、我れ独り悶悶《もんもん》たり。澹《たん》としてそれ海のごとく、飂《りゅう》として止まる無きがごとし。衆人は皆もちうる有りて、我れ独り頑にして鄙《ひ》に似る。我れ独り人に異なりて食母を貴ぶ。(38)

最後の「食母を貴ぶ」の「食母」とは〈道〉のことである。学と関わりのないこの「我」、そして己が「愚人の心」をもっていること、及び「頑にして鄙《ひ》に似る」ことを知っているこの「我」が、独り〈道〉を味わっているというのである。それゆえにわれわれは、老子のこの章の思想がクザーヌスの〈無学者〉なる人物像と多くの共通性を有していると考えるのである。

そこでまず、クザーヌスにおける〈無学者〉のモティーフの特徴をおさえておきたい。

一、もし敬虔な〈無学者〉の準備が整っているならば、誰よりもまず彼が〈知恵〉をこの世界で直接に獲得できる、あるいは〈知恵〉が彼に直接に到来するのである。なぜならクザーヌスにおいて〈知恵〉は神からの贈り物なのだからである。(39)

二、知識に満たされた弁論家とは異なり、〈無学者〉つまり非専門家は、日々の生活ですでに幸福なるものとして賞賛されている。

三、第二の点と係わって、〈無学者〉は書物の知識に無縁であることが強調されている。

四、「docta ignorantia 覚知的無知」が「sacra ignorantia 聖なる無知」に転化する(40)のと類比的に、この〈無学者〉

は「聖なる〈無学者〉」と称されることになるだろう。なぜなら、対話の最初には弁論家が〈無学者〉を軽蔑していたのにもかかわらず、一連の対話の中で〈知恵〉の在り処とそのあり方とを〈無学者〉から教えられた彼は、最終的に〈無学者〉を「最善の〈無学者〉よ」と呼びかけるのだからである。[41]

五、〈知恵〉を獲得するのに決定的なものは、信仰であって、弁論家が執心している〈学問〉ではない。〈知恵〉を希求するための精神の dispositio（整いのよさ）は、何よりもまず、人を敬虔にする無知の〈知恵〉にこそ存在するのである。[42]

さらにクザーヌスは言う。「〈知恵〉は弁論術とか分厚い書物の中に存在しているのではなく、これらの感覚的なものから自己を引き離し、最も単純で無限な形相へと自己を向けることのうちにこそ存在するのである。さらに、その形相をあらゆる過ちが清められている神殿の中に受け取ることのうちに、そして燃え上がる愛によってそれへと固着することのうちに存在するのである」。[43]

つまりクザーヌスにとって〈知恵〉とは、感覚的世界から自らを引き離し、また無限なる神の形相へと向き直ることのうちに存在するのであり、またそれは清められていて愛で燃え上がる精神のうちにのみ受け容れられるものである、とされているのである。[44]これこそが、何故に、よりにもよって敬虔な〈無学者〉がすでにこの世界の街角で〈知恵〉を試食でき、[45]また「最善の〈無学者〉」と呼びかけられるのか、という疑問に対する答えである。

われわれは、上述の〈無学者〉における特徴の第一、第二、第三ついては、老子の「愚人」との間に共通性を容易に見出すことができるであろう。さらに、第四点についても、老子において「愚人」が「聖人」と称されていたこと、および後に見るように〈道〉を自己のものとした「愚人」が「天下の貴となる」[46]（五六章）とされていることを考察すれば、共通性を見出すことができるのである。

しかし信仰については、老子は何も記していない。たしかに彼はしばしば〈道〉を女性的なるものとして表現しているのではあるが、しかし〈道〉はキリスト教的な意味での人格的な神ではない。むしろ、「天地は不仁、万物をもって芻狗《すうく》となす。聖人は不仁、百姓《ひゃくせい》をもって芻狗と為す」(47)(五章)のである。

4　外界から内へ――〈知恵〉への憧憬

すでに明らかなように、老子の愚人とクザーヌスの〈無学者〉は多くの共通性を有しているが、しかし同時に一つの大きな相違をも有している。すなわち老子の「愚人」が有する孤独性である。この点について老子は、すでに引用した二〇章に加えて七〇章で次のように述べている。

我が言は、甚だ知り易く、甚だ行い易きに、天下、よく知るなく、よく行うなし。言に宗《そう》有り、事に君有り。それただ知ること無し、ここを以て我れを知らず。我れを知る者希《まれ》にして、我れに則る者とぼし。ここを以て聖人は、褐《かつ》を被て玉《ぎょく》を懐《いだ》く(48)。

だが、このように老子の愚人が孤独であるということは、後に明らかになるように決して偶然的なことではなく、むしろ必然的なことである。〈道〉を自己のものとしている愚人は、いわば絶対者の面前に一人で立っているのであり、この意味において彼の孤独性は、旧約聖書における預言者イザヤが深い孤独を感じたのと同様に、一種預言者的であるのだ(49)。

この点において、クザーヌスの〈無学者〉は老子の〈愚人〉とは異なっている。たしかに〈無学者〉も「永遠の神殿」の近くの或る家の地下の一室にひきこもって住まっているのであるが、同時に彼は木さじ作りの職人として社会の中でよろこんで働いているのであり、そればかりか、弁論家や哲学者とともに〈知恵〉について議論するべく交友関係を結んでいるのである。[50]すなわち、この〈無学者〉はすでに孤独性を克服しているのである。この孤独性の克服という点について強調するために、クザーヌス自身が設定している具体的な描写がある。弁論家や哲学者が自分とともに〈知恵〉の探求に対して充分に敬虔になっていることが明らかになったときに、この〈無学者〉は彼らとともに一つの共同体を形成するのである——つまり、互いに「兄弟」と呼びあい、[51]また、彼らは三つの腰掛けに三角形になるように座るのである。[52]『無学者考——精神について』*Idiota de mente* の冒頭にいささか唐突に描写されているこの「三角形」は、キリスト教的共同体のシンボルとして描かれているのに違いないからである。

では、老子とクザーヌスとのこの相違はどこに由来するのだろうか。この問いに答えるためには、それに先立っていま一度〈知恵〉の問題に帰らねばならない。そもそも人はいかにして〈知恵〉を自己のものとなしうるのだろうか。クザーヌスにおいても老子においても、それは、当然のことながら学としての学によってではない。これに関してクザーヌスは言っている。「知性の運動によって〈知恵〉を探求する者は、内的に捉えられて自己を忘れさり、肉体の中にあって肉体の外にあるかのようにして、予め味わわれた甘美さへと奪い上げられるのである」[53]。つまり、「最高の知性によってあらゆる反対対立を超えて自己を引き上げる者のみが、この最も真なるものを観ることになるのである」[54]。

老子もまた同様なことを説いている（五六章）。

知る者は言わず、言う者は知らず。そのあなを塞《ふさ》ぎ、その門を閉ざし、その鋭《えい》を挫《くじ》き、その紛《ふん》を解き、その光を和らげ、その塵《よご》れを同じくす。これを玄同《げんどう》という。故に得て親しむべからず、得て疎《うと》んずべからず、得て利すべ

からず、得て害すべからず、得て貴ぶべからず、得て賤しむべからず。故に天下の貴となる。(55)

さらに四七章において、次のように言う。

戸を出でずして、天下を知り、牖《よう》を窺《うかが》わずして、天道を見る。その出ずることいよいよ遠くして、その知ることいよいよ少なし。ここを以て聖人は、行かずして知り、見ずして名づけ、為さずして成す。(56)

老子はここで、儒学がなすような、より多くの知識を外に集めようとする学問、ならびに弟子を引き連れて諸国を旅してまわった孔子を批判しつつ、彼にとっての真理である〈道〉は自己の内にこそ見出しうるのだ、と主張しているのである。つまり老子の〈道〉とは、主体的・体験的直観として到達されうるものである。(57)

ここからわれわれは、クザーヌスの著作『神学綱要』*Compendium* における知性の「予備的味わい praegustatio」との平行関係に容易に気づくことができる。

そこでクザーヌスは、例えば次のように説いているのである。以下に少し長く引用する。

感覚と知性をもつ完全な動物〔人間〕は、五つの感覚という五つの門をもつ都市を所有する地理学者とみなされるべきである。これらの門を通って使者たちが全世界から入ってきて、世界の全ての状態を報告する。……地理学者は座るであろう。そして、報告されることを全て書き記すであろうが、それは彼が、可感的世界全体の記録を自己の都市のなかに秩序づけられたものとして所有するためである。……地理学者が自分の都市で可感的世界全体を全て秩序づけ終えると、それを失うことのないようによく秩序づけ、比例的に正しく測定された地図に記入し、その地図に向かう。そして、使者たちを次の機会のために帰して門を閉じ、世界の建設者に内的視線を向ける。……そして地理学者は、精神的視線のいかなる鋭さをもってしても近寄りえない永遠な光が、それら〔感覚的な〈しるし〉ならびに単純な形相的〈しるし〉〕において輝いている事情を、極めて注意深く認識した上で、さらに以下のことを理解することになる。すなわち、把握されえない者〔神〕は、存在が把握されえない仕方でのみ観られうること、把握されうるいかなる方法によっても把握されえない者である彼は、現に存在する万物の存在の形相であること、さらにこの形相は、現に存在する万物のなかに把握されえないものとして止まりつつ、知性的なもろもろの〈しるし〉のなかで〈光が闇のなかで光る〉ように光っているが、知性的〈しるし〉によっては決して把握されえないことを。(58)

クザーヌスのこの地理学者 cosmographus とは、もちろん知的能力を神から賦与された人間のことであるが、彼は神の被造物としての世界についての情報を収集し整理した上で、それを「味わう sapere」ことで、その世界の創造者である神を希求する駆動力を得ているわけである。

老子もまたクザーヌスとともに、〈道〉は内にこそ見出されると言っている。しかし両者の間には次の点で相違が存在する。すなわちクザーヌスは、自身が〈知恵〉へと導かれる際に外界の果たす役割を認めているのに対して、老子は内的な自己経験にだけしか価値を認めていないのである。言い換えれば、クザーヌスにおいては、外界から内界へと通じる〈知恵〉探求の一筋の〈道〉が存在するのに対して、老子にはそれが存在しないのである——たしかに彼もまた、外界とりわけ社会の現実については、次に引用するように大きな関心と洞察をもっているのにもかかわらず、である。

五色は人の目をして盲いしむ。五音は人の耳をして聾《みみつぶ》れしむ。五味は人の口をしてそこなわしむ。馳騁田猟《ちていでんりょう》は人の心をして発狂せしむ。得難きの貨は人の行いをして妨げしむ。ここを以て聖人は、腹の為にし、目の為にせず。故に彼《あ》れをすててこれをとる。[59]　（一二章）

つまり老子の場合は、或る意味において人間社会のあり方に人一倍精通しているにもかかわらず、まさにこの精通がむしろ、外界との関係を断絶すべしという要求になるのである――なぜなら、この世界は混乱しており、それによって人間そのものも混乱させられて、その結果、求めるべき〈道〉から遠ざかることになるからである。

これに対してクザーヌスでは、外界への注目[60]と内界への注目[61]との間に或る調和が成立しており、さらに外界は〈知恵〉の探求においてそのための補助手段としての役割を果たすのである[62]。

すでにみたように、たしかに老子も、クザーヌスと同様に感覚的経験の門を閉ざすべしと説くのだが、老子においてはその門を閉ざすことに対する前段階が存在しない。すなわち、クザーヌスの宇宙誌家がなしているような、外界の情報についての蓄積とそれについての考察が存在しないのである。

この相違に関して注目すべきことには、クザーヌスは、神探求においてにせよ自然探求においてにせよ、それによってわれわれが〈知恵〉へと導かれうる驚異（驚かされ）を強く感じているのに対して[63]、老子にはそのような驚異が存在しない。むしろ彼にあっては、上で引用した一二章が示しているように、目に対する世界の鮮やかさ、あざとさに囚われてはならない、と説き勧められているのである。つまり、ストア派的アパテイア（無感動）が説かれていると言えるだろう。すでに引用した五六章の聖人のあり方もこれを示すものに他ならない。

さらに同時にこの相違は、〈知恵〉と〈学問〉との関係における老子とクザーヌスとの相違にも影響しているのである。われわれはすでに、〈知恵〉が〈学問〉によって到達されうるものではないと考える、老子とクザーヌスとの共通性について述べた。しかしクザーヌスにおいては、このことが直ちに、〈学問〉が〈知恵〉にまったく関係がないということを意味するわけではない。むしろ彼は次のように言っているのである。

> 永遠で無限な〈知恵〉は万物に反映しているので、それはその結果についていくらかの予備的味わい〔をわれわれに味わわせること〕praegustatio によってわれわれを引きつけて、驚くべき希求においてわれわれがそれ〔永遠で無限な〈知恵〉〕へと急ぐようにしむける。[64]

つまり〈知恵〉は、単に世界内にのみならず、われわれの精神的活動にも展開されているのである。この、〈知恵〉が自身の内にも外なる世界全体にも展開しているというクザーヌスの思想は大きな意味をもっている。なぜなら、この事態を逆に見るならば、世界のいかなるものも何らかの仕方で〈知恵〉を分有していることになるからである。[65]それゆえにこそ、世界そのものについて虚心坦懐であって、その中で実直に生きている〈無学者〉が、〈知恵〉の探求において導きの役割を果たしうることになるのである。つまり至高の〈知恵〉の探求においては、〈無学者〉であるか専門家であるか、哲学者であるか弁論家であるかということは問題とならない。しかし同時に、〈学問〉も補助手段として一定の役割は果たしうるのである。

しかしわれわれは、ここで少し注意深くなければならない。すなわち、たしかに〈学問〉は〈知恵〉の探求者にとって、〈知恵〉へと到達するべく自己の魂の「整いの良さ dispositio cordis」を準備するために役立つ手段であるとしても、しかし〈学問〉は〈知恵〉の部分であるわけではない。なぜなら、前者は後者を分有しているにすぎないからである。それゆえに学問的知識からは〈知恵〉は構成されえないのである。

このような条件の下で、クザーヌスにおける〈学問〉の〈知恵〉との関係は成立しているのである。さらには、まさに以上のようなパースペクティヴの中で、先に留保しておいた方法論的問い、すなわちいかにしてわれわれは〈知恵〉について「〈学問〉的に scientialiter」語りうるのか、という問いに対する答えを見出すことができるのである。つまりクザーヌスのそれと同じ条件を前提にするならば、われわれもまた〈知恵〉について〈学問〉的に議論できるはずなのである。(66)

これに対して老子では、〈道〉の超越性があまりにも決定的に強調されているので、〈道〉は外界とほとんど関わりを有することがなく、また外界から〈道〉へと至る道も見出されえないのである。それではいったいいかなる仕方で〈道〉は内在的であるのだろうか。すでに『老子』一章で述べられていたように、たしかに〈道〉は内在的でなければならない。さもなければ、〈道〉について語られることもなければ、そもそも〈道〉が存在することさえも語られえないのだから。彼は五二章で言う。

既にその母を得て、復《ま》た其の子を知る。既に其の子を知り、復たその母を守る。身を没するまで殆《あや》うからず。(67)

〈道〉の内在を説いていると解釈されるこの一節でも、まず「母」という〈道〉を得るべし、という順序が存在する。つまり〈道〉はただ〈道〉の体験的直観に対して準備できている人の内でのみ語るのである。したがって老子においては、〈道〉が外界を通してわれわれに語りかけるという可能性は必要ないことになる。それゆえに、〈道〉の探求においては、この世界の価値はむしろ否定されねばならないのである。

このようにして、老子の〈無学者〉である〈愚人〉は、当然のこととして社会において他者と交友関係を結ぶ必要性がないし、またそれを結ぶこともできず、彼らとともに共同体を形成することもないのである。ここにおいてわれわれは、先に留保した老子の〈無学者〉たる〈愚人〉の孤独性に関するもう一つの問いに対する答えをも、ようやく手に入れることができる。すなわち、〈知恵〉としての〈道〉がかくも超越的である限り、それは人間の相互理解に対する一種の否定としてこの世界に現れるのであり、それゆえに、〈知恵〉を希求している老子の〈無学者〉は、必然的に社会の中で「衆人」と「俗人」から離れて孤独の状態にとどまらねばならないのである。

しかしながら、もし彼の求める〈知恵〉が世界に明らかに内在的でもあるのならば、彼は必ずしも孤独である必要はないはずであるが、老子においては、〈知恵〉が超越的であると同時に内在的であるという思想が、必ずしも明らかではないのである。

この事態を別の視点からみるならば、クザーヌスにおいては〈学問〉が〈知恵〉に対していわば相補的な関係に立っているのである。たしかに人間は〈知恵〉を神からの賜物としてのみ手に入れることができるのではあろう――クザーヌスが一四三八年にギリシアからの帰途の船上で、「覚知的無知 docta ignorantia」の照明を経験したように[68]。それにもかかわらず人間は、時間的存在として存在するものである限り、他の人間にその〈知恵〉を時間的に説明しなければならない、あるいは展開 explicare しなければならないのである。この任務を、〈学問〉つまり学問的営みとしての「知ること scire」の総体がなしうるであろう――、しかしながら断片的知識がなしうるというのではない。

実はさらに、このような〈学問〉の限界についての深い認識と〈学問〉の無力さそのものとが、〈知恵〉への憧憬を生み出すのである。われわれはこの事態を、すでに言及したクザーヌスにおける驚きに、とりわけ『無学者考――知恵について』*Idiota de sapientia* の第二巻の始めに描写されている弁論家の驚きに見出すことができる[69]。

周知のように、アリストテレスは『形而上学』において、「このような疑念をいだき驚異を感じる者は自分を無知な者だと考える。……まさにただその無知から脱却せんがために〈知恵〉を愛求したのである。……」と言っている[70]。それゆえに〈学問〉は〈知恵〉に根本的に結合されねばならないのであり、これをこそクザーヌスは試みているのである。彼は例えば、『もろもろの光の父の贈り物について』*De dato patris luminum* において次のように説いている。

「さまざまな経験豊かな農夫たちが、耕地をうまく耕作するための学問の光を互いに示しあう。これらの光のなかを〔貧しい〕農夫は信仰をもって巡礼し、その結果として感覚的生の実りを得るのである」。(71)

　他方、老子では、むしろ〈道〉の説明不可能性が際立っている。クザーヌスの〈知恵〉についての説明と比較しつつ、老子の〈道〉についての説明を思い起こしてみよう。〈道〉は、或る場合には「玄のまた玄」（一章）として、また他の場合には「夷《い》、希《き》、微《び》」（一四章）として説明された。さらに三五章では、「道の口に出ずるは、淡乎として其れ味無し」とされている。これに対してクザーヌスの〈知恵〉sapientia は最も味のよいものである。なぜなら、sapientia は sapere「味わう」を語源とするのであって、それゆえにそれは sapidissima「最も美味」なものである、と彼は強調しているのだからである。(72)

　絶対者・〈道〉が言語という相対的な表現形式によって示される限り、それが否定神学的な意味で「夷、希、微」であることは当然のことである。しかしこのことは単に表現形式にのみかかわっているのではなく、老子自身の意図にかかわってのことである。一章の「玄」という語は本来「黒」とか「暗い」という意味である。しかしこの「黒」は単なる黒ではなくて、すべての色を包含した黒であるという。(73)ちょうどすべての色がパレットの上で混合されると最終的には黒になる、そのような黒と考えてよいであろう。そして、この意味において〈道〉が「玄」とされることは充分にふさわしい。なぜなら〈道〉は、すでに第2節冒頭の引用で見たように、万物がそれを通って出てくる門であるとされているのであるから。

　このことは、特に「色《しき》」という中国語「色 se」の意味に注意すればいっそうわかりやすくなる。この「色」は中国の思想伝統においては単に「いろ」を意味するばかりではなく、色《いろ》を有する万物、つまり「存在者一般」を意味するのである。このような、この語の有する意味的背景において老子は、一方において後の中国仏教とともに色《しき》の価値を排除し（「色即是空」）、他方において〈道〉の「玄《くろ》」であることを強調しているのである。(74)

かくして、老子の〈道〉についての「説明」は、文字通りに〈道〉を説き、明らかにすることではなくて、むしろ〈道〉がいかに暗くて黒いものであるかについての説明である。つまり、いかに〈道〉の説明不可能性が大きいものであるかについての説明であり、結局、〈道〉は各自の主体的体験に応じて得られる直観によってのみ自己のものとされうるのだ、という説明であることになる。[75]

さらに興味深いことには、この「暗さ」を強調する〈道〉についての老子の説明は、クザーヌスの〈知恵〉についての説明とは対蹠的なものである。クザーヌスにおいて〈知恵〉は、「光」として説明されている。例えば、『〈知恵〉の狩猟について』*De venatione sapientiae* では、「私はこれから光の領野に入り、そこで与えられる光によって〈知恵〉という光を探求しよう[76]」とされているのである。

このことを老子の場合と類比的に解釈するならば、次のように言いうるであろう。すなわち、さまざまな色の光が互いに混合されるならば、最終的にはいわば「白い光」、つまり最も明るい光になるという事態と類比的であると。

そして、もしも老子の〈道〉の「玄《くら》さ」とクザーヌスの〈知恵〉の「光としての明るさ」との間の相違を、クザーヌス的な「反対対立の合致 coincidentia oppositorum」という思想で[77]、つまり絶対者の地平に揚げられたものとして考察するならば、この相違もまた消失してしまうはずである。

しかしながら、老子が〈道〉についてあのように象徴的に玄として説いたという営みと、クザーヌスが〈知恵〉についてこのように象徴的に光として説明したという営みとの間の相違は、依然として消失するわけではないことにわれわれは留意しておきたい。

終わりに　永遠にして無限なる〈知恵〉が万物に輝き出ずる

ニコラウス・クザーヌスは「覚知的無知 docta ignorantia」という〈知恵〉を或る瞬間に超時間的に味わった後に、その生涯にわたってこの体験を説明するべく努めた。この努力の典型的な表現は「sapidissima scientia 最も美味なる学」という語に見出しうる[78]。この表現をもって彼は、同胞たる他の人間を〈知恵〉への憧憬に導こうとし続けたのである。もしわれわれが、クザーヌスの〈無学者〉において〈知恵〉と〈学問〉との理想的な関係を見出すならば、老子とクザーヌスの、各々異なった生涯の有する意味もまたいっそう明らかに理解できるであろう。

つまり、二人はともに〈知恵〉について語ることを欲し、各自の「覚知的無知」の体験に基づいて[79]、それぞれの仕方で〈知恵〉を提示しようと努めた。もしも〈知恵〉をわがものとしている人が、〈学問〉についても、それをクザーヌスと同じように評価しつつ、それに携わるとするならば、彼はもはや孤独に生き続けることはありえないのである。

それゆえにクザーヌスは、その生涯をさまざまな改革の企てに捧げた。そのため彼は共同体において、或る時は友情に出会い、或る時は敵対を経験したが、それでもなお彼は共同体の外に出ることはなく、それの内にとどまり続け、改革の企てを展開し続けた[80]。その意味で彼は、老子とは対照的に、生涯の最期まで共同体に結ばれていたのである。このあり方はまさに、彼における〈知恵〉と〈学問〉との相補的な関係に相応しているのである。

これに対して老子は、周の国の滅びを予感したとき、その長年住んだ国から立ち去ったのであり、その出国の旅の際に、国境の司令官の懇願に応じて、初めてこの書物『老子』を著したのである。それればかりか後の中国では、特に紀元三―四世紀に、老子に影響された隠遁者がたくさん現れたことにも、われわれはここで注目しておきたい。つまり、それほどに老子の思想は、社会からの孤絶を勧めるものとして理解されたのである。

かくしてわれわれは、この考察を以下のようにまとめることができるであろう。ユーラシア大陸の東側と西側に約二千年の時の隔たりをもちながら生きた二人の思想家である老子とニコラウス・クザーヌスの二人が、ともに人間の理性を優先する学問的探求の限界を指摘しながら、絶対者としての〈知恵〉〈道〉の前に謙虚であるべきことを説いたのであるが、同時に、その〈知恵〉〈道〉の体得の仕方には違いがあり、それが老子の「愚人」とクザーヌスの〈無学者〉という各々の理想像の異なりとして表現されており、さらにこれが、この二人の思想家のそれぞれの生涯の終わり方にも象徴的に表されていたのである。つまり、ここにもまたそれぞれに分有された〈知恵〉が輝き出ているのであると。[81]

最後に、個人としての感慨を記すならば、これだけの時代的ならびに空間的懸隔の中に現れ出ている精神的共通性に接して、改めて人類の英知の偉大さに打たれる思いである。

第三章　西欧における「開かれた世界、開かれた書物」

1　ヨーロッパにおける「世界（自然）を書物とみなす」思考伝統

ヨーロッパには、世界（あるいは自然）を書物に喩える思考伝統が存在している。これは、旧約聖書・新約聖書、また古代末期のプロティノスから中世を経て、現代にまで続くものである。[1]

例えば、一八世紀にフランスで編集刊行された『百科全書』のダランベール（Jean Le Rond d'Alembert, 1717-83）執筆による序論にも以下のように用いられている。「この宇宙は、崇高な難解さをもつある種の書物にたとえられよう。それらの書物の著者たちは、読む人々の理解できる所まで、時々おりてきて、その読者がその書物のほとんど全部を理解していることを納得させようと試みるのである」[2]。さらに現代の例としては、「遺伝子解読」decode of genomesという表現が用いられていることに、これを見ることができる。なぜなら、遺伝子という微細な存在も情報の詰まった書物の一種として表象されているからこそ、このような表現がなされえているのであろうからである。

さて、一般に書物には、それの著者authorが想定される。この「著者」という語は、ラテン語ではauctorであるが、これは同時に「創立者・創始者」をも意味する。そして、この語はauctoritas「権威」へとつながる。

同時に留意すべきことは、古代ギリシアにおいては、一巻の書物というものは誰にでも読ませてよいものではないという認識が存在していたことである。それは、プラトンの『パイドロス』における以下のような叙述に典型的に示されている。ソクラテスが語る。

書かれた言葉もこれ〔絵画〕と同じだ。それがものを語っている様子は、あたかも実際に何ごとかを考えているかのように思えるかもしれない。だが、もし君がそこで言われている事柄について、何か教えてもらおうと思って質問すると、いつでもただひとつの同じ合図をするだけである。それに、言葉というものは、ひとたび書きものにされると、どんな言葉でも、それを理解する人々のところであろうと、ぜんぜん不適当な人々のところであろうとおかまいなしに、転々とめぐり歩く。そして、ぜひ話しかけなければならない人々にだけ話しかけ、そうでない人々には黙っているということができない。(3)

つまり書物は、本来が閉じられているべきであり、読むに価する者にだけ開かれてしかるべきものだと捉えられていたことになる。そもそも古代から中世初期までの書物の典型的形態は、文字の書かれたパピルス紙が巻かれた巻物scrollであった。これは、巻かれているという点において極めて「閉ざされた」形をもっていた。(4)

以上のような意味連関においては、もし世界が書物であるとみなされるならば、世界とは、「権威ある著者（神）によって完成された書物」ということになり、ほぼ自動的に「聖性を帯びたものとしての書物」とみなされ、書物であってもまずは「閉ざされた書物」と捉えられることになるわけである。

2　中世における〈閉ざされた書物〉

(1)　書物の外形的な〈閉ざされ〉

まず、中世の書物である写本は、古代以来の巻物としての scroll という一見して〈閉ざされ〉が強調されている形態から、すでに冊子本 codex というより「開かれた」形態のものに変化してはいたが、それでもなお外形的に〈閉ざされた〉ものであった。

つまり、読む資格がある（その本の内容を正しく理解できる）と判断される者だけが読者となりうるという、上述の読書に対する規制的枠組みに加えて、羊の皮をなめしてつくられる羊皮紙に写字生が一字一字を書きつけて作成される書物は貴重品であるという社会的理由から、大学や修道院の書庫には鍵が掛けられていた。その上、多くの書庫において、個々の写本の表紙に巻かれた帯金が施錠されていた。これらの鍵を開けることを許されるものだけがその書物を読むことができたのである。それればかりか、写本それ自体が、それを置く棚に鎖でつながれていることも多かったのである。[5]

このような状況から、中世においては書物というものがいかに〈閉ざされた〉ものであったかがわかるであろう。この比喩にまつわる以上のような基本構造を前提にして、以下、書物の〈開かれ〉と〈閉ざされ〉とが、世界そのもののそれに対していかなる影響を与えたのか、逆に世界像における〈開かれ〉と〈閉ざされ〉という変化が書物のあり方にいかなる影響を与えたのかを考察してみたい。

(2) 中世の著作態度における〈閉ざされ〉

中世の書物における〈閉ざされ〉は、外形的側面に限らなかった。それは著者の著作態度にもみてとることができる。すなわち、キリスト教中世において著された書物は、その多くが〈権威〉への註釈であって、まったくの一から自由に書き下ろされる著作活動というものは極めてまれであった。具体例を挙げれば、旧約聖書ならびに新約聖書の中の諸文書への註解、また当時はパウロの弟子とみなされていた擬ディオニュシウス・アレオパギータ（Ps. Dionysius Areopagita）の諸書への註解、さらに一二世紀以降にはイベリア半島でアラビア語文献からラテン語に翻訳されたアリストテレス（周知のように、トマス・アクィナスは彼のみを「philosophus 哲学者」と読んで権威として認めた）の諸著作への註解が、それらの典型であった。さらに大学という制度が成立した一三世紀以降は、一二世紀中葉に著されたペトルス・ロンバルドゥス[6]（Petrus Lombardus, 1100 頃 -60）の『命題集』*Sententiae in IV libris distinctae* を註解することが大学神学部で教える教授たちの任務となった。

さらに、これらの註解書の著作活動そのものはその著者自身の自発的なものではあるものの、そこに書きつけられる内容は、ローマ・カトリック教会のコントロールのもとに置かれていた。それゆえに、著作内容が教義から逸脱していると判断されると、教会から厳しい指弾を受けることとなった。これの典型的な史実として、一二七七年にラテン・アヴェロエス主義に由来する学説に対してパリ司教エティエンヌ・タンピエ（Étienne Tempier, ?-1279）によって発せられた禁令がある。

これまで述べてきたような書物についての状況には、キリスト教中世において成立していた、聖書を頂点とする書物というもののヒエラルキア（位階）を見出すこともできよう[7]。つまり聖書とは、いわば自らは他から参照されるが自己が他の書物を参照することのない特権的な書物であり、他の書物はいずれも聖書を参照することが義務づけられたというわけである。すなわち聖書が、自己を参照するようにと他の書物に強いるという構造が存在していたのである。アリストテレス哲学における「不動の動者」たる神に類比的な立場が、聖書に付与されていると見ることができるであろう。

中世の著作態度における〈閉ざされ〉は、著作内容が限定されていたということにとどまらない。著作方法も内容との関わりにおいて、当然、〈閉ざされた〉形へと洗練されていった。それの発端は、一二世紀の初頭にペトルス・アベラルドゥス（Petrus Abaelardus, 1079-1142）によって使用された「然りと否」sic et non の論法である。個々の神学的命題について、その命題を肯定する論述と否定する論述とを、聖書および教父の文書から並行的に挙げた上で、それらを吟味することによって、その解決を考察するというものである。この方法は周知のように、スコラ哲学の最高峰とされる一三世紀のトマス・アクィナスの『神学大全』*Summa theologiae* での論述の方法として典型的に使用されている[8]。

さらに、この註釈という方法は、後のルネサンス時代の著作家たちをもなお規定し続けている。この点は、一八世紀中葉の『百科全書』の序文においてダランベールも記している通りである[9]。中世とルネサンスとの違いは、註釈の対象とされた書物が、キリスト教の著作から古代ギリシア・ローマの著作に変わったという点だけである。つまり、著作と知的探求の方法という点では、中世とルネサンスとの間には本質的な変化があったわけではないとも言えるほどである。

そもそも、われわれ人間の知的探求が「学び」（まねること）なしには成立しないことは、この日本語にも表されている通りであり、その意味ではこの〈閉ざされ〉が批判されるべきことであるとだけ筆者は考えているわけではない。さらに、キリスト教の新約聖書そのものも、旧約聖書に対する註釈とみなすこともできるという指摘もある[10]。また興味深いことには、中世という時代に西欧からエルサレムおよびそれを含むパレスティナ地域を訪れた巡礼者の報告書の内容が、もっぱら旧約聖書と新約聖書における叙述をわが目で確認したという報告であり、その意味で旧約・新約聖書への註釈であったという。[11] この傾向は、一四世紀初頭に完成されたジャン・ド・ジョワンヴィル（Jean de Joinville, 1224-1317）の『聖王ルイ』にも一部当てはまるものである。[12]

(3) 中世の読書態度における〈閉ざされ〉

さらに中世では、修道院の僧房における読書を典型として、書物は一人で読むものであった。それは、聖ヒエロニムスや聖アウグスティヌスの読書像として中世の図像が示しているところである。[13]
また読書の目的が、近代以降に典型的であるような娯楽ではなく、特に僧房においては一種の修行としての学びであった。読書を通して、読む者の魂がその書物の著者――神にせよ人（典型的には教父等の権威）にせよ――と対話を深めるためであったことも、一人で読書することを常態とさせたであろう。つまり、読書に際しては、本の頁上に記された字面を追うことが重要なのではなくて、その文字に導かれて心がふさわしい深みへと踏み入っていけるような、心の構えが大切であったのだ。
以上のような、読書をめぐる中世の状況には、読書に際しての方法的規制という意味での〈閉ざされ〉が見てとれるであろう。
もう一点、近代以前の読書について見逃されやすいことがある。それは、知識人の間でさえも、中世後期までは黙読ではなく音読が中心であったということである。[14] 書物が声を出して読まれる限り、読み手が何を読んでいるかは、周りの者にわかりやすい。それゆえに、音読が当たり前の状況のもとで黙読をしていると、何か人に聞かれては困るような本を読んでいるのかと疑われやすかったという。つまり、音読するにせよ黙読するにせよ、この時代には、読書の内容が権威・権力からコントロールされやすかったのであり、ここにも読書における〈閉ざされ〉が現れているとみなすことができよう。

3 中世における〈閉ざされた世界〉(15)

(1) ヒエラルキアによって〈閉ざされた世界〉

先に見たように、聖書等の権威的書物が「神によって完成されたもの＝閉ざされた書物」とみなされつつ、註釈のヒエラルキアを形成していたことと並行的に、世界そのものも中世では「神によって秩序が与えられた完結したもの」、「聖性を帯びた世界」、つまり〈閉ざされた世界〉とみなされていた。具体例としては、一五世紀前半に著されたニコラウス・クザーヌスの『普遍的協和について』*De concordantia catholica* で示されたものがある。そこでは、神によって与えられた秩序 ordo によって全世界は協和 concordantia に満ちているのであり、またたとえ紛争が目立つとしても、必ずや協和が実現されるはずだ、という思想が説かれているのである（本書終章1(2)参照）。

(2) 中世自然学における〈閉ざされ〉

世界そのものが神によって与えられた秩序によって完結したものとして存在しているという理解と相即的に、中世における自然研究も、その目的は「(聖性を帯びたものとしての) 世界の秘密 secreta の解明」であるとされていた。近代以降の自然科学の研究目的が、自然法則という「真理」の発見であるのとは異なるのである。

また、そもそも自然に対する研究そのものが中世人の手によって行われることはほとんどなく、一二世紀以降でも絶えずアリストテレスの『自然学』の解釈とその適用にとどまっていた。[16] たしかに、一二世紀における「自然の発見」[17]によって、自然把握が従来の自然についての象徴的解釈から自然そのものの構造と機能の解明へと方向転換した[18]のではあるが、のちにガリレイが実行したような自然の量化にまでは至っていなかった。[19] つまり方法において、実験による検証という方向へとは開かれておらず、権威によって書かれた書物の内容と自己の思考とにだけ依拠しながら「秘密」を解明しようとしていたのである。

(3) 地政学的な閉塞感という〈閉ざされ〉

地政学的にも中世ヨーロッパ人は、西は大西洋によって、東と南はイスラーム教徒とタタール人という異教徒によって、さらに北は「凝結した海」[20]によって閉塞されているという感覚をもっていた。同時に、自分たち西欧人には、周りの民族と比較して人口が少ないという認識もあった。[21]

このような閉塞感は、その存在が未知な世界に囲まれているという事実によって生じるというよりも、その存在はわかっているのだが、その世界についての情報が入ってこないという状況において初めて生じるものである。さらには、(その存在がわかっていても)実際には行くこともできずに、ただ囲まれているだけの世界に隣接しているという認識がある場合には、それはいっそう強くなるであろう。そればかりか、十字軍の一時的な成功にもかかわらず、当時の軍事力においては、イスラーム勢力ならびに「タタール人」と自分たち西欧人との間に大きな差があることは歴然としていたので、自らの主導権で周囲の世界との交流を制御することもままならず、他方においては、教会の側からの度重なる十字軍の派遣要請にも迫られていた。このようなアンビヴァレンツな状況の中にヨーロッパは、とりわけ中世末期のヨーロッパは置かれていたのであり、それが閉塞感をいっそう強めたのである。[22]

4 〈開かれた世界〉の成立

(1) 〈広さにおける世界の開かれ〉＝大航海時代の幕開け

それまでの中世ヨーロッパ人の移動は、マルコ・ポーロに代表されるように、陸路によって東方に向かうか、海路では地中海内部から黒海まで、およびヨーロッパ大陸の沿岸をバルト海まで往復するだけに限られていた。しかし、竜骨をもつ大型船が開発されたことによって、地中海以外の外洋に向けて航海することが、西欧人にも可能となった。つまり、海路が開けたのである。これが一五世紀後半から始まる大航海時代の幕開けである。

これは、後の近代ヨーロッパを形成する上で極めて重要な役割を果たした。つまり、アフリカやアジア、また「新大陸」と称された南北アメリカ大陸の「発見」と征服によって、西ヨーロッパ諸国は、膨大な富と人的ならびに物的資源をほしいままにすることができるようになったからである。

この新たに展開した状況は、上述のような地政学的閉塞感にさいなまれてきたヨーロッパ人にとって、画期的な〈開け〉であったはずである。

(2) 一七世紀における〈開かれた世界〉の意識

よく知られているように、ガリレイ自身は、世界の創造者たる神の偉大さを自ら確証したいという意図のもとでその自然科学的な研究と実験とを展開したのであった。[23] しかし、彼の意図にもかかわらず、それによって皮肉にも、キリスト教的伝統による世界説明の体系は崩壊せざるをえなくなった。この伝統的世界説明の破れは、それまで想定されてきたような自己完結した世界の〈開かれ〉と捉えることができるだろう。このことを意味させるべく使用したわけではないであろうが、興味深いことにガリレイの文書の中に、〈開かれた書物としての世界[24]〉という比喩的な表現が実際に存在するのである。

このような自然学の研究の深化という意味において、ここには世界の探求における〈深さにおける開かれ〉を見出すことができるだろう。

しかし、これのみならずこの世紀には、世界がかつてなく〈開かれ〉つつあるという実感が存在したことも、デカルトの『方法序説』*Discours de la méthode* 冒頭の記述に読み取れる。[25] そこでは、デカルトが、自らの学んだイエズス会経営の王立学院の図書館であらゆる本を読みつくして勉強したこと、そこには最高水準の教授たちが集まっていたこと、そして、自らが西欧内ではあっても自由に旅行ができて、その結果として自己自身の新しくて確実な哲学の基盤を獲得したことが述べられていることは周知のとおりである。

(3)「世界という書物」を開くのに寄与した書物

このように「世界という書物」が西欧人によって開かれるに際しては、実際の書物が重要な役割を果たしたという事実も見逃すことができない。本書第Ⅱ部第一章で論及した通り、中世においても一三世紀以降、タタール人にキリスト教を宣教する目的で東方へ旅行をした宣教師の報告書の類が著されていた。例えば、モンテクルチスのリコルドゥスによる『道程[26]』、プラノ・カルピニのヨハンネスによる『モンゴル人誌[27]』、また逸名修道僧による『タタール人誌[28]』等が知られている。

特に重要な役割を果たしたのが、一三世紀に著されたマルコ・ポーロのいわゆる『東方見聞録』である。これは〈神の創造した〉ヨーロッパ以外の世界に存在する「驚異」を報じるものとして重視された。とりわけ、著者が聖職者ではなく俗人であるので、宣教師によるキリスト教的バイアスがかかっていない報告として、その意味では〈開かれた書物〉として重要視された。それを端的に示すのが、この書物には一五〇種を越えるほどの多数の写本が現存しているという事実である。当時の王侯たちもこの書物には注目し、その結果、この本の中に報告されている目ぼしい箇所について西欧の画家が想像で描いた彩色図が添えられた美しい写本が作成された。その一冊、一四一〇年にブルゴーニュの大公ジャン無畏公（Jean Sans Peur, 1371-1419）の依頼で作成された後、一四一三年に、彼の叔父であり、美しい写本の収集家でもあったジャン・ド・ベリー公（Jean de Berry, 1340-1416）に献呈された『世界の驚異』[29] *Le livre des merveilles du monde* が、特に有名なものとして現存している。

そして、よく知られているように、この『東方見聞録』はコロンブスの航海に際して情報源として利用された。この本は、一四八五年にアントワープでインキュナブラ（初期印刷本）として印刷刊行されたのだが、その一冊がコロンブスの蔵書に入っているのである。[30]

5 〈開かれた書物〉の成立

(1) アウグスティヌスと書物の聖性

中世末期以降、ヨーロッパ人にとって世界が〈開かれたもの〉とみなされるようになることと並行して、〈開かれた書物〉という表象も現れるようになった。[31]

そもそも古代から中世にかけて、書物は上述のように巻物として、本来が〈閉ざされた〉ものであり、聖性を帯びたものであった。それゆえに書物を開くことは、いわば神聖な櫃を開くことであり、その開きにともなってその内部から特別な力をもった言葉が立ち現れることを意味したはずである。このことを象徴的かつ典型的に表現しているのが、新約聖書『ヨハネの黙示録』に記されている「七つの封印で封じられ」た巻物である[32]。

これよりも一般的な場面は、アウグスティヌスが『告白』において記している、彼自身の回心につながる劇的体験であろう[33]。かつて犯した罪への悔恨に苦しみつつ沈んでいたアウグスティヌスの耳に、「取って読め、取って読め」と繰り返す子どもの声が隣の家から聞こえてきた。彼はその言葉の意味を考え、そしてそれを、「私が聖書を開いて最初に目にとまった章を読め」という神の命令に他ならないと解釈した。そこで彼は『使徒の書』(『ローマの信徒への手紙』)を手にとり、最初に目に触れた「酒宴と酩酊、淫乱と好色、争いとねたみを捨て、主イエス・キリストを身にまといなさい。欲望を満足させようとして、肉に心をもちいてはなりません[34]」という章を黙って読んだ。その一節を読み終わると、彼の心は平安の光ともいうべきものに満たされ、疑惑の闇は消えうせたという。

アウグスティヌスは、友人のアントニウスが同じような体験をしたことを聞いていたことにより上述の行動をとったのであるが、ここには彼らの時代に、開いた頁の言葉が自分に語りかけてくるという理解が共通の前提としてあったに違いない。さもなければ、彼らがこのような反応をすることはなかったであろう。つまり、開いた聖書から神の言葉が立ち現れて読むものに教えを垂れる、と理解されていたのである。

時代は下り一五世紀のことになるが、ベルギーのゲント Gent の祭壇画に描かれている「お告げ」の場面の中に開かれた書物が描かれていることも印象的である。これはヤン・ファン・エイク(Jan van Eyck, 1395 頃 -1441)によって描かれたものであるが、神の子イエス・キリストを身ごもったことを天使から伝えられたマリアが、戸惑いながら下を向くその視線の先に開かれた書物があり、その文字列の中に特に 'visio Dei' 「神の観」という語が特に赤字で記されているのである。マリアに神の子を生む覚悟をせよと命じるものであろう。

(2) 書物の「聖性」の弱化あるいは喪失

以上の例は、いずれも宗教的な場面、それも奇跡と称されうる場面において〈開かれた書物〉が重要な役割を果たしているのであるが、一七世紀のガリレオ・ガリレイの場合には明らかにそれらとは異なる。彼は以下のようにこの表象を用いている。

哲学をするためにはだれか高名な著者の意見に拠りかかる必要があるという固い信仰が、サルシのなかにほの見えるように思います。……しかし、サルシさん、そんなもんじゃありませんよ。哲学は、われわれの眼前にいつも開かれているこの壮大な書物――つまり宇宙です――のなかに記されているのです。けれども、そこに書いてある言葉を学び、文字を習得しておかなければ、理解することはできません。この書物は、数学の言葉と、三角形、円などの幾何学図形の文字で書かれています。この仲立ちがなければ、人間の力でこの書物の教えを理解することはできません。空しく迷宮の闇のなかをさまようばかりです。(35)

ここでガリレイは、この眼前の世界が神によって記された書物として、われわれに対して常に開かれてある、というのである。つまり書物はもはや、以前のようにまずは閉じられていて、特別なときに特別な態勢において開かれるべきものではなく、日常的に開かれていてよいものとなったのである。

ここには、〈書物の聖性の弱化あるいは喪失〉という事態を読み取ることができるだろう。実際この時代には、聖書およびそのテキストそのものの聖性も弱化したといえる。その典型は、ラテン語で記されていた聖書の各国語（当時の用語でいえば「俗語」）への翻訳が許容されるようになったことである。その典型例は、一六世紀中葉にルターが聖書全体をドイツ語に翻訳したことである。

このことは、ほぼ必然的に聖書のテキストについて複数の解釈の成立を許容することにつながったのである。こうして、「聖書の世俗化」とでも名づけうる事態が出現したのである。

ルターのドイツ語訳聖書の出現が、その前の世紀に実用化された活版印刷術と密接な関係にあることも、すでに指摘されていることであるが、そもそも書物一般がこの活版印刷術によって容易に複製可能となったのである。従来の羊皮紙でできた写本は、筆写という手作業によって作成されたが、その手作業が文字列に付与するある種の生命性のゆえに帯びることになる〈聖性〉[36]を、それを手にとる者に感じさせるものであった。[37]しかし、活字による印刷である初期印刷本（インキュナブラ）は、活字の字体、頁のつくり方および装丁において、できる限り従来の写本の雰囲気を再現しようとしていることはうかがわれるものの、そこに従来と同じ〈聖性〉を再現することは不可能であった。つまり、聖書のみならず、書物一般も〈聖性〉を喪失することになったのである。

(3) 読書の〈世俗化〉と〈開かれ〉

前掲のガリレイの主張の背後には、さらに「読書の世俗化」とでも言うべき事態があることも見逃すことはできない。つまり、世界という書物を読み解くことができるのは、本来の意味でのカリスマを付与された聖職者ではなくて、ガリレイらのような俗人であって、それもそれを読解するための文字と文法とを身につけた自然学者であると主張されているのだからである。

これは、印刷術の普及による書物の量産化という事態と相即している。つまり、書物への接近が多くの人にとって容易になり、かつそれについての解釈が自由になされることが可能となったのである。

この結果、読書の形態も多様となった。まず注目すべきことは、黙読が普及し始めたことである。黙読は、中世後期にまず大学人から始まり、中世末期からルネサンス期には貴族たちにまで広まっていたという――民衆レベルまでの普及には近代までかかったことは上記の通りであるが。

この黙読の普及は、音読の場合とは反対に、異端的思想が記されている書物を読むことを容易にし[38]、また政治的に反中央・反権威的な思想の込められた書物の読書をも可能にし、さらにはポルノグラフィ的な書物の愛好をも可能にしたという[39]。

他方で黙読の普及は、信徒の祈りにおける個人的沈潜をも可能とすることになった[40]。この状況が、オランダを中心として勃興した新興商人レベルまでの 新しい敬虔 devotio moderna の広まりを成立させた一因であるともみなせよう。

また近世になると、自室で一人静かに読書することが知識人の象徴とされ、それが流行となったという[41]。これは、中世における修道院の僧坊での修道士の読書が世俗化された形態と見ることもできるだろう。

また、書物の発行点数が増加し、その価格が安くなることにともなって、書物が民衆レベルにまで普及し、その結果として、以下のような〈読書の開かれ〉が成立した。民衆の間では――前述の通り――、依然として音読がなされていたが、それぞれの家で夜になると父親が家族に聖書を読み聞かせるという習慣が成立したという[42]。これは、俗語に翻訳された聖書が民衆レベルにまで普及していたことが前提になる習慣であることはもとより、聖職者ではなく俗人である父親が聖書を読んで聞かせるという意味でも、「読書の開かれた形態」が成立したことを意味している。

また、少数の書物を繰り返して読む「集中型読書」から多様な書物を次々と読み進める「拡散型読書」へという変化も生じたという[43]。この背後には、さらに書物のジャンルの多様化という〈開かれ〉もあった。それは、市民階級の出現によって、俗語文献が増大するとともに読者の関心が多様化したことに呼応して成立した現象であった[44]。

以上のことは、単なる〈書物という世界の開かれ〉としてだけではなく、〈知的世界の開かれ〉ともみなせるであろう。そもそも中世において学問的知識は、まず修道院に独占されており、その後には聖堂付属学校に、そして中世盛期からは大学へと、徐々に開かれてはきていたが、それでもそれら学問の場での知的営みの担い手は依然として聖職者が中心であった。そもそも大学 universitas とは、universitas いう名称をもつ知的ギルドに他ならなかったのである。したがって大学で教える者は、教会から授与される教授免許 licentia docendi をもっていなければならなかった。

しかし近代になると、大学の外にも知識人が出現して、彼らは多様な著者と読者となっていった。意外に気づかれていないことであるが、現代にまで知られている近代初期の独創的思想家のほとんどが、大学という伝統的・知的制度の外にいた人たちであった。一七世紀のデカルトをはじめとして、それに続く世代のライプニッツ、ホッブズ、ジョン・ロック等々、いずれも大学で学ぶことで自分の知的水準を上げ学問探求の訓練を施された人たちではあるが、その知的活動の場は大学ではなく、その外の社会であり、当然のことながら彼らは大学教授ではなかった。ここには新たな〈知的世界の開かれ〉を見ることができるだろう[45]。

6 〈書物執筆〉という「世界創造」

眼前の世界が「開かれた書物」であるという思想の成立と相即して、権威的書物に対する註釈が記されることも、権威に依拠して自己の主張を正当化しようとするという中世には典型的であった知的態度も少なくなる。一五世紀の思想家であるニコラウス・クザーヌスを、その早い方の典型例として挙げることができるだろう。彼は、大学で伝統的であった学問の姿勢としての註釈的態度を厳しく批判している。(46) この批判の背後には、世界とは神の指によって書かれた書物であり、その知恵は街で叫んでいるので、神を信じる人間であれば誰でもがその書物を読めるのだという、彼の明白な主張が存在しているのである。(47)

このことは、さらに一五〇〇年ほど後のガリレイにはいっそう顕著に見られる。それは前掲の引用文における、アリストテレスの説に拘泥していて眼前の世界という書物を読み解こうとしない哲学者サルシへの批判がそれである。

こうして著作家たちはその著作態度を、自らの思想そのものを書き著す方向へと次第に変化させていった。世界が書物であるという伝統的メタファーを前提にすれば、今や彼らは、自らが一冊の書物を著す行為を一つの新たな世界の創造であると考えるようになったのではないだろうか。このことは、デカルトの以下の叙述に顕著に見出される。

私は子供のころから文字による学問で養われてきた。そして、それによって人生に有益なすべてのことについて明晰で確実な知識を獲得できると説き聞かされていたので、これを習得すべくこのうえない強い願望をもっていた。けれども、それを終了すれば学者の列に加えられる習わしとなっている学業の全課程を終えるや、私はまったく意見を変えてしまった。……以上の理由で、私は教師たちへの従属から解放されるとすぐに、文字による学問をまったく放棄してしまった。そしてこれからは、私自身のうちに、あるいは世界という大きな書物のうちに見つかるかもしれない学問だけを探求しようと決心し、青春の残りをつかって次のことをした。旅をし、あちこちの宮廷や軍隊を見、気質や身分の異なるさまざまな人たちと交わり、さまざまな経験を積み、運命の巡り合わせる機会をとらえて自分に試練を課し、いたるところで目の前に現れる事柄について反省を加え、そこから何らかの利点をひきだすことだ。……このように数年を費やして、世界という書物のなかで研究し、いくらかの経験を得ようと努めた後、ある日、私自身のうちでも研究し、とるべき道を選ぶために自分の精神の全力を傾けようと決心した。このことは、自分の国、自分の書物を一度も離れなかった場合にくらべて、はるかにうまく果たせたと思われる。(48)

こうしてデカルトは、人の手で著されたあまたの書物から、「世界というより大きな書物」を経て、そして最後に「自分というより深い書物」へと戻り、コギトとしてのまったく新たな哲学的世界を樹立しつつある、という自負心をもつに至ったのである。

しかし、このような著作家たちの新たな態度は、いったん〈開かれた世界〉という舞台で、自分なりの新たな〈閉じた世界〉を創造することとも自認された。すなわち、過度の自負と創造性（著作権）の主張が出現するようになったのである。このことは、同じ書物の中に記されているデカルトのスコラ学者への批判にも見てとれるが、とりわけ小説や演劇というジャンルにおいては、その傾向が強かった。この点については、その一〇〇年後に『百科全書』の序文においてダランベールも批判しているところである。(49) この点は、後の議論と関わるので、留意しておきたい。

7　Encyclopedia という思想の成立

ところで、〈開かれた世界〉と〈開かれた書物〉は、その〈開かれ〉が秩序あるいはシステムの欠如として捉えられる場合には、人々に不安感を醸成する。E・フロム（Erich Seligmann Fromm, 1900-80）の言う「自由からの逃走」

を生み出す心理的機制である。その結果、この〈開かれた世界〉と〈開かれた書物〉を再度閉じようという試みが、encyclopedia という概念として早くも一五世紀末から使用され始めたようだ。ここには、ギリシア・キリスト教のコスモス思想の伝統へのこだわりと、まずは自分のもっている知識の地平において解釈してみるしかないという〈閉じた〉態度が現れているだろう。

以下は、『ヨーロッパ哲学学術百科全書』[50]という、それ自体が『百科全書』であるものの中の「百科全書」という二〇頁にわたる項目における百科全書の歴史についての説明からの紹介である。

ラテン語 encyclopedia という語は、「知識の総体」という意味で一四九〇年に使い始められ、一六世紀の始めに広まったことが明らかだという。[51]その背景としては、この時代になってスコラ学の枠組みが信頼を失ったので、それに代わって、新たな思想と概念とが必要とされたことがある——上記のクザーヌスおよびデカルトらの学問的姿勢と思想を参照されたい。とはいえ、当時の多くの学者にとっての学問の枠組みは、依然として伝統的な自由学芸 artes liberales とその中での「三学」Trivium と「四科」Quadrivium という分類が主流であったのだが、[52]これとならんで encyclopedia も使用された。また、system という概念もほぼ同じ頃(一七世紀初頭)に現れて同じような意味をもったという。

アルステッド(J. H. Alsted, 1588-1638)は、encyclopedia という概念の確立に多大な貢献をした人物(神学者、哲学者、教育学者)であるが、彼は知識の総体を体系的に秩序づけることに腐心し、その努力は当時の新たな学問の展開を踏まえて、何次にもわたって学科総数を拡張させることになった。[53]

アルステッドの弟子であるコメニウス(J.A.Comenius, 1592-1670)はわが国でもよく知られている人物であるが、彼は encyclopedia という概念についての明確な定義はしていないものの、これを重要視していたことが、その学問体系の構想からうかがわれる。それは、厳密な基準によって諸学問をつなぎ、全体として調和ある体系とするものである。この体系は、単に学問にのみ妥当するものではなく、諸事物の現実の関係、つまり神によって創造された世界内の調和を反映するものなのであり、その意味での〈世界という大きな書物〉についての、感覚的世界 orbis sensualis と知性的世界 orbis intellectualis との協同による概説であるとされた。学問は彼にとっても——クザーヌスおよびガリレイと同様に——神の知恵を啓示する被造物であった。つまり、百科全書 encyclopedia とは〈神の被造物としての〉世界なのであり、そこには〈書物は世界〉〈書物という世界〉という表象が伏在していたのである。

8 〈開かれた世界〉の時代に生まれた真の〈開かれた書物〉

〈開かれた世界〉の時代に生まれた真の〈開かれた書物〉として企画されたのが、フランスの『百科全書、または学問、芸術、工芸の理性的辞典』*Encyclopédie ou Dictionnaire raisonné des sciences, des arts et des métiers* ではないかと考えられる。なぜならば、この一大企画には以下のような〈開かれた書物〉としての特性を指摘できるからである。

一、アルファベット順の項目立てをとっている。これは、上述の encyclopedia の伝統である「円環」として閉じるのではなく、それをあえて無視することを意味する。学問の相互連関は巻末の系統樹で補うというスタイルをとっている。

二、執筆者が個人ではなく、執筆者集団を組織して（一八四人?-）書くという体制をとっている。「一団の文筆家の共同作品」とダランベールは言い[54]、ディドロ（Denis Diderot, 1713-84）も「人類の知の総体を一人の人間がまとめることは不可能」であると『百科全書』内の encyclopédie の項で強調している[55]。これは、上記のような、執筆者が自己の独創性を主張するという、近代以降の書物執筆の流れとは対極的な体制である。さらに、この『百科全書』に先立つチェンバース（Ephraim Chambers, 1680?-1740）の『サイクロペディア、または諸芸諸学の百科事典』*Cyclopædia: or, An Universal Dictionary of Arts and Sciences* が自身の単独執筆であったことを考慮すると、実に画期的な「開かれた」プロジェクトであったことが明白である。この点については、『百科全書』序文でダランベールも明言しているところである。(56)

三、さらに、この『百科全書』の特色として、各項目の最後に参照すべき他の項目を挙げて、クロス・レフェランスの形式を採っていることがある。つまり、各項目の記述が、それだけで完結するという態勢を採らずに、読者に対してさらなる参照を求めているのである。これも〈開かれ〉とみることができるであろう。

四、この『百科全書』は、それが説明する項目に、学問、自由学芸のみならず技術・職人の世界までも含めている。さらに執筆者たちは、自ら執筆対象を調査し、関係職人に接触して、項目の執筆の準備をするとともに、作業工程を図版として描かせて、それを収載しているのである。これは、職人および技術を軽視するヨーロッパの伝統を考慮すると、実に画期的な〈開かれた〉姿勢である。(57)

五、所載項目として、ヨーロッパ内の文物に限らず、大航海時代の幕開けとともに西欧にもたらされていたアメリカ、アフリカ、アジアの文物をも積極的に取り入れている。

六、ディドロ自身が、この『百科全書』の刊行計画を「未来の世代のため」であると、encyclopédie の項、冒頭における著作意図で明言しているように、未来への〈開かれ〉も十分に意識されている。(58) 同時に注目すべきことは、彼自身がこれは「何世紀もかかって完成するだろう」と明言して、このプロジェクトの立案者としての限界を予め認識し明言していることである。これも、上記の独創性と執筆者による完結とを強調する近代の執筆者たちとは異なる開かれた姿勢である。

もちろんこの『百科全書』における「開かれた世界」の〈開かれ〉の程度は、政治的な観点から見ると相対的なものであって、ダランベールやディドロらが、この『百科全書』を計画刊行するに際して種々の圧力や禁令を経験したことは周知の通りである。しかし、宮廷内部にも協力者が現れて、企画を実現できるようになったという程度には、当時の王制フランスも〈開かれた世界〉となっていたと言えよう。[59]

9 『百科全書』編纂という「世界創造」

(1) 「書物が変われば世界も変わる」

ダランベールやディドロによって編纂された『百科全書』が、上述のような〈開かれた〉方法と内容をもっていたという事実にとどまらず、彼らの意識の中には、この新たな『百科全書』を刊行することが、自分たちによる世界の創造、世界の再構築であるという考えがあったのではないかと思われるのである。

この推測と関わって注目すべきことは、ダランベールの序文にもすでにイギリスのチェンバースの Cyclopedie に対抗する一種の国家意識のようなものが感じられることである。[60]

さらには、この『百科全書』に続いて、各国別の企画としてさまざまな百科全書が展開されることとなったが、これも国家意識の現れではないかと考えられるのである。

このように捉えることができるとすれば、ブルデュー（Pierre Bourdieu, 1930-2002）の発言、「世界の変化により書物も変化する」（註（31）参照）を裏返して、「書物が変われば世界も変わる」と表現することも可能であろう。近代以降の、とりわけ民族国家Nation-state成立後の各国政府は、言語について二つの任務を果たす必要があった。第一に、各地域の「方言」の使用を制限して国民を「共通語」使用へと導く必要があり、第二には、この第一の点とも密接に関わることであるが、学問研究の分野でのラテン語使用の伝統を廃して自国語で学問研究のできる体制をつくる必要があったのである。このような政府の政策が有効性をもちえた背景には、すでに民衆レベルにまで書物が普及することで、それまでの口承文化から文字文化へと民衆の文化が変化し、その結果、書物および文書が社会の中で大きな力を発揮するようになったという事実がある。

そこで、フランスの革命政府をはじめとして各国政府は、全国民が学校で教育を受けるという制度（義務教育制度）を採用することになっていった。つまり、国民のリテラシーの水準を一定程度にまで向上させるとともに、教科書という書物を通して国民の意識の統一を図ることが、国家形成とその運営に必須となったのである。

このような状況のもとでは、各国ごとに自国の言語で著された『百科全書』という知の集積体を編纂刊行して国民の前に提示することは、国民のアイデンティティの形成と国威発揚の上でも大いに意味のあることであるとともに、[61]新たな知識人として育成されつつあった官吏や教員層に対して有益で手軽な知識の源泉を与えるという意義ももつことになったに違いない。このようにして、書物を変えることで世界を変えることが意図されていたのだと言えるであろう。

(2)「民族国家Nation-stateの建国」という〈著作活動〉

前項で見たように、民族国家の建国と『百科全書』の編纂刊行とは密接な関係に立つことになり、その結果、フランスの『百科全書』派による「開かれた書物」の編纂方針とは反対に、いわば（国家単位に）〈閉ざされた〉『百科全書』の編纂刊行が相次いでなされることとなった。

ところで筆者は、一冊の書物を執筆することは新たに世界を創造することとも考えられると前に記したが、この表象を民族国家の創設と関係させてみると、逆にこれも一つの「著作活動」とみなすことができるように思われる。その場合の著者はもちろん、フランスの『百科全書』の編纂刊行態勢と同じように、共同執筆態勢として多数の政治家という執筆者からなるのである。

この視角からアメリカの「独立宣言」やフランス革命における「人権宣言」などの「建国宣言」を捉えるならば、これらは、著者たちが書物の冒頭に書きつけるいわば序文とみなすことができるであろう。実際、これらの「宣言」declaration はこの時代の新たな国家建設につきものとなったのである。そうであるならば、明治維新の際の「五箇条の御誓文」もこの流れの中に位置づけられてしかるべきであろう[62]。


さて、この民族国家というものは、同じ民族で構成されて唯一の言語を共通言語として用いることを理念としているので、この国家建設は〈開かれた世界〉の構築であるよりもむしろ、自らの主導権のもとに再度〈閉ざされた国家〉を構築する試みであったとみなすべきであろう。上述の、近代における西欧世界の紛争と戦争にまみれた歴史にかんがみれば、ケンプファー（Engelbert Kaempfer, 1651-1716）やカント（Immanuel Kant, 1724-1804）が日本の「鎖国」を賞賛したのと同様な観点から、これもやむを得ない方向であったのかもしれない。

さらに、西欧における民族国家の樹立という〈閉ざされた書物〉の執筆は、実際に成功裏に遂行されて、一九世紀にはそれぞれが「列強」と言われるような国家になった。そして、その自信に裏打ちされながら、それらの「列強」は自らの〈閉ざされた国家〉の主導権のもとに、より大きな書物・国家を執筆するための企てを開始し、南北アメリカ、アフリカ、そしてアジアの地域と国々に対して〈開かれた世界〉となるように、さまざまな方策をもって強いた。

この自己の視点からの新たな「世界という書物」の執筆活動は、地球上の各地に植民地をつくり、宗主国と植民地という関係を構築することとなった。

しかしこの営みを書物の執筆としてみるならば、内容的な構成にいかにも無理があり、かつその綴じ方も十分な緊密性を実現できないままのものであった。その結果、第二次世界大戦を契機として、その植民地主義をライトモチーフとする「書物」は次々と破綻した。そこでかつての「列強」は植民地を放棄して、以前のより小さな「書物」という〈閉じた国家〉に戻ろうとしてきた。しかし今、その中に抱え込んだ旧植民地出身の「国民」の存在によって、〈閉じる〉ことさえままならない状況になっていると言えるだろう。それが、かつての「列強」のそれぞれの国内において今なお続く人種対立や宗教対立として、さらには旧植民地系のマイノリティの中のごく一部が国外の彼らの「同胞」と協調して遂行するテロ行為として現れていると言えるだろう。

10 〈閉ざされつつ開かれる〉

これまでの小論において筆者は、どちらかといえば〈開かれ〉を肯定的に、〈閉ざされ〉を否定的に論じてきた。しかし、一般にいかなる書物も、著者の要望に従ってにせよ、読者自身の生きる世界の参照項目の範囲という意味においてにせよ、一定の〈閉ざされた世界〉として読まれざるをえない。そうでなければ、読者がその書物の内容を解釈することも理解することもできないからである。

しかし同時に、世俗化の時代である今日においては、すでに最高の権威 auctoritas の臨在がなくなっており、したがっていかなる書物も〈閉じた〉ままで存在し続けることは不可能である。ヌーヴォー・ロマン nouveau roman の旗手であるビュトール（Michel Butor, 1926-2016）は、書物が読者において読者の参照枠によってしか理解されないという意味で、書物は限りなく開かれるのであり、その理想的形態として、書物の頁 feuille が木の葉 feiulle のように世界に舞い散りゆく様を描いている。

しかしビュトールの表象にもかかわらず、そして彼も気づいているように、現代であっても書物がいつまでも開かれているままであることは不可能である。理解するためには、解読するためのコード、つまり何らかの固定点が必要だからである。それゆえにビュトールも「光に満ちた言葉の帝国」l'empire des mots lumineux という表象を用いて、次のように述べているのである。

理想的なのは、言うまでもなく私たち一人一人が言葉の帝国の全体性を再発見し、言葉の帝国の全体が私たち一人一人にとって眼に見えるものになることであり、さらに私たち一人一人が、再び光に満ちた完全な明るさを取りもどしたその帝国の中を散歩できるようになることです。言葉の帝国が光に満ちているということは、現実全体が光に満ちていることを含むのであって、さらに言えば歴史全体が光に満ちた明るいものになるということです。(63)

書物の〈開かれ〉という運命を是認するビュトールであっても、何らかの一元的コードによって秩序づけられることで「光に満ちた言葉の帝国」を夢見ざるをえないのであろう。

そして、このことは現実の世界についても同様であろう。ビュトールが理想的形態として思い描いた、書物の頁が木の葉のように世界に舞い散りゆく世界には、その構成員が世界を解読するための共通のコードがなくなり、世界・社会は単にカタログとみなされることになるだろう。そのような世界・社会において人が幸せを感じつつ生きることは不可能になってしまうのである。

「帝国」であるまでの必要はないと思われるが、つまりわれわれがその「皇帝」にまでなることは無用であると思われるが、国家、社会を〈一つの閉ざされた世界〉と想定して焦点を設定しない限り、われわれにはその世界なり国家なり社会なりの像が結ばれえないのである。つまり、そこに生きる意義を見出せないのである。

このような観点を再び書物に適用してみるならば、世俗化された社会における書物は、著者に書き下ろされて締めくくられることで〈閉じられる〉のであり、しかしそれが読者を得て読まれるときには、物理的に〈開かれる〉のみならず、当然のことながらビュトールの言う意味において読者によって〈開かれる〉ことになる。そして著者は、このような読者の反応を考慮しつつ、自らの新たな著作活動に向かうことになる。その際には著者もまた、読者（の反応）に自らを〈開く〉のであるが、それを踏まえて再び執筆し書物を書き終えるときに、彼の世界を〈閉じる〉のである。

このプロセスを読者に注目して考察してみるならば、読み手は、その書物を読むときにはその時点での自らのコードに依拠して読まざるをえないという意味で〈閉じた〉態度をもって書物に向かうのだが、読んでその書物の内容を理解したときには、その読み手は読んだ書物の内容によって自らが新たな地平へと〈開かれる〉のである。そして、このような、〈開き〉と〈閉じ〉を繰り返しつつ自らの世界の拡大と豊饒化を成立させる読書という体験の面白さと有意義さとが、読書という社会的営為を成立させ、多くの人々が進んで書物を購入し、読書に時間を費やしてきたのであろう(64)。

これと同じ構造をもつ営みが、世界・国家・社会の平和で有益な存続には必要なのではないだろうか。一つの世界なり国家なり社会なりは、現にある通りに構築されたことによって〈閉じられた〉ものとして、その集団の構成員なり他の世界・国家・社会の構成員なりに自らを提示し、その構成員によって享受される。しかし、その享受の過程が一定の期間続くことで、それは構成員によって再吟味される段階に達する。構成員が世界・国家・社会の改革・改善の必要性を認識するに至るからである。その際にそれは、彼らによって〈開かれる〉ことになる。そしてこのプロセスは、世界・国家・社会のいずれもが、この地球上で相互に成立させるべきものである。

この相互的な〈閉ざされつつも開かれる〉というプロセスを忘却したり無視したりするとき、相手に対する不寛容が姿を現すのではないだろうか。小論を閉じるに際して、現今の世界に眼を向けてみよう。例えば、ハンチントンの主張は、もはやアメリカ合衆国 United States of America は〈閉じる〉べきだ、そうでなければ建国の理念であるキリスト教国家としてのアメリカ合衆国のアイデンティティが失われてしまうと主張していると解釈できるが[65]、その立場は、外国に対して自分たちは慎重な〈閉じた〉態度で臨むべきだということになる。そしてハンチントンの著書の公刊から約二〇年後の二〇一六年一一月の大統領選挙で、外国企業を国内から閉め出して、海外に展開している米国企業を国内に呼び戻し、不法移民を国外に追放するとともにメキシコとの国境に壁を築くことを主張するドナルド・トランプが当選した。つまり、ハンチントンの主張をより政治的に露骨にして、〈閉じる〉宣言を選挙公約とした大統領が出現したということである。

これは、アメリカ自身を中心的発信源とする国際的資本主義の潮流の中で、アメリカ国内の諸産業が空洞化したことによって職を失ったり、以前よりも劣悪な経済状態に置かれている（と自分が判断している）民衆、とくに白人男性たちがトランプを支持した結果だと言われている。これは資本主義における資本が、アメリカという国の中で利益を貪りつくしたあげく、きちんとした店じまいもしないままの開け放し状態で外国に出ていってしまったことの反動であろう。

他方、アメリカを開け放しにして外国に出ていった資本は、グローバリゼーションという旗印のもとに他国に対しても〈開く〉ことを強要し、「国際標準」という名の、自分たちに都合よく考案した単一のコードを受容するべきだと主張している。それらの「グローバリズム」経済を推進しようとする勢力は、出先の国の指導層と結びつきながら、それぞれの国の民衆の反対の声を無視して自らの欲望を実現しようと試みている。

科学・技術の発展にともなう交通と通信の地球規模での発達によって、人類は地球規模で考えて行動せざるをえない方向にあることは明白である。しかしながら、人類の生きる地球上の自然条件は多様であって、長い時間をかけてそれに順応して生きてきたそれぞれの地域の人々は、地域固有の文化を形成し、それによって幸せや生きがいを感じて生きているのである。それを、自分の側が決めた、つまり〈閉じた〉一元的なコードを振りかざして強引に〈開く〉ことを要求する態度は、[66] アメリカ国内だけでなく、世界的にも反発を招いているのであるし、これからも反発を招き続けるであろう。[67]

本来は、自発的で相互的な〈閉ざされつつも開かれる〉というプロセスとして展開されるべき人類の歴史を、互いに尊重することが強く求められているはずである。なぜなら、そのようにして人類はここまで進歩してきたのだからである。

Ⅳ　大きな物語の改訂

第一章　〈文明の衝突〉の時代の宗教的寛容論

はじめに

前世紀の最後の一〇年にサミュエル・ハンチントン（Samuel P. Huntington, 1927-2008）の著作『文明の衝突』[1]が世界にもたらした衝撃は、世紀を越えて今も続いている。それどころか、多くの国際的紛争が「文明の衝突」であると受け取られることによって、紛争の真の原因を突き止めてそれを除去する努力が怠られがちになっており、さらには「紛争を完全に無くすことは不可能である、なぜなら異なった文明は衝突せざるをえないのだから」というような諦念にも似た雰囲気すら醸し出されている。

さらに上述のような状況は、ハンチントンが諸文明のほとんどがそれぞれ宗教によって形成されてきていると述べていることとも[2]あいまって、「文明の衝突」とは「宗教の衝突」であるという理解を世界に共有させつつある。[3]とりわけ、いわゆる「先進国」のほとんどが属する地域でキリスト教が信仰されており、また「発展途上国」の多くが属する地域でイスラームが信仰されている事実から、資源や富の配分と環境問題を中心的な争点とする、上記の二つのグループに属する諸国間の対立である南北問題も、あたかも宗教間の対立に他ならないかのように解釈されることも多くなっている。

この誤解については、それに安易に与することなく慎重に対処しなければならないのは当然である。しかし、個々の宗教を信仰する集団の内部でこの誤解が共有されてしまえば、各々の宗教集団が対立する相手の社会そのものを、敵対する宗教を信仰する集団として捉えて、眼前の争いを自他の宗教集団相互の争いであるとする把握が形成されやすくなる。[4] その結果として、実際に宗教集団同士が争うことにさえなりやすいことも事実である。[5] さらにこの傾向が、上記のハンチントンが描いているような世界規模の枠に適用されてしまうならば、極めて深刻な争いを惹起することになるはずである。なぜならば、国境を越えるという意味でのグローバリゼーションこそが各社会集団のアイデンティティの不安を惹起しやすいのであり、その結果として、元来が国境を越えた存在である世界宗教の枠に転化して捉えられやすいからである。実際に、ここ十数年来の中東からヨーロッパにかけての地域を中心に生じている軍事的衝突やテロ行為は、この様相を呈しつつある。この点に、〈文明の衝突〉の時代の宗教的寛容論を探求しなければならない必要性が存在していると考える。

以下に、まず現代的な宗教的寛容論を展開するための基礎的考察を行い、その上で具体的な提言を試みたい。その際には、一五世紀に『信仰の平和』*De pace fidei* という著作をもって宗教間の抗争を平和的に解決するための理論的提案をしたニコラウス・クザーヌスの思想、[6] ならびに西欧近代の啓蒙時代の宗教的寛容論のある部分も援用されるであろう。

1　宗教に関わって生じやすい誤解

さて、宗教というものは、たとえ世俗化 secularization が進行した現代社会であろうとも、[7] 後にみるように、人間の日々の生活において重要な役割を果たしている。したがって宗教現象は誰にとっても身近であるがゆえに、宗教現象についての自分の理解こそが普遍妥当的な理解であると各自が誤認しやすいのであり、さらにそれを前提に議論を展開しやすいのである。その結果、前提があいまいなままに意見の応酬が行われることになり、かえって誤解と混乱を深めることも多いのである。

今われわれは、本章の表題に応じてグローバルな視野をとって宗教現象を考察するのであるから、この点についてはとりわけ慎重でなければならない。「はじめに」で言及した対立軸の一方である欧米の社会は、その近代化の進行とともに宗教に関して二つの特徴的な変化を成立させた。それの第一は、制度としての政治と宗教との分離であり、第二には、宗教信仰の個人化である。

まず第一の点であるが、現代の西欧ならびに米国の社会における政治と宗教は、それらの根源において通底している要素があるゆえに、事実において完全にその分離が成立している訳ではないとしても、[8] 制度的には互いに無関係であるとされており、政治権力と宗教権力とが結合して作用することは容認されていない。そして、この事実が成立するまでには、西欧においては激しく長い抗争の歴史があった。それゆえ欧米人は、現在の「政教分離」という到達点を自分たちの進歩の結果であるとみなしている。そこで、この西欧的視点からみる時には、政治と宗教とが分離することなく、宗教の法と政治の法とが密接に関わって機能しているイスラームの社会等は、[9] 自分たちの社会と比して、単に「遅れた社会」であると捉えられることになる。

第二の、信仰を個人の営みとして捉える視点からイスラームおよびその他の社会をみると、そこでは宗教が社会共同体のものとして機能しており、社会の構成員の全員が同じ宗教活動を営んでいる。その結果、やはりこれも、自分たちの社会と比して遅れた社会であると捉えられることになる。

それればかりか欧米の社会に生きる「非宗教的人間[10]」にとっては、ある社会の構成員のすべてが同じ宗教を信仰していることは宗教的不寛容の結果に他ならないものとさえも映ることになり、宗教的寛容がなぜ容易に成立しないのかといぶかしく思うことになる。そして、この点においても、そこを「遅れた社会」であると捉えることになる。

また逆に、イスラームおよびその他の、政治と宗教とが法的に分離されていない社会の構成員は、欧米の社会における宗教のあり方をみて、自由放埒と欲望に耽った人間たちのつくる堕落した社会において宗教が衰弱しているのだと認識するか、あるいは、(次節で論及するような「宗教的人間」の思考行動様式に従うことで)欧米の社会は彼らにとって〈異なるもの〉であって、端的に排斥の対象にすぎないものであると認識しがちとなる。

以上のような相互的誤解に立って、互いに他を批判的に捉え合うことになりやすいのである。

2 宗教活動から生じやすい不寛容

エリアーデが指摘しているように、宗教現象は、「〈聖〉や宗教生活を〈俗〉や世俗生活に対立させている[11]」という共通性を有するが、同時にこの二分法は「ヒエロファニーの弁証法」とエリアーデによって命名されるような構造を有し、〈聖〉と〈俗〉とを明確に分離しようとする。[12] さらには、〈聖〉から区別されるものの〈俗〉性が増せば増すほど、称揚されるべき〈聖〉性の価値が高くなるという構造となっているとみなすことができる。

この構造の中に他の宗教集団が位置づけられると、それは〈俗〉の最たるものとみなされやすく、その結果として、この他なる宗教集団の価値を貶めて差別することになりやすい。

同時に、上に挙げた「ヒエロファニーの弁証法」は、「聖なるものは、〈聖〉であると同時に〈穢れたもの〉でもある」という「聖のアンビヴァレンス」[13]という特性をも有する。この特性のゆえに、〈俗〉の最たるものたる他の宗教集団が〈異なるもの〉と捉えられると、この〈異なるもの〉たる〈穢れたもの〉が聖性に転化して自己の〈聖〉の領域へと侵入してくることを当の宗教集団は強く恐れることになり、その結果、その〈他者〉を排除しようとする。場合によっては抹殺さえしようと試みやすい。

さらには、エリアーデも言うように[14]、「宗教的人間は出来るだけ世界の中心近くに住むことを願」う。しかし、世界が一つと理解されている限り、論理的には世界の中心は一つしか存在しえない。ところが、「彼〔宗教的人間〕は彼の国土が大地の中央に在ることを知り、また彼の都市が宇宙の臍部をなすこと、なかんずく、寺院と宮殿が世界の真正の中心で在ることを知っていた。しかも彼はそのうえ彼自身の家が中心に存在し、一つの世界の模型であることを欲す」るのであるから、〈他者〉である宗教集団が彼らもまた世界の中心に住んでいると主張することはとうてい容認できないことになる。

この点からも、他の宗教集団に対する排除の論理すなわち不寛容が作動しやすいのである。

寛容の成立を困難にさせている根本的な原因としてある事態は、宗教現象がこの地球上で極めて多様に展開されていることである。それゆえにこそ、「宗教とは何か」の定義について研究者は多大の困難に直面してきたし、その結果として多様な定義が試みられている。[15] それればかりか、そもそも「宗教」religion という捉え方そのものについて、それが西欧キリスト教を基準としてなされてきた歴史があるという指摘があり、[16] さらには、この「宗教」という概念自体に代わる概念が西欧世界も含めて用いられつつあるという指摘も存在する。[17]

たしかに、「宗教」という概念あるいはそれから導かれる思想が、その妥当範囲について排除の論理をもって使用される場合には、[18] それの一人歩きを牽制することは有意義である。

しかし今、筆者はこのような「宗教」という概念ないし思想に関するトリヴィアルな議論には与しない。なぜならば、自分たちにとって重要な或る文化的営みがあって、それと同様なものが他の社会にも存在することを認識し、お互いにそれを尊重しあうという目的のために、この「宗教」という概念あるいは思想が使用されるのであれば、すなわち相互理解と交流のために活用されるのであれば、その定義の厳密性は必要とされないからであり、その程度のあいまいさは十分に許容されうるからである。

さらには、この「宗教」による活動としての宗教現象がわれわれの世界において多様であることは、以下に見るように、当然の結果なのだからである。

3　人間の生活活動の三層構造

さて、岸本英夫（一九〇三―六四年）は「人間の総合的生活活動」として、下から順番に「自然」、「人間」、「社会」、「文化」の四層構造に整理して、それに宗教学内の四分野として「宗教環境学」、「宗教心理学」、「宗教社会学」、「宗教文化学」の四つを対応させている。[19]

これに対して、いま筆者は同じ「人間の総合的生活活動」について、岸本とは異なり三層構造を提示したい。すなわち、下から「生存の基礎活動」、「具体的生活」、「抽象的活動」の三層であり、最下層の「生存の基礎活動」とは摂食活動、睡眠活動、生殖活動等であり、「具体的生活」とは最下層の上に展開されている人間のいわゆる社会的な活動であり、最上層の「抽象的活動」とは中間層の「具体的生活」を基礎としつつ、同時にそれを機能させている理論化の営み、および生きる世界の定位である。具体的には、算術とか読み書き等のシステム、さらには東西南北とか今昔のような住まう時空の整序である。

そしてこの三層を具体的に考察すれば、まず最下層の「生存の基礎活動」において地球上の人類は、明らかに共通性を有していることがわかる。その最たる証拠は、民族や文化伝統を異にする男女であっても生殖活動を営めば子孫を残すことが可能であることである。また、最上層の「抽象的活動」においても、人類は明らかに共通性を有している。二プラス三はいかなる民族においても五であるし、用いる言語は異なっても言語としての共通性を有するので、互いに文法を学べば意思疎通が成立するのである。

以上のように三層のうちの最下層と最上層とは人類において共通であるのに対して、中間層は極めて多様であり、互いに相違している点が顕著なのである。例えば、服装が多様であり、生産の仕方が多様であり、生活規範が多様である。この多様性の原因は、いうまでもなく地球上の自然条件が多様だからであり、それぞれ地域の人間がその地域の自然条件に規定された社会条件に従って生活する必要があったからである。それゆえにこの層における多様性は、従来の技術ではもとより、現行の科学・技術をもってしても完全には解消不可能であるばかりか、解消すべきではないものでもある。

三層構造からなる「人間の総合的生活活動」が、このようにその最上層と最下層において人類に共通の内容をもち、中間層において相違しているという事実は、宗教的寛容の問題を考える上で重要な示唆を与えるであろうと考える。なぜならば、宗教は、人間にとって本質的な存在として、この三層構造のどれにも関与しているからである。

4 諸宗教における儀礼の多様性と〈構造〉の共通性

宗教的寛容論を構想するに際しては、宗教とは何かを定義して出発しなければならないことは当然である。しかし、筆者は前節に述べたような理由から、いま、暫定的に *Europäische Enzyklopädie zu Philosophie und Wissenschaften* の religion の項における以下のような「定義」を援用することにしたい。

宗教とは以下のように理解できる、(a)物質的な諸関係によって条件づけられた社会的な意識の特有な形式であって、(b)この意識は、制度化されており、一定の行動様式および言説(儀式や文献)において作用する。(c)そうすることで、人間の個的かつ社会的な実存が、自然と社会と歴史の総体と共に、経験の世界を超越する包括的な意味連関にもたらされる。この意味連関は、人格化された形式において(有神論)か、あるいは非人格的な形式において(汎神論、理神論)か、また一性として(一神教)か、あるいは多数の神的な力または人格の共存として(多神教)か、という形で表現されうる。(d)この意味連関とそれに応じた実践は、信仰する諸主体に対して独自のアイデンティティを付与する共に、集団としての彼らを、社会生活上、他から区別することになるものである。[20]

さて、この宗教の「定義」によっても明らかなように、宗教現象の主要な部分は、先に提示した「人間の総合的生活活動」の三層構造のうちの中間層に位置することになっている。その結果、エリアーデも言っているとおり、「人間の生活において、とりわけその物質生活においてさえ生起するものはすべて、その宗教経験にも反響を及ぼす[21]」のであり、それゆえに、宗教経験を成立させるためのプロセスであって宗教経験の結果の表現でもある儀礼は、地球上において極めて多様に執行されているのである。とりわけ、その公転面に対して地軸が傾いている地球が公転することによって生じる自然条件の年周期変化は、地球上の地域ごとに多様性に富んでいるのであるが、宗教儀礼は、前掲の「定義」における「包括的な意味連関」への措定の一つとして、この自然条件の周年的変化に対する実存の世界定位たる意義をもってこの変化に応じて営まれることが多いので、儀礼の多様性が顕著となるのである。

しかし同時に宗教は、実存を包括的意味連関にもたらすものであるゆえに、実際には上記の三層構造の各々の層と個別に関与しているのではなく、三層を相互に関連づけて複合的な形で担っているのである。例えば一人の子どもの、懐胎から出生、そして成長という事実について見れば、これが宗教的な包括的意味連関にもたらされることによって、その事実は、その子どもとその父母をはじめとする家族、さらにその社会の構成員として位置づけられるようになるとともに、そこに神（神）の加護が作用していると表象されることによって、その子どもの実存の意味と成長の保証に対する社会的責任が確認されることになる。この際に執行される具体的な儀礼は社会ごとに多様であるとしても、このような仕方で子どもの誕生を〈祝う〉ことのない宗教は、そもそも存在しないであろう。そして、このように〈子どもの誕生を祝う〉という宗教内部における理論的な説明が、上記の三層構造の最上層を示しているのであり、それがすべての宗教に共通しているのである[22]。

以上のような事態を、再度、三層構造に即して捉えてみるならば、最下層の共通な活動を発現させる能力のうちの一つに根源的宗教心とでもいうべきものが想定されるべきであろう。これについては、つとにニコラウス・クザーヌスが一四五〇年と五三年に著した二つの著作において「connata religio 本有的宗教心」という用語で論及して、次のように記している。「この宗教心は、この世界においては常に相異なった様態で現れてきているのであるが、それが、われわれには本性的に自己の精神の不死性が与えられていることを明らかにしている」[23]。この一なる connata religio が、教義に裏づけられた儀礼の体系として個々の宗教において世界に多様に展開しているのであるが、さらにそれが理論的に抽象化され体系化されるとき、最上層に位置しうるはずの「宗教哲学」となるのではないだろうか。

ところで、先の「定義」からも明らかなように、どの宗教もそれぞれの信者にとっては、日常生活の準拠枠を賦与してくれるのみならず、生きる世界総体を解釈する座標軸を与えてくれるとともに、自分たちのアイデンティティを根拠づけてくれるものでもある。そして、この包括的な意味連関は、一般的かつ抽象的に成立しているものではなく、それぞれの宗教の信者が現に生きる地域の具体的な諸状況に立脚して成立しているものであり、そうであればこそ信者にとってそれが意味のあるものとなっているのである。つまり信者は、この意味連関によって成長することができるのであり、さらに一人の人間として生き続けることができるのである。

したがって、個々の信者にとっては、たとえ他に宗教が存在するとしても、現に自分が信仰する宗教が彼にとってかけがえのない存在となるのであり、それゆえにさらに、それの信仰実践たる儀礼も自分たちが現に行ってきているものこそが各自にとって必然的なものとして、あるいは、少なくとも最適なものとして認識されるのであり、それと異なるものはむしろ奇異なもの[24]、まったく無意味なものとしても映りやすいのである。ましてや、自分たちの儀礼を変更したり止めたり、さらには他の儀礼によって代替することは、ほとんど想像しがたいのである。

それゆえに、たとえ宗教間の争いは儀礼の相違性に起因することが多いとしても、儀礼を一元化することで争いをなくそうと試みることは、かえってその過程で深刻な争いを惹起することになりやすい。これは、クザーヌスが当時の自らの経験に基づきつつ、『信仰の平和』の中でパウロに以下のように述べさせている通りであろう。「われわれは大多数の人間の弱さに配慮しなければなりません――それが永遠の救いに反しない限りは。なぜなら、すべてにおいて厳密な一様性を求めることはかえって平和を妨げるのです。……〔儀礼の〕様式における一様性が見出されえない場合には、――健全な信仰と平和の限りにおいて――諸民族には各自の勤行と儀礼が許されるべきでしょう[25]」。

むしろ逆に、儀礼が多様であって宗教間で互いに相違していることは自然本性的なことであるとの認識のもとに、その多様性を前提にするべきなのである。しかし、儀礼の多様性を容認することは、儀礼の意義を軽視する無関心主義 indifferentism を意味するのではない。儀礼は信仰の現れに他ならないのであるから、儀礼が異なってもその儀礼で表される信仰の内容そのものが相違していることを意味するものではないということも共通認識としなければならない[26]。

つまり、それぞれの宗教の指導者は、自分たちが信じる宗教とは異なる宗教としての〈異なるもの〉の背後に存在している自分たちと共通な信仰の構造とその根源とを信者に説明することで、一般信者が、〈異なるもの〉に対して先の第2節で述べたような恐れを抱くことによって排他的で攻撃的な反応に出ることのないように導くべきである。一般信者は、多様性を当然のこととして受け容れ、自分たちが執行する儀礼と異なる儀礼であっても、それを〈異なるもの〉と捉えて短絡的な反応をしないように努めるべきなのである。むしろ、彼らは互いに、科学とそれに基づく技術の一般化によって世俗化が進行する現代世界にあって、他宗教の信者を自分たちと同じ考え方と生き方をする仲間として相互に認め合うべきであろう（この動きは現実に世界教会運動として現れつつある）。

もしも、儀礼の相違によって宗教間で抗争が生じるとするならば、それは〈しるし〉を扱うことのできる唯一の動物たる人間が[27]、その特性のゆえに陥る逆説的な不幸とみなすべきであり、それは人間が克服すべき課題であることは記すまでもないであろう。

5　比喩で説かれる寛容論

すでに繰り返し論及したように、宗教集団の間ではそれぞれの儀礼において多様性と相違とが目立つのであり、それがしばしば宗教集団相互の誤解と抗争さえも生み出している。では、それを克服して宗教的寛容を成立させるためには、いかなる方法がより効果的なのであろうか。

一般に人間は、自らが正しいとか善いとみなしているものとは異なるものを、それとして理解することは困難である。とりわけ他者の心理の理解とか他者が動作に込める意味の理解は、何らかの共通点を想定しない限り困難である。なぜなら、われわれの外部にあるものについての認識は、エンペドクレス（BC490頃 430頃）が述べたと伝えられるように、〈似たものによって似たものについて〉なされるのだからである。[28]

そして宗教の儀礼は、まさしく前述の理解困難なものの典型に属するのである。そして前述のように、この儀礼が互いに相違しているばかりか、各宗教の信者は自分たちの執行する儀礼が唯一無二であることを当然のこととしているのであるから、宗教現象をそのままの形で相互に理解することは困難になる。それゆえに、それぞれの宗教の宗教現象の間に〈似たものによって似たものについて〉の認識がなされうるような構造を設定しなければならないことになるのである。

その場合に有効であると思われるのが、比喩、隠喩である。つまり、当該の事象同士を直接に比較するのではなく、いったん諸宗教集団にとって共通に自明なものとして合意できる第三のものを見出し、それについて合意が成立することを確認した上で、それぞれの宗教活動や宗教的現象が実はそれと「同じようなもの」であると説き合うことで、相互理解を成立させるという道筋である。それゆえに、宗教的寛容論は、従来から少なからず比喩や隠喩で展開されてきたのである。以下でいくつかの具体例を挙げてみよう。

(1) 〈道〉のメタファー[29]

これは、一六世紀のイギリスで、自らが信じるカトリック・キリスト教の立場を英国国教会に対して主張し続けて処刑されたトマス・モア(Thomas More, 1478-1535)が、その著書『ユートピア』で、「道こそ違え目指す高嶺は一つの譬えにもあるように、結局聖なる存在を拝むという点では一致している[30]」と典型的に表現しているものである。

このメタファーの嚆矢は、四世紀ローマ帝国の非キリスト教徒知識人であったシュンマクスの『元老院報告』に見出される。「全ての人が崇拝している神々のどれもが等しい一なる神であるとみなされる。……かくも偉大な秘密に到達するのには、ただ一本の道では不可能である[31]」と彼は主張して、すでにローマの国教となっていたキリスト教の側に寛容を訴えたのである。しかし、これに対してキリスト教側からはアンブロシウスやプルーデンティウスらが直ちに反論を加えたのだが、中でもアウグスティヌスは、『ヨハネ福音書』一四章六節のキリストを道とする主張に依拠しつつ、「天国への道はただ一つキリストのみである[32]」と反論した。その後、中世キリスト教世界が成立して異教の息の根がほぼ絶やされる中で、このアウグスティヌスの反論がキリスト教における公式となったと見え、中世の終わりまでこの〈道〉のメタファーは使われなくなった。

しかし、中世が終わって、西欧のキリスト教世界に複数のキリスト教宗派が生じる中で、再びこの比喩が復活した。それの一つが前掲のモアの説である。この後、一七世紀末にジョン・ロックも『宗教的寛容についての書簡』においてこの比喩を用いながら、大略、以下のように述べる。たとえ天国への道がただ一本しかないとしても、人々の歩んでいる数ある道の中のどれがそれであるかは、私人にも為政者にもわからない。したがって、各人が天国への道を誠意をもって探求する限りは、それを各人の良心の命令に任せるべきである。[33]

このロックの論法は、アウグスティヌスが公式化した「道・キリスト」の呪縛からは解放されて、〈道〉とはただ教会公認のキリストだけを意味するのではなく、「探求の方法」という意味とも結合されて使用されている。この背後には、ロックが『人間知性論』において宗教も自然学と同じ地平で扱うという、彼によって構築された新たな思想的地平が作用しているのであり、同時にロックのこの寛容論は、個人の良心の自由の主張にまで拡張・深化されているのである。

さらにヴォルテール（1694-1778）は『哲学書簡』第五信の冒頭において、[34]「イギリス人は自由人として、自分の気に入った道を通って天国に行く」と端的に記している。この段階に至って、各人の良心の自由を称揚するラディカルな寛容論がその全容を現したのである。

この〈道〉のメタファーを先に論じた儀礼との関係で捉え直すならば、儀礼体系の多様性を容認することを、複数の〈道〉を通って同じ高嶺を目指してもよいだろう、と表現していることになるのである。

(2) 指輪の寓話

啓蒙時代の有名な著作家であったレッシング（Gotthold Ephraim Lessing, 1729-81）はその戯曲『賢者ナータン』において宗教的寛容を説くに際して、見かけでは区別のできないほどによく似た三つの指輪の寓話を紹介している。この三つの指輪とはユダヤ教とキリスト教とイスラームという三つの一神教を表す。またこの寓話は、元来レッシングの発案によるものではなく、ヨーロッパ中世にはすでに存在しており、それが一四世紀のボッカチオ（Giovanni Boccaccio, 1313-75）の『デカメロン』を経てレッシングに至ったという。[35]

さて、レッシングは『賢者ナータン』で、この寓話を大要以下のように描いている。場面はエルサレムであり、そこに駐在中のスルタン・サラディンがユダヤ人の賢者ナータンを呼び出して、ユダヤ教とキリスト教とイスラームのうちのどれを真なる宗教とみなしているかを問う。この下問に対してナータンが答えて物語るのがこの寓話である。

東方の或る家族に、計り知れないほどの価値があり奇跡を起こす能力をもつ指輪が伝わっている。元来それは、父から最愛の息子一人に対して遺贈することが何世代にもわたって繰り返されてきたのだが、最後に三人の息子をもつ父親が受け継いでいた。この父親は三人の息子の誰をも同じように愛していたので、どの息子にも指輪を贈る約束をしていた。そこで彼は思案の結果、彼自身も区別できないほどにオリジナルの指輪と寸分違わない指輪をもう二個つくらせた。そして、彼は死に先立って三人の息子のそれぞれにそれらを一つずつ与えたが、息子たちは各自、自分こそが本物をもらったと信じていた。

その後、息子たちは、自分こそが父親から本物の指輪をもらった者であると主張し合うことになり、最終的に、どの指輪が本物であるかの判断を裁判官に委ねることとした。これに対して裁判官は、この指輪が、それを所持する者を、神にも人にも好ましい者となす奇跡を起こす力をもつとされている事実を利用して、極めて巧緻に富んだ以下のような裁定を下す。

よかろう!
皆それぞれに、先入見にとらわれない
清らかな愛を求めて励むがよい!
自分の指輪の宝石の力を発揮させるよう、
お前たち皆が競争するがよい!
その力を、寛大とか、

善行とか、神に対する極めて熱烈な
帰依とかをもって、助けるがよい！(36)

こうして裁判官は、指輪の所持者の各自の生き方が素晴らしければ指輪の奇跡の力が発揮されたのであり、そのように生きている所持者こそが本物の指輪の所持者であると証明されたことになるのだ、と宣告するのである。

この寓話について、キリスト教とイスラームとの関係についての研究者であるハーゲマン（Ludwig Hagemann, 1947- ）は以下のように指摘している。

> レッシングが言いたいことは次のことである。三つの指輪――三つの一神教のシンボル――はいずれも神の贈り物である。それらのいずれが本物であるのかという問題は決定不可能である。決定的なことは、指輪を帯びている者がそれをいかに扱うかである。自分の指輪から、つまり自分の宗教から発する力は、各人の生涯において見えるようになるはずであり、人間としての連帯、平和愛好そして寛容という形になって、いわば「自らを啓示する」のである。そこに、三つの宗教のいずれに対しても、その信奉者が善い事で競い合うことを要求するという「神の啓示」の秘密が存在する。この思想に接するとわれわれはおのずと、同じ方向を示している次のような『コーラン』の一節を思い起こすことになる。「……たがいに競って善行にはげめ。汝らがどこにいようと、神は汝ら全部をひとところに寄せ集めたもう。まことに神は全能であらせられる」（『コーラン』二・一四八、また五・四八も参照）(37)。

つまり、この寓話によってレッシングは、どれが真理性を有する宗教であるかは決定不可能であるとする点ではロックと同じ前提に立ちつつ、宗教の社会的意義としての実践に着目して、宗教集団同士が実践において平和的に競い合うことを提言しているわけである。その結果、それぞれの宗教集団は自他いずれの社会に対しても善事を実践することになるというのである。

この点において、ハーゲマンの以下のような指摘、すなわち「宗教間の理解にとって決定的なことは、神学の理論的次元ではなくて信仰の実践的な有意性であり、教義ではなくて道徳であり、教説ではなくて生そのものなのである[38]」は当を得たものであろう。そしてこれも、われわれが先に考察してきたような、儀礼の多様性を容認することが寛容の成立に重要であるという視点と密接に関わっているであろう。

(3)「一つの月が万の水に浮かぶ」

最後に、寛容論としても理解可能である仏教における一つのメタファーを考察してみたい。それは鈴木大拙が『大乗仏教概論』において紹介しているものであり[39]、仏典の『華厳経』に「如日月停空　影現一切水　菩薩亦如是遍満大壱千界[40]」として、また法然[41]や日蓮[42]等の著述にも見られるものである。

仏教における本来の意味は、鈴木大拙によると以下のようなものである。

雲一つない夜空に月が銀色に輝くとき、その姿は地上の水滴の一粒一粒、水面の一つ一つに映し出される。……それら水溜りには泥で濁ったものやきたなく汚れたものもあるが、だからといって月光が自分の清浄な姿をそこに映すことを拒否するなどということはない。……どのような形であれ、水のあるところならどこにでも、夜の女神の神々しい姿は現れる。菩提心もこれとまったく同じである。ほんのわずかなりとも心の温かみのあるところならどこにでも、その状況に最適な形で菩提心は必ずその姿を輝き現すのである[43]。

この「一月浮万水」と記されることの多い思想を、本書第Ⅱ部第一章8で論及したクザーヌスの〈signa-signatum〉の思想と結合して、さらにこの表象の位相を一段深めて考えるならば、諸宗教の間での寛容を成立させる比喩として利用することができるであろう、と筆者は考えている。すなわち、元来この比喩そのものは仏教における菩提心とその具体的な現れを説明するものであるが、その仏教の真理も、人類に普遍的な一なる真理の多様な現れを映している一つの水面とみなすことも可能だからである。

このように捉えるならば、現実に存在する多様な宗教はそれぞれが多様な状態にある水面であって、そこに一なる月光としての真理が映現していることになり、その映現の様は「その状況に最適な形」となっていると理解することができるだろう。「田毎《たごと》の月」で有名な冠着山にまつわる和歌が『古今集』にも収められていることからも明らかなように、伝統的に月光とその映現に特別に繊細な美的感覚を有する日本人らしい寛容の比喩ではあるが、地球上のどこにも水面は存在するので、地球上のすべての人々に納得してもらえる比喩であると言えるだろう。

6　言語能力とのアナロジーによる寛容論

最後に筆者が「文明の衝突」の時代にもっともふさわしいと考える寛容論として、言語能力とのアナロジーによるものを挙げたい。これについては、以前に発表したことがあるので（『宗教研究』第二六〇号）[44]、ここではその内容については簡単に紹介するにとどめて、その今日的な意味に焦点をあてる形で論じることとする。

いかなる人種または民族に属する人間であろうとも、或る他の言語の使用される社会内の適切な環境で育つならば、その人種的出自とは無関係に、その社会で使用されている言語を完全に身につけることが可能である。この事実は、情報伝達の手段が驚異的に発達し、グローバリゼーションが進行している現代にあっては、西洋人の顔をして完璧な日本語を話す人がいる例などでよく知られている。つまり、人間という生物学的な類には共通の普遍的な言語能力が潜在的に備わっているということである。

しかし、この普遍的な言語能力は、それそのものとして発現することはなく、必ず日本語とか中国語などという具体的な言語の習得と使用として発揮されるのである。同時に、こういうものとして習得された母語は、各人とって他の言語と容易に代替できるものではない。以上のような事態を逆に捉えるならば、世界中に互いに相違したものとして成立し使用されている多様な諸言語は、いずれも万人に共通な一なる言語能力に基づいて発現していることになる。

この構造をアナロジーとして用いて、具体的な諸宗教とその発現の根底に存在する普遍的な宗教能力（宗教性）という構造を明らかにすることで宗教的寛容を根拠づけようとするのが、この寛容論の目的である。典型的な事例は、一六世紀末の英国国教会の神学者にして法哲学者であったフッカー（Richard Hooker, 1554-1600）の以下のような主張に見出される。

注目すべきことには、世界中のあらゆる人間の間に言語能力がなくてはならないものであることを肯定する人でも、その場合にあらゆる人間が必ず一種類の言語を話さねばならないと主張することはないのである。これと全く同様で、あらゆる教会において政治と統治〔教会の組織運営および儀礼執行等〕が必要であるとしても、それは、すべての教会においてなんらかの唯一の形式が必要であると主張せずとも、成立することであろう。(45)

この寛容論の構造を要約してみると以下のようになる。あらゆる人間が、共通の一つの宗教的能力または宗教心を潜在的に所有しているが、この宗教心はキリスト教とか仏教などという現象的には互いに相違した具体的宗教システムとして現実化されている。この事態を逆に見れば、一つの普遍的な宗教を想定することも可能であるが[46]、現実には、言語の場合と同様にそのようなものは存在せず、多様な宗教が信仰されているのであり、同時にその個々の宗教は、それを信仰する者にとっては他の宗教と容易に代替できないほどに親密なものとなっているのである。

この寛容論は、フッカー以後、西洋近代の一七世紀末にピエール・ベイル（Pierre Bayle, 1647-1706）によって[47]、さらにはヴォルテールによっても用いられている[48]。しかし、この二人の場合には、とりわけヴォルテールにおいては、この比喩はその寛容論の主要部分を構成しているのではなく、むしろエピソード的に活用されているのである。

その理由として二つのことが考えられる。その第一は、この二人が活動した時代には「自然的宗教 natural religion, religion naturelle」という概念あるいは思想がすでに市民権を得ており[49]、宗教集団同士の寛容はヨーロッパの内部においては達成されつつあったということである。第二の理由は、この時代にこの二人が求めていた宗教的寛容は、さらに深化されたものとしての個々人における信条の自由の確保としてのそれになっていたことである。そして、フランス革命において人権宣言が発せられることで、この個人における思想・信条・信教の自由の権利は公認されることとなった。この段階において、この「言語能力とのアナロジーによる寛容論」は西ヨーロッパにおいてはその使命を終えることになったのである。なぜならば、この理論は具体的な言語とのアナロジーに依拠しているものであるが、具体的言語の使用においては、個人はまずもってその言語を使用している集団の言語ルールに服さねばならないのであるから、この事態を宗教信仰に適用すれば、その限りで個人の信教の自由は容認されないことになるからである。

しかし今日、この新たな世紀の始め以来言われている「文明の衝突」の時代には、この寛容論がその命脈を復活されてしかるべきではないか、と筆者には思われるのである。なぜならば、われわれが今日直面している問題状況は、一六世紀にフッカーが西ヨーロッパ内部において直面していたもののグローバル化に他ならないとみなすことができるだろうからである。つまりフッカーの時代、西ヨーロッパではキリスト教の諸宗派間に抗争が発生しており、それの解消のために彼はこの寛容論を案出したのであったが、それから数世紀を経た現代は、同様な抗争がより大規模に、例えばキリスト教対イスラームという形で生じつつあると捉えられるからである。

こういう状況だからこそ、改めてこの寛容論が独自の有効性をもちうるのではないだろうか。なぜならば、これは共通な言語能力の遍在と類比的に、一なる共通の宗教的能力の遍在を確認することから出発して、現実に存在する諸宗教をいわば多様な儀礼の体系と捉えて、それらをどれか一つに還元しようと試みるのではなく、それらの間に優劣をつけるのでもないからである。

この点については、イスラームにおけるアラビア語の特権性が障害になるかもしれない。たしかにイスラームには、ムハンマドへの神の啓示がアラビア語でなされたことをもって、その啓示を他の言語に翻訳してはならないという伝統がある。しかし、このような特定の言語の特権性は、実はカトリック・キリスト教世界においてもかつてはラテン語のそれとして存在した。しかし、もし上述のような普遍的な言語能力と具体的な諸言語との関係、および宗教的真理と具体的言語表現の限界との関係をもって考察するならば、この特権性は超えられるであろう。そのための有力な手がかりとして、本章の第5節(3)でも論及している〈signa-signatum〉の思想、および同じくクザーヌスによる、人間の認識能力の限界と、その限界のゆえにこそ超越を求めるという〈docta ignorantia〉「覚知的無知」の思想を挙げることができるであろう。

このような筆者の提案に対して、これは西欧啓蒙期の比喩の復活であって時代遅れではないか、という反応があるかもしれない。たしかに、これは復活である。しかし、それゆえにこれを単純に時代遅れとみなす視線があるとすれば、それは西欧近代から生み出された「進歩史観」に自らが囚われていることに他ならないと思われる。

翻って考えてみると、現代は、西ヨーロッパが再び他の世界と出会っている時代でもある。しかし、その出会い方が啓蒙期以降とは異なっているのである。かつて西欧社会は自陣営の圧倒的優勢という状況の中でアジアおよびアフリカ等と出会い、その結果、それらの地域の多くを植民地化することによって、これらの世界と対等の立場で向き合うことをしないで済む状況をつくり上げた。

それから二世紀ほどの年月が過ぎて、前世紀の後半にこれらの社会は相次いで植民地支配から独立した。しかし、これらの社会がその自立性をようやく回復して欧米と対等の存在であるという自己認識のもとに対峙し始めたのが、前世紀の末期以降の状況であるとみなすこともできるだろう(50)。

だからこそ、アメリカの政治学者ハンチントンは、これを「文明の衝突」と表現せざるをえなかったのである。前述のように、啓蒙時代にもたしかに異なった文明相互の出会いは存在していたのであるが、それはいわば西欧文明の他の文明への侵入という形で成立していたのであり、それゆえに啓蒙時代の思想家たちにとって、当時の他文明との出会いは「衝突」というような、対等の関係を前提にする表現にはなりえなかったのである。しかし、彼らの理論的到達点は、すでにあの時代において普遍性を獲得していた。だが、当時の時代状況はその普遍性を実際に世界規模で検証することを可能としなかった。そして、むしろ今、初めて啓蒙思想家たちの理論的な到達点が実践において試されることになっているということなのではないだろうか。それが真のポスト・コロニアルの時代状況だと言うべきではなかろうか。

7　根源的寛容

この考察を締めくくるにあたり、最後にありうべき寛容について述べてみたい。「寛容」という語はラテン語の toleratio に由来することは周知の通りである。この語は動詞の tolerare の名詞形であるが、この動詞は「蒙る、耐える、維持する」といった意味である。それゆえに、「寛容」という概念には、自ずと〈自分の側の正しさ〉が前提にされているのであって、その前提の上に、自己のものとは異なる立場をも、いわば「我慢してやる」ということが含意されているのである。

しかし、このような自己理解からは真の寛容は成立しないと思われる。なぜならばこの立場においては、自己が我慢できる範囲においては他者に対して寛容であり続けることが可能であろうけれども、いったん、我慢の限界を越えると（もしくは、我慢の限界を越えたと自分が判断したならば）、この寛容は容易に破棄されるであろうからである。また、単に自分の側が弱いので受忍しているだけであるという「寛容」の場合も、もしその立場が逆転して自分の方が強い状況が成立すれば、この「寛容」はたちどころに破棄されることになりやすいであろう。

グローバリゼーションの時代に要請される寛容とは、このような、自己の立場を自立自足的に〈よし〉とした上で他者を容認するという意味での寛容ではないことはもとより、いかなる立場もまったくの等価であるからどれもが許容されるべきであるという近代主義的な単なる相対主義 relativism でもなくて、〈他者〉あるいは〈自己とは異なるもの〉によって自己もまた存在させてもらっているという認識に立った上での寛容、すなわち〈他者〉の尊厳と〈他者〉からの恵みとについての深い認識に立った寛容であろう。

そのためには、世界中の多様に存在するものが相互に支え合っているからこそ、自己が自己でありえているという認識に立つ世界像を共有することが必要となるであろう[51]。筆者はこれを、多彩な糸をもって異なる網目構造で球体に紡ぎあげられた世界としてイメージしている。全体が多様な文化で色とりどりに美しく構成されていて、同時にそれの中のたった一つの結び目が壊されても、波及的に全体に影響が及んで球形が成り立たなくなるような世界である。このような世界像が共有されるときに、真の寛容が成立するのではないだろうか。

第二章　〈文明の衝突〉を超える視点

1　〈文明の衝突〉とは何か

一九九三年にハーバード大学の政治学教授ハンチントンが「文明の衝突？」[1]という論文を発表して以来、〈文明の衝突〉という世界の捉え方が注目を集めた。その後彼は、この論文を拡張した形で一九九六年に『文明の衝突』[2]という一冊の本を出版し、さらに話題の的となった。ハンチントンのこの視点については、発表直後からさまざまな批判がなされていたが、それでも〈文明の衝突〉という言説は、とりわけジャーナリズムの世界で一人歩きをする形で注目され続けていた。そして、二〇〇一年九月一一日に発生した「九・一一」以来、ハンチントンは〈文明の衝突〉の予言者であったと言われるとともに、〈文明の衝突〉こそが二一世紀を刻印する自明の事実のように言われることとなった。

あの日、イスラーム過激派の若者たちが乗っ取った二機の旅客機がニューヨークの貿易センタービルに乗客もろとも相次いで衝突したことは、まさにイスラーム文明と西欧文明という二つの文明の「衝突」の象徴として、ほとんど世界中で受け取られた。その際に重要な役割を果たしたのは、この事件の発生場面が最先端技術により映像として繰り返し世界中に配信されたことである。その結果、「西欧文明」側では社会の中に大きなショックが生じ、ジョージ・W・ブッシュ第四三代アメリカ合衆国大統領は「対イスラーム十字軍」を口走るに至った。そればかりか、シニカルで冷静なはずのフランスのジャーナリズム界の、とりわけシニカルな『ル・モンド』紙上にも、「ハンチントンの主張は、マンハッタンの恐るべき惨事によって立証されたようだ。……われわれは大戦争の始まりを生きているのである」という署名入り論説が登場することになった、とクレポンは伝えている。(3) 他方、「イスラーム文明」の側でも、これを〈文明の衝突〉として捉え、それにおける勝利の第一歩だとみなして歓喜する民衆がいたことは、同じくマスメディアで伝えられた。以来、この地球上には、〈文明の衝突〉という言説が跋扈しており、ともすればあらゆる紛争をそれに還元して事足れりとする傾向さえあるように見える。

しかし現在、世界の諸地域に発生している諸紛争——残念ながらわれわれは諸紛争が存在するという事実は認めざるをえない——のうちに、ハンチントンの主張するように〈文明の衝突〉の現れとして解釈すべきものが本当にあるのだろうか。このような疑問を呈する権利がわれわれには、とりわけ東アジアに生きるわれわれには存在するはずである。

以下の考察は、〈文明の衝突〉が現実に存在していることを前提にしてなされるものではなく、人口に膾炙している〈文明の衝突〉という思想現象を前提にして、そこから生み出されている「幻想」を考察の対象とし、それを超える視点を確保しようとするものである。

2 〈文明の衝突〉と言われるものは実在するのか

(1) 「文明」とは衝突できるものか？

ハンチントンの〈文明の衝突〉に対してまず疑問に感じることは、「文明」とは衝突できるものであるのか、ということである。そこで、まず「衝突」が成立するための条件を考えてみよう。

第一に、世界には複数の「文明」と言われるものが現存していなければならない。「文明」civilization という概念が初めて成立したのは、一八世紀フランスにおいてのことであるが、当初は「未開」や「野蛮」に対する概念として、「文明」は単数形で表記され、いわば西ヨーロッパにしか存在しないものとされていたという事実は、今ではよく知られている。その後、一九世紀初頭に至って複数形でも用いられるようになった[4]。こうして、欧米人の思考の中に複数の文明が存在すると認識されるようになって今日に至っている。この意味で、たしかに複数の文明が存在していると言えよう。

第二に、〈文明の衝突〉という思想が、「文明」をある種の擬人化によって「衝突の主体」となりうるかのように扱っているという表現上のあいまいさをもっていることを前提にしながら、そうではあっても、その衝突の当事者となって「衝突」と言われるような事態が現象するためには、一つの文明が他のそれと明確に区別されていることが不可欠であるということも指摘しなければならない。

ハンチントンが挙げている諸文明とは、中華文明、イスラーム文明、西欧文明、東方正教会文明、ヒンドゥー文明、ラテン・アメリカ文明、日本文明の七つであるが、それにアフリカ文明を付加することもある。

では、これらの文明は、互いに明確に区別されているものであるのだろうか。われわれがその当事者である「日本文明」を例にとって考えてみよう。これはどの点で、隣接する中華文明と明確に区別されるのだろうか。もし「日本文化」と「中国文化」という表現で比較するならば、当然のことながら互いに区別をつける形で双方を取り出すことは可能である。しかしその場合でも、両方の文化に共通なものがあることを排除しないし、それが自ずと「衝突」するということも想定しがたい。

またハンチントンによれば、日本は一つの文明圏を形成しているとされているのに対して、朝鮮、台湾、ヴェトナム、それにシンガポールは中華文明の圏内とされている。おそらく彼は、現状での経済力を判断の基礎に置きながら、歴史的にみて中国による明確な冊封体制下にあったか否かで、朝鮮ならびにヴェトナムと日本とを区別して、日本は独自の文明圏をなしていると捉えたのであろう。しかし中国からの文化的な影響関係からみると、日本と他の二国との間に実際にはそれほど大きな差異は見出せないであろう。そもそもわれわれ日本人が属している文明があるとして、それをハンチントンの言う意味での「文明」として「日本文明」であると主張するだろうか。歴史的にさかのぼっても、冷静な考察に立った上でそれを主張した日本人がいたとは、寡聞にして知らない。[5]

同様なことは、西欧文明と東方正教会文明との間にも見出されるはずである。そればかりかイスラーム文明についても、「一枚岩的なものとしてのイスラームは《ウンマ》［イスラーム共同体］というフィクションにおいてのみ存在するが、政治的現実としては存在していない。……単数形の《イスラーム》は、観念の産物である。……《イスラームの諸世界》［という複数形］について語ることのほうが適切である」[6]という、ドイツの国際政治学者ディーター・ゼンクハースの指摘がある。

さらに、逆の形の疑問も生じる。西欧文明の中に、大陸を異にし、歴史的にも大きな違いのある「新世界」、すなわちアメリカ合衆国がどうして含まれるのだろうか。事態を冷静に捉えるヨーロッパ大陸側の人間には奇異に映っているに違いない。

つまり、ハンチントンの文明設定はたぶんに恣意的であいまいであることになる。それは、そもそも「文明」というものが、ハンチントンの利用したい概念枠組みに適合するほどには明確に区別されえないことを示しているであろう。

このように考察すると、「文明」が衝突すると主張することには無理があることになる。おおまかに捉えれば、たしかに単なる「文化」よりも大きな影響力をもつ「○○文明」と名づけうるような一定の伝統的広がりが存在するとは言えよう。しかしそれは、その中核にいっさい変化することのない独自性をもつものではない。つまり、文明本質主義は成立しないのである。隣接する文明圏との間に相互交流とそれにともなう相互影響が存在してきている。比喩的に表現すれば、諸文明圏は空にかかる虹の七色のように、グラデーション的な相違をもって展開しているのであり、他の文明圏とはいわば互いに重なり合いながら存在しているのである。ハンチントンは、そのような状態の中から自分の「理論」構成に都合のよい部分を選んで強調することで、それぞれの文明の完結性と独立性とを主張しているのである。

この恣意性については、実はハンチントンも自らは気づかない形で自認しているのである。なぜなら、彼にとって「文明」が問題になるのは、それが侵略する力を、（より平和的に表現して）それが作用する力をもっているという点であるが、文明について彼が想定しているこのような事態は、他方において彼が「文明」について想定している、「衝突」の主体となるほどに自己完結性を有する「文明」というものとは矛盾することになるからである。

そもそも地球上の文化の相違を、まずは自己中心主義的に「文明」と「野蛮」とに二項分割すること（これはどの社会でも生じがちなことではあるのだが）が誤りなのであり、それはその後にも続く誤解の原因にもなっているのであろう。改めて「文明」という語の原語であるフランス語の 'civilisation' という語を考察してみれば、これは 'civiliser'「……を文明化する」という動詞から成立した名詞であり[7]、状態を意味しているというよりも、「文明化する」(野蛮から脱け出させる)という作用とその結果という意味をもっている。さらにこの語の成立の経緯を想起してみよう。すなわち、一八世紀フランスで、つまりアジアやアフリカを盛んに植民地化していた時代の植民地宗主国においてこの語が成立したのであり、大いに乱暴な事態が含意・表象されていることになるのである。つまり欧米語の「文明」という概念は、「他者を(自己の文明の影響下に入れるという意味で)文明化する」ということを含意していることになる。この点にこそ、ハンチントンの〈文明の衝突〉という思考が生まれてくる一因があるのだろうし、この思想がまずは西欧において支持された遠因でもあるのだろう。たしかに「西欧文明」にはこういう傾向がある(あった)かもしれないが、しかしすべての文明がそうであるとは限らないのである。

(2) 〈文明の衝突〉とは、「文明」の「衝突」ではない

一般的に日本人は英語の civilization を「文明」と翻訳して受け取っている。また、civilization とはかなり語源的含意を異にする culture を「文化」と翻訳して受け取った。この日本的状況(あるいは東アジア的状況)を「文」という語の意味に注目しながら捉え直せば、次にように言えるであろう。本来「文」は「武」と対立する概念であり、後者は暴力的な衝突につながる意味をもつが、前者「文」はそれと正反対の意味をもつものである。それゆえに東アジアでは、「文明」は「文明」である限りにおいて「衝突」するようなものとはみなされてきていないのである。それは、福澤諭吉(一八三五—一九〇一年)の『文明論之概略』も、また大隈重信(一八三八—一九二二年)の『東西文明の調和』も示しているところである[8]。

しかしながら現今の世界には、これこそ〈文明の衝突〉の具体例だと指摘されるような紛争が存在していることも

たしかである。だが、それらは本当に〈文明の衝突〉なのであろうか。まずは、〈文明の衝突〉とよく似ている「宗教戦争」と言われるものに一瞥を向けてみよう。一九六〇年代末以降にイギリス全土を巻き込む形で展開された「北アイルランド紛争」というものがある。この紛争の表面的に見える形は、カトリックとプロテスタントとが争っているというものであり、「宗教戦争」の一つだと言われやすかった。しかし、実際には、次のような歴史的な政治状況が原因であったのだ。一七世紀の始めにこの地域を植民地化したスコットランドとイングランドは、そこに植民者を送り込んで植民地化を進めながら、この地域の原住民であるアイルランド人を二級国民として扱った。ところがこの植民者たちは、スコットランドとイングランドの出身であったので、当然のことながらプロテスタント・キリスト教徒であり、他方、イギリス領とされた北アイルランドのもともとの住民は、アイルランド島の住民の全体がそうであるように[9]、カトリック・キリスト教の信徒である。このような住民構造の中で、原住民たるアイルランド人はさまざまな差別を受けることになり、その状態は二〇世紀まで続いてきた。これに対しては原住民側から、時には暴力を行使しさえする抵抗運動が行われるようになり、これに対抗して植民者側からも暴力行使をもともなう行動がなされるようになったものが、「北アイルランド紛争」である。これは、カトリックとプロテスタントという異なった宗派が、宗派が異なっていることを理由にして衝突した「宗教戦争」ではない。教育や職業、社会的諸権利において差別された弱者の側が支配側に対して行った抵抗運動であり、その場合の弱者と強者とが宗派において異なっていたというわけである。しかし実際の紛争の激化の過程では、互いに自分のグループ内の結束を固めるために、「絶対的相違」であり、「アイデンティティ」の根拠ともなりうる「宗派の異なり」という側面を内外に向けて強調することが、双方において行われたことは事実である。

〈文明の衝突〉という言説についても、これと同様の構造が見てとれるのである。例えば、ハンチントンによってそれの典型とされている第一次イラク戦争（湾岸戦争[10]）は、現地の政治情勢をみればクウェートとイラクとの領土争いであり、国際政治的にみればクウェートとイラクとの国境地帯にある石油資源の争奪戦であった。戦争の遂行過程でイラクのフセイン大統領は、この戦争をイスラーム世界に対するイスラエルおよびその支持者であるキリスト教諸国による攻撃であるという構図を描いてみせながら、アラブ世界に団結と支援を呼びかけた。これは本来、フセイン大統領の思想とは異なる政治行動であった。なぜならば彼はバース党(アラブ社会主義復興党)による一党支配体制のもとでの大統領であったのだが、バース党は元来がイスラームという宗教が政治に関与するのを否定しつつ政治を運営することを旨とする世俗主義的傾向の強い政党だからである。つまり、フセイン大統領のこの呼びかけは、戦況を自分の側に有利に展開しようとする便宜的な政策であったと言えよう。

同様な政治操作は、戦争を仕掛けた米国側にもあった。G・H・W・ブッシュ第四一代大統領は、自国だけが戦争遂行の主体になることを避けるために、三四ヵ国からなる「連合軍」allied forces を組織した。この allied forces という語は、日本では「多国籍軍」と、おそらく意図的に誤訳されてマスメディア上で使用されたが[11]、この英語が国際舞台で想起させるものは第二次世界大戦における「連合軍」のことである。つまり、この語は一般にファシズムに対抗して自由と民主主義を守る正義の戦争というイメージを強く喚起する力をもっている。それを利用してブッシュ大統領は、自由と民主主義は西欧側にしか現存しないのだが、この「連合軍」に参加する国々は、それぞれの国でそれの実現を約束しているのだと、さらに、四五年前の連合軍と同じように輝かしい勝利を収めることが約束されているのだと、主たる戦争参加国である米国と英国の国民にアピールしようとしたのである。こうして、ブッシュ大統領は自分の始めた戦争への国内外の批判をかわすとともに、さらに自分の側の団結を固めようとしたのである。

ここに見てとれる構造は、〈文明の衝突〉としての戦争が存在したということではなく、まずは物質的な利害対立に起因する戦争があり、それを双方が自分の側に有利に展開するために「文明」という材料を戦争に動員したということである。前掲のゼンクハースも以下のように述べている。「文化的紛争が起きるのは、他の権力資源が不足するため、言語、宗教、歴史が意図的に動員され、対立の道具として用いられるときである。このようなケースで、文化の源泉へ回帰することは、それ自体のためではなく、権力のために生じているのであり、原典の解釈は、テキストの正確な解釈を目的とするのではなく、権力のためになされるのである[12]」。

つまり、たとえ異なる文明の間に生じる紛争があるとしても、その原因は、ハンチントンが主張するような文明の相違にあるというわけではない。紛争を自分の側に有利に展開するために、自分の陣営に対して、この紛争はわれわれのアイデンティティの存亡に関わる戦いなのだ（注（46）の箇所に示したハンチントンの発言を参照されたい）と強調することで内部の結束をはかるとともに、外部からの支援を得やすくするための手段として、〈文明〉を動員しているということなのである。

3　なぜ〈文明の衝突〉が一定の支持をうるのか

前述のように、事実としての〈文明の衝突〉が現実には存在しているわけではないにもかかわらず、なぜ〈文明の衝突〉という言説が今日の世界で一定の支持をえているのだろうか？　それは、地球上のどの地域でも、民衆レベルに、何か〈異なるもの〉とか〈他者〉によって自分たちが犯されているのではないか、自分たちの生活領域が侵されているのではないか、という不安感が卓越しているからだと言えよう。そして、その原因としては以下のようなものが挙げられるであろう。

(1) 科学・技術の「進歩」と人間の現実的生との齟齬

人間はたしかに数学のような精緻な世界を構築することが可能な存在であるが、自分自身の生き方をそのように精緻なものとして実践することは不可能である。また、数学の応用版ともみなしうる「科学・技術[13]」一般は、たしかに数学ほどに精緻に構築されたものではなく、それゆえに一般の人間の日常生活においても利用可能な側面をもつのではあるが、それでも、人間が科学・技術の「進歩」に即応して生き方を変えることは、常に誰にでも可能であるというわけではない。

このような齟齬が、科学・技術の卓越的に機能する社会に生きる人々に不安感を醸成させているのである。生活が便利になることは歓迎できるが、その便利さを自分の制御の下におくことができないもどかしさが不安に転じている、と言うこともできよう。その主たる原因は、科学・技術が発展すればするほど、一般人にとっては、それが機能するメカニズムやシステムがブラックボックス化して理解不能になるからである。

さらに、科学・技術の発展は労働現場での機械化の進展を促進し、労働に携わる人々は機械に使われているという感覚に襲われやすい。そればかりか、機械の機能についていけないことは、自らの労働者としての地位を失うことを意味するという理解が成立する。すでにほとんど死語となるほどに普遍化した「オートメイション化」は、実際に大量の労働者を不要な存在とした。つまり、その領域での失業者を増やしたのである。

以上のような状況は、一九世紀初頭にイギリスに発生したラッダイト運動に類似した心理状態を、現在、世界中で生み出しているとみなすことができよう。

⑵〈競争〉の激化

科学・技術が世界中を覆うようになったことで、物的資源のみならず、本来はそれを利用して幸福に生きるはずの人間が、それも世界中の人間が同じ一つの基準でくくられた上で、「人的資源」とみなされるようになった。この結果、現在ではさまざまな分野における人間同士の競争が、歴史上かつてなかったほどに熾烈に展開されている。

具体的に説明するならば、以下のような側面が存在している。まずは、人が人と競争するという場面である。

1　競争する相手の数が無限大になりつつある。これの見やすい例はスポーツ界である。科学・技術の進歩によって、今やスポーツ選手の能力の比較が地球規模で可能になり、より有力な選手はより有利な条件で契約できるが、少しでも劣った選手は契約から排除されるという状況が生じている。同様な競争がスポーツ以外のあらゆる分野で生じつつある。その結果、ある時点で競争の頂点に立った人でさえも、次の契約時には地位を失う可能性を想像できるので、安心してはいられないのである。

2　次に、「人的資源」間に見出されるわずかな差異さえも、科学・技術を利用して数値化されることで、違いが歴然と示され、その結果、「劣った」数値を帰せられる人物の労働市場からの排除が合理化されやすいという傾向が生じている。つまり、「合理的に敗者と判定される」という場面が生じやすくなっており、「敗者」と判定された人々には、社会の中で居場所がなくなるどころか、逃げ場さえもなくなるという事態が生じているのである。

3　さらに、先の1で述べた状況から生じる、人が機械と競争させられるという側面がある。まずそれは、同じ労働について人間が機械との間で、能率性をめぐって競争させられるということである。そればかりではなく、機械を使用している労働者が、機械の反応の速さに応じて自らの作業を速くしなければならないという意味での競争もある。これは、前述の「機械に使われている」という状態の一種ともみなせるのであるが、当人はそのように意識することなく、より効率的に成果を出そうという前向きの姿勢をもって働いているのだが、気づいてみると大きなストレスがかかっているという状況である。

4　今述べたことも密接に関わるが、現代では人が時間（機会）と厳しい競争をさせられることが多い。その典型例は、労働現場で作業の合理化を進めるために、ストップウォッチによって労働者の作業を測定する光景に見出すことができる。そもそも人間は、大自然の変化に呼応する生命体としての本来的な時間（意識）をもって生きているのであるが、それとは必ずしも一致しない物理的時間観念によって人間の日々の生活が強く制御されているのである。これも人間に大きな不安を生み出している要因である。

(3)　post truth の横行――情報の洪水の結果

通信技術の発達によって、現代人は好むと好まざるとにかかわらず、世界中の多様な情報にさらされている。しかし、人間にとって意味のある情報量、あるいは処理可能な情報量は限られているはずである。それを超えると、情報としての意味はなくなり、単なる雑音（ノイズ）となる。だが、ノイズによってもわれわれの感知能力は消耗させられるから、その結果、感知能力がほとんど麻痺して、逆に自分にとって必要な情報にさえも適切な応答ができなくなるという状況が生じやすいのである。

最近ではＩＴ技術の進歩により、音声情報や画像情報もふんだんにわれわれに提供されるようになっている。しかし、文字情報に比べると、音声情報、さらに音声を伴った画像情報は、それをコンピュータに記憶するに際して必要とする記憶容量の増大[14]に比例するような形で、より強くわれわれに作用するのであり、それに比例する形でわれわれは自分の感知能力を消耗させられているのである。

さらに現代では、これらの大量な情報がコンピュータの同一の画面上に現れることによる問題も生じている、という指摘もする必要がある。自分の前にある一つの画面上に、多様な情報が次々と出現する。その情報は、一冊の書物のように一見して判明な順序をもって並んでいるわけでもなく、ましてや、新聞紙上のように一般的な重要性の順序に従って配列されているわけでもない。信憑性の不明な多くの情報源（発信源）に由来する多様な情報が、同じサイズの画面に現れるだけである。

つまり、われわれが接する多様で大量な情報が自分にとってどれだけの価値があるのかということは、各自が判断しなければならないのである。これは大きな自由を手に入れていることではあるが、しかし、この事態はわれわれにとって常によいこととも限らない。われわれは自分の判断力に自信をもてないことが少なからずある。かつては、そういう場合のために「評論家」という存在がいた。彼らは、紙面上に登場して、その情報の価値を判断して読者に知らせてくれる特権的な読者であった。しかし、インターネットが卓越する現在の情報世界では、誰でもが発信者になりうるので、とうてい個々の情報の判定者の役割を果たしてくれる存在を的確に見つけることはむつかしい。その情報の信憑性を自身で判断しなければならなくなっているのである。これも大きな不安要因となる。われわれは、「ネットサーフィン」をすることによって、遊んでいるどころか、適切なナヴィゲーションの存在しないままに情報の「大海原」を漂流することになりかねない状況に置かれているのである。

このような情報の「洪水」と「大海原」に身をさらし続けた結果、人々が自分の将来に関わる重要な政治判断の場においてさえも、論理的な判断より感情的反応に身をまかせる傾向が強まりつつあると言われている。この状況を反映して、イギリスのオックスフォード大学出版局が「二〇一六年の言葉」（イギリス版流行語大賞）として'post truth'「ポスト真実」を選んだ。オックスフォード英語辞典によると、この単語は「客観的事実よりも感情的な訴えかけの方が世論形成に大きく影響する状況を示す形容詞」である。(15) この背景には、二〇一六年六月のイギリスにおけるＥＵ離脱の賛否を問う国民投票の際に、「ＥＵによってイギリスは多大の損害を被っている」とする宣伝がなされたが、その中には真実ではないことが多く含まれていて、英国民がその偽の情報によって「離脱賛成」に投票するように導かれた可能性があるという指摘が相次いだこと、および同年一一月のアメリカ大統領選挙の際にも、トランプ陣営が民主党の対立候補、および民主党のオバマ現大統領について虚偽情報を流して、自分の側を有利に導こうとしたという指摘が相次いだことがある。この傾向は必ずしもイギリスとアメリカに限られることではなく、高度に発達した情報通信技術が普及している社会であればどこでも生じる可能性があるものと捉えて、われわれも注意する必要があるだろう。

(4)「生きる世界」の拡大

現代では、前述の通信技術ならびに輸送技術の驚異的な発達によって、誰でもが「自分の生きる世界」の拡大を実感せざるをえなくなっている。[16]

具体的にいえば、前述の労働市場の拡大にともなう自己の地位の不安定化の背景になっている事態であり、また、日々使用する食料や物資が遥か遠くの国から運ばれてきたものであるという現実である。つまり自分の生が支えられている世界が拡大しているという実感である。

同じ理由によって、逆に自分が生まれ育った場所でさえも、将来にわたって自分の慣れ親しんだものとして存在し続けるという展望をもちにくくなっている、という事態も生じている。

この両方の事態の結果として、われわれは一人の幼い子どもがいきなり広い舞台に連れ出されたような感覚をもつようになっている。つまり、自分の立ち位置がわからなくなりつつあるという不安と恐れに駆られがちなのである。

そもそも人間は誰でも、自分なりの原点を確保し、それを基にして自分なりの世界についての座標を描くことで、安心してそれなりに安定した生活をおくっているものなのである。しかし現代ではその座標が描きにくくなっている。

広大な世界の中で自分の居場所を確保できないだけではなく、自分の故郷 Heimat にいてさえも故郷にいるような気がしない、つまり居心地の悪さ、不気味さ unheimlich を感じさせられることが多くなっているのである。すなわち、われわれはいわば故郷を失った者として、根こぎにされた者 déraciné として生きることを余儀なくされつつあると言うことができよう[17]。

この心理状態は、アイデンティティの喪失感という、いっそう深刻な問題を惹起する可能性が強い[18]。そして、この喪失感を埋めるために、「宗教復興」とか「スピリチュアリティ・ブーム」とかと称されるような社会現象が人々の間で生じているとみなせるであろう。

(5) 恐れと敵意と自己防衛意識

これまで述べてきたようなわれわれの生きる世界の状況によって、われわれはこれまでの人類が経験したことがないほどに頻繁に多種多様な〈なじみのないもの〉、〈異なるもの〉、〈他者〉(E.: strange; F.: étrange; D.: fremd) と遭遇している。それは、人や物だけではなく、技術や情報、状況でもある。しかし人間は〈なじみのないもの〉に対しては、生命体としての自己保存本能から自ずと警戒心と恐れを抱き、場合によっては敵意さえも抱くことになる。それは、子どもに顕著であるが、大人であっても精神的に余裕のない状態にある場合には、あるいは自身を取り巻く状況を客観的にながめることのできない人は、容易にそのような状態に陥る。これは人々に強い不安感を醸成し、ひいては社会全体を不安定にしかねない危険性をはらんでいる。

なぜならばその不安感は、それの解消(解決)のためのはけ口を身近に存在する〈なじみのないもの・異なるもの・他者〉に求めるとともに、そうすることで逆に自己の存在を絶対的に肯定しようとするショーヴィニズムを容易に育むからである。

この具体例を二〇世紀前半のヨーロッパに見出すことができる。当時、急速な資本主義社会化と、それを基礎で支える役割を果たした近代の科学・技術の荒波にもまれたヨーロッパの市民たちは、自分たちの不安感と苦境の原因を身近に存在する〈異なるもの〉としてのユダヤ人に見出して（なすりつけ）、彼らを社会から排除するばかりか抹殺しようとさえしたのである。これのメカニズムは、E・フロムが有名な著作『自由からの逃走』において活写している通りである。[19]

そして現代欧米では、市民が抱いている不安感と、直面する苦境の原因とをなすりつける対象をどこに求めようとしているのだろうか。自己の社会内に暮らしている〈異なるもの〉としての、とりわけイスラーム教徒（ムスリム）に対して、そのような感情と疑いの眼差しを向けているということではないだろうか[20]――自分たちの社会の必要性によって招き入れたムスリムなのであるにもかかわらず。

そして、このような状況から、目下、極めて厄介な事象が欧米に発生しつつある。多数派からの上述のような眼差しや対応に遭うことの多い少数派として欧米に生まれ育ったムスリムの青年の中には、自分の身の上に生じる不利益について、自分には一切の責任がなく、すべてが多数派による自分に対する不当な差別の結果であるという思い込みをもつ者も少なからず出現する。そのような思いに囚われた青年は、インターネットなどを通じてISなどイスラーム過激派の武力行動にリクルートされやすくなる。いわゆる「ボーン・ムスリム」が外国からの勧誘によってイスラーム過激派に参加するケースである。この参加には、自分の生まれ育った国からアラブとか東南アジアとかの紛争地域に出国して参加する者もいれば、自身は自分の国にとどまったままで、現在の発達した通信手段を介して過激派の指導部から指示を受け、自分の国の中で無差別テロを実行する者も出てきている。このようなボーン・ムスリムの過激派への参加を防止する方法は、ムスリム社会の指導層の協力も必要であるが、多数派の差別意識や差別行動をなくすことが不可欠である。しかし、無差別テロ行為が国内で実行されて犠牲者が出ると、少数派ムスリムに対する多数派の視線や態度はいっそう険しくなる。その結果、少数派の苛立ちはいっそう募ることになるという、悪循環が成立してしまうのである。欧米で現在進行中の事態が、残念ながらまさにこの状況である。

この悪循環をなんとしてでも断たねばならないのであるが、post truth な今日の社会状況では、この連鎖を断ち切ることは容易なことではない、実に深刻な状況と言わざるを得ない[21]。

4　交流の必要性

人間は、たとえ見知らぬ他者であっても、お互いが人間であることを認識すれば、敵意は、ただちに解消しないまでも減少する。そのためには、上述した〈異なる他者〉への警戒心と敵意を醸成しないような条件を整えた上で交流する必要がある。つまり、単なる偶然的な遭遇ではなくて、よく準備された交流が必要となるのである。以下でこの点を考察してみたい。

(1)　情報の交流

断片的な情報しか伝わらない状況下では、〈異なる他者〉への恐れから人間は妄想を膨らませがちである。それは見知らぬ社会に生きる人間に対しても同様である。否、そういう人間に対してこそ、より大きな妄想を抱くとも言えよう。その具体例をヨーロッパ中世において広まっていた「東方の驚異」伝説に見ることができる。インドには、一糸まとわずに動物のように自分の毛だけで覆われていて、魚と水だけを食料としているというイクティファグス（魚喰い人）や巨大なキュノケファルス（犬頭人）がいると描かれたり[22]、「荒野のインドの一部には、有角人、一つ眼人、また前後に眼をもつ人種がいます。彼らはサニットゥリ、セノファァリ、ティグロロペスと呼ばれています[23]」と叙述された。

そして、このような妄想は現代に生きるわれわれにも決して無縁ではない。今から七〇年ほど前、日本人の多くは「鬼畜米英」と教えられていた。アメリカ人とイギリス人は、人間の皮をかぶった鬼畜であるという意味である。それは、日本政府が戦争遂行のために国民を効果的に動員する宣伝手段として用いた表現であったが、当時の多くの日本人は、はるか離れた異国に住むアメリカ人とイギリス人が、自分たちと同じように感じたり考えたりする人間であると想像できるだけの情報を自らの手では獲得することが不可能であったので、このような宣伝でも信じたのである。単に信じただけではない。敗戦の際には、自分たち日本人は鬼畜によって耐えがたいほどのひどい目にあわされると思い込み、そのような目にあうよりは死を選んだ方がましだと考えて、自ら命を絶った人たちも、とくに直接の戦場になった地域では少なくなかったのである。まことに悲劇的な事態である。

このような思い込みと行動は、情報伝達の手段が当時と比較すれば格段に発達した二一世紀においてはもはや存在しないと考えがちであるが、そうとは断定しがたい。たとえ情報量が豊富であったとしても、その内容に偏りがあるならば情報の受け手である民衆は、その量の豊かさに比例して強い偏見を抱くことになる。相手に対してマイナス評価を下す〈思い込み〉としての偏見がいったん成立してしまうと、民衆自身は自らそれが偏見であるかどうかを判断するだけの手立てをもたないから、それを解くのは容易ではない。それゆえにこそ、民衆の間に誤った〈思い込み〉が成立しないように、十分な情報の交流が必要なのである。

このことに関わる極めて残念な具体例が二〇一六年一一月に日本で起きた。沖縄県の辺野古での米軍基地建設に反対して抗議活動をしている人々に対して、現地に派遣されている大阪府警の機動隊員が「土人」とか「シナ人」などと言いながら怒鳴りつけたのである。この背後には、いわゆるネット右翼を中心にして以前から、「翁長沖縄県知事は中国と特別な関係にある」、「親族が中国人と結婚している」、「抗議活動をしているのは地元の人ではなく『プロ市民[24]』である」、「そもそも沖縄の人間が日本政府の方針に反対するのはおかしい」といった「post truth な意見」が流されていたことがある。さらに、警察官が購読する専門誌には、これに類する記事がたくさん掲載されているとの指摘もある。つまり機動隊員は地元の人々の実情を知ることなく現地に派遣されているので、このような発言がなされることになるのである。[25]

(2) 人と人との出会い

正しい情報を得るだけでは人間の交流は深化しない。実際に人間同士が出会うことで、相手が自分たちの知っていた情報の通りであることを確認する必要がある。さらに、互いに出会うことによって、「百聞は一見に如かず」のことわざの通りに、情報によって理解していた以上の認識と相互理解が成立する。それは単に実物を見たとか実物に会ったという物理的な意味だけのことではない。人間とはその文字が表しているように、「世の中自身であると共に世の中における人である」という和辻哲郎（一八八九―一九六〇年）の指摘の通りの本質を有して生きているからである。[26]この点を、福澤諭吉も前掲箇所の直前で次のように言う。「元来人類は相交わるを以てその性となす。独歩孤立するときはその才智発生する由なし。家族相集まるもいまだ人間の交際を尽すに足らず。世間相交り人民相触れ、その交際いよいよ広くその法いよいよ整うに従て、人情いよいよ和し智識いよいよ開くべし[27]」と述べて、前掲の「文明とは英語にて……」と論じ進めているのである。

(3) 寝食を共にする付き合い

国の要人同士の相互訪問は、鮮明な映像と明瞭な音声を介して会議をすることも可能なほどに情報伝達の技術が発達した今日においても、減少するどころか、かえって頻繁に行われている。「〇〇サミット」というような、各国の要人が一堂に会して、さらには同じ衣服さえもまとって数日間にわたり寝食をともにしながら会議をするという形式は、むしろここ数十年の慣習である。

これは何を意味しているだろうか。ここにわれわれは、前章3で述べた三層構造を有する「人間の総合的生活活動」の作用を見出すことができる。すなわち、「寝食を共にする」ということは、三層構造のうちで最も共通性が顕著である摂食活動と睡眠活動とをともにすることであり、その結果、各国の要人の間に相互理解と懸案についての共通理解が成立しやすくなるのであろう。現代ではもっぱら「情報伝達」という意味で使用されている「コミュニケーション」communication という語の原語にあたるラテン語の動詞 communicare は、「共にわかち合う、参加する」という意味を持っている。まさに「寝食を共にする」という事態が意味されているのである。つまり相互理解という意味での最も深い「コミュニケーション」の成立[28]は、「寝食を共にする」ことで可能になるのである[29]。

このような交流の仕方は、一国の要人同士にだけ必要であることでもなく、また彼らの間でだけ効果を発揮するものでもない。異なった国や地域の若者同士の交流においても、あるいはあらゆる階層の人々の交流においても効果を発揮する。実際に国際交流を推進しようと努めている現場では、このような合宿形式の若者の交流も盛んに行われている。それぞれの国で将来その国の担い手になる若者同士に、深い相互理解を成立させておくことは、偏見の成立を防止するという目的のためだけでなく、共通の事業を構想し、その実現のために協力し合うという積極的な営みの成立のためにも大いに効果を発揮するのである[30]。

(4) 交流によって生じる豊饒性

異なった国の人間同士が交流することの目的は、意見の一致を見出すことだけではない。意見の相違や生き方の異なりを認め合った上で、もろもろの相違が総体としてもたらす調和 harmonia をそこに見出すことも重要である。本書第Ⅱ部第三章4⑷における引用においてアーレントが述べている通りである。

交流の意義はそればかりではない。交流は、自分たちだけでは気づくことも築くこともできなかった文化の新たな世界を展開させることもあり、自分たちの伝統文化についてさえも今までにない豊饒な実りをもたらすことがあるのだ。それの典型的な例を音楽に見出すことができる。西洋発祥のクラッシック音楽の世界では、日本人をはじめとする東アジアの人たちが数多く活躍している。また、アフリカから奴隷として連行されてきたアメリカの黒人たちが、西洋音楽の楽器を使いこなしながら、高い技量をもってジャズという新たな音楽のジャンルを打ち立てた。そればかりかこのジャズは、アメリカにとどまることなく、ヨーロッパや日本においても愛され、今ではヨーロッパ流のジャズも日本流のジャズも出現しているのである。[31]

このような例で最も歴史的に重要で広範な展開をみせたのは、「喫茶」という文化であろう。周知のようにこれは中国発祥のものであるが、今では日本を含む東アジア地域のみならず、ユーラシア大陸の上を西方へと伝播して、さらに大西洋をまたいで南北アメリカ大陸にまで伝わったほどに、さまざまな民族に取り入れられている。そしてこの喫茶の習慣が、ボストン茶会事件を介して、ハンチントンの愛するアメリカ合衆国のイギリスからの独立を成立させたと捉えてみれば、その意義の大きさもわかるであろう。そして今や、「喫茶」文化の発祥地である中国でも、伝統的な茶に加えて英国で深められた紅茶も楽しまれている。「喫茶」が地球を一回りしながらいっそう多様で多彩なものになって、中国に戻ってきているということである。「文化」の「文」とは、元来が「もよう、はなやかな飾り、いろどり」を意味していたのであるから、[32]上述のような歴史をもつ「喫茶」文化は、文字通りに人類の文化の一つを形成したと言えるだろう。

「喫茶」という文化がこれだけ広範に伝わった理由は、茶そのものを摂取した際の人体に対して及ぼされる生理上の好影響もあろうが、客人に対して供されるという典型的な「喫茶」の形式によって、供された客人の側が「喫茶」について好印象を得るという事実も有力な理由であろう。つまり、上で述べた「寝食を共にする」ということの典型的な形式の一つなのである。一つの急須の中に抽出した茶を各人の器に注ぎ、それを一緒に喫することは、まさに「コミュニケーション」の成立に他ならないからである。

5　〈閉じる〉と〈開く〉

ところで、地球上の異なる社会に属する人々、広く言えば異なる文明に生きる人々が互いに交流して理解を深め、さらに協働する必要性があるとしても、それはあくまでも双方の納得の上に実施されねばならない。自分の側の一方的な都合で相手に交流を迫ることは、交流の本義から外れることであるのは言うまでもないであろう。

(1)　居場所としての〈閉じた世界〉

前述のように、地球上に存在するとされるいくつかの文明圏は、それが文明圏である限り、まとまりをもっているという意味でゆるやかに〈閉じた世界〉を形成しているはずである――もちろん既述のように、その周縁部では他の文明圏との相互交流と相互浸透が生じているのではあるが。そしてこのことは、文明圏に妥当するのみならず国家に対しても妥当する。とりわけ「帝国」から離脱する形で「民族国家」Nation-stateとして形成された近代の国家は、〈閉じた世界〉であることを強く意識して国家体制を構築した。自国の文化・言語体系・教育体制を整備してその地域内に生きる民衆を国民たらしめるために必要な政策である。

これは、それぞれの国の民衆からも一般に支持されてきた。なぜなら、国民たる個々の人間が人として生きるためには、自分たちの〈居場所〉を必要とするからである。人間が人間になるためには、動物たちのように単に生理的に生存していれば十分であるという訳ではない。落ち着いて教育を受け、文化を習得するためにも、人間は自分の〈居場所〉を必要とし、さらに社会の中で自立した人間としてその生をまっとうするためにも、自分の〈居場所〉を確保する必要がある。象徴的に表現すれば、自分と全体とが相互に焦点を結ぶために、われわれはまずは〈閉じた世界〉を必要とするのである(33)。

今から二千数百年前に老子が以下のように記したのは、このことを説くためであったに違いないのである。

小国寡民、什伯《じゅうはく》の器有りて用いらざらしめ、民をして死を重んじて遠くうつらざらしむ。舟輿《しゅうよ》有りといえども、これに乗る所なく、甲兵有りといえども、これを陳《つら》ぬる所なし。民をして復た縄を結びてこれを用い、其の食をうましとし、其の服を美とし、其の居に安んじ、其の俗を楽しましむ。隣国、相い望み、鶏犬の声、相い聞こえて、民、老死に至るまで、相い往来せず(34)。

(2) 〈閉じた世界〉を〈開く〉

そこに生きる人々のすべてが自らの居場所を確保することで、国家や文明圏は一定の安定した状態へと到達する。それが国家や文明圏が繁栄するということである。

その次の段階に現れることは、自己の国家や文明圏を一つのまとまりをもっているという意味で〈閉じた世界〉として意識しながら、他のそれらと比較したり交流することである。これが〈開く〉段階である。そして〈開く〉ことによって、自らの世界の長所と短所に気づくことが可能となるし、認識された短所を改善する方策を他の国家や文明圏の中に見出すことも可能となるのである。

この〈開く〉に際しては、知識や情報あるいは物資を他の国家や文明圏から摂取するだけではなく、必要に応じて〈他者〉をも招聘することがある。明治維新直後のさまざまな「お雇い外国人（教師）」がその典型的な例であるが、有利な条件で労働に従事してくれる外国人労働者を受け容れることもある。

このようなプロセスを経て、一つの国家や文明圏は、結果的に多様性 diversity に富んだ社会を形成できることとなる。しかし、多様性に富むことは、社会が流動的になり不安定になることでもあるので、過剰流動性を防止する必要が生じる。そこで、新たに獲得した多様性を包摂するために再び（以前の場合とまったく同じ状態ではないが）〈閉じる〉必要が生まれてくる。

(3) 哲学者カントの鎖国に対する肯定的評価

われわれは明治の文明開化の時代以来、江戸幕府が実施した鎖国政策を否定的に評価するべきであると教えられるのが通例ではなかっただろうか。それればかりではない。第二次世界大戦における敗戦への反省から執筆された著書『鎖国』において、和辻哲郎も鎖国政策を厳しく批判し、それによって日本が二五〇年間にわたり、世界における近世の動きから遮断されていたと述べている。[35]

しかし、前の(2)で述べたような視点に立てば、〈閉じる〉ことは必ずしも悪いこととは言えないばかりか、政治情勢によっては必要な措置であることもわかる。実際、一八世紀ドイツの哲学者カントは、晩年の著作『永遠平和のために』（一七九五年、註（33）参照）において、中国と日本の鎖国政策を肯定的に評価して、次のように記している。

それゆえ「われわれの（ヨーロッパ）大陸の文明化された gesitteten[36] 諸国家、とくに商業活動の盛んな諸国家の非友好的な態度と不正をみると」中国と日本が、これらの来訪者を試した後で、次の措置をとったのは賢明であった。すなわち前者は、来航は許したが入国は許さず、また後者は来航すらもヨーロッパ民族のうちの一民族にすぎないオランダ人だけに許可し、しかもその際にかれらを囚人のように扱い、自国民との交際から閉め出したのである。(37)

このカントの「賢明であった」とする評価の背後には、当時、ヨーロッパ大陸の西半分では絶えまなく大小の戦乱が続き、とりわけ彼の祖国であるドイツは、三〇〇以上の領邦国家に分かれたまま、周囲のデンマーク、イギリス、フランス等の軍事的侵攻も含む干渉に絶えずさらされて、なかなか民族国家という近代国家の形を整えることができていなかった事情が存在しているのである。

つまり、国家の歴史は、そして文明圏の歴史も同様に、それが存続してきた限りは、〈閉じる〉と〈開く〉の相互作用かつ交互作用で成り立ってきたと言えよう——もちろん、国家の場合と文明圏の場合とでは、その〈閉じる〉と〈開く〉についての意志決定の機関の有無、および〈閉じる〉と〈開く〉の程度には相違が存在するのであるが。(38)

(4) グローバリズム主張者の二重の矛盾

二〇世紀末から二一世紀初頭の現代において、経済的利益追求のために徹底的に〈開く〉ことを提唱する流れを「グローバリズムの提唱(39)」と捉えることができよう。そして、周知のようにこの主張の主たる源はアメリカ合衆国である。ところが、——現在のアメリカからは想像しがたいことではあるが——合衆国は長いこと自らを〈閉じた〉国としてきたのであった。一八二三年の第五代大統領モンロー(James Monroe, 1758-1831)によるいわゆる「モンロー・ドクトリン」以来、一九世紀の終わりまでは明確に「孤立主義」の外交政策をとってきた。そしてその傾向は、ヨーロッパでの第一次世界大戦に参戦するか否かをめぐる論争を経て、第二次世界大戦にまで続いていたのである。さらにその間に移民政策においても、〈閉じる〉と〈開く〉を繰り返してきたのである。

この孤立主義は、「モンロー・ドクトリン」が発表されるわずか五〇年前に独立宣言をしたばかりの若い国であるアメリカが、自らの建国の理念に基づいて懸命に国づくりをしようとしている段階で、ヨーロッパ側からの干渉を排除するために取られた政策である。その意味で、カントが示した鎖国政策への理解と同様に、当時の状況下では合理性をもつものと言えよう。実際、米国はこうすることで二〇世紀からの繁栄への道を整えることができたのであった。

ところが、そのアメリカがグローバリズムの主導的提唱者として、今では他国に対してほとんど強制的な〈開き〉を要求しているのである。これは歴史的にみると矛盾をはらんだ自己中心的な外交的態度だとみなせるであろう[40]。

グローバリズム主張者における矛盾はこれだけにとどまらない。他者に対してはほとんど強制的に〈開く〉ことを要求しながら、自らのその主張を批判の場に提示することを許すことはなく、その意味では自らの主張を〈閉じた〉ものとしているのである――TPPの「秘密保持」に典型的に見られるように。

現今のアメリカに見られる、自分が主張する原則に対する他者の批判を認めないというこの〈閉じた〉姿勢は、実はアメリカの伝統であったという指摘もある。アメリカ政治外交史の専門家である西崎文子はそれを、『自由の領域』の拡大が神の摂理であるという信念と、アメリカが選ばれた国家としてこの摂理を実現していくのだという二つの柱からなる『明白な運命』Manifest Destiny」に見出せると指摘している[41]。

6　〈大きな物語〉

(1)「明白な運命」の再建

先の論文で西崎は、アメリカにとって戦後の冷戦とは「明白な運命」の追及の過程であったのであり、冷戦の終焉が「正義の勝利」と同一視され、その結果、「冷戦の終焉が『明白な運命』の成就であると捉えたことは、歴史の担い手としてのアメリカのアイデンティティを大きく揺るがすことになってしまった」と言う[42]。

ここで、この西崎の指摘を、ハンチントンが冷戦の終焉の直後の一九九三年から〈文明の衝突〉を説き始めたという、冒頭に記した事実と結び合わせて改めて考えてみたい。なぜなら彼は、独立宣言の署名人の中に自らと同じ名前の直系の先祖をもつ、いわば「アメリカ」を体現するような家系の出身であり、アメリカの「国家戦略」を生涯のキャリアとしてきた人物であるからである[43]。

「自由の領域」の拡大が神の摂理であるという信念と、アメリカが選ばれた国家としてこの摂理を実現していくのだという二つの柱からなるという、アメリカの「明白な運命」というものの内容は問わない。しかし、これほどの普遍性を負荷された課題が現実に成就されるということが、そもそもありうるのだろうか。しかし、前掲の西崎論文によれば、冷戦の終焉によってそれが成就されたと米国内では捉えられたのである。さらに西崎は続けて、「リベラル・デモクラシーやマーケット・デモクラシーを新たなアメリカの普遍的理念として掲げ、『明白な運命』の歴史認識を存続させる試みも、国際社会が多様化する中で、説得力をもつに至っていない[44]」と指摘している。この把握に付言してわれわれは、ハンチントン自身も批判的な視点から認識している通りに、アメリカ国内も多様化する中で[45]、これは国内的にも説得力をもつに至っていないとも言うことができるであろう。

このような状況のもとで、ハンチントンの〈文明の衝突〉という思考は生み出されたというわけである。アメリカの「運命」を担うことを付託されたと自認していたであろう彼は、「明白な運命」の成就によって、勝利の美酒に酔う暇もなく、かえって不安に駆られたのではないだろうか。アメリカの〝新たな明白な運命〟を設定しない限り、The United States of America はアイデンティティの危機に瀕するに違いないという不安である。そこでハンチントンは〈文明〉に注目したのであろう。彼にとっての文明とは、「人を文化的に分類する最上位の範疇であり、人類を他の種から区別する特徴を除けば、人のもつ文化的アイデンティティの最も広いレベルを構成している。……文明は『われわれ』と呼べる最大の分類であり、そのなかでは文化的にくつろいでいられる点が、その文明の外にいる『彼ら』すべてと異なるところである[46]」とされるものだからである。

リオタール（Jean-François Lyotard,1924-98）のひそみに倣って表現すれば、「明白な運命」というアメリカにとっての〈大きな物語[47]〉grand récit の消失の後に、アメリカ国民が、「主体の解放、富の発展[48]」という〈大きな物語〉に貢献しそうもない多文化主義 multicalturalism（とハンチントンには見えた）という〈小さな物語[49]〉petit récit に安住してしまうことがないように、再度アメリカ国民を動員して結集させるに足る新たな〈大きな物語〉をハンチントンは探し求めたのであろう。そしてそれを彼は〈文明の衝突〉として設定したのであろう。上でみた彼の〈文明〉の定義に依拠する限り、この〈文明の衝突〉という〈大きな物語〉は、アメリカ国内にとどまらず国境を越えて同じ「西欧文明」に属する国々とそれらの国民に広範に訴える力をもちうるからである。「われわれの新たな課題は、〈文明の衝突〉に勝利して、西欧文明を護ることとである」と[50]。

しかし皮肉なことに、このようなハンチントンの訴えそのものが、現状にあるアメリカを分裂させるし、ひいては世界をも分裂させるのである。『文明の衝突』の或る箇所（註（46）参照）でハンチントンも、彼なりの危機感とともに以下のように記している。「アメリカの内部からの挑戦はさらに直接的で危険である。……多文化主義という名目で、彼ら［少数ながら影響力のある知識人や政治評論家］は、アメリカの西欧文明との一体化を批判して、アメリカ人に共通の文化のあることを否定し、人種や民族をはじめとする国家より下位の文化的アイデンティティや集団の形成を奨励した」。

(2) 真に求めるべき〈大きな物語〉

自己の属する社会に共に生きている、見たところ文化的に〈異なるもの〉としての少数派の人々は、ほとんどの場合、彼らが勝手にこの社会に押し寄せてきたのではない。われわれの社会の必要性によってか、あるいはそれの政策の結果としてか、いずれにせよ、多数派である自分たちが招き寄せた人々である。[51] この事実を率直に自認しなければならない。そして、彼ら〈異なる他者〉も、自分たちと同じく一回限りの人生を懸命に生きているという事実も認識する必要がある。

アメリカ合衆国の短期間での建国の成功とその繁栄の源は、WASP（White Anglo-Saxon Protestant）がそのほとんどを占める建国の父とその子孫たちの貢献だけではなかった。それ以外の属性をもったさまざまな地域の出身者たちの貢献も不可欠であった。その中には不当にもアフリカ大陸から奴隷として連行されてきた人々も、当然のこととして含まれねばならない。

そしてこの政策と現実とは、形を変えながらも今なおアメリカに存在していることも認識されなければならない。それぞれの分野でアメリカが必要とする優秀な人材を、有利な条件を提示して世界中からスカウトしているのだからである。[52] そしてそれぞれの分野は自らの分野にとって必要とみなす有能な人材を誘致するのであるから、そこではそれら外国の人材の人種的出自や文化的・文明的な属性が一元的基準によって判定されることはない。その結果としてアメリカには多彩な人材が集まることになって、現在のアメリカの繁栄が維持されているのであるが、それは同時に多文化的アメリカ社会を形成することになっているのである。

このようなアメリカ合衆国自身に起因する現代のアメリカ内部における諸文明の存在に対して、先に言及したような立場のハンチントンが（だからこそであるが）苛立ちを示しているのである。あまりにも自己中心的な姿勢ではないだろうか。[53] そして二〇一七年の初頭、第四五代アメリカ大統領となったトランプは経済的に〈閉じた〉アメリカに戻ることを主張している。さらに、その人種差別主義的な姿勢とあわせて、彼が統治するアメリカが世界と協調していけるのかどうかが問われていると言えよう。

ところで、かつて世界に冠たる大英帝国として地球上にたくさんの植民地をもっていたイギリスも、第二次世界大戦後、多民族国家としての問題を抱えている。この点について、一九六〇年代末からバーミンガム市において宗教的寛容の実践に取り組んでいたヒック（John Hick, 1922-2012）が述べたことを、以下に少々長く引用してみよう。

多くの人々は、アジア人や西インド諸島の人々のことを、勝手にここ（英国）に住みつくことにしたよそ者であるかのように思っている。しかしこのように考えることは、インドや西インド諸島の歴史がそこにおいてグレート・ブリテン島の歴史と密接に織り合わされてきたところの、大英帝国の長い歴史を完全に無視することになる。英国に住むわれわれは、植民地時代以後の現時点において、わずか一世代前まで非常に強力な現実であったこの世界的な結びつきのことを忘れかけているのかもしれない。しかしその影響は、良きにつけ悪しきにつけ、今なお旧植民地の生活の中に続いているのである。[54]

このように過去の経緯に注意を喚起した上で、ヒックはさらに続ける。

もしわれわれが過去ではなく、将来に関心をもつのであるならば、この国の人々のなかには二〇〇万人に近い黒人・褐色人の男女子どもがいるという事実、この数は今世紀（二〇世紀）末までに、もっぱら子どもの自然出生により三〇〇万人を越えるであろうという事実、さらにその多数がわれわれと同じ法律上の権利・義務をもつ英国市民であるという事実、さらにまた、その約半数がこの国で生まれ、この国以外に故郷を持たない人々であるという事実から始めなければならない。彼らは、一〇〇年以上も前にアイルランドから渡ってきた先祖を持つ者や、あるいは九〇〇年前のノルマン征服のときに渡ってきた先祖を持つ者と同様に、現代英国の実質的な構成部分をなしているのである。それゆえ、本国への「強制送還」という極端な人種政策はまったく非現実的である。その政策は、本当は本国への強制送還ではなくて、有色という理由にもとづく有色市民の強制排除である。……悲しむべきことにサッチャー夫人は、一九七八年一月のテレビ会見で、この種の偏見を新たに尊重されるべき社会的位置にまで祭り上げてしまった。夫人はその中で、英国が「異文化をもつ人々によってむしろ泥沼にはめられることになるかもしれない」という恐れをはっきり述べたのである。(55)

このヒックの言明の中にわれわれは、イギリスの社会とその多数派構成員に対して向けられた彼の〈開き〉の呼びかけを読み取ることができる。そして、彼のこの呼びかけから三〇年以上経った今、これに込められていた危惧は、上述のようにイギリスのみならず世界中で現実のものとなりつつある。だからわれわれもこの呼びかけに耳を傾け、心を〈開いて〉、ヒックの視点を自分のものとしなければならないだろう。

この考察を締めくくるに際して筆者は以下のように考える。二一世紀の初頭に生きるわれわれが真に求めるべき

〈大きな物語〉とは次のようなものなのではないのだろうか。狭くなりつつある地球上で出会う〈他者〉、〈異なるもの〉に対して、単なる寛容のみならず根源的な信頼を保持する勇気をもち、その結果としてそれがもたらす〈開かれ〉と〈豊饒性〉を信じつつ、暴力に頼ることなく〈平和な世界〉を追求し続けるという物語である。

終章　現代に生きる中世

はじめに

「現代に生きる中世」というテーマで考察を試みるに際して、この「現代に生きる中世」ということを、「現代において活用されている中世の思想的所産」という意味と、「現代においてこそ必要とされる中世の思想的所産」という意味の二義を込めている。その際には、「中世の思想的所産」のことを〈中世〉と表記する。

以上の筆者の態度には論点先取的に、すでに〈中世〉についての一定の判断が含まれていることを確認しておかねばならない。まず第一に、次のような未だに残存する中世についての理解を否定する立場に立っている。すなわち、中世と近代とは断絶したものであり、かつ近代は中世を克服することで成立したのだとするものである。これは、典型的には以下のような形で存在する。第二次世界大戦敗戦後にわが国で翻訳刊行されて以来、今なお版を重ねているビュアリ著、森島恒雄訳『思想の自由の歴史』[1]（岩波新書、一九五一年）という書物がある。ケンブリッジ大学の近世史講座の教授が書いたこの本の第四章は"Prospect of Deliverance: The Renaissance and the Reformation"[2]と題されているが、それは以下のような文章で始められている。「中世期の暗黒 the darkness of the Middle Ages を一掃し、ついには理性 reason をその牢獄から解放しようとする人々のために道をひらくことになる知的・社会的運動は、一三世紀のイタリアではじまった」。この用語法から、二〇世紀初頭のケンブリッジ大学の近世史教授が、少なくともこの書物の中では、なお「中世暗黒時代説」に立っていたことがわかる。さらに、これに先立つこと一〇年前にイギリスでは、ケンブリッジ大学のフェローでありロンドン大学の英文学教授であったカー（William Paton Ker, 1855-1923）が *The Dark Ages*[3] という書物を 'Periods of European Literature' という叢書の中の中世篇として出版していた。このようなヨーロッパにおける中世理解は、日本でも一九世紀後半以降の、いわゆる「文明開化」の流れにおいて文字通りのものとして受容され、さらにそれが、いわば「文部省検定済み」の見解として固定されたかのように、今なお残存していなくはないであろう[4]。

論点先取的態度の第二として、筆者は前述のような〈中世〉に対する判断と相関的に、近代ならびに現代の側からなされる自己の正当性についての主張をも批判的に捉えているのである。この点については、以下の論述で具体的に記されることになる。

1　現代に生きている〈中世〉

いま、「われわれが生きる現代」の肯定的な特色を「過去」および「未開」との対比において捉えようとするときに、まずもって念頭に浮かんでくるものは、科学・技術という知的成果と民主主義という政治制度であろう。

(1) 科学・技術と〈中世〉

先に挙げたビュアリの『思想の自由の歴史』は、本来、科学史をテーマとするわけではないが、その第四章の後半に、「ルネサンス時代は近代科学開始の最初のきざしを見た時代だけれども、自然研究に対する中世的偏見は一七世紀にいたるまで一掃されなかったし、イタリアではそれよりはるかのちまでこの偏見は続いた[5]」という文章を導入として、有名なローマ教皇庁のガリレオ・ガリレイに対する異端審問の話が記されている。

この書物に限らず、このガリレイに関する「物語」によって、近代自然科学とキリスト教とは対立するものであり、ひいてはキリスト教思想が中核をなしていた〈中世〉とも対立するものであること、そればかりか、キリスト教〈中世〉は近代科学の成立を阻害した、という説が常識化して今日に至っている。しかも、この俗説の普及は、日本に限られたものではない。この点について中世科学史家であるグラント（Edward Grant, 1926- ）が、次のように指摘している。「近代科学はコペルニクス、ガリレオ、ケプラー、デカルト、ニュートンのような人々から始まったのであり、それ以前の数世紀にわたるスコラの自然哲学とは何の関係もないというのが、［ガリレオから］三世紀ほど経った現在の圧倒的に大多数の人々の一致した意見である[6]」。

しかし、われわれは事態を冷静に把握しなければならない。たしかに当時のローマ・カトリック教会が、ガリレイらによる地動説等の学説の公表を禁止したという事実はある。しかし、この事実は、キリスト教〈中世〉そのものが近代科学の成立を阻害したという、いっそう広い判断を、論理必然的に導出するものとはなりえない。事実はむしろ逆であって、近代自然科学はキリスト教〈中世〉によってこそ準備されたのだという見解が、今日、学問的には支持されているものである。

この点を確かめるに先立って、ガリレイらの「科学」を支えていた、当時の根本的な心情を見ておこう。例えば、彼とほぼ同時代のケプラーは、コペルニクスの説を自ら補強するために、二五歳の時に著した『宇宙誌の神秘』*Mysterium Cosmographicum* の冒頭で以下のように記している。

ここに、聖書であれほどほめそやされている自然という書物がございます。パウロはこの書をあげ、水や鏡の中に太陽を見るように、この書の中に神を静かに想いみるよう異教徒に説いております。実際、この書を修め、真に神をことほぎ尊びほめたたえることがキリスト教徒にふさわしいのに、われわれがどうして神へのこの静かな瞑想を異教徒ほどにも喜ばないでおられましょう。それというのも、われわれの神が何をどれほど創造されたか、ということをより正しく知れば知るほど、より忠実な魂をそなえるようになるからです。……この題材が哲学者たちの否定する創造というものの大きな論証になる、ということについては何も申し上げようとは思いません。というのも、どのようにして神は、建築家と同じく墨縄と定規で宇宙の建築に立ち向かったのか、そして「哲学者の考える如く」学芸が自然を模倣するようにではなく、神自らが未来の人間の建築の仕方を念頭においたかのように、いかに一つ一つを測り定めたか、ということがわれわれにはっきりとわかるようになるからです(7)。

ここには、以下のようなキリスト教の伝統が作用していることが明らかである。つまり新約聖書『ローマの信徒への手紙』の、「世界が造られたときから、目に見えない神の性質、つまり神の永遠の力と神性は被造物に現れており、これを通して神を知ることができます。したがって、彼らには弁解の余地がありません(8)」という一節、ならびに旧約聖書『知恵の書』の「あなたは、長さや、数や、重さにおいてすべてに均衡がとれるように計らわれた。常に偉大な力を備えておられるからである(9)」という一節、さらに「天という開かれた書物」という、これも新約・旧約聖書に繰り返し登場するメタファー(10)を、ケプラーが自己の自然研究を根拠づけるモティーフとして用いていることである。このように聖書の伝統に依拠する姿勢はガリレイにも存在する。[11] つまり、近代自然科学を切り拓いたとされるこの二人ともが、決してキリスト教の教えを否定するという意図をもって自然研究を進めていたのではなく、むしろ、この世界に示されているという神の見えない性質を探求することによって、その創造主である神のことをよりよく知ろうと欲していたのである。

　では、この二人に先立つキリスト教中世において、このような知的営為はどのように存在していたのだろうか。以下で、スティール（Carlos Steel, 1944-）の研究に従いながら、この点を検討してみよう。[12]

　一二世紀における「自然の発見」によって、自然把握はそれ以降、従来の自然についての象徴的解釈から自然そのものの構造と機能の解明へと方向転換した。[13] ここから成立する包括的な自然哲学は、まずフランスのシャルトル学派において深化させられた。シャルトルのティエリ（Thierry de Chartres, ?-1150頃）は『六日間の業についての論考』のプロローグで、自分は世界創造に関する聖書のテクストを「自然学に従って文字通りに」説明するのであって、テクストの「アレゴリー的かつ道徳的講解」は無視する、と宣言した。[14] 一二世紀末になって自然学者たちの準拠テキストが、従来のプラトンのものから、アラビア語より新たに翻訳されたアリストテレスのものに転換することで、自然理解は革命的に変化した。そして一二七七年のパリ司教タンピエによる断罪に至るまでの間、諸大学の教養学部ではアリストテレスがそれ自体として研究され、理性によって検討されていた。さらに、この有罪宣告の後にも、教養諸学の教授たちは「［われわれは］自然哲学者として語るのだが」loquens ut naturalis というような慎重な言い回しを用いながら、自然哲学を自律的な学問として樹立していった。

　しかし、すでに一三世紀末には、ロージャ・ベーコン、ヘンリー・バーテ、オッカムのウィリアムらの、自然哲学のアリストテレス的様式に対する失望を表明する学者たちが現れて、それぞれ異なった方法と方向とをもって、その失望を克服しようとした。中でも一三二〇年頃のオックスフォードのマートン・カレッジの一群の学者たちは、物理的問題に対する数学的アプローチを試み始めた。しかし、この学派の試みは未だ、のちにガリレイが実行したような自然の量化にまでは至っていなかった。

以上見たように、〈中世〉の思弁はアリストテレスの自然学を受容して研究を進め、そののちに、それの明証性を掘り崩すに至ったのである。この一連のプロセスが、近代自然科学の新たなパラダイムへの道を準備したことは否定されえないであろう。

この点についてグラントも、前掲の「もし、科学と自然哲学の水準が一二世紀前半、つまり、一二世紀後半に始まるギリシア‐アラビア科学の翻訳がなされるちょうど前の状態のままだったとしたら、一七世紀の西ヨーロッパで科学革命はおこらなかったことだろう[15]」と記して、肯定している。彼は同じ書物の中で、さらに、一七世紀の科学革命を可能にした背景的三条件として、一、科学と自然哲学に関するギリシア語‐アラビア語著作のラテン語への翻訳、二、中世の大学の形成、三、神学者‐自然哲学者 theologian-natural philosopher の出現を挙げている[16]。第三の「神学者‐自然哲学者」とは、第二の前提条件である大学という高等教育機関において、そこのカリキュラムによって自由学芸についても徹底的に訓練された上で神学者になるというシステムが生み出した新たな階層のことである[17]。そしてグラントは、西ヨーロッパに隣接し、歴史の或る段階までは西ヨーロッパを凌ぐ文明の水準にあった中世イスラーム世界およびビザンチン帝国のそれぞれには、上記の三条件のうちの後の二者が欠けていたから科学革命が成立しなかったのだと述べて、〈中世〉の貢献の大きさを説明している。

さらに彼は同じ書物の最後で、科学革命を可能にした実質的前提条件を挙げているが、それは上で紹介したスティールの議論とほぼ重なるので、後者が指摘していない重要な点だけを紹介するにとどめる。それは、一二七七年のパリ司教タンピエによる断罪（本書第Ⅲ部第三章1(2)参照）が神学者‐自然哲学者たちに生み出すことを強いることになった反事実的条件文 counterfactuals というものが、彼ら学者たちに自然学的想像力を発揮させることになったという事実である[18]。

この反事実的条件文に基づく思考訓練・思考実験が一七世紀の科学革命の担い手たちにも多大な影響を及ぼしたとグラントは指摘しつつ、典型的な例として次のようなニュートンのものを挙げている。「すべての物体はそれに加えられる力によってその状態を変化させるように強いられなければ、静止状態か等速直線運動を続ける（つまり、その状態に保持される）[19]」。これは有名なニュートンの慣性の原理であるが、この原理は現実には存在しえない条件について述べているのであるから、明らかに前掲の反事実的条件文の思考の実践である。もちろんこのような仮定は、ニュートンだけが使用したものではなく、近代自然科学の理論的探究においては至る所で重要な役割を果たしている。それゆえに、グラントの指摘も十分に首肯できるところである。

以上のようにして、近代に成立した科学革命に対する〈中世〉の貢献の存在とその大きさが確認されたであろう[20]。

(2) 近代の代表制民主主義と〈中世〉

ヨーロッパ中世から近代を分かつ重要な要素の一つに代表制民主主義がある。これは、中世までの神聖ローマ帝国における封建制から近代における国別の王制を経つつ、さらに王制への闘いとしてのイギリスにおける諸革命およびアメリカの独立、フランスの大革命を経た上で、一八世紀末にほぼ制度として完成したものである。その意味では、この民主主義が〈中世〉からの影響を受けているとは考えがたいところであろう。しかし、近年の研究はそれを明らかにしているのである。

そこで、中世から近代初期までの政治思想を主たる研究領域とするシグマンド（Paul E. Sigmund, 1929-2014）、プリンストン大学教授による、この分野での近年の諸研究を踏まえた論文[21]に依拠しながら、この点を明らかにしたい。シグマンドはこの論文において、公会議首位説を唱えたパドヴァのマルシリウス（Marsilius Patavinus, ca.1280-1342）の著作『平和の擁護者』[22] *Defensor Pacis*（1324）から影響を受けつつ、ニコラウス・クザーヌスがまとめた著作『普遍的協和について』*De concordantia catholica*（1433-34）が、近代初期の政治思想に大きな影響を及ぼしたことを説いている。[23]

まずシグマンドは、クザーヌスの『普遍的協和について』を次のように性格づけている。「彼〔クザーヌス〕の明白な関心は、普遍的教会の伝統と実践における、また東方と西方の教会における、つまり『普遍的 catholica』であって、教会と国家との社会体制を構成する基本原理を反映する『協和 concordantia』を描出することにあった。彼の政治理論は、位階（階級）と平等の双方を、権威と自由の双方を、教皇の首位権と公会議の至上権の双方を、集団主義的同意と個人的同意の双方を、暗黙裡の代表性と明示的代表性の双方を、それぞれ包摂している。さらに彼は、中央集権の必要性と地方分権的に組織された支配の必要性の双方を、法による支配の必要性と法の適用免除の必要性の双方を、専門的知識をもつ者の優位を容認することの必要性と多数決による決定の必要性ならびに根本的な自由に基礎を置く権利の平等の必要性の双方を認識している。もし、これらの概念の対のうちの後者の側を強調すれば、クザーヌスは近代の法治主義的民主主義の先駆者として現れる。〔しかし逆に〕前者の側を強調すれば、クザーヌスは近代からははるかに離れたものとして現れる。このようにクザーヌスの著作は、中世から近代への連続性を強調するためにも、その間の変化を強調するためにも応用できるのである[24]」。

さらにシグマンドは述べる。この著作が擬ディオニュシウス・アレオパギータの位階（階級）思想に代表される、キリスト教的新プラトン主義の思想と教会法に基盤をもつ同意理論とから成っている。[25] さらに、クザーヌスの理論における典型的に中世的で権威主義的な要素の中にも、「万人が本性的に自由であり、人間は本性的に平等な力をもっていて同等に自由であるから、合法的な立法と統治のためには同意が不可欠である」という明言が存在しているという点を見れば、ここには後世の契約論の注目すべき先駆とみなされうる階級思想の拒否が現れている。[26] また、クザーヌスは、教会のあらゆる階層の聖職者の任命において選挙されることが確保されるべきだと提案しているのであるから、このような教会と帝国に対する制度的提案は近代の法治主義体制を先取りしていることになる。[27]

もし近代の法治主義というものが権力を制度的に制限することによって定義されるとすれば、クザーヌスの『普遍的協和について』が教会と帝国の双方のために近代の意味での法治主義的体制を素描していることは明白である。[28] さらにクザーヌスの思想の中には、個人の権利、とりわけ立法ならびに支配者の選定と評価に関して何らかの方法で関与する権利という、近代的表象の先取り的な思想が見出されうる。しかし他方において、明白な契約思想、主意主義ならびに近代的でリベラルな思考による多元主義はまだ欠けている、ともシグマンドは指摘している。

以上のような把握に加えてシグマンドは、一七世紀イギリスの聖職者であったジョージ・ローソン（George Lawson, ca.1598-1678）の『聖俗政治論』[29] *Politica Sacra et Civilis* という一六六〇年に刊行された書物を挙げ、以下のように指摘する。この本の中でローソンは、一五世紀初頭のコンスタンツ公会議において指導的な公会議主義者であったジャン・ジェルソン（Jean de Gerson, 1363-1429）とピエール・ダイイ（Pierre d'Ailly, 1350-1420）と並べてクザーヌスの名前も挙げながら、[30] 教会と国家の法的構造に対する全国民の同意を基礎においた政治的かつ教会論的な理論を構築しているが、この同意は自由で自発的なものであるべきだとしている。またこのローソンの書物は、ジョン・ロックが『統治二論』*Two Tretises of Civil Government* をまとめあげる直前の一六七九年に読んだことがわかっている。[31] シグマンドはこのように記してた上で、以下のように結論する。一五世紀の公会議主義と一七世紀の法治主義との間には実際にかなりの連続性が存在している。しかし、一七世紀の終わりになって、ジョン・ロックの諸著作に見出されるような、より強い形での世俗的でリベラルな個人主義が展開されることによって、ようやく過去との訣別が実現したと言える。[32]

このように捉えることができるとすれば、もちろん全面的にではないが、近代の代表制民主主義を実現するための重要な要素の中に、〈中世〉から継承され変容されながら活用されたものがあると言えるだろう。その意味で、ここにも現代に生きる〈中世〉を見出すことができるだろう。

(3) 大学

今、われわれが身を置いて哲学を学んでいる大学という制度も、中世に起源をもっていることはよく知られた事実である。さらに、この大学というものこそが、広い世界から各方面の才能の持ち主を集めて、相互批判を前提にしながら自由に知的探求を展開することを可能にした高等教育機関であり、近代ヨーロッパの爆発的な発展を準備した制度の一つであることも見逃すべきではない。だからこそ、今なお、大学という制度は世界的に広がりつつあり、また、西欧の大学はそれら諸大学の中でも高く評価され続けているのであろう。

「大学」という自治団体 universitas の一種が中世のいつに成立したのかは確定されていないが、ほぼ一三世紀初頭には、パリ、ボローニャ、オックスフォード等の最初期の大学は制度的に確立されていた。ル・ゴフ（Jacques Le Goff, 1924-2014）は「一三世紀は自治団体が栄えた時代であるから、大学の世紀ともいえる」とした上で、「大学が自治権を獲得するのは、ときに教会権力、ときに世俗権力との闘いを通じてであった」と記して、中世の大学の本質を描写している。[33]

先に紹介したグラントも、中世自然哲学の一七世紀科学革命に対する貢献の大きさを立証する際に大学の果たした役割を指摘していたが、さらに、西欧における大学という機関そのものの特殊性について、以下のように強調している。「西方ラテン世界はその科学と自然哲学をギリシア人とアラビア人から受け継いだが、大学は、一二世紀の西方世界に特有な状況から発展した独自の発明であった[34]」。

他方、見過ごされやすいことであるが、近代初期の哲学の創設者であるデカルト、ホッブズ、ライプニッツ、ロックらは、いずれも大学の講壇にいた教授ではなかった。そして彼らは、当時の大学で講じられていた哲学に対して、少なくとも知的魅力を感じることがなく[35]、むしろ激しい批判を展開した。例えば、ホッブズは『リヴァイアサン』の中の「大学の効用」と題した一節で以下のように批判している。

聖職者および、それ以外の人びとで学識を見せつけようとする者は、彼らの知識を大学と法学校から、あるいは、それらの学校や大学における著名な人びとによって公刊された書物から、引き出すのである。したがって明らかに、人民の指導は、大学における青年の正しい教育に、まったく依存する。しかし、(だれかが言うかもしれないように)、イングランドの大学はすでに、それをするに十分な学識をもっているのではないか、あるいは、おまえは、諸大学に教えようとくわだてるのか、というのはむずかしい質問である。それでも前者に対しては、私は、疑がわずに次のように答える。すなわち、ヘンリ八世の終わりごろまで、法王の権力が主として大学によって、つねにコモン-ウェルスの権力に反対して支持されたこと、および、そこで教育を受けたあれほど多くの説教者によって、また法律家やその他の人びとによって、王の主権者権力に反対する諸学説が主張されたことは、大学が、それらの虚偽の学説の創造者ではなかったにせよ、真実のものをいかにして植えつけるべきかを知らなかったという、十分な証拠である。……ところで、あとの質問に対して、然りまたは否ということは、私にとって適当でも必要でもない。なぜなら、私が何をしているかを見る人はだれでも、私が何を考えているかを、容易に知りうるからである[36]。

しかしながらホッブズをはじめとする近代初期の哲学者たちも、大学という制度で学ぶことによって自分の高度な知的水準と知的探求の方法とを身につけたのであり、さらに、大学で講じられていた学説を意識しながら、それを批判することで新たな学説を樹立するに至ったのであることも明らかである。そして、彼らが駆使している「学説の批判」という方法こそ、中世以来の大学が新たに開発した知的探求の方法なのである。つまり、近代の哲学が形成されるに際しても、中世由来の大学という知的探求の制度が重要な役割を果たしたのだと言えるであろう。

ところが近代に入ると、大学という制度そのものにおいても、近代ヨーロッパの政治世界を特徴づける民族国家Nation-state成立の影響が現れた。すなわち、それぞれの大学が、中世のように、西ヨーロッパのほぼ全域からインターナショナルに学生を集めて知的鍛錬を施すという形式を廃して、そこに在籍して学ぶことのできる学生を自国出身の学生に限定するようになったのである。いわば、近代における大学はナショナル化されたわけである。この事実が、上記のようなホッブズらによる大学に対する批判を招いたのであり、実際に批判の対象とされた当時の大学の学問水準は著しく低下したとされている。[37]

2 現代に生かされるべき〈中世〉

先の「現代に生きている〈中世〉」と題した第1節において筆者は、中世の後に続いた時代としての〈近代〉が、〈中世〉を否定し、それから脱することで〈近代〉を確立したという〈近代〉そのものの自己主張にもかかわらず、〈近代〉の重要な要素・制度が〈中世〉の遺産を受け継ぎながら成立していることを明らかにした。しかしながら、〈中世〉から〈近代〉へと連続しつつも変容したこの道筋が、もちろん〈中世〉のすべてを継承したというわけではない。逆にいえば、現代から見ると〈中世〉から継承すべきであったと指摘できそうなことも見出されるのである。

(1)「現代」の思想的骨格

現代というものが、それの源泉たる近代も含めて、今や反省の対象となっていることは、大方に共有されている見解であろう。自然環境の破壊、科学・技術の肥大化、それと密接に関わる大量破壊と大量殺戮、技術の爆発的発展にともなって成立している金融資本主義経済の大混乱、以上のすべてに起因する人間社会のとめどない崩壊等々、枚挙にいとまがないほどの反省材料がある。上記の凶状とは無縁であるように見える地に住む人々であっても、近年の情報技術の進展にともなって、彼らの将来に希望をもつことがむつかしいことを知らされている。

他方、現代文明の成果によってわれわれが多大の便宜を受けていることも確かである。筆者自身、今こうして電子技術を使いながらこの原稿を書いているのだが、その作業はかつてのような紙の上に文字を書きつける場合と比較すれば、すこぶる便利である。また、諸外国の研究者と交流することも、航空機を利用して学会に参加したり電子メールを介して情報を交換することも、以前に比すれば格段に容易になっていることを実感している。

しかし、このような途方もない便利さも、それを支える巨大な科学・技術システムが破壊的に作用するならば、たちどころに崩壊させせられてしまう。むしろ、世界がまさにグローバル化されたネットワークとして構成されているゆえに、その破壊力の及ぶ地域について、例外はほとんど想定できないのである。具体例を挙げれば、電子技術を用いて蓄積されている情報は、それのささやかな一部であるこの原稿でさえも、もし核戦争が勃発すれば、その直接的な破壊力によらずとも、地球規模の電磁波の攪乱によって破壊されてしまう可能性が高いという。さらには、二〇一一年三月一一日の東日本大震災にともなって東京電力が発生させた福島第一原子力発電所での放射能大量放出事故は、当該発電所ならびにその周辺ではまさに破局的な惨状を引き起こしており、六年が経過しつつある今日でも、それを収束させる方策さえ、目途が立っていない状態である。問題はそればかりではない。すでに本書でも繰り返し言及したように、この事故で放出され、また今なお放出されつつある放射能汚染された空気や水は、放射性物質の長大な半減期によってまさに地球規模での放射能汚染を引き起こしつつあるのである。この事実が意味することは、福島がどこにあるのかも、そこで何が起きたのかも知らない人々をはじめとする、地球上のあらゆる生物の命がこの放射能汚染の影響を受けつつあり、これからも受け続けるということである。

このような、極めて便利ではあるが脆弱でもある巨大システムとしての〈現代〉を生み出した思想的骨格は何であろうか。それは、近代の成立に決定的な役割を果たした、合理主義 Rationalism, 人間中心主義 Humanism, 個人主義 Individualism の三点であると言えるだろう。そこで次にこれら三点の意味を〈中世〉を顧慮しつつ検討してみたい。

① 合理主義　一般的用法における Rationalism（合理主義）とは、人間ならば誰もがもっている健全な理解力に対しての、また理性に対しての、さらにそれ（理性）の論理的原理ならびに把握し判断し推論する能力、およびそれの分析と総合の力に対する信頼 Glaube を意味する、とされている。[38] さらに近代哲学におけるこの信頼は、デカルトによって基礎づけられたとされている。すなわち彼の生得観念、あらゆる明晰性に対する模範としての数学的認識の評価、自然本性の光の強調、それに加えて精神が自己自身で捉える永遠で必然的真理というその理論によって、方法的に根拠づけたものであるとされるのである。[39]

ところが〈中世〉からみれば、人間の知的能力は、intellectus（知性）、ratio（理性）、sensus（感覚）という三段階の機能からなる相互作用である（理性の下位機能として phantasia〔表象力〕を挙げることもある）。前二者の区別は中世において必ずしも一義的であったわけではなかったが、中世末期のニコラウス・クザーヌスにおいては、階層的にもそれは明確であって、知性が上で、理性はそれに従属するものであった。[40]

つまり、近代の合理主義という立場は、中世の視点からいえば、intellectus という人間の知的能力のなかの第一のものを哲学の領域から排除して、人間の知的能力を理性 ratio という第二のものだけに限定したことになる――カントの場合には、知性を理性に従属させたことになる。この結果、たしかに論理と計算とを基盤とする立論の積み重ねという意味では、認識のプロセスが自己完結していることになるので、認識の厳密性は確保されやすくなった。

しかし、人間の知的活動一般をこの近代的理性を中心として展開する場合には深刻な諸問題を生みだすことが、すでに二〇世紀の初頭には明白なものとなっていた。そしてその状況から、大別して二つの思想的潮流が生じたこともよく知られている。すなわち、一方において、哲学の用いる理性をさらに限定し精密化することで、哲学を自然科学に近づけるべきであるという立場が現れ、他方において、哲学の用いる理性を狭隘化から解き放って、何らかの形で全体的判断のできる視座を確保することで、人間の営みの総体を導くことの可能な哲学を樹立しようという立場が現れた。前者が新カント派および論理実証主義者たちの立場であり、後者がディルタイらの生の哲学の立場ならびにアドルノやホルクハイマーらのフランクフルト学派の立場と分類できるだろう。また、フッサールによる現象学の提唱は、前者と後者の両方にまたがる形で独自の理性を確保しようとする試みであるので、これも理性の狭隘化の問題への応答の一つの形であるとみなすことができるだろう[41]。

ここでは以上のような大まかな見取り図を指摘するにとどめておき、本章のテーマに密接に関連する後者に属する諸潮流については、後に節を改めて少し立ち入った検討をすることにしたい。

② 人間中心主義

Humanism という語は、本来、キリスト教中世の聖書中心主義に対して、中世後期・ルネサンス期に成立したギリシア・ローマの古典文献を尊重する学問的態度を意味した。しかしこれは、近代の、とりわけ啓蒙期以降には、この含意を拡張して、人間の神からの自由と他の生物に対する君臨を宣言する思想となったので、ここではあえて「人間中心主義」という語をあてる。そしてそれについて或る哲学・学術百科事典では「勃興しつつある市民階級の人間中心主義は、自己自身ならびにその自然的かつ社会的生活条件の上に発揮する人間の力を高め、また、個人の進歩をたえずより大きな完成度へと導くことを保証するという努力に貫かれていた」[42]という説明が加えられている。

実際に、この思想を根拠として人間は、近代以降に爆発的に発展した科学・技術を利用しながら、自己の欲する目的の実現に向けて、とどまることを知らない努力を重ねてきた。その結果、今や明白な事実であるが、自然と環境の破壊を招来しており、多くの生物を絶滅に追い込んでいるのみならず、人間自身の将来的存続さえも危うくするような状況を引き起こしているのである。

③ **個人主義**　或る『哲学概念辞典』によれば、実践的・倫理的なIndividualism（個人主義）とは、個人の、とりわけ人格的個性の意義と価値とを強調する立場であるが、そこにおいては、個人つまり自他の「自己」ich が自己目的とみなされるとともに個人の要求が最高目的とみなされる[43]。たしかに、目的的な主体としての個人を確立することは、デカルトのコギトやカントの主体性の哲学の成立にとって不可欠な要素であった。さらに、これらの哲学の成立を根拠としつつ進行した社会全体の「近代化」にとっては、民主主義という政治制度ならびに資本主義という経済システムを実現するためにも、主体としての個人の確立が必要条件とされた。

実際、近代民主主義の主体としての個人がその資格を承認されるためには、個人の自立と自律を主張する個人主義は大いに重要な役割を果たした。それは、J＝J・ルソーの『人間不平等起源論』における「自然人」の描写に際して、その個人性が大いに強調されていることにも、典型的に見てとることができる。また、一九世紀初期に成立した産業革命の主体としての資本家と企業家は、個人主義を大いに活用できる立場となった。

しかし現実の社会生活においては、あらゆる個人が個人主義において行動することは、一方において、アリストテレスの「人間は社会的動物である」という定義に明らかなように、[44] 本来の人間性からしても不自然なことであるし、他方において、強者たる個人が弱者である個人を犠牲にするという事態が放置されることになる。このような状況から、さまざまな社会主義 Socialism の思想の提案がなされ、それらのうちで最も影響力の大きかったものがマルクス主義であることもよく知られている。

こうして、一九世紀後半から、人間の社会性を強調するマルクス主義がヨーロッパを中心に広く信奉されるようになり、二〇世紀にはそれに基づく諸国家が地球上に出現した。しかし、人間性における過度の社会性の強調と、社会建設における過度の合理主義の追求とが、それらの国家内にかえって巨大な不合理を抱え込ませることとなった。その結果、二一世紀を目前にして社会主義国家の多くが相次いで崩壊した。

このようなマルクス主義の影響力の喪失にともなって、社会的存在であるという人間の本質の一面が、現在では社会および政治の場において見逃されやすくなっている。「自己決定権をもつ個人」という幻想を支配層および支配的メディアから受けとる個人は、自らが受けているマスメディアからの支配的影響力に気づくことなく、自分の行動選択があたかも自己の自発的決定であるかのように思いつつ、支配的影響力の指示通りに行動していても、その真相に気づくことがない。これが大衆社会において進行中の事態である。

この結果、人間存在にとっての社会の存在意義が軽視されるとともに、個々人が原子化したあり方で単なる集団として社会の中に生きることになっている。そのような「原子」から構成される「社会」においては人間の連帯性が失われる。このような回路が成立してしまうと、とめどない社会崩壊の負の連鎖が進行する。その中でも生きねばならない個人は、大きな不安に駆られつつひたすら自己を守ろうとする。その結果、各人がいっそう自閉的・自足的に生きようとすることになり、結果的に極めて脆弱な「個人」と「社会」が生じることになっている。[45]

(2) 「現代」の到達点

前述のような、「現代」の思想的骨格に由来する問題意識に立ちつつ、それの到達点を描出してみよう。たしかに近代から現代へと展開した文明は、われわれ人間に大きな便宜を提供してきている。しかし同時に、先に個別的に指摘したように、それのあり方は、今や反省の対象となりつつあることも明らかである。とりわけ深刻な問題は、これらの具体的諸問題に直面しつつある現代人、とりわけ若い世代が、人類の将来に対して極めて悲観的になっていることである。人心は虚無感に囚われているようにみえる。ニヒリズムに生きているようなのである。

若い世代にそのような思いを抱かせている現代文明のあり方を、人間を中心においてまとめてみよう。われわれは、先に挙げた合理主義、人間中心主義、個人主義という〈近現代〉の思想的骨格に依拠して、類としても個人としても、〈自己〉に都合のよいものにだけ存在意義を認め、それ以外のものは自己の〈世界〉から、「合理的に」排除しようとしている。〈自己〉にとって（いかなる意味においても）不可知なもの、あるいはなじみのない Fremd もの、〈他者〉の存在に耐えることができずに、その存在を無視するか、それの存在意義を否定するか、さらにはその存在そのものを排除しようとする。これの典型が、「病気」「害虫」の退治である。そしてその究極は、〈アウシュヴィッツ〉に象徴されるナチス・ドイツによる民族絶滅政策の実施である。これに類することは歴史上、存在したことはあるが、それらとこれとが決定的に異なる点は、これがあくまでも「合理的に」実施されたということである[46]。

この傾向と相即して、人にせよ、文化にせよ、動植物にせよ、われわれは〈他者〉と相互に協力して生きる必要を認めたがらないか、認めざるをえない場合でも、それをできるだけ小さくしようとしている。たとえ「相互協力」が口にされる場合であっても、「協力」という名の一方的収奪であることが多い。

さらに、このような傾向と密接に関わりつつ展開されているのが、人間の欲望の無条件的肯定と欲望の絶えざる肥大化とである。これは、類のレベルでも個人のレベルでも言えることである。この欲望の肥大化の背後には、近代以降に人間の欲望の姿が変化したという事実が伏在していることを見逃すべきではない。それは「消費する欲望」から「貯える欲望」へという変化である。

生物である人間は、当然、自己の生命を維持しなければならない。従来の人間は、そのために多様な形式の食料を消費して個体を維持するとともに、性欲を消費して種を維持してきた――もちろん、この必要な消費を確保するために必要となる範囲で貯えることは、人類の知恵の中には古来から存在していた。しかし、以前には小さなものとしてしか存在していなかった「貯える欲望」を、科学・技術の発展が顕在化させ肥大化させたのである。すなわち、富が貨幣に換算されるのみならず、その貨幣が高度に発達された金融システムの中で単なる数字の羅列へと抽象化されて扱われることになり、その結果、貨幣の所有者は自分のもっている富の量を実感することができなくなっている。こうして現代人は、満足することを知るということがほとんど無くなりつつある。これらの一連のシステム的進行は、とりわけ計算的理性を駆使して極めて合理的に達成されているとみることができるだろう。

このように描かれうる現代の人類は、この地球上の他の存在にとっていかなるものとして映っているだろうか。あえて図式化すれば、自然の中に生活している「人類」という、はた迷惑な一族があって、その中のそれぞれの家には「個人」という駄々っ子の一人っ子がいて、その一族全体でやりたい放題をしている、ということではないだろうか。

(3) 囲い込まれた理性から開かれた理性へ

① 囲い込まれた理性

すでに言及したように、またよく知られているように、二〇世紀後半以来、フランクフルト学派の指摘を筆頭に、近代以降において理性が狭隘化されて、計算的理性、道具的理性にのみ「理性」たる資格が与えられているという指摘がなされてきたが、[47] まさにその通りである。しかし、実はこのことは、近代の理性が生まれた時からすでに運命づけられていたことなのである。intellectus（知性）から切り離され独立させられた理性としての ratio は、intellectus とは異なって、神という絶対者と人間とを区別しつつ神との関係に道を開いておくための理性[48]ではなくなり、むしろ神のことは括弧に入れながら、人間を動物から区別するための理性になったからである。それが、ratio（古典ラテン語では「理性」という意味に先立って「計算」とか「比」という意味がある）が「理性」として前面に出てきたゆえんであろう。つまり ratio である理性が最高の理性として位置づけられることにより、そこに ratio の自律 autonomie が成立するからである。

この点については、デカルトの以下の一節が典型的に示している。

このこと〔動物が話すことができないということ〕は、動物が人間よりも少ない理性 raison をもつ、ということを示すだけなのではなくて、動物が理性をまったくもたない、ということを示しているのである。……多くの動物はその行動のあるものにおいては、われわれ人間をしのぐ巧みさを示すが、しかしその同じ動物が、多くの他の事柄においてはまったくそれを示さぬことが認められる。したがって彼らがわれわれよりうまくやるということは、彼らが精神 l'esprit をもつということを証明するものではない。というのはもしそうならば、彼らはわれわれのだれよりも多く精神を有することになり、すべてのことにおいてわれわれよりもうまくやるはずだからである。[49]

ここでデカルトは、理性は人間だけがもっているのであって、動物はいっさい理性をもつことがないと強調している。しかし、ここでの彼の論証は成功しているとは言えない。なぜならば彼は、人間を中心にして、人間ができることをできることが、その主体が理性をもっている証拠となるが、他方、動物ができることをできることは、それの主体が理性をもっていることの証しにはならない、と主張しているのである。つまり論点先取の誤りを犯しているのである。それほどにデカルトにとって理性は、人間にのみ帰属するべきものであったのであり、同時にその理性の働きは、言語、つまりロゴス、つまりratioに関わるものにこそ見出されるものであると確信していたのであろう。[50]

この事態は、いわば近代哲学による「理性の囲い込み」と表現されうるであろう。そして、この「囲い込まれた理性」によって、他のあらゆるものがこの理性の枠内に囲い込まれるか排除されるかが、決定されるのである。このようなプロセスの結果が、先に「現代の到達点」で論及した「存在意義の付与と排除」という現状なのであろう。

② 近代的理性への反省

このような「囲い込まれた理性」が生み出す問題は、すでに言及したように、ディルタイ（Wilhelm Dithey, 1833-1911）らによって一九世紀末から認識され、それの克服が試みられてきた。

まず、ホルクハイマー／アドルノの指摘をみてみよう。

> 理性そのものがすべてを包括する経済機構の単なる補助手段になりさがった。理性は、あらゆる他の道具を制作するのに適した普遍的道具として役立つものであり、ひたすら決められた目的のみを志向するようになる。この点で理性は、物質的生産における計算づくの処理方式が人間にとって計算しきれない成果をもたらすように、逃れ得ない宿命の下にある。目的の純粋な道具であろうとする理性の、古くからの野心はついに充たされた。論理法則の排他性は、その機能のそういう一義性から、究極的には自己保存の強制的性格から、由来する。[51]

この引用が示しているように、ホルクハイマー／アドルノによる、「囲い込まれた理性」をめぐる状況およびそれが生み出している問題点についての指摘は鋭い。しかし彼らは、それに対置すべき理性のあり方を提出してはいない。

おそらくは「非合理への屈服」を避けようとするあまりに、彼らはそれを「囲い込まれた理性」の合理性の地平を水平的に探して、探しあぐねているのであろう。

次にディルタイの試みを検討してみよう。彼は、『歴史的理性批判への試論』*Entwürfe zur Kritik der historischen Vernunft*（1910）の冒頭において以下のように記している。

この研究〔精神科学における歴史的世界の構成についての研究〕は、私の精神科学序説第一巻（一八八三年）につながっている。この著作は歴史的理性の課題 die Aufgabe einer Kritik der historischen Vernunft から出発した。……この著作の意図は、自然科学に対して精神科学の独立した地位を明らかにし、この認識論的論理的な関連の特色をその完全な総体において解明し、歴史における個別的なものを把握することの意義を強調することであった。今、私は、この書物の立場をいっそう立ち入って基礎づけることを試みるために、認識論的な問題から出発して精神科学における歴史的世界の構成を検討する。[52]

さらにこの少し後で、こう記している。「彼〔カント〕の業績の偉大さは、数学的および自然科学的な知 Wissen を綿密に分析したことにある。しかし、彼自身が試みなかった歴史の認識論というものが彼の概念の範囲内で可能かどうかという問題はある[53]」。

つまり、ディルタイは、「歴史的理性」historische Vernunft というものを提唱し、それをカントの「純粋理性」に対置しながら、独自の方法でカントの方法を超越しようと意図しているのである。しかし結論的にいえば、この「歴史的理性」が何であり、いかなる働きをするのかという点について、彼の著作からは明確に伝わってこない。たしかにリーゼンフーバー（Klaus Riesenhuber, 1938- ）も指摘しているように[54]、ディルタイが、精神科学での経験が自然認識の領域における経験とは根本的に異なったものであり[55]、そこでは意識と対象とが同一であるという根本的構造が存在しているとしたこと、これは重要である[56]。そして彼は、精神科学の認識論の拠り所を歴史に求めたのである。しかし彼自身も、歴史からは相対的意識しか成立しないことを弁えていたのであろう。彼はこうも記しているのである。「課題は、これら〔民族と時代の相対的な価値・意味・目的概念〕がどのように絶対的なものへと拡張されたのかを叙述することである[57]」。しかし、そこから導き出されるものはあくまでも相対的な確実性であって、彼が求めていた確実性、つまり自然科学のそれと比肩しうる確実性とは異なるものであるにとどまったことを、彼の試みの総体が表しているであろう。

たしかにわれわれは、一般にある事象を正確に認識するためには、その対象から何らかの方法で「距離」をとって、そこから観察しなければならないから、カントの理性に対するディルタイの鋭い問題意識に基づいて構想された、もう一つの理性が「歴史的理性」として構想されたのはわからなくもない。つまり、とらねばならない「距離」を〈超越〉にではなく、水平的で時間的な隔たりとその積み重ねとしての〈歴史〉に求めたということなのであろう。

そして、このように、いわば水平的に距離をとろうと彼が試み続けたのは、「世界の解釈は汎神論の立場に基づいてのみ可能であり、これによってのみ世界の意味が完全に汲みつくされる[58]」という言葉に象徴される、「ディルタイの汎神論的な基本姿勢[59]」に基づくと推測できるであろうし、またガダマー（Hans-Georg Gadamer, 1900-2002）が言うところのディルタイ自身の精神形成における「個人的な世俗化の過程[60]」der privative Säkularisationsprozeß が作用しているのであろう。

しかしそこには、ディルタイが求めた歴史的理性の成立する基盤はないであろう[61]。

③「囲い込まれた理性」から「開かれた理性」へ

一、「理性」が、現代おいて求められている理性になるために必要とされる二条件――先に検討したフランクフルト学派とディルタイによる思想的試みを振り返ってみると、そこには二点の共通性が見出される。第一にそれは、「囲い込まれた理性」の問題性を認識してその問題性を克服することを試みているのであるが、そもそもその問題性を当の主体に気づかせたものは何か、という反省が記されていないことである。第二に、それの問題性を克服するための試みにおいて、あくまでも「囲い込まれた理性」と同一の地平においてその解決策を確保しようする姿勢である。いかなる意味でも「囲い込まれた理性」を超える何かを認めようとしていない。もし認めたならば、自己の哲学は崩壊し、無に帰してしまうとでも考えているかのようである。ここには、現代における哲学の或る部分が自ら設定している自縄自縛の難局が現れていると言えるだろう。

ひるがえって考えてみれば、先にその〈中世〉的関連を指摘することで論及した近代の代表制民主主義は、その重要な構成要素として「自由」をもっているが、その自由は、注目すべきことに、民主主義を否定する言論を公表する自由をも認めるものである。ここには、民主主義という制度が「開かれたもの」であることが見事に示されており、同時に、この制度を設計した主体たちの謙虚さと自信とが現れていると言えるであろう。

　現代の哲学における理性も、この点を見習うべきではないだろうか。つまり今、「囲い込まれた理性」としての理性に関してまず必要とされることは、「理性の自己批判」を提唱するにしても[62]、そもそもそのような理性の自己反省を促すものは何であるのか、理性自身なのか、むしろ別のInstanzではないか、と自己を開いて問う姿勢であろう。そして二つ目は、その理性そのものを開いて、実際に「開かれた理性」にするべく努めることであろう。この場合の「開かれ」るべき方向は、他の人間、動植物等の〈他者〉に対しての〈開かれ〉という意味での水平方向のみならず、いわば垂直的にも、つまり〈超越〉に対しても「開かれ」た理性であるべきだろう。このような「開かれた理性」は、自らを絶対的尺度として設定した上で周囲のあらゆるものを貪欲に計算しつくそうとするものではなく、己の限界をも省みるために、〈他者〉、とりわけ超越的に存在する〈他者〉からの視線を自己の内と外とに気づく用意をもつべきであろう。その意味で、これは「立体的に」開かれた理性であるべきだろう。

二、〈中世〉の精神性にみられる〈開かれ〉――ニコラウス・クザーヌス『神を観ることについて』*De visione dei* という一四五三年の著作の中に次のような一節がある。

知性 intellectus は、自己が無知であることと、無限性であるあなた〔神〕が把握されることとは不可能であることを知っています。というのも、無限性を理解するということは、抱握不可能なものを抱握することなのだからです。知性は、自分があなたについて無知であることを知っています。なぜならば、知られえないものが知られ、観られえないものが観られ、近づきえないものが近づかれる場合にのみ、あなたが知られうるのであることを、知性は知っているからです。[63]

このような知性という理性の〈開かれ〉は、以下のように報いられるという。「いかなる知性も、信仰によって神の言葉に自己を投げ出し、心を大いに張り詰めて最高の師のあの内的な教えを聞かねばならないのです。そして、自己のうちで主が語りかけることに耳を傾ける時、それは完成されるのです」[64]。ここには、知性 intellectus の語源が、「内に耳をすますこと inter legere」であるという事態が見事に描かれており、知性という理性の開かれた姿が如実に現れている。

以上のようなあり方をする〈中世〉の精神性を、まとめて表現してみるならば、第一にそれは、人間にとっての不可知なものの存在を認め、第二にそれは、人間存在の限界と弱さとを十分に自覚しており、第三にそれは、個人の脆弱さと〈他者〉の力の必要性とを弁えているというものなのである。[65]

三、再び「開かれた理性」へ――すでに言及したように、一九世紀後半から二〇世紀にかけて新カント派の哲学者たちやフッサールたちは、近代の厳密諸科学から強力な影響を受けて、それに比肩しうる厳密性をもって哲学をはじめとする精神科学も形成されるべきだと考えた。しかし、実はその厳密諸科学の厳密性が、絶対普遍の厳密性ではなく、設定された枠内で成立している厳密性であることが、二〇世紀の最初の四半世紀に量子力学によって明らかにされた。

この点に関連して、現代に求められる理性のあり方をわれわれに力強く示唆する自然科学者の発言を紹介したい。物理学者であり、現代文明と政治についても積極的な発言を続けてきたカール・フォン・ヴァイゼッカーは以下のように述べている。

量子理論に連動する物理学において次のような結論を引き出して考えることもできます。物質と呼びならわしている実体がありますね。デカルト流にいえば外延的実体です。あるいは、原子を一つの丸く小さな球体と想定してもいいでしょう。しかしそれらは、常に不完全な接近手法、概念把握でしかないことをわれわれはわきまえねばなりません。……人間はさまざまな概念を用いて本来的なもの、現実的なものを記述できるのですが、それらの概念が実体に対する適切な言葉を持ち合わせているというわけではありません。そしてその概念をもってしても完全な理解に達することはないのです。精神か物質かというような思惟形式は、ただ問題をどのように論じ、言語化できるかというところに関連した役割を担っているにすぎないのです。[66]

さらに彼は、論理実証主義と神学的言説との関係についても、自らが敬虔なルター派のキリスト教徒であることを前提に次のように述べている。

> 人間の歴史において神学がしばしば試みてきたことは、本来、人生と生活に尽きることのない充実感をもたらすべき内的宗教体験を人間の言語に置き換えて表明するという営みでした。その言語には真実がこもっていました。しかし同時に、それが誤謬に満ちた時代も多々あったのです。「論理実証主義」は神学のこの弱点を克服すべく登場してきた、それ自身が神学的な主張であります。論理実証主義者は、神学的言説の真実性あるいは虚偽性は証明できないし反論も不可能だ、と主張します。しかし、私は彼らのこうした主張には確信をもって意義を申し立てることができます。……要するにここには、学問上のいわゆる真理一般に対する現代人の単純素朴な万能信仰が存在しているのです。この学問万能信仰はとりわけ現代自然科学の中に浸透し、しぶとく根を張っていると申しても過言ではありません。[67]

自然科学者としては「囲い込まれた理性」に基づいて展開される物理学にたずさわりつつ、自らの信仰の経験から「囲い込まれた理性」に対して力強い異議申し立てをするヴァイゼッカーの面目躍如たる言説である。

以上の彼の主張を前提にするならば、現代においてわれわれは再び理性を開かれたものとして扱ってもよいのであり、そのように扱うべきではないのだろうか。

たしかに、近代初期に「囲い込まれた理性」を確立することは、当時のヨーロッパにおいては学問的要請であるばかりでなく、社会的要請でもあった。異端審問、魔女狩り、宗教改革にともなうカトリックとプロテスタントとの間の抗争、そして王権による思想家ならびに国民に対する弾圧等々が間断なく続き、それはしばしば権威によって根拠づけられて遂行された。それゆえに、そのような「権威」を理性的に吟味し、時には切り離すことも必要であった。ここから、理性と信仰を分離する〈世俗化〉secularization が成立し、民主主義が社会に実現されることにもつながったのである。

ひるがえって考えてみると、弁証法的であるかどうかは別にして、人間の社会は反省による「ゆり戻し」をともないつつ、今日まで存続してきた。しかし、このような反省自体もまた、「囲い込まれた理性」ではない理性による反省がもたらしてきたものである。そして今、そのような「ゆり戻し」の一つとしても、われわれは再び「開かれた理性」の使用へと進みゆくべきではないだろうか。

二〇〇六年九月、前ローマ教皇のベネディクト一六世（在位二〇〇五―二〇一三年）は、彼が以前に教授職にあったドイツのレーゲンスブルク大学でした講演、『信仰、理性、大学――回顧と考察』において、理性概念と理性の使用の拡大を提唱した。この講演は、その中でなされた必ずしも必要ではないと思われる引用によって、イスラーム世界に憤激を惹起し、教皇自身、釈明を余儀なくされたものであるが、この講演の内容そのものは決してイスラームを批判するものではなく、むしろ明言はしていないものの、イスラームへの理解と、それとの対話の必要性とを説くものだと解釈できるのである。その中に以下のような一節がある。

理性と信仰を新たな仕方で総合しなければなりません。人が自らに命じた、経験的に反証可能な領域への理性の限定を克服し、理性を広い空間に向けて再び解放しなければなりません。この意味で、神学は、単なる歴史的・人文科学的学科としてではなく、本来の意味での神学として、すなわち信仰の合理性への問いとして、大学に属し、諸科学の大きな対話に加わるのです。このようにして初めて、わたしたちは、わたしたちが緊急に必要としている、諸文化と諸宗教との真の意味での対話を行うことが可能になるのです。[68]

ここで述べられているような理性は、自己の言説の内部的整合性にのみ拘泥して、〈他者〉の誤解を受け止めることを拒否するような〈閉じられた理性〉ではなく、〈他者〉の誤解に基づく憤激をも「理解できる」ような〈開かれた理性〉であろう。あえて記すのであるが、筆者自身は教皇と信仰を同じくする者ではない。しかし、筆者にとって印象的であったことに、ベネディクト一六世は自らが「神学者」としての〈閉じられた理性〉ではない、われわれの言うところの〈開かれた理性〉をもっていることを、上述の誤解に対する釈明という行為において身をもって示したのである。

〈開かれた理性〉使用の具体例として、ローマ教皇の発言を紹介したのであるが、いわばその対極にある存在を、もう一つの具体例として紹介してみたい。それはニコラウス・クザーヌスが『無学者考』(一四五〇年)という三巻からなる一連の著作の中で提示した〈無学者〉idiotaという人物像である。[69] この人物は固有名を付されることなく、そのいわば属性だけが〈無学者〉として示されているのであるが、クザーヌスの描写によれば、彼は貧しい木さじ職人[70]として地下の一室に住んでおり、[71] その意味で自立していて、[72] 自分の無知を自覚しており、[73] その意味において謙遜で、[74]さらに敬虔でもある。[75] 同時に彼は、新しい知識に対して〈開かれて〉ありつつ、自ら多様なデータの収集を提案するような進取の精神に富んだ人物でもある。[76] この素朴で率直で真理を体得したいという希望に燃えている人物が、当代の弁論家と哲学者に真理の探求の仕方を教えることになる、とクザーヌスによって設定されているのである。つまり、庶民すなわちアマチュアのもつ〈開かれた理性〉[77]が専門家の誇る〈閉じられた理性〉の限界を明らかにするというわけである。本書第Ⅱ部第一章で扱った「タタール人」も、その率直で鋭い疑問を提示するという役割を、この〈無学者〉の思想の視角からクザーヌスによって付与されたのであるに違いない。この視点からの吟味は、上の「弁論家と哲学者」ともみなすことのできる現代の「科学者」や「技術者」に向けてなされてもよいであろう。

以上の考察を締めくくるにあたって、〈開かれた理性〉を行使する生き方とはどのようなものとなるのかを、最後に記しておきたい。われわれが個人の大切さを主張するとしても、その際に人間が社会的存在であることを無視することなく、われわれが人間中心主義を標榜するに際しても、他の動植物の存在による支えと、それらとの共存の重要性とを忘れることがなく、われわれが自己の動物性を前提にするとしても、「動物だから」という言い訳をしながら自己の欲望の動物にはありえないほどの全開を正当化することがなく、われわれが合理性の重要さを主張するにしても、その際に「自然法則だから仕方がない」という思考的怠惰に陥ることなく、現今のわれわれに無駄としか見えないものが存在意義をもっているかもしれないと考えるだけの謙虚さをもって生きることである。そして、実際にこのような生き方をしてみたいと思うのである。

註

序章　中世から現代を読む

（1）この語によって本来的に意味されることは、以前には「国際化」internatioanalization と言われていたことが、単に国と国との間で生じるだけではなく、地球規模で生じるということであろう。その意味でこの語は本来は価値中立的であるが、現実の使用法には、アメリカ合衆国の政府や軍、そして産業界の思想、価値観や方法を世界に広めることが意味されていることもある。われわれは、もちろん前者の意味で使用するが、この同じ語が後者を含意することもあることを念頭に置きつつ使用する。

（2）この概念は、E・H・エリクソンの古典的な定義に従いながら使用する。これは、まず個人的なアイデンティティのことであるが、それとの類比において集団的アイデンティティの存在をも彼は指摘した。'Identität' von Dubiel, in: *Historisches Wörterbuch der Philosophie*, Bd. IV (Darmstadt 1976), S. 148f.

（3）Erik H. Erikson, *Identity and the life cycle* (New York 1960), p.113.（小此木敬吾訳編『自我同一性――アイデンティティとライフ・サイクル』誠信書房、一九七三年、一四九頁）。

（4）E. Erikson, *Identity: Youth and Crisis* (New York 1968), p. 191.（エリクソン『アイデンティティ――青年と危機』岩瀬庸理訳、金沢文庫、一九七三年、二六五頁以下）。なお、引用訳文はテキストに即して少し変更した。

（5）以上の点を個人のアイデンティティについて具体的に説明すれば、以下のようになる。筆者、八巻和彦という個人が有するアイデンティティは、例えば（意味範囲の狭い方から順に挙げれば）八巻和彦の配偶者の夫であり、その配偶者と形成する家族の父親であり、八巻和彦の父親と母親とが形成した家族の一員であり、住民登録地である北杜市の市民であり、山梨県の県民であり、勤務先の早稲田大学の一員であり、また日本国民であり、アジア人であり、人類の一員であり、地球上の生物の一員である、等々という重層構造を形成している。私のアイデンティティがこのような構造からなっていることを、私自身は、それぞれの場面において自身がなす判断と振舞いの根拠づけから実感できる。また、幼いときには自分のアイデンティティの根拠は両親つまり家族に他ならなかったが、成長するにつれてそれが重層的になり、両親よりも学校（の先生や友人）の判断を重視するようになったときに、「反抗期」と呼ばれる精神状態になったという記憶がある。

（6）E. Erikson, *Identity: Youth and Crisis*, p. 89.（前掲『アイデンティティ』一一〇頁以下）。なお、引用訳文はテキストに即して少し変更した。

（7）例えば、「日本人であること」とは何をもってそう言い得るかが、本来は実に多様である。一般にその指標として挙げられそうなことを思いつくままに列挙すると、以下のようになる。日本語を話すこと、日本文化になじみ深さを感じること、日本の風土を何にもまして美しいと感じること、天皇制を認め、天皇を崇拝すること、顔かたちが日本人的であること、髪の色が黒いこと、等々。しかし、このように挙げてみれば明らかになることであるが、これらはどれもアイデンティティの内容とみなすことを一概に否定できないが、容易に意見の一致をみることができないものでもある。

（8）近代の民主主義国家においては、宗教は個人の内面の問題であるとして、政治の場では「政教分離」の原則がたてられるのが通例である。

（9）『広辞苑』（第四版、一九九一年）の「くに」の項による。

（10）大野晋『日本語をさかのぼる』岩波書店、一九七四年、一五四頁。

（11）『小学館ランダムハウス英和大辞典』（一九九三年）の 'land' の項による。

（12）『独和大辞典』（小学館、一九八五年）の 'Land' の項。1（海・空などに対して）陸（地）、大地。2　田舎、田園。3　（行政区画としての）州、領邦。4　国、国家。

（13）EU加盟国のすべてがユーロを使用しているわけではなく、間もなくEUを離脱することになるイギリス（二〇一七年）やスウェーデンでは旧来の自国の通貨を今もなお使用している。

（14）しかし言語の使用については、加盟国のすべての言語がEUの標準語であるとされていて、民族国家のアイデンティティの基盤は保持されている。

（15）ハンチントンの言う「文明の同心円構造」（S. Huntington, *The clash of civilizations and the remaking of world order*（New York 1996）, p. 155. 鈴木主税訳『文明の衝突』集英社、一九九八年、二三四頁）が、この「くに」の意味拡大に対応しているように見えるかもしれないが、筆者は、中心を二つもつ楕円構造によってこの意味拡大を説明すべきだと考えている。本書第Ⅱ部第三章4(3)②以下を参照。

(16) E. Erikson, *Identity*, op. cit., p. 310.（前掲『アイデンティティ』四四三頁）。

(17) Nicolaus Cusanus, *De docta ignorantia*, I, 3, h. I, p. 8f..（岩崎允胤・大出哲訳『知ある無知』創文社、一九六六年、一二頁）。

(18) 例えば、Cusanus, *De sapientia*, II, n. 39, 5f., h. V, p. 71.（小山宙丸訳『知恵に関する無学者の対話』、中世思想原典集成第一七巻『中世末期の神秘思想』平凡社、一九九二年、五六七頁）。absolutum exemplar, quod non est nisi absoluta praecisio, rectitudo, veritas, iustitia seu bonitas.

(19) Cusanus, *De docta ignorantia*, I, 3（h. I, p. 9.）（前掲『知ある無知』一三頁）。ちなみに、この部分についての解釈で、クザーヌスが真理への漸近的接近を主張しているとする論者が少なくないが、それは誤読である。以下を参照されたい。八巻和彦「ニコラウス・クザーヌスと『近代』」『クザーヌス研究』第三号、日本クザーヌス学会、一九九五年、九四頁以下。

(20) クザーヌスの思想からみれば、むしろ個的知性による探求の方が、単純な集団的探求よりも、厳密な真理に到達できる可能性が高いことになるであろう。それは彼が、新プラトン主義的伝統に則しながら、精神が一定の修練を積むことによって、精神が段階的な準備を整えて、その結果、絶対的真理に受容される可能性 raptus を待ち望む、という事態を想定しているからである。例えば、以下を参照。Cusanus, *Compendium*, VIII, n. 22-24, h. XI-3, pp. 17-20.（大出哲・野澤建彦訳『神学綱要』国文社、二〇〇二年、四〇—四三頁）。

(21) G. W. F. Hegel,（hrsg. von H. Glockner）, *Grundlinien der Philosophie des Rechts* III, §258, Zusatz（Stuttgart 1928）, S. 333-336.「即自かつ対自的な国家は人倫的全体、自由の実現であり、そして自由が現実的であることが理性の絶対的目的である。……国家が存在することは世界における神の歩みであり、そして、国家の根拠は、みずからを意志として実現する理性の力である。国家の理念において特殊的国家、特殊的制度を思い浮かべてはならないのであり、逆に理念、すなわちこの現実的な神のみを考察しなければならない」（訳文は上妻精他訳『ヘーゲル　法の哲学』岩波書店、四三四頁以下にほぼ従った）。なお、ヘーゲルのこの引用部分のうちの第二の文は、直ぐ後で論及するフクヤマも使用している。以下を参照。F. Fukuyama, *The end of history and the last man*（New York/ Tronto 1992）p. 199.（渡部昇一訳『歴史の終わり』下、三笠書房、二〇〇五年、五六頁）。G. W. F. Hegel,（hrsg. von G. Lasson）, *Vorlesungen über die Philosophie der Weltgeschichte, Einleitung in die Philosophie der Weltgeschichte*（Leipzig

1917), S. 5f.「理性的なものは、即自かつ対自的に存在するものであって、すべてのものがこれによって自己の価値をもつことになるのである。理性的なものは自己に多様な形態を与えるが、理性的なものがもっとも明瞭な目的を示すのは、われわれが民族と称する多様な形態において精神が自己を展開し顕現させる様においてである。……諸民族の多様な出来事の中に一つの最終目的が支配的なものとして存在すること、理性が――しかし特殊な主体の理性ではなくて、神的な絶対的理性が――世界史の中に存在すること、これらのことはわれわれが前提する一つの真理であること。この証明は世界史そのものの論述である。つまり世界史は理性の像であり行為である」（岡田隆平訳『ヘーゲル世界史の哲学』第一、一九四九年、八頁以下）。なお、訳文はテキストに即しつつ少し変更した。テキスト最後の 'das Bild (der Vernunft)' をどう解釈するか、後に〈exemplar-imago〉のパラダイムを検討するわれわれには興味深いものがあるが、本章ではこれ以上立ち入らない。

（22）Fukuyama, *op. cit.*, p. xi.（前掲『歴史の終わり』上、一三頁）。

（23）『神の国』では、彼がそれを執筆した時代のキリスト教を取り巻く緊迫した状況を反映しつつ、国家が「神の国」civitas dei と「地の国」civitas terrena とに分類された上で、前者に普遍的正義の顕現が実現するとされる。しかし、「神の国」と「地の国」との関係は決して単純な二分法によって成立しているわけではない。キリスト教の側の自己批判も含みつつ、錯綜した関係が想定されている。この点についての簡にして要を得た論述が以下の文献にある。Walther v. Loewenich, *Augustin, Leben und Werk* (München/Hamburg 1965)（宮谷宣史・森泰男訳『アウグスティヌス 生涯と業績』日本基督教団出版局、一九八四年、二四一―二六四頁）。

（24）'una religio in rituum varietate' (Cusanus, *De pace fidei*, n.6, h VII, p. 7, 10f.（八巻和彦訳『信仰の平和』、中世思想原典集成第一七巻『中世末期の神秘思想』平凡社、一九九二年、五八七頁）。

（25）'non aliam fidem, sed eandem unicam undique praesupponi reperietis' (*ibid.*, IV, n.10, h VII, p. 11, 11f.（同書、五九〇頁）。また、この「同じ唯一の信仰」は「一なる正統的信仰」una fides orthodoxa と表現されることもある。以下を参照。*Ibid.*, III, n.8 (p.10, 6).（同書、五八九頁）。

（26）*Ibid.*, XVI, n. 55 (h VII, p. 51, 1).（同書、六二八頁）。

（27）以上の点について、筆者はすでに少々詳細に論じたことがある。八巻和彦「クザーヌス哲学における宗教寛容の思想」、工藤喜作他編『哲学思索と現実の世界』創文社、一九九四年、一一七―一五五頁。また、「多様な儀礼の中に一つの宗教が」と「同じ唯一の信仰」および「一なる正統的信仰」についての筆者と同じ方向の解釈を、その後、以下の論文が示した。Walter Andreas Euler,

Konkordanz der Religionen bei Ramon Llull und Nikolaus von Kues, S. 132f. in: J. M. André e M. Á. Gómez, *Coincidência dos opostos e concórdia: Caminhos do pensamento em Nicolau de Cusa*（Coimbra 2001）.

（28）米国のブッシュ政権は、二〇〇一年のアフガン攻撃の際にその作戦を当初「無限の正義」Infinite Justice と名づけた。なお、誤解を防ぐためにあえて付言しておくならば、民主主義国家がその議会等で採用している多数決という方法は、そもそも〈普遍的正義〉を決定するためにあるのではなく、相対的正義を選択するためのあるのである。逆に、「だから多数決は無意味であり、少数派に普遍的正義が存在する」（例えば、「国連の安全保障理事会の決議なしの行動も正当化される」）ということになるわけではないことは言うまでもない。

（29）これの一つの起源を、旧約聖書『創世記』三章七、二二節のアダムとイヴの振舞いに求めることができよう。

（30）Cusanus, *De sapientia*, II, n. 38, 17-19（h V, p.71）.（前掲、小山訳、五六七頁。なお引用文はテキストに即して少し変更した）。

（31）例えばソクラテスにとっては、それは未だ自分にもわからないが存在するに違いないものとしてある「善そのもの」等々であり、クザーヌスにとっては、それは彼の信仰する神であった。

（32）これは、私がまとめたことのある〈docta ignorantia〉の規則の六項目のうちの以下の二つにかかわる。①真なるものについてわれわれが知ることは、真なるものを現にある通りに、厳密にはわれわれが把握できないものであるということを知る、ということだけである。②われわれは、この無知をいっそう深く教えられれば、それだけ真理そのものに近づく。より詳細には以下を参照。八巻和彦『クザーヌスの世界像』創文社、二〇〇一年、四五頁。なお、誤解を避けるために記しておくと、ここでクザーヌスが「それだけ真理そのものに近づく」と言っているのは、真理への漸近的接近の意味ではなく、啓示としての真理を受容するための精神の準備がそれだけ整うという意味である。

（33）Immanuel Kant,（hrsg von K. Vorländer）, *Kritik der praktischen Vernunft*, I, 2, 2, 4（220）（Hamburg 1985）, S. 141.「私が了解する意味での要請とは、それがア・プリオリに無条件に妥当する実践的法則と不可分に結びついている限りでの、理論的ではあるが、しかしかかるもの〔理論的命題〕として証明することのできない命題のことである」。

（34）Gerhard von Rad,（übersetzt und erklärt）, *Das erste Buch Mose, Genesis*（Göttingen 1967）, S. 234（ゲルハルト・フォン・ラート『創世記――私訳と註解』山我哲雄訳（ＡＴＤ・ＮＴＤ聖書註解刊行会、一九九三年、二五三頁）。「諸民族の多様性は、神の創造の力の多様性だけでなく、或る裁きをも表している。なぜなら、われわれの物語が悲しむべき最終的結果として描いている諸国民の世界の錯綜は、神の意志に即したものではなく、神に対する罪深い犯行への罰だからである。この最終的結果において、言語の混乱の物語は、当然ながら、民族表が描いた像を遥かに越えた広がりを持つに至っている」。

(35) この点に難民問題の深刻さがある。難民とされた人々の心身にわたる苦しみはもちろんであるが、〈他なる〉生としての難民という〈他者〉に〈侵入〉される受け入れ側の人々の不安感も醸成されやすいのである。

第I部

第一章　原発破局「フクシマ」の原因を探る

(1) 首相官邸のHPより。
(2) 湯之上隆論文、『WEBRONZA』二〇一三年九月一八日に掲載。
(3) 「地震直後に原発内の天井の金属製の配管の継ぎ目が激しい揺れでずれ、水が勢いよく流れてきた」という、当時、原発内で作業をしていた従業員の証言がある(『読売新聞』二〇一一年三月一六日、影本菜穂子署名記事)。
(4) 首相官邸のHPより。http://www8.cao.go.jp/tsuitou/shikiji.html。なおこの発言については、この章の最後で再び論及する。
(5) 「破局」とは、日常的に想定されていた秩序が崩壊した状況をさす。
(6) 吉岡斉『新版 原子力の社会史――その日本的展開』朝日選書、二〇一一年、六四頁以下。
(7) 正力松太郎は、当時、米国CIAのエージェントであった。有馬哲夫『原発・正力・CIA――機密文書で読む昭和裏面史』新潮社、二〇〇八年、一一二―一一六頁。
(8) NHK-ETV『原発メルトダウンへの道』(以下NHKと表記)新潮社、二〇一三年、八一―八五頁。
(9) 経費をすべて合算した上で、「報酬率」という一定の割合を乗じた額が電力会社の利益となるように電気料金を設定するシステム。これは、必ず利益がでる算出方式であることはもちろんであるが、同時に注目すべきことは、「報酬率」を乗ずる基礎額たる経費がかさむほど、利益額も増えるという構造をもっている点である。つまり、一般の企業経営では極めて重要な指針となる経費という要素について、電力会社は政府の言うことを聞いて原発を稼働している限り、ほとんど顧慮する必要がないのである。

（10）「核燃料サイクル」も当然のことながらこの国策に属しており、二〇一六年三月初旬のテレビ朝日の番組によれば、技術的ならびに財政的根拠からこの「核燃料サイクル」を断念したいという電力会社側の申し出が二〇〇三年頃になされたのに対して、政府ならびに自民党有力政治家が、その断念の申し出を受け容れなかったという。

（11）NHK、二九二頁以下。

（12）二〇一六年四月から、「電力の小売全面自由化」政策によって、ようやく日本でも「新電力」と呼ばれる、従来の地域の電力会社以外の会社が、一般家庭にまで電気を供給することが認められるようになった。

（13）長年にわたる確信的な反原発の運動家であった高木仁三郎にも、スリーマイル島の事故の後に、ある原子力の業界誌の編集長兼発行人にあたる人から、「将来の日本のエネルギー政策を検討する政策研究会をやりたい。……あなたが研究会を主宰してくれないか。……私はX社のY会長と親しいから、とりあえず三億円をすぐに使える金として用意してもらった。彼もあなたの活動に惚れこんでいる。これは、あなたが自由に使える金だ。どうだろう、Y氏に会ってくれないか」という取り込むための誘惑があったという（高木仁三郎『市民科学者として生きる』岩波書店、一九九九年、二一一頁以下）。

（14）大島堅一『原発のコスト』岩波新書、二〇一一年、一六〇頁以下。

（15）NHK、一二八―一四七頁。これが東海村の東海発電所となったが、すでに一九九八年三月をもって廃炉となり、現在、二三年間かかる予定の解体・撤去作業中である。

（16）NHK、一八二頁。初心者である日本の「専門家」たちは、米国側の言い分をただ信じるしかなかったのであろう。

（17）NHK、一六六頁以下。

（18）この点は、筆者が二〇一四年三月にドイツのボンで講演した際に、ドイツ人聴衆の一人のこの分野の専門家から、「自分が日本の原発を視察に言った際に、日本人の技術者の知見の低さに驚いた」という発言があったことからも裏づけられるだろう。ここには、湯川秀樹がまずは基礎研究から始めるべきだとして、「急がば回れ」ということわざを用いて示した慎重論を無視したツケが現れているとも言えるだろう。

（19）社会学者ベックも、原発というシステムについて以下のように述べている。「原子力というものは、テクノロジーの発展の想定された『完全無欠性』との危険なゲームである。これは、必然性から必然性を解き放つのだが、この必然性はほとんど変更させることのできないものであり、限定的にしか適応させることができないものである。それは（例えば放射性廃棄物の処理や貯蔵をとおして）

人間を数世代にわたって身動きできなくするのである」（Ulrich Beck, *Risikogesellschaft* (Frankfurt am Main, 1986), S. 294. 東廉監訳『危険社会』二期、一九八八年、二一二頁、なお訳文はこの訳書と同じではない）。

（20）『週刊東洋経済』六、一一号、東洋経済新報社、二〇一一年、五六頁。

（21）本章の註（19）を参照。

（22）瀬木比呂志『ニッポンの裁判』講談社現代新書、二〇一五年、一三八—一五八頁。さらに同じ著者は近著『黒い巨塔——最高裁判所』（講談社、二〇一六年）において、パラレルワールドで起きたフィクションと断りつつ、原発訴訟にまつわる裁判長の人事異動等が最高裁判所内で計画・実施されることについて、生々しく描写している。

（23）二〇一六年二月二九日に、検察審査会の検察官役の指定弁護士が調査した結果、最終的に東京電力の三人の元幹部を強制起訴した。

（24）トマス・アクィナス『神学大全』I/II, Q. 57, 3.（稲垣良典訳『神学大全』第一一冊、創文社、一九八〇年、一五五頁）。

（25）*Historisches Wörterbuch der Philosophie*（Darmstadt, 2001）の 'Technik'（Vol. X）の項を参照。

（26）*Ibid.*, の 'Kunst'（Vol. IV）ならびに 'Technik'（Vol. X）の項を参照。

（27）G. W. F. Hegel, *Vorlesungen über die Ästhetik* I (Frankfurt a.M. 1970), S. 14.（竹内敏雄訳『美学』第一巻の上、岩波書店、一九六二年、四頁）。なお、ここでヘーゲルが「自然美と芸術美とが並存するという観念」として対照させているのは、アリストテレスが「人間の術は自然を模倣する」として以来、ヨーロッパの思想的伝統となっているものである。つまりヘーゲルは、人間の精神を高く位置づけることによって、この伝統に反旗を翻しているのである。このヘーゲルの芸術美を自然美に優先させること、ならびに後述の芭蕉の「造化」思想については、藤田正勝『哲学のヒント』第八章（岩波新書、二〇一三年）より示唆を受けた。

（28）例えば、以下の文献を参照。J. Habermas, *Technik und Wissenschaft als 'Ideologie'* (Frankfurt am Main 1968), S. 79.（長谷川宏訳『イデオロギーとしての技術と科学』平凡社、二〇〇〇年、八九頁）。

（29）E. Husserl, *Die Krisis der europäischen Wissenschaften und die transzendentale Phänomenologie*, §I, 9, g, Husserliana 6 (1954), S. 45-48.（細谷恒夫・木田元訳『ヨーロッパ諸学の危機と超越論的現象学』中央公論社、一九七四年、六六—六九頁）。

（30）Vgl. S. Brand, *Technikunterricht versus Naturwissenschaftlicher Unterricht* (in Website 2011), S. 4.

（31）これについての詳細は、本書第I部第四章註（38）の箇所を参照されたい。

（32）河田昌東「国境を超えるクライシス——巨大事故の存在論」、池田浩士・天野恵一共編『検証「昭和の思想」3　科学技術という

妖怪』社会評論社、一九九〇年、七一―八二頁。

(33) Vgl. Bijker, Hughes, Pinch (ed.), *The Social Construction of Technological Systems* (Cambridge MA a. o. 1987), pp. 17-50.

(34) 欧米語には、「科学技術」という語に匹敵する一語の表現はない。あえて表現する場合には「科学と技術」と「と」で結合して表現するか、あるいは「科学的技術」と「科学」の方を形容詞で表現する。

(35) これは、二〇一一年度から学校で使用されることになっていたが、フクシマの原発破局が起きたことによって、使用が中止された。この副読本『チャレンジ！ 原子力ワールド』のタイトルの付け方においてすでに著者たちの立場と狙いの胡散臭さがうかがわれると思うのは、筆者のみであろうか。なお、この点については、本書第Ⅰ部第四章3の⑶②の項に、より具体的に記した。また、この副読本については、笠潤平『原子力と理科教育』岩波書店、二〇一三年、一五頁以下に詳しい。

(36) この斑目発言は、二〇一一年三月二二日の参議院予算委員会における社民党の福島瑞穂の質問でも、参考人として出席した斑目本人が認めた。以下の参議院予算委員会議事録を参照。http://kokkai.ndl.go.jp/SENTAKU/sangiin/177/0014/17703220014007.pdf

(37) 通産企画調査会『日本のロボット――産業用ロボットの働き』通産企画調査会、一九八二年、八七頁以下、一〇四頁以下。

(38) 自然をこのように捉えることに問題がないわけではないが、それについては別に論じなければならない。

(39) 本章の註(19)を参照されたい。

(40) 松尾芭蕉『笈の小文』、中村俊定校注『芭蕉紀行文集』岩波書店、一九七一年、六九頁以下。なお、旧漢字は新漢字に換えた。

(41) 木村敏『人と人との間――精神病理学的日本論』弘文堂、一九九八年、一四九頁以下。木村はこの引用のすぐ後に、以下のように記している。「しかし、人間が真の意味で自由に自然に対して振舞っているのは、ヨーロッパにおいてである。この自由も、自然に対する深い信頼に根差している。ただ、日本の場合とは非常に違って、西洋人の自然に対する信頼は、自然の合理性・合法則性によって基礎づけられている」。

(42) この指摘は、二〇〇〇年代初頭以来、地震の専門家によってなされていたが、政府機関によって最終的に指摘されたのがこの時点である。添田孝史『原発と大津波　警告を葬った人々』岩波新書、二〇一四年、一〇二頁以下。

(43) これを傍証する東電の社内文書が、添田孝史によって転載されている。「推本《地震本部》で、三陸・房総の津波地震が宮城沖〜茨城沖のエリアのどこで起きるか分からない、としていることは事実であるが、原子力の設計プラクティスとして、設計・評価方法が確立しているわけではない。……以上について有識者の理解を得る（決して、今後なんら対応しないわけではなく、計画的に検討を進めるが、いくらなんでも、現実問題での推本即採用は時期尚早ではないか、というニュアンス）。以上は、経営層を交えた現時点での一定の当社結論となります」（前掲『原発と大津波　警告を葬った人々』一一五頁以下）。この引用文中の「決して……というニュアンス」というカッコ内の文章も、東電の文書内の文言である。これを紹介した添田は、「大津波にすぐ備えない説明が、『いくらなんでも時期尚早』という科学的根拠のない言葉である」としているが、ここに上述の「甘え」が典型的に現れている、と筆者には思われる。右の東電文書には「経営層を交えた現時点での一定の当社結論」と記されているだけに、事態は一段と深刻である。さらに東電の経営層を免罪するつもりで記すわけではまったくないのだが、同様の「自然への甘え」に基づくさまざまな経営判断が日本の企業の中でなされつつある可能性が高いからである。

（44）二〇一六年一二月九日に経産省が示した福島第一原発の廃炉と賠償などの事故対応費用は、総計二一兆五〇〇〇億円という巨額になるという。そればかりか、記者会見の際に世耕弘成経済産業相は、今後この数字が増える可能性があることを容認した（『時事通信』二〇一六年一二月九日配信）。さらに二一・五兆円の内の八兆円を全国の電気料金に上乗せする形でまかなうという方針を経産省が立てている、という報道がある。

（45）フクシマ当時の日本の首相も東京工業大学で数学を学んだ菅直人であったが、彼もその年の五月八日に浜岡原発の稼働を首相の「要請」によって停止させた。ここにも自然科学を学んだ者としての判断があったのではないだろうか。

（46）第一六回原子力委員会資料第三号「二〇〇三年五月二七日第一五回原子力委員会定例会議議事録（案）」二頁末尾の藤家委員長の発言、「科学技術創造立国を目指す日本にとって、原子力の研究開発はその先進部分を担っているということを理解していただく必要がある」。

（47）日本のマスメディアは、政権に慮ってこのようには伝えていない。

（48）民主党政権時代の二〇一一年一二月に国会で、ベトナムなど四カ国との原子力協定が承認されることで原発輸出の最有力候補国であったベトナムは、二〇一六年一一月に同国の議会で同国南東部に原発を建設する計画を撤回した。

（49）この安倍首相の表現について、原子力安全委員会の田中俊一委員長は、二〇一五年四月一五日の記者会見で以下のように答えている。「私は世界一厳しいということを申し上げたことはないのです。世界最高レベルと言っているのです」。

（50）伊方原発の再稼働に関する原子力防災会議において（『愛媛新聞』二〇一五年一〇月七日WEB版）。

（51）泉田裕彦前新潟県知事の発言。例えば、『朝日新聞』二〇一六年一二月一〇日「オピニオン&フォーラム」欄。

(52) 宮内庁ＨＰより。http://www.kunaicho.go.jp/okotoba/01/okotoba/okotoba-h28e.html

(53) 首相の式辞は一〇〇七字、天皇の「おことば」は一〇六二字である。

(54) 吉井英勝議員の質問主意書。http://www.shugiin.go.jp/internet/itdb_shitsumon.nsf/html/shitsumon/a165256.htm

(55) http://www.shugiin.go.jp/internet/itdb_shitsumon.nsf/html/shitsumon/b165256.htm

(56) なお吉井議員は、二〇一〇年四月九日にも衆議院経済産業委員会で当時の民主党政権の直嶋正行経済産業大臣に対して、「老朽化原発に巨大地震が重なったときに、特に日本は地震国ですから、大変な事態になるということを想定して対応を考えておかないと、……柏崎はまだあそこで済んでよかったんです。あれはしかし、メルトダウンにもつながりかねない寸前だったんですよ」と迫って、「今の『もんじゅ』も含めて、やはり安全性に最大の重点を置いて、安全第一の上でこれは推進をするというのが基本方針でございまして、そういう考え方にのっとって、今後、原子力発電全般についても考えていきたいというふうに思っております」という答弁を引き出している。この答弁と、二〇一一年三月八日に東電が堤防のかさ上げ工事を検討したこととが関係しているのかどうかは不明である。http://kokkai.ndl.go.jp/SENTAKU/syugiin/174/0098/17404090098007a.html

(57) Karl Jaspers, *Einführung in die Philosophie–Zwölf Radiovorträge* (Darmstadt 1959), S. 130.

(58) 言うまでもないが、原発に依存しなくても日本のエネルギーは十分にまかなえる状況にある。その大きな理由は、省エネ化の進展と再生可能エネルギーの増加によるという。横山亘「原発必須論の破綻……震災後四年間で、発電所三六基分のエネルギー消費量減少」http://biz-journal.jp/2016/06/post_15633.html

(59) Right-Livelihood-Award. もう一つの「ノーベル賞」と言われる。

(60) 二〇一六年一二月二一日、政府は高速増殖炉「もんじゅ」の廃炉を正式に決定した。しかし、「新たなチャレンジを求める」として「もんじゅ」に変わる高速炉の開発を続ける方針も同時に表明されているので、「原子力村」が日本での原子力開発を断念する方向に向かうわけではないことも留意しておかねばならない。

(61) 高木仁三郎『原発事故はなぜくりかえすのか』岩波新書、二〇〇〇年、一八二頁以下。

(62) 筆者は、かつて七〇年代の始めに、つまり福島第一原発の一号機が稼働し始めた直後に、高木氏の反原発教室に学んで以来、素人の反原発主義者として生きてきた者として、高木氏になり代わって原発最後の日を自分の目で見届けたいと思っている。

（1）筆者は、本来、アイデンティティとは重層的に構成されているものと捉えているが（本書序章参照）、ここではその重層性のうちで、当該の人物が自身の存在意義の中心とみなすものを「アイデンティティ」として扱う。

（2）Kazuhiko Yamaki, Die Identitätskrise Japans — eine Ursache der aktuellen Wirtschaftskrise, *Distinguished Lecturer Series/Mitteilungen des Japan-Zentrums an der Wissenschaftlichen Hochschule für Unternehmensfürung Otto-Beisheim-Hochschule*, Paper No. 5, p.1-13, 1999, 01.

（3）http://survey.gov-online.go.jp/h28/h28-life/index.html

（4）http://survey.gov-online.go.jp/h28/h28-life/zh/z13-1.html

（5）http://survey.gov-online.go.jp/h28/h28-life/zh/z13-2.html

（6）この「不安産業」という語は、『現代用語の基礎知識』の一九八八年版で使用されている。

（7）雑誌オンライン書店「fujisan」の「健康・家庭医学　雑誌」のジャンルを発行頻度から引用者が選別した。http://www.fujisan.co.jp/cat1200/cat1215/

（8）S・キルケゴール『不安の概念』氷上英廣訳、白水社、一九六七年、二三〇頁以下。

（9）同書、二三二頁。

（10）M・ハイデッガー『存在と時間』上、細谷貞雄・亀井裕・船橋弘訳、理想社、一九六三年、三一一頁。傍点は原文。

（11）同書、三一二頁。傍点は原文。

（12）M・ハイデッガー『存在と時間』下、細谷貞雄・亀井裕・船橋弘訳、理想社、一九六四年、六三頁以下。なお、引用した訳文は引用者が少し変えてある。傍点は原文。

（13）J. Ritter（hrsg.）, *Historisches Wörterbuch der Philosophie*, Band I（Darmstadt 1971）, p.89. S. 311f. の H. Häfner 執筆による 'Angst, Furcht' の項）。

（14）E. H. Erikson, *Psychological Issues, Identity and the Life Cycle*（New York 1959）, p.89.（小此木啓吾訳『自我同一性——アイデンティティとライフ・サイクル』誠信書房、一九八八年、一一二頁。

(15) *Ibid.*, p.113.(同書、一四九頁)。

(16) J. Ritter (hrsg.), *Historisches Wörterbuch der Philosophie*, Band IV (Darmstadt 1976), S. 311f. の H. Dubiel 執筆による 'Identität' の項。「エリクソンは個人的システムの次元での個人的自我同一性の概念と類比的に社会的システムの次元での集団的自我同一性という概念も使用した。この集団的自我同一性という概念をもって彼は、集団の構成員が変動するにもかかわらずある集団のシンボルが不変であることを意味させた——時間の前進において個人が自分の人生の方向づけをする模範が不変であることに類比的に」。

(17) 木村敏『人と人との間——精神病理学的日本論』弘文堂、一九七二年、七、一二、一三頁。なお、傍点は原著者による。

(18) http://survey.gov-online.go.jp/h28/h28-life/zh/z13-2.html

(19) 木村、前掲書、一五一頁。

(20) 実際に一九八七年には、経済官僚でもあった宮崎勇と富岡隆夫との共著として『海図なき航海の時代——〝素封国家〟をめざせ』(朝日新聞社、一九八七年)が刊行された。

(21) 森嶋通夫も、「一九八〇年代中後半に、日本は私のいわゆる『下からの資本主義への転換点』に直面した。したがって一九八五年頃に決定的な時点があったのである。しかし政府はこの転換をやり遂げる勇気に欠けており、経済は民主主義経済体制に向かって明確な一歩を踏み出すことなく、依然として混迷しているのである」と記している(森嶋通夫『なぜ日本は行き詰ったか』村田安雄・森嶋瑶子訳、岩波書店 二〇〇四年、二八五頁)。

(22) 木村、前掲書、一五〇頁。

(23) この点については、本書第Ⅰ部第一章を参照されたい。

(24) この点についても、本書第Ⅰ部第一章を参照されたい。

(25) 藤永保監修『最新心理学事典』平凡社 二〇一三年。

(26) ドイツでは、自らがその当事者であったにもかかわらず、この東西対立の消滅を好機として、自国からロシアならびにアメリカの軍事基地をなくすことに成功した。アイデンティティ・クライシスに陥っていた日本は、一面的に母なるアメリカを見やりながら右往左往するばかりで、国の確固たる未来像を描くことができなかったと言わざるえない。

(27) 森嶋通夫も前掲書の三六六頁で、「この方法〔子どもたちに個人主義と自由主義の本質と真の意味を教えるような、意味ある教育の改革」によって資格のある人々を得るには、大体四〇年か五〇年のオーダーの長い時間がかかる」としている。

(28)『東京新聞』TOKYO Web（二〇〇六年一一月七日）。「即興政治論」の記述。

(29) http://www.kantei.go.jp/jp/abespeech/2006/09/29syosin.html

(30) 二〇〇六年九月二九日の国会での所信表明演説に以下の一節がある。「私たちの国、日本は、世界に誇りうる美しい自然に恵まれた長い歴史、文化、伝統を持つ国です。その静かな誇りを胸に……」http://www.kantei.go.jp/jp/abespeech/2006/09/29syosin.html

(31) アメリカのユタ大学言語文学部でも教授をしている社会言語学者の東照二は、「究極は『カントリー・アイデンティティー』。英語でも使わない単語です」と指摘している。『東京新聞』TOKYO Web（二〇〇六年一一月七日）。「即興政治論」の記述。

(32) これの詳細については、本書第I部第一章を参照されたい。

(33) しかし、事態は楽観を許さないようにも思われる。それは、この過去にアイデンティティを根拠づける人々には、次に述べる第二次安倍政権の成立が強い影響を与えているからである。

(34) http://www.kantei.go.jp/jp/96_abe/statement2/20130128syosin.html

(35) この所信表明演説におけるフクシマへの言及は、「ある少女とその家族」という感傷的な物語にとどまっている。

(36) http://www.kantei.go.jp/jp/96_abe/statement2/20130128syosin.html

(37) http://www.s-abe.or.jp/policy/consutitution_policy;http://www.kantei.go.jp/jp/abespeech/2007/01/26sisei.html

(38) http://www.s-abe.or.jp/policy/consutitution_policy

(39) http://www.kantei.go.jp/jp/abespeech/2007/01/26sisei.html

(40) 北海道の沿岸近くにあえて最新鋭のミサイルを配置することは、ロシアの日本に対するマイナスの意味での明確な意思表示である。これは、中国の公船が尖閣列島周辺に現れたのとは比較にならないほどの大きな軍事的意味を持つはずだが、安倍首相はもちろんのこと、日本のメディアもほとんどその意味を指摘していない。

(41) 対ロシア外交においても、「すり寄り作戦」が功を奏すると安倍首相は考えていたようだ。ソチにおける冬期オリンピックに西側諸国の首脳としてただ一人参加したり、それ以来、何度も首脳会談を重ねたり、さらに今回の訪日の際の記者会見の席ではプーチン大統領に「ウラジミール」と名前で呼びかけたり（しかし、大統領の方は「安倍首相」と応じて、すり寄りに同調しなかったようだが）、さらにこの一二月の失敗に懲りもせずに「今年〔二〇一七年〕中の早いうちにロシアを訪問する」と表明している。一国の首相としての矜持はないのだろうかと思わざるをえない。
(42) 日本のマスメディアがいかに首相官邸のリリース文を報じるだけであるかが、よくわかる誤りではある。
(43) 私は、日米関係のあり方を変えることが不可能だと考えているわけではない。
(44) なぜ一二月に入って急遽、ハワイを訪問することになったのかは、アメリカの大統領選挙の過程でクリントン候補だけに安倍首相が肩入れしていたが、予想に反してトランプが大統領に当選したので、大慌てでまだ私人であるトランプを金色のゴルフバッグを手土産に訪問して、オバマがまだ大統領職にあると、アメリカ大使館から強く批判されたことが背景にあるという指摘も聞こえてきたが、真偽は明らかではない。
(45) アメリカの側は、「いくら言ってもわからないおバカさんで、困ったものだ」と考えていることだろう。
(46) この点についての私なりの検討の詳細は、八巻和彦編著『日本のジャーナリズムはどう生きているか』成文堂、二〇一六年、一五一―一七頁を参照されたい。
(47) ロシアの最新鋭ミサイル配備には何も対抗措置がとれなかったのにもかかわらず、韓国に対してはこのような行動にでるというところにも、彼のアイデンティティの特徴が現れているであろう。
(48) 日本の中国との関係悪化による隙間に、アメリカやドイツが入って莫大な経済的利益を上げている。
(49) http://www.kantei.go.jp/jp/96_abe/statement2/20130128syosin.html (強調は引用者)。
(50) http://survey.gov-online.go.jp/h26/h26-gaiko/2-1.html
(51) この点については、本書第I部第一章を参照されたい。
(52) 「私はこれまで天皇の務めとして、何よりもまず国民の安寧と幸せを祈ることを大切に考えて来ましたが、同時に事にあたっては、時として人々の傍らに立ち、その声に耳を傾け、思いに寄り添うことも大切なことと考えて来ました。天皇が象徴であると共に、国民統合の象徴としての役割を果たすためには、天皇が国民に、天皇という象徴の立場への理解を求めると共に、天皇もまた、自らのありように深く心し、国民に対する理解を深め、常に国民と共にある自覚を自らの内に育てる必要を感じて来ました。こうした意味において、日本の各地、とりわけ遠隔の地や島々への旅も、私は天皇の象徴的行為として、大切なものと感じて来ました」http://www.kunaicho.go.jp/page/okotoba/detail/12#41
(53) 二〇一五年八月一五日の「全国戦没者追悼式」での「おことば」。http://www.kunaicho.go.jp/okotoba/01/okotoba/okotoba-

h27e.html#D0815　ちなみにこの「深い反省と共に」という表現は、翌二〇一六年の同じ式典でも使用されている。

（54）註（52）参照。

（55）http://www.kunaicho.go.jp/okotoba/01/kaiken/gokaito-h25sk.html

（56）新聞各紙の記事。

（57）菅野完『日本会議の研究』扶桑新書、二〇一六年、一八五頁以下。

（58）http://www.seikyou.org/index.html

（59）菅野完の調査によれば、この二つの団体は「七〇年安保で生まれた『成長の家学生運動』の闘士たち」という共通のルーツに収斂すると言う（前掲書、二一九頁）。

（60）『朝日新聞』が二〇一六年三―四月に行った世論調査の結果では、「憲法第九条を変えるほうがよいと思いますか。変えないほうがよいと思いますか」という問いに対して、「変えるほうがよい」が二七パーセント、「変えないほうがよい」が六八パーセントであり、さらに、「憲法第九条を変えて、自衛隊を正式な軍隊である国防軍にすることに賛成ですか。反対ですか」という問い対しては、「賛成」が二二パーセント、「反対」が七一パーセントである。さらに、「いまの日本の憲法は、全体として、よい憲法だと思いますか。そうは思いませんか」という問いに対しては、「よい憲法」が六七パーセント、「そうは思わない」が二三パーセントという結果が示されている。つまり、国民の三分の二が今の憲法のもとでの国のあり方に満足しているのである。http://www.asahi.com/articles/ASJ4N63MMJ4NUZPS00F.html

（61）http://law.e-gov.go.jp/htmldata/S21/S21KE000.html

（62）http://www.s-abe.or.jp/policy/consutitution_policy

（63）例えば、堀尾輝久「憲法九条と幣原喜重郎」（『世界』二〇一六年五月号一〇〇―一〇九頁所載）。しかし、安倍首相を支える post truth な人々には、残念ながらこれが通じないのである。

（64）この破局をそれとして認めることから逃避しようとした人々が、明治憲法にしがみつこうとしたのであり、そのような「思想」を信じている人々が、新たな日本国憲法が施行されてから何十年も経っても、「明治憲法の復元」を公言してはばからないのであろう。それは「信仰」であって政治的な場で口にされるべきものではないはずだ。

（65）北朝鮮についての数字は見つけることができなかった。なお数字はＩＭＦ二〇一五年によるものからの概算。ソースは以下のU

RL。経済ネタ帳：http://ecodb.net/ranking/imf_lp.html；http://ecodb.net/ranking/imf_ngdpd.html#JP

(66) 森嶋通夫『日本にできることは何か――東アジア共同体を提案する』岩波書店、一九九一年。

(67) ヨーロッパで哲学をやっている人たちは、単純化していえば、「何が何でも自分独自の考えをまとめて提示してみよう」という姿勢が顕著である。それは学会のテーマ設定であってもそうである。それがヨーロッパにおける知的イノベーションという強みの源であろう。日本人の訓詁学的姿勢の顕著さと好対照である。

(68) EUも、その構想から実際の成立までに四五年かかり、通貨統合までは五〇年を要した。

(69) EU構想の主導者であったフランスとドイツは、その直前まで交戦国であったのみならず、第一次世界大戦でも、さらには一八七〇年には普仏戦争の交戦国でもあったから、わずかに七五年間に三回も戦争をした国同士であったことを想起することも、われわれには有意義であろう。

(70) 安倍首相は、二〇一七年一月二〇日の施政方針演説の冒頭近くで、「これまでも、今も、そしてこれからも、日米同盟こそが我が国の外交・安全保障政策の基軸である。これは不変の原則です。できる限り早期に訪米し、トランプ新大統領と同盟の絆《きずな》を更に強化する考えであります」と述べた。http://www.kantei.go.jp/jp/97_abe/statement2/20170120siseihousin.html. あたかも、二〇一六年九月の訪米の際に、大統領選の候補者として「優位」と報じられていたクリントン候補だけを訪問して応援演説をして、後に実際に当選することになるトランプ候補を訪問しなかったという、自身の外交的な一大過誤を必死に取り繕おうとするかのようであった。

第三章　日本社会における〈社会崩壊〉と企業活動

(1) Augustinus, *Confessiones*, I, 1, 1.（金子晴勇『アウグスティヌスの知恵』知泉書館、二〇一二年、三頁の金子による訳）。

(2) ピーコ・デラ・ミランドラ『人間の尊厳について』大出哲・阿部包・伊藤博明訳、国文社　一九八五年、一六頁以下。傍点は原文。

(3) René Descartes, *Discours de la méthode*, IV (Paris 1966), p. 60.（野田又夫訳『方法序説』中公クラシックス、中央公論新社、二〇〇一年、四一頁。ただし訳文は引用者による）。

(4) アリストテレス『政治学』第一巻第二章（山本光雄訳、『アリストテレス全集』第一五巻、岩波書店、一九八八年、七頁。引用者が訳語を文意に即すように変えたところがある）。「そこでこれらのことから明らかになるのは、……人間は自然本性的に社会的動物であるということ、また偶然によってではなく、自然本性によって社会を形成しないものは劣悪な人間であるか、あるいは人間より優れた者であるかのいずれかであるということである。前者はホメロスによって『部族もなく、法もなく、炉もなき者』と非難された人間のようなものである。なぜなら自然本性的にこのような者は、とりもなおさず戦を好む者であるから、というのはこのような者はちょうど碁の孤立した石のような孤独なものだからである」。

（5）トマス・アクィナス『神学大全』II-1「序言」（高田三郎・村上武子訳『神学大全』第九冊、創文社、一九九六年、一頁。引用者が訳語を文意に即すように変えたところがある）。「神のかたどり・神の像としての人間、つまり、やはり自由意志を持ち、自らの所業をつかさどる力を持つという意味において、自らが自らのもろもろの所業の源である人間というものの考察に赴かなくてはならぬ」。

（6）ジョン・ロック『統治二論』第二章「自然状態について」（宮川透訳『統治二論』世界の名著二七、中央公論社、一九六八年、一九四頁。引用者が文意に即すように変えたところがある）。ここでロックが、自然状態とは「自分が適当と思うままに自分の所有物と身体を処理するような完全な自由な状態」としていることに、現在まで続く自由主義の主張の根幹部分（例えば、企業のM&A等）が含まれていることに留意しておきたい。

（7）英語の 'responsibility' という語が現れるのは、一八世紀中葉のことであるという（今道友信『エコエティカ――生圏倫理学入門』講談社学術文庫、一九九〇年、一〇五頁）。なお、ドイツ語でこれにあたる 'verantwürten' とその名詞形は一五世紀末までに成立しているという指摘がある。レンク（Hans Lenk）『テクノシステム時代の人間の責任と良心――現代応用倫理学入門』（山本達・盛永審一郎訳、東信堂、二〇〇三年、iii頁）。

（8）Jean-Paul Sartre, *L'existentialisme est un humanisme*（Paris 1962）, p. 24.（伊吹武彦訳『実存主義とは何か』人文書院、二〇〇二年、四三頁）。

（9）Emmanuel Lévinas, *Humanisme* de *l'autre homme*（Paris 1972）, p. 82.（小林康夫訳『他者のユマニスム』書肆風の薔薇、一九九〇年、一二三頁）。

（10）Ferdinand Tönnies, *Gemeinschaft und Gesellschaft*（1887）.（杉之原寿一訳『ゲマインシャフトとゲゼルシャフト――純粋社会学の基本概念』上下、岩波文庫、一九九四年）。

（11）廣松渉他編『岩波哲学・思想事典』（岩波書店、一九九八年）の大澤真幸による「ゲマインシャフト／ゲゼルシャフト」の項目、ならびに大庭健他（編）『現代倫理学事典』（弘文堂、二〇〇六年）の古賀徹による「テンニース」の項目等を参照してまとめた。

（12）前掲『ゲマインシャフトとゲゼルシャフト』下、二一〇頁以下。

（13）'company' は、人間の集団という意味が前面に出ている。

（14）Ernst Hartwig Kantorowicz, *The King's Two Bodies: A Study in Mediaeval Political Theology* (Princeton 1957).（小林公訳『王の二つの身体――中世政治神学研究』平凡社、一九九二年）。

（15）同書、三〇二―三〇四頁。さらに一七世紀のホッブズによる、リヴァイアサンとしての国家の定義も同様である。「《コモン－ウェルスの定義》それは、一つの人格であって、かれの諸行為については、一大群衆がその中の各人の信約によって、かれらの各人のすべてを、それらの行為の本人としたのであり、それは、この人格が、かれらの平和と共同防衛に好都合とかんがえるところにしたがって、かれらすべてのつよさと手段を利用しうるようにするためである」（水田洋訳『リヴァイアサン』二、岩波文庫、一九九二年、三四頁）。

（16）前掲『王の二つの身体』三一二頁。

（17）古代ギリシアの 'hyle' そして前掲のラテン語の 'corpus' 以来、ヨーロッパ語では、この語は、「身体」と「物体」の両方の意味をもつという伝統もここには作用しているであろう。

（18）「社会の教育力の低下」のもう一つの理由として、必要とされる知識や技術の変化と革新が激しいので、大人が子どもに対して自信をもって教訓を垂れることがむつかしいということも挙げられる。しかし、「社会の教育力」ということで想定される内容は、むしろ道徳や倫理観の伝授であるはずだから、この見解はあまり有力な説明とはならないであろう。

（19）『ブリタニカ国際百科事典』の小項目辞典第二巻（ティービーエス・ブルタニカ、一九九三年）の「企業」の項による。

（20）一九八〇年代に称揚された日本的経営では、この企業内のゲマインシャフトを経営者側が積極的に支えることも特質として指摘されていた。

（21）企業が或る地域に展開する場合には、当然のようにその理由の一つとして「そこには良質な労働力があるから」と言う。この表現は、立地する地域によってあらかじめ良質な労働力が用意されていて、それを企業が活用する、という事実を述べているのである。そして、その「良質な労働力」はゲマインシャフトによって育成されたものである。

（22）勤め先での呼称が「パート」「アルバイト」「労働者派遣事業所の派遣社員」「契約社員」「嘱託」「その他」である者。http://

www.mhlw.go.jp/file/06-Seisakujouhou-11650000-Shokugyouanteikyokuhakenyukiroudoutaisakubu/0000120286.pdf

(23) この間の全体の動向は、二〇一〇年までと少々古いデータであるが、以下の厚生労働省の『平成二五年版　労働経済の分析』の記述につきている。「非正規雇用労働者の増加に伴って、非正規雇用労働者比率は一九八五年の一六・四パーセントから二〇一〇年の三四・四パーセントまで上昇した。この比率は、男女のどの年齢階級においても上昇したが、若年層において上昇が顕著となっている。非農林業ベースで比較すると、一五―二四歳層で一四・九パーセントから四六・五パーセントへ、二五―三四歳層で九・八パーセントから二五・八パーセントへとそれぞれ上昇している。非正規雇用労働者は、一五―二四歳層で八九万人から二二五万人へ、二五―三四歳層で九九万人から二九八万人へとそれぞれ増加している。一方で若年層の人口が減少する中で、正規雇用は減少している。一五―二四歳層で一九八五年の五〇八万人が二〇一〇年には二六〇万人へ、二五―三四歳層で九〇七万人から八五六万人へとそれぞれ減少している」（http://www.mhlw.go.jp/wp/hakusyo/roudou/13/dl/13-1-5_03.pdf）。なお、奇妙なことに最新の『平成二七年版　労働経済の分析』では、同じ調査データを扱いながら、上の分析と同じ視点からの記述はない。

(24) 厚生労働省の『平成二五年版　労働経済の分析』の記述:http://www.mhlw.go.jp/wp/hakusyo/roudou/13/dl/13-1-5_03.pdf

(25) 現代日本社会の通念に従えば、男性が主たる稼ぎ手である場合は、配偶者たる女性も若干の収入があるケースを想定できるが、女性が主たる稼ぎ手となっている場合は、シングルマザーで子育てをしているケースが多いと想定される。後者のケースの三〇〇万円以下という年収は深刻な貧困度を示しているだろう。

(26) http://www.mhlw.go.jp/file/06-Seisakujouhou-11650000-Shokugyouanteikyokuhakenyukiroudoutaisakubu/0000120286.pdf

(27)「JFAコンビニエンスストア統計調査月報」二〇一六年一二月度。

(28) 一〇年ほど前から耳にするようになった奇妙な新造語であり、とくに政治家が使用しているようだ。

(29) Maurice Merleau-Ponty, *Phénoménologie de la perception* (Paris 1945) p. 177.（竹内芳郎・小木貞孝訳『知覚の現象学』I、みすず書房、一九六七年、二五三頁）。

(30) 本間重紀編『コンビニの光と影』新装版、花伝社　二〇〇九年。

(31) アリストテレス、前掲書（邦訳、四―六頁）。

(32) 人類学者の西田正規によれば、人間は定住してから農耕をするようになったはずだという。その理由として、地球上の中緯度帯には、日本の縄文人のように、農耕をしない定住民が存在したことを挙げている（西田正規『人類史のなかの定住革命』講談社、二〇〇七年、八八―九九頁)。

(33)大野晋『日本語の世界』朝日新聞社、一九九三年、一三七―一四〇頁。

(34)例えば、土をこねて器をつくるというような作業は、細かい技術の伝承が必要である。つまり、手取り足取りして教えられて初めて身につくものである。さらに、こねて成型したものを焼き上げるのには、大量の木々を長時間にわたって燃やす必要があるので、人間の集団が協力して作業することが不可欠である。ここには集落と家庭で培われた人間関係が必須であっただろう。

(35)逆に、もし人間が落ち着いた生活ができなければ、学習すべきことを学習すべき年齢で習得できずに、人間として社会生活を送りにくくなることは、戦争や難民出現の際の最大の被害者は子どもであると言われることからも明らかである。習得すべき年齢に習得できないと身につかない読み書きのような能力があるからである。

(36)Hatelabo::AnonymousDiary, 2016-02-15「保育園落ちた日本死ね!!!」。

(37)親が死亡していたにもかかわらず、何年間も親の年金を不正受給していたというような新聞記事の背後には、このような生活があるのだろう。

(38)『世界大百科事典』第二九巻(平凡社、二〇〇七年)の「略奪農業」の説明による。

(39)「売り手よし・買い手よし・世間によし」を意味する。日本経営倫理学会編『経営倫理用語辞典』(白桃書房、二〇〇八年)「三方よし」の項。

(40)ある企業が事業所を他の地域に移転させる場合でも、本社機能は創業地に残すとか、工場の一部は残す、というような行動がある。

(41)金融資本主義の中で富を「生産する」企業は、たくさんの人を雇用する必要がない。また、そのシステムの中で富の配当を受ける人々は、その富の源泉としての、実体経済の立地する場所である具体的な国や地域のあり方に関心をもつことはなくなる。その結果、そのような生き方をする人々は、具体的な地球にさえもアイデンティティを感じることが希薄となるだろうし、その結果、そういう人々はコスモポリタン化するとも言えるが、逆に捉えれば、絶えざる富の追求のための人生として、そのようにディアスポラ化して生きることになっているとも言えよう。

(42)トヨタ自動車がその典型例としてよく指摘される。「金融事業の営業利益は二〇〇二年三月期は六八六億円にすぎなかったが、二〇一四年三月期には二九四八億円と約四・三倍にまで拡大した。一方の自動車事業は、一兆八四五億円から一兆九三八七億円と約一・八倍に広がったが、金融事業ほどの伸びではない」(李顕史「トヨタが二七兆円の金融資産を抱えている理由」)。http://

toyokeizai.net/articles/-/63477?page=2

（43）プライヴァシー privacy の語源であるラテン語の privatus, privatum とは「公 publicus, publicum から奪われたもの、離れたもの」という意味がある。この視点から「プライヴァシー」概念を考察することも、現代では興味深いが、今は立ち入らない。

（44）上で紹介したデカルトの自己という存在の発見が、それを示している。

（45）その結果、最近では多くの企業が自前の保養施設を手放して、リゾートクラブと提携することで、社員に福利厚生の便を図ることに方針を転換している。

（46）ベックは、この「個人化」とは「エゴイズム」とは異なるものであることを強調している。ウルリッヒ・ベック、鈴木宗徳、伊藤美登里編『リスク化する日本社会』岩波書店、二〇一一年、二二頁以下。

（47）同書、二八頁以下。

（48）もちろん、弱体化のもう一方の原因は、企業の経営側が労働組合を骨抜きにする努力を続けているからである。

（49）マイケル・サンデル『それをお金で買いますか』鬼澤忍訳、早川書房、二〇一二年、一六〇頁。

（50）これの具体例は、二〇一六年一二月の深夜のNHK・Eテレの番組「バリバラ」で紹介された意見である。

（51）ジャン＝ポール・サルトル『実存主義とは何か』伊吹武彦訳、人文書院、一九六六年、二〇頁。

（52）「〔ヨーロッパにおける〕新自由主義や『第三の道』といった福祉削減の流れの中で、家族やコミュニティの役割が強調されているのである。……とりわけ経済階層の低い地区では、コミュニティに住む祖父母や近隣住民が重要な育児サポートを提供している。……忘れてはならないのは、ヨーロッパにおける家族やコミュニティの相互扶助は、多くの場合、さまざまな公的サポートを受けながら実施されているということである」という指摘がある。落合恵美子「個人化と家族主義」（前掲『リスク化する日本社会』一二〇頁以下）。

第四章　近代的思考様式の限界についての一試論

（1）私はこれを「原発破局フクシマ」と呼ぶことにしている。本書第Ⅰ部第一章参照。

（2）Aristoteles, *Categoriae*, I, 1:4:6.（山本光雄訳『カテゴリー論』、『アリストテレス全集』第一巻六、岩波書店、一九七一年、一六

―二二、三三―四〇頁）。

（3）糖度計などの測定器メーカー「アタゴ」のＨＰの説明による。

（4）Nicolaus Cusanus, *De stat. exp.*, n.163, p.222, 22-27.（下線は引用者による）。八巻和彦『クザーヌスの世界像』創文社、二〇〇一年、二七六頁およびそこの註も参照されたい。

（5）安西祐一郎『心と脳――認知科学入門』岩波新書、二〇一一年、二二〇頁以下。

（6）C. F. von Weizsäcker, *Wohin gehen Wir?*（München/ Wien 2000）, CD5, 4.（小杉次尅次訳『われわれはどこへ行くのか――世界の展望と人間の責任・ミュンヘン大学連続講義集』ミネルヴァ書房、二〇〇四年、一七六頁。なお訳文は前掲書の通りではない）。

（7）私が経験した一例として、新聞記事の効果についての金額換算による評価があった。新聞社へのパブリシティ活動の結果として早稲田大学にとって肯定的な内容の記事がある新聞に掲載された場合、その記事の面積を新聞の全面広告の面積の何パーセントであるかを計算し、そのパーセンテージを当該の新聞に全面広告として掲出する場合の経費にかけることで金額を割り出し、「〇〇万円の価値のある記事です」とある広告会社から説明されたのである。しかし、そもそも記事掲載の目的は広告料の金額に換算することではない。当該の記事がどれだけの読者に読まれたのか、そして、どのような印象をもって受け止められたかであるはずだ。また、そもそもその記事がその新聞のどこに掲載されたのかによっても、読者の目に止まる確率は変化するし、また読者の受け止め方も変化するはずである。つまり記事の大きさを広告掲載料に換算するという数値化は、記事の効果を測定したことにはならないのである。説明にきた担当者にその点を問いただすと、「たしかにそのとおりですが、一応の目安として計算してみました」との答えであった。彼はこれまで、このような根拠の薄い数値化でも営業ができたのであろう。この例は、とにかく数値化された説明を現代社会が求めているという傾向の証左であろう。

（8）話を極めて単純化して考えてみよう。例えば、三〇〇人定員の或る大学の或る学部の入学試験の満点が五〇〇点であるとし、その試験で課される教科は五科目で各教科の満点が一〇〇点、そして各教科の試験を構成する問題の中の小問題の配点は、二点と三点とする。その試験を実施したら最高得点者が四九八点であり、そこから順番に一点きざみで入学定員まで順位をつけることとして、人数累計が学部入学定員の三〇〇人になったところが三五〇点であったとする。そして、合格判定においては三五〇点以上の得点者が合格者とされ、一点下の三四九点以下の受験者は不合格とされるとする。以上が、よくありそうな状況設定であることは大方の了解をえられるであろう。しかし、三五〇点の得点者にはその学部への入学資格が与えられ、わずかに一点少ないだけの三四九点の得点者にはそれが与えられないということは、本当に学力を測っていることになるのだろうか。一点の違いは、三四九点の得点者たちがどれか一つの小問題に誤答したという差でさえなく、二点という偶数の配点がなされている小問題と三点という奇数の配点がなされている小問題における得点の組み合わせから生じる違いでしかないのである。しかし、数字としてみれば三五〇と三四九は歴然と異なる。その結果、判定する側はこの数字の異なりに依拠して、合格者と不合格者の線を引くのである。そしてその線引きは、受験生にとっては一生を左右すると思われるほどの意味をもつこともあるのだ。

（9）すでに二〇年ほど前から、若い医者が患者の触診をさけて、測定値だけを頼りに診断を下そうとする傾向があって困る、というベテラン医師の話を耳にすることが多い。これは触診という経験が問われる、つまり診察の「質」が問われるプロセスを回避しようという傾向であろう。

（10）Thomas Aquinas, *Summa theologiae*, I, q. 7, a. 2.（高田三郎訳『神学大全』第一冊、創文社、一九六〇年、一三〇頁以下）。

（11）*Ibid.*, q. 10, a. 2.（同右、一七七頁以下）。

（12）Cusanus, *De docta ignorantia*（以下 *De doct. ign.* と表記）, II, 1. n. 97.（岩崎允胤・大出哲訳『知ある無知』創文社、一九六六年、八五頁）。

（13）宇宙が「欠如的に」無限とされるのは、形相が欠如しており規定されていないからであり、神が「否定的に」無限とされるのは、神の無限性はその充溢のゆえに被造物の側からは限定できないからである（cf. *De doct. ign.* II, 8, n. 135.〔同書、一一八頁〕）。

（14）Cf. *Historisches Wörterbuch der Philosophie* (Darmstadt, 2001), XII, 140ff. の W. Pannenberg による 'Unendlichkeit' の項。*Die belehrte Unwissenheit*, II, S. 117 にある H. G. Senger による Anm. 15。また、宇宙の構成要素としての質料を無限定で無際限として捉える意味での無限性の思想は、古代ギリシアから存在していた。

（15）「それ〔世界すなわち宇宙〕は、万物が現にそれとなっているところのものとして、縮限されて現存している。それは、……縮限された無限性である」（*De doct. ign.* II, 4, n. 113.〔前掲『知ある無知』九八頁〕）。

（16）*De doct. ign.* II, 4, n. 112.（同書、九七頁）にある第四章のタイトル、「縮限された最大なものにすぎない宇宙がどのようにして、絶対的なものの似姿であるのか」。

（17）そもそもクザーヌスの思考の特色として挙げられることの多い「反対対立の合致」coincidentia oppositorum は、神の属性としての〈無限〉を意味的前提にしつつ、人間の思考において展開できる〈無限〉観念を、思考において自在に操作することによって成立しているものである、と捉えることができる。例えば、「無限な三角形は無限な直線である」というような思考の展開がある（*De doct. ign.*, I, 14, n. 37〔同書、三七頁〕）。

（18）Cusanus, *De ludo globi*, n. 17, 5-15.

（19）Alexandre Koyré, *From the Closed World to the Infinite Universe*（Baltimore 1957）というタイトルをもつ著書がある（アレクサンドル・コイレ『閉じた世界から無限宇宙へ』横山雅彦訳、みすず書房、一九七三年）。

（20）Isaac Newton, *Philosophiae naturalis principia mathematica*（1687）.

（21）この著作は、彼の悲劇的死の翌年である一七九五年に公刊された。

（22）Nicolas de Condorcet, *Esquisse d'un tableau historique des progrès de l'esprit humain*（Paris 1900）, pp. 186-188.（前川貞次郎訳『人類精神進歩の歴史』角川書店、一九六六年、二五五―二五七頁。強調は原テキストによる）。ここでコンドルセは数学者らしく、〈無限〉について「漸近線的な無限接近」の意味での無限と、「無限に増大していく」という意味での無限との両方を意識している。なお、この著作において社会制度および経済制度の改革ならびに公教育の重要性等について展開されているコンドルセの思想は、その視野の広さと深さにおいて現代にも十分に通用するものである。

（23）この辺りの事情については、八巻和彦『クザーヌスの世界像』前掲書、第一章（とくに第二節と第四節）を参照されたい。

（24）筆者は、この状況を「知の民主主義」と名づけている。また、この「知の民主主義」は政治制度としての近代民主主義とも本質的に親和性の高いものである。

（25）筆者はかつて、物理学者たちからこのような考え方を聞いたことがある。

（26）筆者も、過去六〇年以上にわたり、核兵器禁止や世界平和実現のために活動している科学者の組織であるパグウォシュ会議 Pugwash Conference については承知している。

（27）『東京新聞』二〇一六年九月二六日。二〇一七年度の総額は、概算要求通りの一一〇億円に増えた。

（28）これは、文法学、修辞学、弁証学からなる三学 Trivium と数学、幾何学、天文学、音楽からなる四科 Quadrivium とからなるのが、一般的である。

（29）こちらには、後に言及するような理由から、自由七科のような標準的な分類は存在しなかったようである。

（30）学者たちが artes liberales に関わる仕方と、職人たちが artes mechanicae に関わる仕方との相違と、それのもった意味については以下の研究を参照した。Edgar Zilsel, *The Social Origins of Modern Science* (Dordrecht/ Boston/ London 2000), p. 3f.（なお、ツィルゼルの著作の訳書として青木靖三訳『科学と社会』みすず書房、一九六七年があり、前掲の原著とは若干、行文に異なるところがあるが、英語テキストの内容に対応するのは、同書、一頁以下である）。

(31) Zilsel, *ibid.*（同書）。この二種類の artes に携わっていた当時の人間同士の間に存在していた人間関係を前提にして、そこに展開される対話の意味の深さが象徴的に表現されているのが、ニコラウス・クザーヌスの『無学者考――知恵について』*Idiota de sapientia*,『無学者考――精神について』*Idiota de mente*,『無学者考――秤の実験について』*Idiota de staticis experimentis* という三部作である。この一連の著作では、木さじ作りの職人であるが信仰の篤い idiota（無学者）が、知識人である orator（弁論家）ならびに philosophus（哲学者）に、眼前に広がる現実の世界をテキストにして真理を教える、という舞台設定になっている。この著作のうち『無学者考――知恵について』には以下の日本語訳がある。小山宙丸訳『知恵に関する無学者の対話』、中世思想原典集成一七巻『中世末期の神秘思想』平凡社、一九九二年、五三七―五七五頁。

(32) Cf. 'Artes Mechanicae' in: *DTV Lexikon des Mittelalters* (München 2003), I, 1064-65.

(33) クラウス・リーゼンフーバー『中世思想史』村井則夫訳、平凡社、二〇〇三年、三六八頁。本考察の第2節の冒頭で〈無限〉と〈永遠〉についてみたように、当時の学問は、神という超越的存在を考察の対象とするとともにあらゆるものを神との関係において考察していたので、論理が精緻化されざるをえなかったと言えよう。

(34) 右の註（32）と同じ箇所。

(35) 佐々木力『科学論入門』岩波新書、一九九六年、八八頁以下。

(36) 同書、一〇一頁。

(37) 同書、一一五頁。

(38) 以下の文献を参照。社団法人日本技術士会訳編『科学技術者の倫理――その考え方と事例』丸善、二〇〇八年、三八四頁以下。マイケル・サンデル『ハーバード白熱教室講義録＋東大特別授業』上、小林正弥・杉田晶子訳、早川書房、二〇一〇年、五四―五八頁。類似のことは日本にもあるだろう。例えば、後に触れる高速増殖炉「もんじゅ」のケースである。高木仁三郎『もんじゅ事故の行きつく先は?』岩波書店、一九九六年、五八頁。

(39) 以下の記述は、次の文献による。河田昌東「国境を超えるクライシス――巨大事故の存在論」（池田浩士・天野恵一共編『検証「昭和の思想」3 科学技術という妖怪』社会評論社、一九九〇年所収、七一―八二頁)。

(40) 同書、七一頁以下。

(41) なお、この河田論文を収載する註(39)に挙げた文献は、一九九〇年六月に刊行されたものであるが、二〇一一年三月の「フクシマ」を予知しているかのような内容である。

(42) この点については長谷川眞理子も「科学の考えと文明の行方」(岡本暁子・西村吉雄・若杉なおみ編『科学技術は社会とどう共生するか』東京電機大学出版局、二〇〇九年、二三頁以下)において指摘している。

(43) 佐々木、前掲書、一八―二三頁。

(44) 二〇〇七年二月一六日の浜岡原子力発電所運転差し止め訴訟の第八回証人尋問において、斑目春樹(当時・東京大学大学院教授、三・一一発生時の内閣府原子力安全委員会委員長)は、要旨が以下のような証言をした。「(質問)地震時に碍子と非常用ディーゼル発電機が同時に壊れることはありますね? (斑目回答)二つ同時にはない。割り切って考える。割り切らなくては、設計できない。ちょっとの可能性まで考えていたら、モノは作れない」。参照したURL:http://www.geocities.jp/ear_tn/ なお、この発言は二〇一一年三月二二日の参議院予算委員会での福島瑞穂(社民党委員長)の質問の際に本人によって確認されている。

(45) 笠潤平『原子力と理科教育——次世代の科学的リテラシーのために』岩波書店、二〇一三年、八頁。以下の記述は、この研究の指摘に多くを負うている。

(46) これは以下のURLで今日でも閲覧できる。http://www.aesj.or.jp/teigen/H2101.pdf

(47) 詳細は、笠、前掲書、一四頁以下。

(48) 同書、二二頁。なお、笠はこの副読本『チャレンジ! 原子力ワールド』の具体例を挙げて検討している。

(49) 現在でも以下のURLで閲覧できる。http://warp.da.ndl.go.jp/info:ndljp/pid/1238741/www.enecho.meti.go.jp/genshi-az/pamphlet/pdf/chugaku_seito.pdf

(50) 笠、前掲書、五四頁。

(51) http://www.mext.go.jp/a_menu/shotou/clarinet/003/001/001.pdf

(52) 前掲の副読本の『解説編［教師用］』二頁には、「教科・単元対照表」というものがあり、「技術・家庭」という教科との関係づけもほんの少し挙げられているが、原子力発電という技術とシステムについては、もっぱら「理科」に関係づけられている。

(53) *Longman Dictionary of Contemporary English* (4th Ed. 2000) の 'nature' の項.

(54) つまり、近代に自然科学が成立するに際しては、自然そのものを機械論的に捉えることが前提となっている。この点については、キャロリン・マーチャント『自然の死』団まりな他訳、工作舎、一九八五年の第七—第九章に詳しい（なおこの訳書の原典はCarolyn Merchant, *The Death of Natuer - Women, Ecology, and the Scientific Revolution* (1980) であるが、残念ながら未見である）。

(55) この点については以下の論文に詳しい。青山道夫「『人類四度目の失敗』が引き起こした地球規模の海洋汚染」（『世界』臨時増刊「イチエフ・クライシス」二〇一四年一月刊、収載）。

(56) 例えば、『朝日新聞』一九八六年四月三〇日の記事。

(57) 原子力文化振興財団による原子力ＰＡ方策委員会報告「原子力ＰＡ方策の考え方」が有名。笠、前掲書、一一頁以下に骨子が紹介されている。

(58) ベックも原発というシステムについて以下のように述べている。「原子力というものは、テクノロジーの発展の想定された『完全無欠性』との危険なゲームである。これは、必然性から必然性を解き放つのだが、この必然性はほとんど変更させることのできないものであり、限定的にしか適応させることができないものである。それは（例えば、放射性廃棄物の処理や貯蔵をとおして）人間を数世代にわたって身動きできなくするのである」(Ulrich Beck, *Risikogesellschaft* (Frankfurt am Main, 1986), S. 294.（東廉監訳『危険社会』二期、一九八八、二一二頁、なお訳文はこの訳書と同じではない）。

(59) 上で紹介した副読本『チャレンジ！　原子力ワールド』においても、「スリーマイルアイランド」と「チェルノブイリ」と「ＪＣＯウラン加工施設」の三つの事故について説明する文章で、いずれの場合にも人為的ミスが強調されているように筆者には読めたので、この副読本の『解説編［教師用］』の当該箇所を調べてみると、「指導上のポイント」において、「これまでに起きた原子力施設の重大な事故は、人為的ミスが主な原因であった」と強調されている（前掲、副読本の『解説編［教師用］』四一頁）。同様な弁解は、愛媛県伊方原発についての住民側の訴えの控訴審（一九八一年）における国側証人であった佐藤一男（後に国の原子力安全委員会委員長も務めた）の証言にも明白である。彼は、法廷でメルトダウンにまで至ったスリーマイル島原発事故について尋ねられた際に、「運転員と呼んでよろしいかと思いますが、この人たちの誤った判断に基づく、行動によると思います。それが決定的な要因でございます。したがってその設計そのものが直接の決定的要因になっている、ということではございません」と証言したという（NHK ETV特集取材班『原発メルトダウンへの道——原子力政策研究会一〇〇時間の証言』新潮社、二〇一三年、二七六頁）。

(60) 原子力資料情報室『臨界事故隠されてきた深層――揺らぐ「国策」を問いなおす』岩波書店、二〇〇四年、二三頁以下。当時、筆者はドイツのボン大学に滞在中だったが、ドイツの同僚から「日本の匠の技は、核物質をバケツで処理しているのか」と皮肉られた記憶がある。なお、同書、三頁以下には次のような指摘がある。「臨界事故は、JCOと作業員のモラルの欠如による人為的ミス『のみ』によって引き起こされたものではないでしょう。『国策』としての原子力研究開発を使命とし、問題がおきてもその場しのぎで対処してきた歴史の積み重ねや、官業の馴れ合いによる温情的な安全規制など、構造的問題が複合的に絡み合った結果、起こるべくして起こった事故でした」。

(61) 畑村洋太郎・安部誠治・淵上正朗『福島原発事故はなぜ起こったか――政府事故調核心解説』講談社、二〇一三年、一一九頁以下。日本の原発における津波対策の歴史的変遷についての詳細な調査と説明が以下の文献にある。添田孝史「津波は本当に『予見できなかった』のか」(『世界』臨時増刊「イチエフ・クライシス」二〇一四年一月、収載)。

(62) 「日本人ほど自然を大事にする民族はいない」という常套句の裏づけとして挙げられる理由が、これである。

(63) 今後、実際の廃炉には約三〇年、その経費は三七五〇億円以上かかると試算されている。この廃炉決定により、核燃料サイクルの国内での完結は不可能となった。

(64) 『読売新聞』二〇一六年一二月二二日。

(65) 例えば、一九三八年から四三年に東京帝国大学第一三代総長を海軍中将平賀讓が務めた。一九四五年三月から一〇月には九州帝国大学第七代総長を海軍大将百武源吾が務めた。

(66) 長谷川眞理子「科学の考え方と文明の行方」、前掲『科学技術は社会とどう共生するか』三〇頁以下。

(67) R. Descartes, *Discours de la méthode* (1638). なお、人間と動物とを区別する議論は、この著作の第五部でなされている(野田又夫訳『方法序説』中公クラシックス、中央公論新社、二〇〇一年、五二―七三頁)。

(68) Julien de La Mettrie, *L'homme machine* (1748) (Paris 1921), pp. 67, 123, 142.(杉捷夫訳『人間機械論』岩波文庫、一九五七年、六六、一一六、一三四頁)。

(69) この点については、紙幅の関係からここでは詳述できない。

(70) キリスト教の新約聖書『マタイ福音書』には以下のような一節がある。「弟子の一人がイエスに、『主よ、まず父を葬りに行かせてください』と言った。イエスは言われた。『わたしに従いなさい。死んでいる者たちに、自分たちの死者を葬らせなさい』」。「弟子の覚悟」と表題を付されたこの一節には、親の葬式を出すということは子どもとして当然果たすべきことであるということが共通の前提となっているが、自分の弟子になることはそれよりも優先すべきことなのだという、イエスの強烈な教えが記録されていて、それを広く世に伝えるという意図がここに示されているわけである。

（71）これは、空いた電車の車両において乗客は、必ず他の乗客との間をできるだけ空けて座るという行動から見て取ることができる。

（72）Hans Lenk, *Einführung in die angewandte Ethik*（Stuttgart 1997）, S. 53.（山本達・盛永審一郎訳『テクノシステム時代の人間の責任と良心――現代応用倫理学入門』東信堂、二〇〇三年、八八頁）。

（73）先に欲望について述べた際にも言及したように、他者によって自分の欲望が刺激されたりコントロールされたりするという側面も確かに存在するのである。典型的な例はＣＭである。

（74）なお、福島第一原発の事故にまつわる責任について経営哲学の視点から考察した研究に、厚東偉介『経営哲学からの責任の研究』（文眞堂、二〇一三年）の第五章がある。また、筆者と同様な視点からの見解を、科学者である松原望は、「当局側が原因究明あるいは責任追及に対抗して科学の論理を悪用すること」として、以下の論文で多面的かつ明解に述べている。松原望「『想定外』にみる科学主義の虚偽――地に墜ちた日本国家の信頼と倫理」『科学』二〇一三年一一月号収載）。

（75）Jean-Paul Sartre, *L'être et le néant*（Paris 1943）, pp. 31, 124.（松浪信三郎訳『存在と無』第一分冊、人文書院、一九五八年、五〇、二二六頁）。

（76）Maurice Merleau-Ponty, *Phénoménologie de la perception*（Paris 1945）, p. 481.（竹内芳郎・木田元・宮本忠雄訳『知覚の現象学』Ⅱ、みすず書房、一九七四年、三二一頁以下）。「過去と未来は、主観性が即自存在の充実を打ち砕き、そこに遠近法的展望を浮かび上がらせ、非存在を導入するときにのみ存在する。過去と未来は、私がそれらへと向かって自己を押し拡げるときに湧出するのである。……私自身が……時間なのである」。

（77）主として京都大学大学院生命科学研究科・生命文化学研究室製作のGENOMAPによる。http://www.lif.kyoto-u.ac.jp/genomemap/

（78）示唆的なことに、機械論と正反対ともみなすことのできる、以下のようなモナドMonadeの思想が、機械論とほぼ同時代にライプニッツによって提唱されていた。モナドとは、物的で延長をもつ原子とは異なり、空間的広がりをもたず不可分な単純存在であるが、互いに異なった性質をもっていながら、互いに他のモナドを表象し合う宇宙の生命的活動の原理である。そしてこれは、神の創造によってのみ、生じかつ滅びるものとされていた。Gottfried Leibniz, *La Monadologie*（1720）（清水富雄・竹田篤司訳『モナドロジー』世界の名著二五、中央公論社、一九六九年に所収）。しかしこの思想は、機械的自然観を基盤とする、すなわち広い意味で〈量〉による計算を基本とする近代自然科学と技術の隆盛の前では、影の薄い存在となった。

第II部

第一章　『信仰の平和』におけるタタール人像

（1）Cf. Steven Runciman, *The Fall of Constantinople* 1453（Cambridge 1965）, p. xii.（護雅夫訳『コンスタンティノープル陥落す』みすず書房、一九六九年、二頁以下）。同様のキリスト教世界にとっての深刻な衝撃として、われわれは二〇〇一年九月一一日のアメリカでの同時多発テロ事件を想起するかもしれないが、しかしこのコンスタンティノープルの陥落は、進軍してきた軍隊による結果であっただけに、キリスト教世界の存続が直接に脅かされるかもしれないという、いっそう深刻なものであった。そして、その後の歴史は、この東ローマ帝国の滅亡によって、かつての東ローマ帝国の版図の多くがトルコの支配下に入っただけではなく、トルコは一六世紀前半と一八世紀後半の二度にわたってウィーンを攻囲するほどに、その版図を西側に広げたことを伝えている。

（2）Cf. Brief an Erzbischof Jakob von Trier, 1453 Oktober 9: in *Cusanus-Texte* IV-1, S. 99.

（3）ハイデルベルク版 *Nicolai de Cusa Opera Omnia*, VII, p. 100, l. 16ff.

（4）ニコラウス教皇はこの年の九月三〇日に教書を発して、西ヨーロッパのすべての諸侯に十字軍を勧説するようにと呼びかけた。Cf. Runciman, *op. cit.*, p. 165.

（5）テキストとしては、ハイデルベルク版の *Nicolai de Cusa Opera Omnia*, VII を使用する。この書物には以下の日本語訳がある。八巻和彦訳『信仰の平和』、中世思想原典集成第一七巻『中世末期の神秘思想』平凡社、一九九二年所収。

（6）Nicolaus Cusanus, *De pace fidei*（以下 *De pace*）, I, n.1, h VII, p. 3, 6f.（同書、五八四頁）; n.6 [h VII, p. 7, 9-11].（同書、五八七頁）; III, n.9, h VII, p. 10, 13f.; 17.（同書、五九〇頁）。

（7）*Ibid.*, n. 9, h VII, p. 10, 7-9.（同書、五八九頁）。

（8）*Ibid.*, IV, n. 10, h VII, p. 11, 12–14.（同書、五九〇頁以下）。「今ここに出席している汝らは、汝らと言語を共にする者たちのなかでも知者と呼ばれており、少なくとも哲学者すなわち知恵を愛する者と称されているであろう」。

（9）*Ibid.*, n. 11, h VII p. 12, 3f..（同書、五九一頁）。

（10）*Ibid.*, III, n. 8, h VII p. 9, 18–p. 10, 2.（同書、五八九頁）。

（11）*dtv Lexikon des Mittelalters*（München 2003）, Bd. VIII, S. 488, 'Tataren'. また芝山豊「ヨーロッパ中世末期の宗教寛容論に果したモンゴルの役割——クザーヌス『信仰の平和』の中のタルタルについて」『清泉女学院短期大学紀要』第一九号、二〇〇〇年六月、一〇八頁にも同様の指摘がある。この芝山の研究は、今回の改稿に際して初めて目にし、とくに「タタール人」という概念の歴史について有益な情報を得ることができた。

（12）Martin Luther, *Tischrede* 2, 73, Johann Walch（hrsg.）, *Dr. Martin Luthers Sämtliche Schriften*（Groß Oesingen 1880–1910）, Bd. 22, S. 98.

（13）これは、「タルタルステーキ」や「タルタルソース」など、野性的な雰囲気をもつ料理名に見て取れる。

（14）Cusanus, *Sermo*, I, n. 5, 1-6; 11-13, h XVI, 1, p. 6.

（15）*Sermo*, II, n. 8, 4-14, h XVI, 1, p. 25.

（16）Cusanus, *De concordantia catholica*, III, c. VII, n. 348, 6 - 11, h XIV, 3, p. 359.

（17）*De pace.*, XVI, n. 54, h VII p. 50, 14– p. 51, 9.（前掲、八巻訳、六二七頁）。

（18）*Ibid.*, VII, n. 20, h VII p. 19, 18f..（同書、五九八頁）。

（19）*Ibid.*, n. 58, h VII p. 54, 4ff..（同書、六三〇頁）。「あなたはいったいどのようにして、あの素朴なタタール人に、彼らが幸福を得ることができるのはキリストにおいてであるということを理解させるというのですか」。

（20）*De docta ignorantia*, I, 26,（n. 89）, h I, p. 56, 16 ff..（岩崎允胤・大出哲訳『知ある無知』創文社、一九六六年、七五頁以下）。「これ〔覚知的無知〕によってのみ、われわれはこの無知の教えの段階に従って secundum gradus doctrinae ipsius ignorantiae, 無限な善性をもつ、最大で一にして三なる神へ近づくことができると、われわれは説明してきた」。

（21）これは一九六〇年代に発見された著作 *Hystoria Tartarorum von C. de Bridia Monachus* である（刊本は以下の通り。Alf Önnerfors（ed.）, *Hystoria Tartarorum von C. de Bridia Monachus*（Berlin 1967）. この著作は、*Iohannis de Plano Carpini Liberum*

Tartarorum と密接に関わっているという（cf. Önnerfors, *ibid.*, p. VII）。しかしながら、この著作をクザーヌスが読んだことがあったかどうかは不明である。筆者が初めて比較のために使用する。

（22）Ricoldus de Monte Croce, *Itinerarium*, De tartaris（Dondaine, A. O.P., *Ricoldiana* - Notes sur les œvres de Ricoldo da Montecroce, in: *Archivum Fratrum Praedicatorum*, Vol. XXXVII（Roma 1967）, p.167, 11-18. この書物とマルコ・ポーロの『東方見聞録』の写本とをクザーヌスが所有しており、かつ使用していたことについては *De pace*, praefatio, h VII, p. xxxviii を参照。なお『東方見聞録』の方については、クザーヌスの弟が一四四五年一二月三一日に写本を完成して間もなく、クザーヌスが読んでそれに書き込みをたくさんしたことが知られている。Cf. *Mitteilungen und Forschugnsbeiträge der Cusanus-Gesellschaft*, Bd. 12（Mainz 1977）, S. 69, Anm. 18; *Acta Cusana*, I, 2. Nr. 650, p. 505.

（23）リコルドゥスは、タタール人は文化水準が低いので、容易にイスラーム化されると報告している。Cf. Ricoldus, *op. cit.*, p. 167, 22f..

（24）Ricoldus, *op. cit.*, p.167, 19f..

（25）Iohannes de Plano Carpini, *Ystoria Mongalorum*（Cod. Cus. 203, 91v, 19 - 92r, 1）（Sinica Franciscana, vol.1（1929）, S. 36, c.III, 2）,（Cf. Cusanus, *De pace fidei*, Editorum Adnotatio 34, h VII, 86, 18ff.）.

（26）*Hystoria Tartarorum* von C. de Bridia Monachus, n.39, 47-54 [p.25].

（27）L. N. Gumilev（Tr. by R. E. F. Smith）, *Search for an Imaginary Kingdom*, *The legend of the Kingdom of Prester John*（Cambridge & other places 1987）, p. 368.

（28）*Londoner Kodex*, Brit. Mus. Addit. 19952, 26 r 1.

（29）*Ibid.*, 83 r, 11f.: ‘deum unum colunt quem vatagay vocant.’

（30）*De pace fidei*, I, n. 6, h VII, p. 7, 19-15.（前掲、八巻訳、五八七頁）。

（31）*Ibid.*, XIX, n. 68, h VII, p. 62, 13f..（同書、六三八頁）。

（32）*Ibid.*, XIV, h VII n. 47, p. 44, 3-6.（同書、六二〇頁）。「依然として少なからぬ相違が残っています。キリスト教徒は、キリストがユダヤ人によって十字架にかけられたと言っていますが、ほかの人々はそれを否定しています」。

（33）*Ibid.*, XVI, n. 55, h VII p. 51, 12f..（同書、六二七頁）。なお、この主張はすぐ後で、タタール人とパウロとの二人で以下のように繰り返されていることも留意しておきたい。*Ibid.*, XVI, n. 58, h VII p. 54, 1-3.（同書、六三〇頁）。「（タタール人）それではあなたは、この信仰のみが永遠な生を確保できるように義とすると言いたいのですか。（パウロ）その通りです」。

（34）*Ibid.*, XVI, n. 58f., h VII p. 54, 22–p. 55, 14.（同書、六三一頁）。

（35）*Ibid.*, XVI, n. 55, h VII p. 52, 1f..（同書、六二八頁）。

（36）本章前註（10）参照。

（37）Cusanus, *Compendium*, VII, n. 20, h XI 3, p. 16, 10f.（大出哲・野澤建彦訳『神学綱要』国文社、二〇〇二年、三八頁）。

（38）*De pace fidei*, XVI, n. 60, h VII p. 56, 18f.（前掲、八巻訳、六三二頁）。なおタタール人が他の宗教に寛容であることは、先行文書が報告していた。マルコ・ポーロ『東方見聞録――完訳1』愛宕松男訳、二〇〇〇年、一八八頁以下。「彼〔カーン〕は盛大な儀式を催して自ら何回も福音書に焼香した後、敬虔な態度で吻をこれに当て、かつ居並ぶすべての重臣・貴族にも命じて彼にならわしめた。この儀式はクリスマス・復活祭といったようなキリスト教徒の主要祭典に際してはいつも挙行される例であった。しかしカーンはイスラーム教徒・偶像教徒・ユダヤ教徒の主要聖節にも、やはり同様に振舞うのだった」。さらに以下の研究書にも、タタール人が仏教、イスラーム、ユダヤ教、そしてキリスト教のあらゆる信条に寛容であることを、タタール人に接触した一三世紀のヨーロッパ人が学び知ったという指摘がある。Newton, A. P., *Travel and Travelers of the Middle Ages*（London 1926）, p. 127.

（39）*Ibid.*, I, n. 6,, VII p. 7, 9f..（前掲、八巻訳、五八七頁）。

（40）Ricoldus, *op. cit.*, Regule generales（A. Dondaine, O.P., *Ricoldiana*）, p. 169, 18-22.

（41）*Epistula*, II, *De usu communionis ad Bohemos*.

（42）*De pace*, h VII, xxxix, 5-8.

（43）この著作における「覚知的無知」思想への論及は、上述のタタール人の発言以外にも、例えば次の箇所に見出される。*De pace*, I, n. 5, h VII, p. 6, 16–p. 7, 8.（前掲、八巻訳、五八六頁以下）; *Ibid.*, VII, n. 21, h VII, p. 20, 10ff..（同書、五九八頁以下）; *Ibid.*, XII, n. 36, h VII, p. 36, 5 - 9.（同書、六一三頁以下）。

（44）*Ibid.*, XVI, n. 57,, h VII p. 53, 5f.; 13 –18.（同書、六二九頁）。

（45）Iris Origo, The Domestic Enemy: the eastern slaves in Tuscany in the fourteenth and fifteenth centuries, in: *Speculum*, vol. XXX, No. 3（July 1955）, pp. 321- 360.

（46）*Ibid.*, p. 321.
（47）*Ibid.*, p. 327.
（48）*Ibid.*, p. 324.
（49）*Ibid.*, p. 328.
（50）*Ibid.*, p. 355.
（51）Jacob Ch. Burckhardt, *Die Kultur der Renaissance in Italien* (Bern 1943), IV, 3. Die Naturwissenschaft in Italien, Anm. 25, S. 307.（柴田治三郎訳『イタリア・ルネサンスの文化』上下、中央公論社、一九七四年、三三九頁）。
（52）*De pace*, I, n. 4, h VII p. 5, 11-18.（前掲、八巻訳、五八五頁以下）。
（53）宗教と儀礼についてのこの点に関する考察は以下の論文を参照されたい。八巻和彦「クザーヌス哲学における宗教寛容の思想」、工藤喜作他編『哲学思索と現実の世界』創文社、一九九四年。とくに一二九―一三四頁。
（54）この点について詳しくは、以下の論文を参照されたい。八巻和彦「ニコラウス・クザーヌスの *Idiota* 篇における〈idiota〉像について」和歌山大学教育学部紀要『人文科学』第三〇集、一九八一年、一―一五頁。八巻和彦「楽しむ無学者――後期クザーヌスにおける思想的革新の一局面」『文化論集』第四八・四九合併号、二〇一六年、一―二二頁。Kazuhiko Yamaki, 'Idiota Ludens' — ein Gedanke aus den späten Jahren des Kardinals, in: Borsche u. Schwaetzer (hrsg.), *Können-Spielen-Loben*, *Cusanus* 2014 (Münster 2016). S. 343-356.
（55）この点について詳しくは、以下の論考を参照されたい。八巻和彦『クザーヌスの世界像』創文社、二〇〇一年、二三三―二四一頁。

第二章　クザーヌスにおける理性の普遍性と哲学の複数性

（1）本書第Ⅱ部第一章1を参照されたい。
（2）Nicolaus Cusanus, *De pace fidei*（以下 *De pace*）I, n. 6, p. 7, 10f..（八巻和彦訳『信仰の平和』、中世思想原典集成第一七巻『中世末期の神秘思想』平凡社、一九九二年、五八七頁）。
（3）*Ibid.*, III, n. 9, p. 10, 7f..（同書、五八九頁）。

(4) *Ibid.*, IV, n. 10, p. 11, 12ff..（同書、五九〇頁以下）。

(5) *Ibid.*, IV, n. 11, p. 12, 1-4.（同書、五九一頁）。

(6) Cusanus, *Idiota de mente*, I, n.52, 8-13.

(7) *Ibid.*, VIII, n. 115, 13.

(8) *Ibid.*, I, n. 54, 2f.. この著作の最後（XV, n. 159, 6-14）では、魂の不死であることについて共通の確証を得ることが描写されている。

(9) Cusanus, *Idiota de sapientia*, I, n. 15, 4-6.（小山宙丸訳『知恵に関する無学者の対話』、中世思想原典集成第一七巻、平凡社、一九九二年、五五一頁）。

(10) Cusanus, *De possest*, n. 38, 5-8.（大出哲・八巻和彦訳『可能現実存在』国文社、一九八七年、五三頁）。

(11) Cusanus, *Apologia doctae ignorantiae*, p. 14, 12-17; 24f..

(12) 八巻和彦『クザーヌスの世界像』創文社、二〇〇一年、第一章4節、四八—六〇頁。さらに Kazuhiko Yamaki, Sapientia–Mens–Ordo. Welterkenntnis und Gottesweisheit, in: Schwaetzer und Stahl- Schwaetzer（hrsg.）, *Explicatio mundi*, *Aspekte theologischer Hermeneutik*（Regensburg 2000）, S. 87–109.

(13) *De pace*, w, n. 14, p. 14, 3f..（前掲、八巻訳、五九三頁）; *Ibid.* n. 15, p. 14, 21f..（同、五九四頁）。

(14) *Ibid.*, IV, n. 12, p. 12, 20- p.13, 2.（前掲、八巻訳、五九二頁）。

(15) Cusanus, *Sermo*, CCIII , h XVIII-5, n. 2, 25–29; n. 3, 6f..

(16) Cusanus, *De venatione sapientiae*（以下 *De ven. sap.*）h XII, XXXII n. 95, 6-8.（酒井紀之・岩田圭一訳『智恵の狩猟について』、キリスト教神秘主義著作集第一〇巻『クザーヌス』教文館、二〇〇〇年、二二六頁）。

(17) *De pace*, X, n. 27, p. 29, 11-14.（前掲、八巻訳、六〇六頁）。

(18) Cusanus, *De coniecturis*, II, 18, n. 176, 16-21.

(19) Cusanus, *De docta ignorantia*, III. Epistola auctoris, p.163, 9 f..（前掲、岩崎・大出訳、二二〇頁）。

(20) *Sermo*, CCLXVIII（im 1457）, h XIX-6, n. 15, 7- 11.

(21) Aristoteles, *Metaphysik*, I, 2（982b13).「けだし、今日においても最初においても、人々が哲学的思索を始めたのは驚異によってである」（岩崎勉訳『形而上学』講談社学術文庫、一九九四年、五一頁）。

（22）Vgl., *Sermo*, CLVIII（im 1454）, h XVIII-2, n. 10, 12-14.

（23）*Idiota de sapientia*, I, n. 4, 17f.（前掲、小山訳、五四二頁）。この点においてクザーヌスの哲学は、「励起と修練の哲学」'philosophia excitaitonis exercitationisque' と表現できるのではないだろうか。つまり学説間の応酬によって哲学を深めるという、スコラ的哲学の方法には与することのない、それゆえに、万人に開かれた〈知恵の愛求〉という生の根源から湧き上がる探求の営みが、クザーヌスの〈哲学〉であると捉えることができるだろう。この点を支持するクザーヌスの論述は、〈励起〉と〈修練〉の重要性を強調する以下の諸著作にも見出される。〈励起〉については、*Idiota de mente* の中でも特に V, n. 85, 10; さらに *Ibid.*, VIII, n. 108, 7f.; *Ibid.*, XIII, n. 149, 13-20; *Ibid.*, XIV, n. 155, 3f. また、*De pace*, I, n. 3, p. 5, 6-10（前掲、八巻訳、五八五頁）; *Directio speculantis seu de non aliud*, XXIV, p. 57, 33-p. 58, 4.（松山康國訳『非他なるもの』創文社、一九九二年、一二六頁）。また〈修練〉については、*De principio*, n. 1, 1f.; *De ludo globi*, II, n. 67, 28; *Compendium*, VI, n. 18, 17.（大出哲・野澤建彦訳『神学綱要』国文社、二〇〇二年、三三頁）; *Ibid.*, VII, n. 19, 2（同書、三四頁）;*De apice theor.*, n. 16, 3（佐藤直子訳『テオリアの最高段階について』、中世思想原典集成第一七巻、平凡社、一九九二年、六五八頁）; *De ven. sap.*, I, n. 5, 8（前掲、酒井・岩田訳『知恵の狩猟について』一四〇頁）等。特に *De apice theor.*, n. 16 においてクザーヌスが自分の神秘主義的著作を読んで〈修練〉を積むようにと、対話相手で長年の秘書役であった Peter von Erkelenz に勧めていることは、クザーヌスにとって著作を通しての哲学の目的がどこにあったかを明らかに示しているだろう。

（24）*Sermo*, CLXVIII（h XVIII-3）n. 8, 1-5.（強調は引用者）。

（25）*De pace*, I, nn. 3.（前掲、八巻訳、五八五頁以下）。さらに、この著作では言語および民族の複数性が述べられている；Vgl. *Ibid.*, I, n. 4, p. 6, 3f.（同書、五八六頁）; *Ibid.*, r. 5, p. 6, 15f.（同書、五八六頁）。

（26）Vgl. Cusanus, *De fil. dei*, V, n. 83, 7-11.（大出哲・坂本堯訳「神の子であることについて」『隠れたる神』創文社、一九七二年、一四七頁））; *De dato*, IV, n. 108, 8-10.（大出哲・高岡尚訳『光の父の贈りもの』国文社、一九九三年、三七頁）。

（27）*De pace*, III, n. 8, p. 9, 18-p. 10, 6.（前掲、八巻訳、五八九頁）。

（28）この点の詳細については、本書第Ⅱ部第一章4―9を参照されたい。

（29）本章の註（23）を参照されたい。

（1）本章では、当面、「他者」についての定義はしないままに、日常的な用語法で許容される範囲で「他者」という語を〈他者〉と表記して使用する。

（2）『共産党宣言』（*Manifest der Kommunistischen Partei*）の冒頭。

（3）この点については、本書第Ⅳ部第二章でも論及している。

（4）あらかじめ断っておきたいのであるが、「排他主義の徘徊という趨勢に抗して」と記しても、だからといって筆者はＴＰＰなどのグローバリズムに賛同しているわけではない。この両極端の中庸にわれわれが生きるべき道があるはずだと考えている。

（5）彼は、選挙運動中に「イスラーム教徒のアメリカ入国を禁止する」と述べていた。

（6）ただし、日本の安倍晋三首相は例外である。

（7）http://headlines.yahoo.co.jp/hl?a=20170201-00000024-asahi-int

（8）吉田徹「『グローバリズムの敗者』はなぜ生まれ続けるのか」『世界』二〇一七年一月号、五九頁。

（9）同様な経験は、二〇一〇年にオーストリアのウィーンでも経験した。トルコ人のタクシーの運転手が、私が日本人であることを確認した上で、同様な話をしてくれたことがある。

（10）小林薫の研究論文「ドイツの移民政策における『統合の失敗』」による。http://www.desk.c.u-tokyo.ac.jp/download/es_8_Kobayashi.pdf#search=%27%E5%B0%8F%E6%9E%97%E8%96%AB+%E3%83%89%E3%82%A4%E3%83%84%E3%81%AE%E7%A7%BB%E6%B0%91%E6%94%BF%E7%AD%96%27. なお、上記の数字には、旧ソ連ならびに東欧社会主義国の崩壊にともなうドイツ系ロシア人の「帰国者」や「難民」として受け容れられた人々の数字も入っている。

（11）ヒックの具体的は指摘は、本書第Ⅳ部第二章の末尾に引用してあるので、参照されたい。

（12）http://www.bbc.com/japanese/38674988

（13）http://lite-ra.com/2017/01/post-2865.html

（14）トマス・ホッブズ『リヴァイアサン』第一部第一三章、水田洋訳、一、岩波文庫、一九九二年、二〇二頁以下。

(15)『世界大百科事典』第七巻（平凡社、一九五九年）四二二頁の「拒絶反応」の項他を参照。
(16) 乳児健診などの待ち合い室のような、一歳児くらいまでの乳児が集団でいる場面では、一人の乳児が泣き出すと、格別の理由がないにもかかわらず、他の乳児たちも泣き出すことが知られている。これは、幼い乳児には自我が育っていないことの証左とされている。
(17) 厳密にいえば、「母と父」のことであるが、それを〈母〉という表現で示す。
(18)『文化人類学事典』（丸善、二〇〇九年、一六五頁）の「学校」（渡辺日日執筆）の項。
(19) この場合は、当の〈他者〉があまりに大きいと、自らが当の〈他者〉に進んで吸収されることで同じ事態を成立させようとするという態度も生じる。広い意味での「同化」と言えるだろう。
(20) この「〈他者〉の排斥」を成立させるための二種類の方法は、〈母〉との関係だけではなく、一般的にも活用されているはずである。これについては、後に考察する。
(21) 社会の全体から孤立させられたり虐待されたりするというような状況にあれば、この意味での〈他者〉も危険なものである、という意味をもつこともあるだろうが。
(22) ここに、近代国家においても戦争の際には国家のゲマインシャフト的側面が捏造されたり強調されたりする根拠がある。本書第Ⅳ部第二章を参照。
(23) 二〇〇〇年前後に企業での人事考課の新たな方策として、鳴り物入りで日本企業にも導入された成果主義というものがあるが、多くの企業でそれは失敗に終わったり見直されたりしている。その理由は、この自然発生的なゲマインシャフトが果たす役割を見逃すか過小評価するかしたことにあるだろう。つまり、上役と部下との間に成果の横取りについての不信感が醸成されることになったのである。
(24) ハンチントンは文明のことをも、「人を文化的に分類する最上位の範疇であり、人類を他の種から区別する特徴を除けば、人のもつ文化的アイデンティティの最も広いレベルを構成している」と。本書第Ⅳ部第二章註（46）の箇所を参照されたい。
(25) 例えば、以下のイエスの指摘。「偽善者たちよ、イザヤは、あなたたちのことを見事に預言したものだ。『この民は口先ではわたしを敬うが、その心はわたしから遠く離れている。人間に戒めを教えとして教え、むなしくわたしをあがめている』」（『マタイによる福音書』一五章七―九節）。

(26) Jean-Paul Sartre, *L'existentialisme est un humanisme*（Paris 1962）, p. 20（伊吹武彦訳『実存主義とは何か』人文書院、二〇〇二年、三九頁）。

(27) 例えば、Nicolaus Cusanus, *De visione dei*, V, 13.（ニコラウス・クザーヌス『神を観ることについて』八巻和彦訳、岩波文庫、二〇〇二年、三〇頁）。

(28)『イザヤ書』四五章一五節。また、この「隠れたる神」という思想は、クザーヌスでもルターでも、absconditus deus として重要な役割を果たしている。

(29) Cusanus, *De non aliud* I, p.3, 25- p.4, 1: quid est quod nos apprime facit scire? .... Definitio.（松山康國訳『非他なるもの』創文社、一九九二年、四頁。強調は引用者）。

(30) *Ibid.*, p.4, Vides igitur definitionem omnia definientem esse non aliud quam definitum? ....Video.（強調は引用者）この前半の文章の下線部に〈non aliud〉（非他なるもの）が内在している、というのがクザーヌスの主張の眼目である。この部分を強調して解釈すれば、「万物を定義する定義は定義されるものとしての非他なるものである」となる（同書、五頁）。

(31) *Ibid.*, p.5, 1- 3: Quid ... responderes, si quis te《quid est aliud?》interrogaret? Nonne diceres:《non aliud quam aliud?》Sic,《quid caelum》, responderes:《non aliud quam caelum》. これもまた、「他なるものという非他なるもの」および「天という非他なるもの」と解釈できる文章構造になっている。（同書、六頁以下。強調は引用者）。

(32) Cusanus, *De visione dei*, IV, 10（前掲『神を観ることについて』二六頁）。

(33) この点は、老子の第一一章に描かれている「無用の用」の思想と通じるところがあるだろう。「有の以て利を為すは、無の以て用を為せばなり」。さらに西田幾多郎の「絶対矛盾的自己同一」の思想にも通じるところがある。本書第Ⅲ部第一章3を参照されたい。

(34) 一般的に社会的に上層である家族ほど、通婚圏が広くなった。

(35) 日本では、外国人に対する、とりわけ朝鮮半島ならびに中国・台湾出身者に対する差別意識が存在してきているために、多くのこれらの「移民」たちが通名によって生活しているゆえに、彼らの社会的な成功や貢献が、社会内で十分に認識されていないことも留意すべきであろう。

(36) 安酸俊眞『欧米留学の原風景——福沢諭吉から鶴見俊輔へ』知泉書館、二〇一六年、四一三頁。

(37) 同書、四一五頁。

(38) よく知られているようにスティーブ・ジョブズは、コンピュータのアップル社を友人と共同で創業して、コンピュータの世界の大々的なイノベーションを成し遂げるとともに、その結果として大資産家となった人物であるが、スティーブの父親はシリアからの留学生であり、母親はアメリカ人の大学生であった。

(39) バラク・オバマの父親は、ケニアからの留学生としてアメリカに滞在中にアメリカの女子学生と知り合い結婚して、その二人の間にバラクが生まれたのである。もしオバマの父をアメリカが留学生として受け容れることがなかったならば、アメリカ初のアフリカ系アメリカ人の大統領が選ばれることはなかったのである。ちなみに、冒頭で言及したドナルド・トランプ大統領の父方の祖父母はドイツからの移民であり、彼自身の母もスコットランドからの移民である。

(40) アラン・ド・リベラ『中世知識人の肖像』阿部一智・永野潤訳、新評論、一九九四年、一七〇頁。

(41) 一七世紀末までは、イスラーム世界が西ヨーロッパに対して優位に立ち続けていた。それは、二度にわたって神聖ローマ帝国の皇帝の居城であるウィーンがオスマントルコに包囲され、やっとのことでその包囲を打ち破ったという事実に明らかである。ところが、一五世紀から最盛期に入るヨーロッパ・ルネサンスの動きと相俟って、西ヨーロッパの文明は次第に加速度的な発展を遂げることになった。その結果、西ヨーロッパ人が、自分たちの住んできた大陸から他の大陸へと富を求めて進出する植民地主義という政策を生み出したのである。それはわれわれには、ポルトガル人やスペイン人の来航と鉄砲の種子島への到来として知られている。

(42) 実際に、ヴォルテール、ディドロ、ライプニッツら代表的な啓蒙思想家は大学で学んだとしても、大学の教員として活動したわけではなかった。

(43) 当時は、自然科学という学問は成立しておらず、哲学の「道徳哲学」と「自然哲学」という二つの分野の内の後者として存在していたので、自然科学的な研究も哲学者が担うものであった。

(44) このような民主主義の本質については、日本の安倍首相にもよく承知しておいてもらいたいことである。彼は、自分に対する批判に感情的に反応して反論するのを習慣としているからである。

(45) 八巻和彦『クザーヌスの世界像』創文社、二〇〇一年、一八三―二四一頁。

(46) これは、筆者が本書序章で論及したアイデンティティの構造にも類似している。

(47) この diversitas については、前掲『クザーヌスの世界像』第二章において扱っている。

(48) クザーヌスは、一四五〇年夏に『無学者考』という四巻からなる小さな書物をまとめて、被造物としての世界のさまざまな探求の仕方を説いている。その一端は、本書第Ⅲ部第二章で扱っている。

（49）Hannah Arendt, *Men in Dark Times* (San Diego/ New York/ London 1968), p. 89（阿部斉訳『暗い時代の人々』河出書房新社、一一二頁）。なお訳文は引用者が原文に即して変えたもの。

（50）梶井一暁は自身の研究「近世・近代移行期における国民教育の確立と教育観の変化――人的資本形成の前提としての近代学校」（岡山大学大学院教育学研究科『研究集録』第一六三号、（二〇一六年）において、「一九世紀後半に日本は、イギリスで開発された一斉教授・学習法を、アメリカ経由で導入した」（一六頁）としたうえで、「近代学校を通じて国民において共通に獲得される基礎能力と教育経験」の結果としての「その制御に慣れ、統制を受容する身体は、近代工業社会において効率的な労働と生産を成り立たせる人的資本となりうる。……学校は『標準的』な身体を形成し、労働市場にこれを供給する最大の回路であったといえるであろう」（一七頁）と、前近代の手習塾と近代学校における学びとの違いを画像をもって対比的に示しつつ、説得的に論じている

（51）労働条件のあまりにも悪い所には、女子労働者だけというモノカルチャーもあった。例えば、細井和喜蔵の『女工哀史』（岩波文庫、一九八〇年）で有名な明治・大正期の日本の製糸工場がそれである。

（52）「われわれが作り出した無駄で無用なもの」とは、核兵器や原子力発電における死の灰のようなもの。

（53）再び註（33）の『老子』第一一章。

（54）これの一例が戦前の軍国主義時代における「転向」の強要であり「転向」の受容である。

（55）Maurice Merleau-Ponty, *Éloge de la philosophie* (Paris 1953), p. 81（メルロ＝ポンティ「哲学をたたえて」『眼と精神』滝浦静雄・木田元訳、みすず書房、一九六六年、二四七頁）。

（56）*Ibid.*, p. 85. Au bout d'une réflection qui le retranche d'abord, mais pour lui faire mieux éprouver les liens de vérité qui l'attachent au monde et à l'histoire, le philosophie trouve, non pas l'abîme du soi ou du savoir absolu, mais l'image runouvelée du monde, et lui-même planté en elle, parmi les autres.（同書、二五〇頁）、引用訳文は訳書の通りではない。

第一章　西田幾多郎におけるクザーヌスとの出会い

(1) 以下、テキストとしては『西田幾多郎全集』(以下『全集』)(岩波書店、二〇〇二―二〇〇九年)を使用する。第一〇巻、一〇九頁以下。

(2)「読書」(『全集』第一〇巻、三九九頁)。

(3)「明治二十四五年頃の東京文科大学選科」(『全集』第一〇巻、四一〇頁以下)。

(4)「読書」(『全集』第一〇巻、四〇〇頁)。

(5) これは一九二四(大正一三)年に著されたものであるが、これにはクザーヌスの名前は挙げられているが、その思想に立ち入っての論述はない。

(6) なお、「私と汝」(一九三二(昭和七)年の論文)の第一節の中ほどには、「真の絶対無の限定と考へられるものは、単に周辺なき円といふ如きものではなくして、その到る所が中心となるものでなければならぬ」(第五巻、二七九頁)というようなクザーヌスの思想の影響を思わせる叙述があるが、クザーヌスの名前は挙げられてはいない。

(7) この作業を進めるに際しては、西田が使用したことが明らかな彼の蔵書の中の二種のクザーヌス関係の文献(F.A.Scharpff, *Des Cardinals und Bischofs Nicolaus von Cusa wichtigste Schriften in deutscher Übersetzung* (Freiburg im Breisgau 1862) および R. Falckenberg, *Grudzüge der Philosophie des Nicolaus Cusanus mit besonderer Berücksichtigung der Lehre vom Erkennen* (Breslau 1880))に見出される西田の書き込み等も、付加的に適宜参照する。なお、この二種の文献のうちの第一のものは、クザーヌスの諸著作のドイツ語訳(一部は抜粋)であるが、その概観の損傷ぶりから判断して、西田によって長くかつしばしば使用されたものと見受けられる。さらに、この書物の中には西田の手によるものと推測される書き込みと下線がある。その一つは、細い青鉛筆によるものであり、もう一つは比較的太い黒鉛筆によるものである。前者は、書き込みの文字が小さく丁寧に記してあり、付けられている下線も比較的直線的であるのに対して、後者は、書き込みの文字が大きめで走り書きの風情を有しており、下線も少々乱雑に引いた感を受けるものである。さらに、後者に属する書き込みの一つに「絶対現在の自己限定　昭和十九年三月」というものが、本文内に付せられた赤鉛筆の下線を伴って存在するので、後者の書き込みと下線は、彼の論文「予定調和を手引として宗教哲学へ」執筆当時のものと推測される（この時期に西田がクザーヌスの思想を研究していたことは、本章第4節で紹介するように、弟子の下村寅太郎との文通からもわかる）。また、同じScharpffのドイツ語訳巻頭の遊び紙の裏頁には、「Eine vorzügl. Leteinische Separatausgabe der docta ignorantia erschien ab 19. Band Classici della filosofia moderna; Nicolai Cusani De docta ignorantia testo de Polo Botta Bari 1913」とやや走り書きの字体で青インクをもって記されているが、これが西田自身の手になるものであることは、次頁すなわち扉の右下に「K.Nishida」と記されている文字の特徴が、これらと同じであることから推測される（この「K.Nishida」は、山下正男編『西田幾多郎全蔵書目録』（京都大学人文科学研究所、一九七八年）写真四頁で、西田の署名であることが確認されている）。また、細い青鉛筆による書き込みの文字上の特徴は、上記の一連のドイツ語の記し方と類似しているので、これも西田の手によるものと推測できる。したがってこの書物には、細い青鉛筆による書き込みと下線、青インクによるラテン語テキストの出版データ、太い黒鉛筆の書き込みと下線、一カ所だけ存在する赤鉛筆による下線という、全部で四種の西田の手になる書き込みが含まれていることになる。以上を総括すると成立する推測は、青インクによるラテン語テキストの出版データは、その内容から一九一三年以降、一九三三年六月三日以前（なぜなら、この日に、前年にドイツで刊行されたクザーヌス全集（*Nicolai de Cusa Opera Omnia*）の第一巻として *De docta ignorantia* のラテン語テキストが京都帝国大学蔵書として登録されたことが、現存する同書によって判明するからである）のものであり、細い青鉛筆によるものは一九一三年以前のものであり、太い黒鉛筆によるものは西田晩年のものであるということになる（赤鉛筆による下線の年代推定は不可能であるが、本章註（75）の箇所が示すように、一九四四（昭和一九）年頃のものと推測される）。以下、この推定に立って上記資料を利用することとする。なお、上記の西田の資料は、京都大学の福谷茂教授の御好意によって利用させていただいた。記して謝意を表す。

（8）『全集』第一巻、八〇—八二頁。

（9）この「docta ignorantia」については、西田は「無知の知」と訳し、また一般には「知ある無知」と訳されることが多かったが、その意味を十全に表現するべく、ここではこのように訳すことにする。その根拠の詳細については、前掲の八巻和彦『クザーヌスの世界像』序章に対する註（23）（四〇頁）を参照されたい。西田も絶えず、「無知の知 docta ignorantia」と併記しているので、「無知の知」という訳語には満足しないところがあったのだろう。もちろん筆者自身も「覚知的無知」で万全であると思っているわけではない。あくまでも相対的な判断にすぎない。

（10）前者はScharpff, S.26、後者はScharpff, S.28である。

（11）二六章での西田の青鉛筆は、「無限性そのものは生むものでも、生まれたものでも、発出するものでもない。したがって、ポワティエのヒラリウスは、神の〔三種の〕ペルソナを区別しつつ鋭く以下のように言った」という部分（Scharpff, S.32）だけに欄外傍線として見出される。

（12）『全集』第一巻、一五一頁。

（13）*De docta ignorantia*, I, 17, p. 35, 3-12, n. 51.（訳文は岩崎允胤・大出哲訳『知ある無知』創文社、一九六六年、四六頁以下を、若干引用者が変更しつつ借用した）。

（14）Scharpff, S.20.

（15）『全集』第一三巻、八二頁。

（16）同書、八六頁。講演の締めくくりの言葉の一つ。

（17）同書、八二頁以下。なお、ここでの「神と世界の対立を有限と無限との対立と」という対応関係が逆になっている表記は、西田自身のものである。

（18）同書、八四頁以下。

（19）この点は、西田の「自覚」に関わることであり、後に西田によるデカルト批判として詳述されることになる。また、最後の著作である「場所的論理と宗教的世界観」の中（『全集』第一一巻、四四五頁以下）では以下のように記されている。「我々の自己は根柢的には自己矛盾的存在である。自己が自己自身を知る自覚と云ふことその事が、自己矛盾である。故に我々の自己は、何処までも自己の底に自己を越えたものに於て自己を有つ、自己否定に於て自己自身を肯定するのである。かゝる矛盾的自己同一の根柢に徹することを、見性と云ふのである」。

（20）本章第1節冒頭の引用文の中の一節。

（21）『全集』第一三巻、八四頁。

（22）同書、八五頁。

（23）同書。なお、ここでの「自覚としての全体」が知識の対象となりえないという論も、すでに『善の研究』からの引用箇所で見られた。上の註（12）の引用文を参照。

(24) 同書、八六頁。ちなみに、愛についてのこの視点は、西田の最晩年まで存続している。「愛と云ふものも、何処までも相対する人格と人格との矛盾的自己同一的関係でなければならない。何処までも自己自身に反するものを包むのが絶対の愛である」(遺作「場所的論理と宗教的世界観」『全集』第一〇巻、三四四頁以下)。

(25) 同書。

(26) 『全集』第一四巻、三〇〇頁。

(27) この点が、後に西田によって「絶対矛盾的自己同一」として、さらにそれの成立の場としての「平常底」として深化展開されることは事実であるが、この段階ではいかにも唐突の感を否めないので、この指摘をしておく。

(28) 例えば、以下のようなリーゼンフーバーの指摘がある。「西田は後に(一九三九年)これを、ニコラウス・クザーヌスの『反対物の一致』(coincidentia oppositorum)にならって『絶対矛盾的自己同一』……と呼んでいる」(K・リーゼンフーバー「純粋経験と絶対意志」、上田閑照編『西田哲学』創文社、一九九四年、二四頁)。

(29) 『全集』第八巻、三六七頁。

(30) 同書、三七一頁。

(31) 同書、四一九頁。

(32) 同書、四一七頁。

(33) いずれも、同書、三六九頁。

(34) 同書、三八三頁。さらに、「無限の過去と未来とが何処までも現在に包まれるといふ絶対矛盾的自己同一の世界」(同書、三八三頁)。「絶対矛盾的自己同一の世界は、過去と未来とが相互否定的に現在に於て結合し、世界は一つの現在として自己自身を形成し行く、作られたものより作るものへとして無限に生産的であり、創造的である」(同書、三八九頁)。

(35) 同書、四一九頁。

(36) 同書、四一八頁。

(37) 同書、四一九頁。

(38) 同書、四二〇頁以下。

(39) 同書、四一九頁。

（40）同書、四二一頁。
（41）同書、四二〇頁。
（42）この用語は、従来「対立の一致」と訳されることが多かったが、筆者はこのように訳すことにしている。その理由は、第一に、クザーヌスの「oppositiones」には「反対」、「対立」、「矛盾」の意味が含まれており、また「coincidentia」には、「対立する二つのものが一致して一なるものになる」場合と、「対立する二つのものが共通の一なる場で出会っている」場合の二つの意味のいずれかが含まれているからである。詳しくは、八巻和彦『クザーヌスの世界像』第三章「方法としての〈反対対立の合致〉」（創文社、二〇〇〇年）を参照されたい。
（43）Vgl. J. Koch, *Die Ars coniecturalis des Nikolaus von Kues*（Köln 1956）, S. 43 ff.; P. Wilpert, 'Das Problem der coincidentia oppositorum in der Philosophie des Nikolaus von Cues,' in, J. Koch（hrsg.）, *Humanismus, Mystik und Kunst in der Welt des Mittelalters*（Leiden/Köln 1953）, S. 39f.
（44）*De docta ignorantia*, III,（n. 264）, p.163, 14-16.（岩崎允胤・大出哲訳『知ある無知』創文社、一九六六年、二三〇頁）。Debet … in his profundus omnis nostri humani ingenii conatus esse, ut ad illam se elevet simplicitatem, ubi contradictoria coincidunt.
（45）*Ibid*., I, 4,（n. 12）, p. 11, 21; I, 16,（n. 42）, p. 30, 11; I, 24,（n. 77）, p. 49, 14.
（46）*Ibid*., I, 24,（n. 77）, p. 49, 14f.（『知ある無知』六六頁）。Quis … intelligere possit unitatem infinitam per infinitum omnem oppositionem antecedentem.
（47）*De coniecturis*., I, 6, n. 24, 1-3.
（48）*Ibid*., II, 1, n. 78, 7-15; *Ibid*., n. 79, 6-9を参照。
（49）*Apologia*, p. 15, 14-16: uti in libellis De coniecturis videre potuisti, ubi etiam super coincidentia contradictoriorum Deum esse declaravi, cum sit oppositiorum oppositio secundum Dionysium.
（50）*De visione dei*, IX, n. 36, 1-7; n. 37, 1-12. 傍点は引用者。なお訳文は、八巻和彦訳『神を観ることについて』（岩波文庫、二〇〇一年、五六―五八頁）を使用した。
（51）このことは、本章冒頭で言及した、西田が繰り返し読んだScharpffのドイツ語訳が示しているところである。だが、晩年の一九四四（昭和一九）年の段階でのクザーヌスとの取り組みの際に、西田は『神を観ることについて』の第一〇章の標題に「Gott wird

jenseits der Coincidenz der Gegensätze erkannt」（神は反対対立の合致の向こう側に認識される）のように下線を鉛筆で引いているので、この問題に彼は何らか気づいていたかのもしれない。しかし当然のことながら、クザーヌスの理解におけるこの問題点が西田自身の思想の展開に対する本質的な欠陥を意味するわけではない。

（52）*De visione dei*, X, n. 42, 14 ff.（前掲、八巻訳、六四頁）。この種の「水平的合致」は以下の箇所にも記されている。*Ibid.*, X, n. 40, 2-6.（同書、六〇頁）; *Ibid.*, n. 41, 15-17.（同書、六二頁）; *Ibid.*, IX, n. 32, 3-10.（同書、五二頁以下）。

（53）*Ibid.*, XI, n. 45, 5-n. 46, 3. なお、このような天国の壁にまつわる状況の詳細な理解については、前掲『神を観ることについて』の訳註（96）（二三九頁以下）を参照されたい。

（54）*Ibid.*, XXI, n. 91, 4-7.（同書、一二三頁）。さらに以下も参照。*Ibid.*, XXI, n. 93, 14 f.「至福なる存在に関しても、イエスよ、あなたについてと同様に、矛盾することが確証されるのです、なぜならば、彼はあなたに、理性を与えられた本性と一なる霊《スピリトゥス》とにおいて、合一されているのだからです」（同書、一二七頁）。

（55）『全集』第一〇巻、九二頁。

（56）同箇所。

（57）同箇所。

（58）同書、九六頁。

（59）同書、一〇二頁。

（60）同書、一〇四頁。

（61）同書、一〇八頁。

（62）同書、一〇九頁。さらに「宗教の本質は絶対現在の自己限定としての我々の自己の真源に徹するにあるのである。……悟と云っても、唯、自覚の根源に徹することであらう。それは何の神秘でもない」（同書、一一三頁）とも。

（63）下註（71）の引用冒頭。

（64）『全集』第二三巻、五四頁以下。ここでの「シュミットの Docta ignorantia の訳」とは、本書第一章で言及したように、下村の東京文理科大学での演習のテキストとして取り寄せた Übersetzung und Nachwort von Alexander Schmid, *Nikolaus Cusanus, Vom Wissen des Nichtwissens*（Hellerau 1919）のことと思われる。西田が何らかの点で Scharpff の訳に不満足を感じていたことを示している。実際、この訳には訳者による省略が、それと明示されることなくなされている。

(65) 同書、七二頁。傍点は西田。

(66) 『全集』第一八巻、三七二頁。

(67) 『全集』第二三巻、一九三頁。

(68) 「研究ノート」(研究2)(『全集』第一六巻、三〇六頁)から裏づけられる。

(69) 『全集』第二三巻、二〇五頁。また西田の日記の三月二三の項には「宗教の原稿一先づ了」とある(『全集』第一八巻、三九三頁)。

(70) 西田幾多郎年譜によれば、この年三月下旬にこの論文を脱稿したとされている。『全集』第二四巻、三八四頁。

(71) 『全集』第一〇巻、一〇九―一一一頁(傍点は引用者)。

(72) 同書、三〇三頁。

(73) 同書、三〇四頁。この「場所的有の自己限定」とは、遺稿「場所的論理と宗教的世界観」における「時が空間を否定すると共に空間が時を否定し、時と空間との矛盾的自己同一的に……創造的世界」(同書、二九九頁)として、時間と空間さえも矛盾的自己同一的に捉えるという、新たな思想展開が前提になり可能となっているものである。

(74) Scharpff, *op. cit.*,S. 23.

(75) 訳文の中で下線を引いた部分は、西田自身の赤線が付けられている部分である。なお、このScharpff訳の部分にも、省略が断りなく介在している。

(76) これが翌年にかけてさらに彫琢された上で、遺稿論文「場所的論理と宗教的世界観」に書き下ろされたのであろう。この遺稿は、日記によれば、一九四五年一月四日に書き始められ(『全集』第一八巻、四一二頁)、同年五月一四日に「一先了」(同、四一八頁)とあるので脱稿し、五月一〇日に岩波書店に原稿を渡した(同書、四二一頁)と推測される。

(77) Scharpff, *op. cit.*, S. 25. この「無限な球」という意味の語は、この頁から始まる第一巻二三章の表題内容「無限な球の万物に作用する神の現存への転用」(Scharpff のドイツ語訳の直訳)と関わるものである。

(78) Scharpff, *op. cit.*, S. 25.

(79) 『全集』第一〇巻、九五頁以下(傍点は引用者)。

(80) 同書、九二頁(傍点は引用者)。これと同様の主旨の文章は、他にも同じ論文に散見される。例えば、一〇〇頁、一〇六頁。

(81) Scharpff, *op. cit.*, S. 26.〔 〕内は引用者の補足。下線部は西田による下線を示す。

(82) 世界とは「時が空間を否定すると共に空間が時を否定し、時と空間との矛盾的自己同一的に、作られたものから作るものへと、無基底的に、何処までも自己自身を形成し行く、創造的世界である」(『全集』第一〇巻、二九九頁)。

(83) 同書、三〇〇頁以下(傍点は引用者)。

(84) 同書、三一三頁。

(85) 同。

(86) 同書、三三四頁以下。

(87) 同書、三二二頁。

(88) さらに、「我々の自己とは世界が自己に於て自己を映す、世界の一焦点たるに他ならない」(同書、三〇〇頁)。「我々の自己は、絶対的一者の自己射影点として神の肖姿であり、絶対意志でもあるのである」(同書、三三三頁)。「我々の自己は、周辺なくして、到る所が中心である。無限球の無数の中心とも考へることができる」(同書、三四一頁)。「我々の自己は、かゝる世界の個物的多として、その一々が此の世界を表現すると共に、此の世界の自己表現点として、此の世界を形成して行くのである。……絶対的一者の自己否定的肯定として、我々の自己が成立するのである」(同書、三五四頁以下)。

(89) 『全集』第八巻、三八四頁。ライプニッツのモナドは、『モナドロジー』(G. W. Leibniz, *Vernunftprinzipien der Natur und der Gnade, Monadologie*, 56 (PhB 253, Hamburg 1982), S. 50 で以下のように説かれている。「五六 すべての被造物が、おのおのの被造物と、またおのおのの被造物が他の全ての被造物と、結び合い、対応し合っている結果、どの単一実体もさまざまな関係をもっていて、そこに他のすべての実体が表出されている。だから単一実体とは、宇宙を映し出している、永遠の生きた鏡(in miroir vivant perpetuel et de l'univers)なのである」(訳文は『モナドロジー』清水富雄・竹田篤司訳、世界の名著二五、中央公論社、一九六九年、四五一頁を借用)。

(90) 『全集』第八巻、三七三頁。

(91) 『全集』第一〇巻、一〇三頁。

(92) 同書、一一〇頁。

(93) 同書、三〇〇頁(傍点は引用者)。

(94) 同書、三〇一頁。

(95) 同書、三三五頁（傍点は引用者）。

(96)『全集』第八巻、四九九頁。

(97) 同書、四九三頁。

(98) 同書、五〇一頁。

(99) クザーヌスにも「精神が生命ある鏡である」という思想が存在する。*De mente*, V, n. 87, 13f.: mentem quasi vivum speculum modo quo dixi（私がすでに説明したような仕方で、精神は生命ある鏡である）。クザーヌスの鏡の比喩は、さらに以下の著作にも見出せる。*De filiatione dei*, III, nn. 65-68（邦訳「神の子であることについて」、大出哲・坂本堯訳『隠れたる神』創文社、一九七二年、一三三―一三五頁）、*De dato patris luminum*, II, n. 99（大出哲・高岡尚訳『光の父の贈りもの』国文社、一九九三年、二七頁）、*De visione dei*, VIII, n. 30; XII, n. 48, XV, n. 63（八巻和彦訳『神を観ることについて』岩波文庫、二〇〇一年、五〇頁以下、六九頁以下、九〇頁）。さらに、クザーヌスにおけるこの比喩についての研究には以下のものがある。Norbert Herold, *Menschliche Perspektive und Wahrheit, Zur Deutung der Subjektivität in den philosophischen Schriften des Nikolaus von Kues*（Münster 1975）, S. 99-109. ここで再び、クザーヌス著作のシャルプ訳書への西田の書き込みに眼を向けてみよう。すでに言及したように「絶対現在の自己限定」という書き込みに対応する記述は、この遺稿論文にも頻出している。そればかりか、すぐ上で引用紹介した文章でも、無限球の比喩の評価として用いられていたのである。もう一つの書き込みである「自己自身を表現するもの」も同様に、無限球の比喩が最も効果的である側面として頻出していたことは、すでに見た通りである。このようにして、一九四四年以降の西田はクザーヌスとの対話を通じて自己の思想を熟成させていったのであろう。ちなみに、この書物には、この他にも以下のような西田の手になる書き込みが見出せる。S.4: Proportio; S.37:「それ自身によって有るもの」; S.41:「Ruhe Gegenwart」; S.49:「absolute Einheit nicht concret」; S.53:「absolute Möglichkeit in Gott」「形相と質料との矛盾的自己同一」。

(100)『全集』第一〇巻、三四四頁（傍点は引用者）。

(101) 前掲『神を観ることについて』七六―七八頁。

(102) Scharpff, *op.cit.*, S.186. 西田はこの頁の直前の以下に訳出する箇所（*De visione dei*, 13, n.52）の欄外に鉛筆で傍線を引き、テキストの三カ所に下線を引いている。使用されている鉛筆の様子から一九四四（昭和一九）年頃のものと推測される。その部分のドイツ語訳テキストを訳出すると以下のようになる。「知性認識はあなた〔神〕からはまだ遥かに離れています。高い城壁が万物からあなたを隔てています。それゆえに、私が可能な限り自己を高めるときに、私はあなたを無限性として観ることになります。それゆえにあなたは、接近不可能で把握不可能で命名不可能であり不可視なのです。あなたに近づこうとする者は、あらゆる概念と限界と限界づけられたものとを超えるまで自己を高めねばならないのです。精神があなたを観ようとするのであれば、それは無知（ignorantem）となり闇に歩み入らねばなりません。しかし精神のこの無知とは何でしょうか。これが知ある無知ではないのでしょうか。私の神よ、あなたは無限性ですから、自分があなたを知っていないと知っている者だけが、あなたに近づくことができるのです」（下線は西田による）。

（103）「読書」、『全集』第一〇巻、四〇〇頁。

第二章　東アジアにおける〈知恵〉概念の伝統とクザーヌスの〈知恵〉概念

＊『老子』のテキストと読み下しは、特に断りのない限り福永光司著『老子』上下（中国古典選一〇、一一、朝日新聞社、一九七八年）に従う。

（1）ニコラウス・クザーヌスの概念である sapientia をここでは〈知恵〉と翻訳表示し、idiota を〈無学者〉と翻訳表示する。なお、この idiota という語は、（学者に対して）無学者、（聖職者に対して）俗人、（専門家に対して）素人等と多義的であるが、ここではあえて無学者と訳して、クザーヌスの独特の概念であることを示すために〈無学者〉と表示する。この語の多義性については、筆者の以前の論文「ニコラウス・クザーヌスの Idiota 篇における〈Idiota〉像について」（和歌山大学教育学部紀要『人文科学』第三〇集、一九八一年、一一―一五頁）を参照されたい。なお、〈知恵〉と〈無学者〉というこの二つの概念のクザーヌスの思想における含蓄については、以下の行論で説明される。

（2）福永光司著『老子』下、中国古典選一一、朝日新聞社、一六六頁以下。「知不知上。不知知病。夫唯病病。是以不病。聖人不病。以其病病。是以不病」。

（3）Viktor von Strauss, *Lao-tse, Tao-Te-King*（Zürich 1959）S. 11f.

（4）司馬遷『史記』、武内義雄『老子の研究』改造社、一九二七年、一三頁以下の読み下しによる。

(5) 福永、前掲書　上三一頁。「道可道非常道。名可名非常名。無名天地之始。有名萬物之母。故常無欲以観其妙。常有欲以観其徼。此両者。同出而異名。同謂之玄。衆妙之門」。

(6) 実際に、この「道」の一つを「言う」とする読み方もある。「道の道うべきは、常道にあらず」（大浜晧『老子の哲学』勁草書房、一九八六年、一〇頁以下）。

(7) 例えば、Strauss, *op. cit.*, S. 169.

(8) 福永、前掲書　上一一二頁以下。「視之不見。名曰夷。聴之不聞。名曰希。搏之不得。名曰微。此三者。不可致詰。故混而為一。其上不皦。真下不昧。縄縄不可名。復帰於無物。是謂無状之状。無物之象。是謂恍惚。迎之不見其首。随之不見其後。執古之道。以御今之有。能知古始。是謂道紀」。

(9) Nicolaus Cusanus, *Sermo* XXII, (*Dies sanctificatus*), h XVI/4, 7, 1-4. なお、訳文中の〔 〕内は引用者の補充。以下同様。

(10) Cusanus, *Idiota de sapientia*（以下 *De sap.*）I, h ^{2}V, n. 3, 11f.（小山宙丸訳『知恵に関する無学者の対話』、中世思想原典集成第一七巻『中世末期の神秘思想』平凡社、一九九二年、五四二頁）

(11) クザーヌスでは scientia は、sapientia よりも下位の認識能力である。sapientia が価値判断および事態の総体の認識を司どるのに対して、scientia は主として論理的推論を担うものであり、かつその成果をも意味するので、ここでは〈学問〉と翻訳表示する。

(12) *De sap.*, n. 9, 2-5.（前掲、小山訳、五四七頁）。

(13) *Ibid.*, n. 7,12-14.（同書、五四六頁）。

(14) トリーアの K. Kremer 教授の定式化。例えば、*De sap.* I, n. 21; n. 10, 7; 17f..（同書、五四八頁）参照。

(15) Cusanus, *De pace fidei*,（以下 *De pace*）4, h VII, n. 11, p. 12, 6f..（八巻和彦訳『信仰の平和』、中世思想原典集成第一七巻、平凡社、一九九二年、五九一頁）。

(16) Senger による Cusanus, *De apice theoriae*（NvKdU385）S. 97f. の註参照。

(17) この二義性については、ニコラウス・クザーヌス『神を観ることについて——他二篇』八巻和彦訳、岩波文庫、二〇〇一年「収録著作解題」（三〇五頁）を参照。

(18)『老子』一〇章、六五章。さらに三八章も参照。

(19) *De sap.* I, n. 19, 9-12.（前掲、小山訳、五五四頁）。

(20) 福永、前掲書、下六三頁。「爲学日益。爲道日損。損之又損。以至於無爲。無爲而無不爲……」。
(21) 同書、下六四頁以下。
(22) J. Hopkins（ed.）, *Nicholas of Cusa's Debate with John Wenck*（Minneapolis 1981）, n. 29, 16f.; n. 32, 3f.
(23) Cusanus, *Apologia doctae ignorantiae*, h II, p. 2, 24- p. 3, 3. さらに以下も参照：*De venatione sapientiae*（以下 *De ven. sap.*）h XII, 33 n. 100, 6-8.（酒井紀幸・岩田圭一訳『知恵の狩猟について』、キリスト教神秘主義著作集第一〇巻『クザーヌス』教文館、二〇〇〇年、二三〇頁）。
(24)『老子』三八章（福永、前掲書 下九頁以下）参照。
(25) *De sap.* I, n. 3, 6-12.（前掲、小山訳、五四二頁）。さらに次も参照。*Apologia doctae ignorantiae*, h II, 6, 1-3.
(26) Cf. Gerda von Bredow, *Das Vermächtnis des Nikolaus von Kues*, CT IV/3（Heidelberg 1955）, S. 60ff.
(27) *Der Brief an Nikolaus nebst der Predigt in Montoliveto.*（以下 *Der Brief an Nikolaus*）CT IV/3, p. 36, n. 25f..（八巻和彦訳「ニコラウスへの書簡」『神を観ることについて――他二篇』岩波文庫、二〇〇一年、一九六頁以下）。
(28) *De sap.* I, n. 1, 7-9.（前掲、小山訳、五四一頁）。
(29) *De ven. sap.* XXXIII, n. 98, 8-13.（前掲、酒井・岩田訳、二二九頁）。
(30) 福永、前掲書、下四六頁。「名與身孰親。身與貨孰多。得興亡熱病。是故甚愛必大費。多蔵必厚亡。知足不辱。知止不殆。可以長久」。
(31) 前註（4）の引用文中の「老子道徳を脩め、その学自ら隠れて名を求めざるを以て務めとなす」にも留意。
(32) 個々のものについて、神によって定められているはずの絶対的本質規定のこと。
(33) CF. J. Hopkins（ed.）, *op. cit.*
(34) 福永、前掲書下、五一頁以下。「大成若缺。其用不弊。大盈若沖。其用不窮。大直若屈。大巧若拙。大辯若訥。躁勝寒。静勝熱。清静爲天下正」。
(35) 同書下、一八九頁。
(36) 同書下、一五二頁。「天下皆謂。我道大似不肖。夫唯大。故似不肖。若肖。久矣其細矣夫」。
(37) *De sap.* I, n. 7, 15-n. 8, 2.（前掲、小山訳、五四六頁）。

（38）福永、前掲書 上一五三頁以下。「絶學無憂。唯之與阿。相去幾何。善之與惡。相去何若。人之所畏。不可不畏。荒兮其未央哉。衆人熙熙。如享太牢。如春登臺。我獨泊兮其未兆。如嬰兒之未孩。儽儽兮若無所歸。衆人皆有餘。而我獨若遺。我愚人之心也哉。沌沌兮。俗人昭昭。我獨昏昏。俗人察察。我獨悶悶。澹兮其若海。飂兮若無止。衆人皆有以。而我獨頑似鄙。我獨異於人而貴食母」。

（39）*Brief an Nikolaus*（註（27））n. 28（CT IV/3, 38）.（前掲、八巻訳、一九八頁）。

（40）Cusanus, *De docta. ignorantia*（以下 *De doct ign*）, I, 17, h I, p. 35, 11f.（岩崎允胤・大出哲訳『知ある無知』創文社、一九四六年、四六頁）。*Ibid*., 26, p. 54, 19.（同書、七二頁）。

（41）Cusanus, *De mente* 15, n. 160, 8.

（42）Vgl. *De sap*. I, 4, 3ff.（前掲、小山訳、五四三頁）。

（43）*Ibid*., 27, 2-5.（同書、五五八頁以下）。クザーヌスの思想では、'separatio', 'conversio', 'inhaerere' という語が、信仰と密接な関係を有している。この点については以下の文献を参照。Cusanus, *Sermo*, VIII: h XVI/2, n. 18, 19-36; M. Schmidt, Nikolaus von Kues im Gespräch mit den Tegernseer Mönchen über Wesen und Sinn der Mystik, in: *MFCG* 18（1989）, 32; 34; 36.

（44）*De sap*. II, n. 47, 5-7.（前掲、小山訳、五七二頁）。

（45）この「試食」という概念については、本章の註（64）と（72）の箇所を参照されたい。

（46）福永、前掲書、下一〇四頁。

（47）同書上、六七頁以下。なお老子の〈道〉が人格的な神ではなく、彼が信仰について何も言っていないとしても、彼の思想に宗教的要素がまったく存在しないという訳ではない。〈この世界〉的なものを否定することが信仰一般の重要な要素の一つであるとすれば、それはクザーヌスのみならず老子にも明らかである。例えばすでに見たように、一章で彼は「道の道とすべきは常の道にあらず、名の名とすべきは常の名にあらず。名無し、天地の始めには、名有り、万物の母には」と言う。さらに老子は、四八章で「道を為せば日に損す」べしとし、さらに二〇章では、「我れ独り人に異なりて食母を貴ぶ」と説いているのである。

（48）同書下、一六三頁。「吾言甚易知。甚易行。天下莫能知。莫能行。言有宗。事有君。夫唯無知。是以不我知。知我者希。則我者貴。是以聖人。被褐懷玉」。

（49）この『老子』における孤独性は、すでに言及した四四章に見られるような、〈名〉の価値が否定されている点にも明らかに現れている。絶対者の前に立つ者にとっては、自らが生きている社会における名声が存在意義をもたないことはもとより、彼の固有〈名〉

でさえもはや存在意義をもたない。なぜなら、そもそも固有名とは社会内で人間が互いに区別しあうためにのみ必要であるものなのだからである。老子における孤独性については、ヤスパースも「老子はエレミヤやヘラクレイトスのような、自らの意志によってではなく必要に迫られて孤独となった太古の人々の一人である」と記している（K. Jaspers, *Die großen Philosophen*［München 1959］, I, S. 915）。

（50）*De sap*. II, n. 28.（前掲、小山訳、五五九頁）; *De mente*, I, n. 54 を参照。

（51）*De sap*. I, n. 7, 12.（同書、五四六頁）。

（52）*De mente* I, n. 56, 4.

（53）*De sap*. I, n. 17, 4-6.（前掲、小山訳、五五二頁）。

（54）*Ibid*., n. 24, 2-4.（同書、五五七頁）。

（55）五六章。福永、前掲書、下一〇四頁以下。「知者不言。言者不知。塞其兌。閉其門。挫其鋭。解其紛。和其光。同其塵。是謂玄同。故不可得而親。不可得而疎。不可得而利。不可得而害。不可得而貴。不可得而賤。故爲天下貴」。

（56）同書下、五九頁。「不出戸。知天下。不窺牖。見天道。其出彌遠。其知彌少。是以聖人。不行而知。不見而名。不爲而成」。

（57）木村英一『老子の新研究』創文社、一九五九年、五九三頁および五九六頁。

（58）Cusanus, *Compendium* 8: h XI/3, nn. 22-24.（大出哲・野澤建彦訳『神学綱要』国文社、二〇〇二年、四〇―四二頁の訳文を借用した。ただし若干、変更した部分がある）。

（59）福永、前掲書、上一〇三頁。「五色令人目盲。五音令人耳聾。五味令人口爽。馳騁田獵。令人心發狂。難得之貨。令人行妨。是以聖人。爲腹不爲目。故去彼取此」。

（60）'dispositio mundi'（世界の成り立ち）（*Comp*. 8: h XI/3, 22, 5.）

（61）'dispositio cordis'（魂の整いのよさ）（*De poss*.: h XI/2, 34, 8f.）

（62）'adminiculum'（補助手段）（*De quaerendo deum*, 1: h IV, 18, 14.）（大出哲・坂本堯訳「神の探求について」『隠れたる神』創文社、一九七一年、四三頁）。

（63）例えば Cusanus, *De quaer*. 3f.: h IV, nn. 45-48.（同書、七三―七七頁参照）。

（64）*De sap*. I, n. 10, 17-19.（前掲、小山訳、五四八頁）。

（65）〈知恵〉の分有については以下を参照。第Ⅱ部第二章3「知恵の三角構造」。さらに *De sap*. I, n. 25, 11-14.（同書、五五八頁）、およ び前註（64）の箇所。

（66）それゆえに、クザーヌスにおいては以下のような〈知恵〉への到達に至る段階的前進が見出されるのである。それは三段階で示される。一、永遠なる〈知恵〉について読んで知ることのできる範囲での知。しかし当然それは不十分である（例えば *De sap*. I, n. 19, 9f..（前掲、小山訳、五五四頁））。二、人間の本性に由来して知性において働いているものとしての、〈知恵〉の予備的味わい（例えば *De sap*. I, n. 11, 1-6.（同書、五四八頁以下））。三、何性に到達可能であるような仕方によって知性によって遂行されるものとしての、〈知恵〉の最高に甘美な味わい（例えば *De sap*. I, n. 26, 7-9.（同書、五五八頁））。

（67）福永、前掲書下、八二頁。「既得其母。復知其子。既知其子。復守其母。没身不殆」。

（68）*De doct. ign*. III: h I, p. 163, 7ff.（前掲、岩崎・大出訳、二二〇頁）。

（69）この点への関連から、この書物においてクザーヌスが「驚き」という表現を多用していることに、われわれは留意すべきであろう。弁論家がイディオータによって初めて世界についての驚きに導かれるのに対して、哲学者は自ら世界が驚くべきものであることに気づくことができる存在として描かれている。*De mente*, I, h 2V, 51, 5-7.

（70）Aristoteles, *Metaphysica* I, K. 2（982 b 17ff.）. 訳文は出隆訳による（『アリストテレス全集』第一二巻、岩波書店、一九六八年）。なお、アリストテレスのこの箇所は、クザーヌス自身も彼の主著『知ある無知』（De *doct. ign*., h I, S. 2, 1f. 前掲、岩崎・大出訳、四頁）等で引用している。

（71）*De dato. patr*., 5, h IV, n. 120, 9-11.（人出哲・高岡尚訳『光の父の贈りもの』国文社、一九九三年、五〇頁以下。強調は引用者）。この文のうち、とりわけ 'sibi lumen doctrinae... manifestant' という叙述から、クザーヌスの無学者には、孤独性ではなく、共同性が成立しうるということが明らかである。

（72）例えば、*De sap*., I, n. 10, 7（前掲、小山訳、五四八頁）において説かれている。

（73）福永、前掲書上、四四頁以下。

（74）「玄」という語は、一、六、一〇、一五、五一、五六、六五の各章において、全部で一一回『老子』に現れている。

（75）老子において「玄」が優越することは、二〇章にも見ることができる。そこでは「俗人は昭昭たるも、我れ独り昏昏たり」とされている。つまり、この「昏昏たる我れ」、つまり老子の愚人こそが〈道〉の近くに立っているのである。さらに、〈道〉が「玄」（くろ）であるという思想は水墨画にも典型的に見出しうる。ちなみに井筒俊彦は、その *Philosophophie des Zen-Buddhismus*（Reinbek bei Hamburg 1986）S. 139f. において次のように記している。「その同時代人の証言によれば、Lao Jung〔という水墨画の大家〕はじぶんの絵の表面全体を霧で覆い尽くして、そこに何かが存在するがそれが何であるかは分からないというように描いたそうである。これは、禅と共に水墨画の発展に大きな影響を与えた道教の教えと完全に一致している。Lao Jung 作品はまさに老子によって述べられたような〈道〉の絵画的表現に他ならないのである」。

（76）*De ven. sap.*, 15, n. 42, 3f.（前掲、酒井・岩田訳、四二頁）. さらに先に註（23）で引用した *Apologia doctae ignorantiae* の一節、「一切の暗さが存在しないあの到達不可能な光」も参照。

（77）本章の註（54）も参照。老子もこの思想に無縁ではない。四五章、六七章、七八章に見出すことができる。註（34）、（35）、（36）参照。

（78）*De ven. sap.*, 18, n. 53, 8.（前掲、酒井・岩田訳、一八六頁）。

（79）老子の「覚知的無知」については『老子』二〇章を参照。

（80）クザーヌスは枢機卿兼教皇代理としてローマ教皇庁内にあった一四五九年に、教皇庁改革の提案書である『普遍的改革』*Reformatio generalis* を教皇ピウス二世に提出した。また一四六四年の初夏には、この教皇の命令に従って、クザーヌス自身は反対であった十字軍のための兵員募集の旅に出て、その途中で死亡した。この辺りの詳細は、エーリヒ・モイテン『ニコラウス・クザーヌス――1401～1464 その生涯の粗描』酒井修訳、法律文化社、一九七四年、一四六―一六四頁を参照されたい。

（81）なお、トリーアでの拙いドイツ語による講演の際には、それを詫びながら拙論の理解を求めて、クザーヌスおよび老子からの次の引用をもって締めくくった。「創造主の本質の把握に関しては、学問的探求は寸足らずになる。そして〈知恵〉は無知とみなされ、言葉の優美さはたんなる無駄口と見なされるのである」（クザーヌス『知ある無知』に引用されているラビ・サラモンの言葉）（*De doct. ign.*, I, 16:h I, S. 31, Z. 17. 前掲、岩崎・大出訳、四一頁）。「信言は美ならず、美言は信ならず。善なる者は辯ぜず、辯ずる者は善ならず。知る者は博からず、博き者は知ならず」（老子『道徳経』八一章、福永、前掲書）。

第三章　西欧における「開かれた世界、開かれた書物」

（1）この伝統についての近代までの概括的な歴史は、クルティウスの大著『ヨーロッパ文学とラテン中世』E. R. Curtius, *Europäische Literatur und lateinisches Mittelalter* (Bern ^{2}1954), K. 16: Das Buch als Symbol; S. 306-352.（南大路振一他訳『ヨーロッパ文学とラテン中世』みすず書房、一九七一年、四四一―五一〇頁）に読むことができる。

（2）Jean Le Rond D'alembert, *Discours préliminaire de l'Encyclopédie* (Paris 2000), p.95.（桑原武夫訳編『百科全書――序論および代表項目』序論、岩波文庫、一九七四年、四〇頁）。

（3）Platon, *Paedros*, 275Df..（藤沢令夫訳『パイドロス』、『プラトン全集』第五巻、岩波書店、一九八六年、二五七頁）。

（4）わが国でも「免許皆伝」というような場面に登場する書物は巻物であり、ここに、本来〈閉ざされている〉ものが特定の人にだけ〈開かれる〉という意味が鮮明に表されている。

（5）P. Saenger, 'Reading in the Middle Ages,' p. 136, in: G. Cavallo & R. Chartier (ed.) [Transl. by L. G. Cochrane], *A History of Reading in the West* (Cambridge 1999). 現在でもイギリスのオックスフォード大学の Bodleian 図書館の中世写本室には、鎖につながれている写本の姿をみることができる。

（6）Petrus Lombardus 自身も、この『命題集』を著すとともに、各種の聖書文書への註解を書いている。

（7）クルティウスは、中世にあって書物はキリスト教によって最高の叙階を授けられていたとしている。Curtius, *op cit.*, S. 314.（前掲、南大路他訳、四五二頁）。

（8）スコラ学での論述の仕方については、G・フライレ、T・ウルダノス『西洋哲学史』2、山根和平他訳、新世社、一九九〇年、第一二章「神学の体系化」、とくに三五六頁以下、および三六四頁以下参照。

（9）D'alembert, *op. cit.*, p.119.（前掲『百科全書』序論、八六頁）。また、以下にも同じ方向の指摘がある。池上俊一『イタリア・ルネサンス再考――花の都とアルベルティ』講談社学術文庫、二〇〇七年、二五〇頁以下。

（10）木田献一の指摘。木田献一『神の名と人間の主体』教文館、二〇〇二年、第六章「預言者イエス」。

（11）Folker Reichert, *Erfahrung der Welt- Reisen und Kulturbegegnung im späten Mittelalter* (Stuttgart/Berlin/Köln 2001), S. 222.（井本晌二・鈴木麻衣子訳『世界の体験――中世後期における旅と文化的出会い』法政大学出版局、二〇〇五年、三五四頁。

(12) ジャン・ド・ジョワンヴィル『聖王ルイ――西欧十字軍とモンゴル帝国』伊藤敏樹訳、ちくま学芸文庫、二〇〇六年、第一一節、二四〇頁。

(13) もちろん、食事の際とか儀式などの際に、聖書の一節を担当の僧が会僧の前で読み上げることはあった。

(14) 庶民の間で黙読が行われるようになるまでには、西欧では一九世紀までかかった。

(15) この用語法は、コイレの「昔の人が考えた閉ざされた世界から近代人が考える開かれた世界に至るこの道」による（A. Koyré, *From the closed world to the infinite Universe*（Baltimoer 1957）. 野沢協訳『コスモスの崩壊』白水社、一九九九年、一〇頁）。

(16) E. Grant, *Physical Science in the Middle Ages*（New York 1971）, p.88.（横山雅彦訳『中世の自然学』みすず書房、一九八二年、一四八頁以下）。

(17) Carlos Steel, Nature as Object of Science, in: Ch. Koyama (ed.), *Nature in Medieval Thought*（Leiden 2000）, p. 146f.（小山宙丸編『ヨーロッパ中世の自然観』創文社、一九九八年、一八七―二二〇頁）。

(18) このことは、しかしながら、〈中世〉において自然の「象徴的解釈」がいっさい排除されたことを意味するわけではない。それは、ニコラウス・クザーヌスを経て、前掲のガリレイ、とくにケプラーの著作が示しているところでもある。

(19) Steel, *op. cit.*, p. 146f.（前掲『ヨーロッパ中世の自然観』二一一頁以下）。E. Grant, *The Foundations of Modern Science in the Middle Ages–Their religious, institutional, and intellectual Context*（Cambridge 1996）, p.151f..（小林剛訳『中世における科学の基礎づけ――その宗教的、制度的、知的背景』知泉書館、二〇〇七年、二三八頁以下）。

(20)「司祭ヨハネの手紙（一）」、逸名作家著『東方の驚異――西洋中世奇譚集成』池上俊一訳、講談社学術文庫　二〇〇九年所載、六七頁。

(21) Cf. Nicolaus Cusanus, *De pace fidei*, p. 50.（ニコラウス・クザーヌス『信仰の平和』八巻和彦訳、中世思想原典集成第一七巻『中世末期の神秘思想』、平凡社刊、一九九二年、六二七頁）。

(22) 東方についての情報は、古代ローマ帝国までの文献の限りでは存在していたが、古代のような東方との交流はできなかった。また、聖地エルサレムを中心とする聖書の舞台となっているパレスティナ、シリアの地域は、旧約聖書と新約聖書の記述だけが情報源であって、現地を訪れることは容易ではなかった。

(23) このような自己の意図にもかかわらず、ローマ教会から弾圧されることになったという点にガリレイの悲劇がある。

（24）後出の註（35）の引用を参照。
（25）R. Descartes, *Discours de la méthode*（Paris 1966）, p. 35.（谷川多佳子訳『方法序説』岩波文庫、一九九七年、一二頁）。
（26）Ricoldus de Monte Croce, *Itinerarium*.
（27）Iohannes de Plano Carpini, *Ystoria Mongalorum*.
（28）C. de Bridia Monachus, *Hystoria Tartarorum*.
（29）Ms. fr. 2810 der Bibliothéque Nationale de France, Paris. *Marco Polo, Das Buch der Wunder*（Wiesbaden 2005 ）.
（30）Reichert, *op. cit.*, S. 209ff..（前掲『世界の体験』三三三頁以下）。
（31）ブルデューは、「世界の変化により書物も変化する」と言う（R. Chartier（Dir.）, *Pratiques de la lecture*（Paris 1993）, pp. 96-98.（水林章他訳『書物から読書へ』みすず書房、一九九二年、三六〇頁）。
（32）新約聖書『ヨハネの黙示録』五章一節。
（33）Augustinus, *Confessiones*, VIII, c. 12, n. 29.（山田晶訳、『告白』世界の名著一四、中央公論社、一九六八年、二八五頁以下）。
（34）新約聖書『ローマの信徒への手紙』一三章一三―一四節。
（35）“Il Sagiatore,” in: *Le opere di Galileo Galilei. Nuova ristampa della edizione nazionale sotto l’alto patronato del presidente della Repubblica Italiana*, VI, p. 232.（『偽金鑑識官』山田慶児・谷泰訳、『ガリレオ』世界の名著二一、中央公論社、一九七三年、三〇八頁）。
（36）筆写という作業の主たる担い手は修道院の修道士たちであったが、中世後期からは、ベギンなどの俗人でありつつも深い信仰心に基づいて暮らす人々もその担い手となった。
（37）この「生命性」と「聖性」については、われわれ日本人も肉筆で描かれた書の作品などで実感しているであろう。
（38）この点に関わるであろう記述がデカルトにある。「しかも、教えられた学問だけでは満足せず、もっとも秘伝的で稀有とされている学問を扱った本まで、手に入ったものはすべて読破したのだった」（Descartes, *op. cit.*, p. 35.（前掲『方法序説』一二頁）。
（39）P. Saenger, *op. cit.*, pp. 136-147.
（40）*Ibid.*, p. 146f.
（41）Chartier, *op. cit.*, pp. 90, 93.（前掲『書物から読書へ』一〇二頁以下、および一〇八頁以下）。

(42) *Ibid.*, pp. 96-98.（同書、一一三頁以下）。

(43) *Ibid.*, p.187（同書、一三二頁以下）。

(44) J. Hamesse, 'The Scholastic Model of Reading', in: G. Cavallo & R. Chartier (ed.) [Transl. by L. G. Cochrane], *A History of Reading in the West* (Cambridge 1999), p. 119.

(45) しかし同時に、大学という制度そのものは、近代において民族国家が成立したことにともなって他国の学生を受け容れない制度へと門戸を〈閉ざす〉ことになった。近代初期の大学の知的役割の低下の一因を、ここに見出すことができるだろう。

(46) 例えば、以下のようなヴェンクへの批判。「つまり、神学の研究に専心しているほとんどの人が、何らかの積極的な伝承とそれの形式に関わり合っているのであって、彼らが自分にとっての権威者とみなす人々のように話す方法を知ると、自分のことを神学者と思いこむのである」（*Apologia*, p.2, 24- p.3, 1）。この批判の対象とされているヴェンクは、一四二六年の終わり頃にハイデルベルクに学籍登録して以降、一四六〇年の死に至るまでハイデルベルク大学神学部に教授としてとどまり、via antiqua（伝統派）の擁護者としてアリストテレス-トマス主義の伝統を守ろうと努めていたという、当時の典型的な講壇哲学者であり講壇神学者であった（詳しくは、八巻和彦『クザーヌスの世界像』創文社、二〇〇一年、第一章第一節以下を参照）。また『無学者考——知恵について』における弁論家に対する無学者の批判。「権威とされる見解 opinio auctoritatis があなたを引っ張っています。そのために、あなたはまるで、生まれつきは自由であるのに端綱でしっかりと飼い葉桶に縛り付けられていて、そこで給餌されるものしか食べない馬のようです。なぜなら、あなたの知性は物を書く人たちの権威に縛られていて、自然の食べ物によってではなく、他人の食べ物によって養われているからです。……あなたは明らかに権威によって導かれ、そして欺かれているということです。あなたが信じているあの言葉は誰かが書いたものなのです」（*Idiota de sapientia*, I, n. 2.（小山宙丸訳『知恵に関する無学者の対話』、前掲『中世末期の神秘思想』五四二頁）。

(47) *Ibid.*, n. 4.（同書、五四三頁）。

(48) R. Descartes, *op. cit.*, pp. 34-39.（訳文は、前掲、谷川多佳子訳『方法序説』一一―一九頁を借用し、用字法を少し変えた）。

(49) D'alembert, *op. cit.*, p.153（前掲『百科全書』一五一頁）。

(50) *Europäische Enzyklopädie zu Philosophie und Wissenschaften* (Hamburg 1990).

(51)「一五三二年にラブレーが『パンタグリュエル』で使ったのが初出の例」という多田道太郎の指摘もある（「『百科全書』について」、

前掲『百科全書』三八九頁）。

（52）Trivium には文法学、修辞学、論理学が属し、Quadrivium には、算術、幾何学、天文学、音楽が属していた。

（53）その総数は二四から、二七へ、さらに三五へと拡張された。

（54）D'alembert, *op. cit.*, p.83.（前掲『百科全書』一七頁）。

（55）『百科全書』*Encyclopédie*（Elmsford N.Y. 1969）, p. 635.

（56）D'alembert, *op. cit.*, p.150.（前掲『百科全書』一四五頁）。

（57）職人およびその技術に対する知識人の伝統的な姿勢については、本書第Ⅰ部第四章3⑵「技術の問題性」における記述を参照されたい。また、この『百科全書』における人知の包括的な収集と整理という視点から見ると、対照的に正統的=反動的なのが、ヘーゲルの Enzyklopädie であろう。彼は、その著 *Enzyklopädie der philosophischen Wissenschaften im Grundrisse*（1830）において、「紋章学というようなものを含んだ知識の集積ではいけない」などと記していることから明らかなように、このフランスの"Encyclopédie"を意識しながら、「哲学的 Enzyklopädie は多くの円環からなる一つの円環」としてあらねばならないと主張しているのである（*Ibid.*, n. 15-n. 16. 樫山欽四郎他訳『エンチュクロペディー』河出書房新社、一九八七年、五六頁以下）。

（58）D'alembert, *op. cit.*, p. 635.

（59）この点と関わって指摘しておくべきことは、西欧における〈世界の開かれ〉を言う場合には、宗教（キリスト教）の力の弱体化、あるいはキリスト教が設定した社会構造の崩壊（「世俗化」とも言われる）という事実があるのだが、これには今は立ち入らない。また、この〈開かれ〉は、西欧に平和よりも紛争と戦争を惹起したという側面もあった。デカルトの「炉辺の一夜」の体験もそのような西欧内部での戦争に観戦武官として従軍していた際のことであるし、またケンプファーがその著書『日本誌』の中で日本の「鎖国」を賞賛しているのも、さらに、ケンプファーらの情報から「鎖国」について学んだカントが『永遠平和のために』の中でそれを評価しているのも、このような彼らの時代の西欧における戦乱の現実があったのである。

（60）D'alembert, *op. cit.*, p.146（前掲『百科全書』一四〇頁）。「チェンバースの『百科全書』は、ロンドンで公刊され矢継ぎ早にずいぶん数多くの版をかさねて、つい最近イタリア語に翻訳されたばかりであるが、私たちの認めるところでは、イギリスと外国でなら彼に与えられている名誉だけの値打ちある書物である。しかし、この『百科全書』は、もしそれが英語で出される以前からわが国にフランス語で書かれた諸著作がなかったとすれば、おそらく作られえなかったであろう。チェンバースは、彼の『辞典』を構成した事項のほとんど大部分をそれらの著作から節度も見境いもなく汲みとったのであった。それゆえ、私たちフランス人としては、もしこれの全くそのままの翻訳など出されたとしたら、なんと考えていただろうか。彼の辞典は、学者たちの憤激と、見せびらかしの新しい表題のもとにただずっと昔からすでに所有していた富をしか提供されていなかったことになる一般読者の怒号とを、ひき起こしていただろう」。

(61) 日本での『百科全書』刊行事業は、大隈重信を総裁にして一九〇二（明治三五）年に三省堂の手で編纂が開始された『日本百科大辞書』が、実際に刊行されたものの最初である。第一巻は一九〇八年に刊行されたが、一九一二年に三省堂が破産することでこの事業は頓挫した。しかし、「この事業の挫折は大日本帝国の文化的な力の威信にかかわるという声もあがり、再建が計画され、一九一九年に当初全六巻の計画が全一〇巻となって完成した」という（平凡社版『世界大百科事典』（一九八八年）の大隅和雄執筆の「百科事典」の項による）。

(62) 明治維新の際の「五箇条の御誓文」成立の由来はどこにあるのだろうか、アメリカ独立宣言やフランス革命での人権宣言等の Declaration との関係はないのだろうか。

(63) G. Charbonnier, *Entretiens avec Michel Butor* (Paris 1967), p. 27.（岩崎力訳『ビュトールとの対話』竹内書店、一九七〇年、二九頁）。

(64) しかし今や、ウェブの世界の隆盛の前に、人々は一つの完結した世界としての書物を手に取る習慣を放棄しつつあるように思われる。検索して出てきた断片的な情報だけをつまみ食い的に利用する状態になっている。それは、現実の世界や社会が一つの完結した姿を失ってアモルフな状態へと陥りつつある現状と相即的であるように思われる。しかし、人々の利用する断片的な情報の源は、もしそれが信頼に値するものである場合には、一人の著者 auctor によって思考され、構成・執筆された一巻の書物という世界であることを、われわれは忘れてはならないだろう。

(65) Samuel P. Huntington, *The Clash of Civilizations and the Remaking of World Order* (London/Sydney 1996), pp. 305-312.（鈴木主税訳『文明の衝突』集英社、一九九八年、四六八―四八〇頁）。このような、過去に個人ならびに国家のアイデンティティの拠り所を求めるという態度が偏狭なナショナリズムに陥りやすいことについては、本書第I部第二章を参照されたい。

(66) この動きの一つである「環太平洋経済連携協定」（ＴＰＰ）では、その交渉の経緯と条約の内容を、それぞれの参加国の議会においてさえも発効後四年間は開示してはならないという「秘密保持期間」がＴＰＰには定められているが、それは参加国の間で「秘密保持契約」がなされているからとのことであり、その「秘密保持契約」そのものの内容さえも秘密保持の対象になっているというほどの〈閉じた〉体制であることが、この種の動きを象徴しているであろう。

(67) アメリカのこの部分が、トランプ大統領を生み出したとも言えるであろう。これが国外に波及すると、人類の遺産である〈開かれた〉交流、つまりフランス革命以来の基本的人権の尊重という理念が容易に無視される中で、各国に排外主義的な政治指導者が続出することになりかねない。これが、二〇一六年にBREXIT(イギリスのEU離脱)が国民投票で決まって以来、目下、EU域内の各国で危惧されていることである。

第Ⅳ部

第一章 〈文明の衝突〉の時代の宗教的寛容論

(1) Samuel P. Huntington, *The clash of civilizations and the remaking of world order* (New York 1996).(鈴木主税訳『文明の衝突』集英社、一九九八年)。

(2) Huntington, *ibid*. I, p. 47.(同書、六二頁以下)。

(3) Huntington, *ibid*. IV, p. 253f.(同書、三八六頁以下)。

(4) Huntington, *ibid*. IV, p. 249.(同書、三七九頁)。

(5) 近年の具体例としては、一九九九年以来、インドネシア東部のマルク州の州都アンボンをはじめとする周辺の諸島においてキリスト教徒とイスラーム教徒(ムスリム)とが抗争しており、数千人にのぼる死者を出している。

(6) 一四五三年五月末にコンスタンティノープルがイスラーム・トルコによって攻略され、東ローマ帝国が最終的に滅亡したことが当時のヨーロッパ世界に与えた衝撃は、二〇〇一年九月一一日の「九・一一」が欧米に与えた衝撃をはるかにしのぐものであったはずだ(この状況については、本書第Ⅱ部第一章冒頭も参照されたい)。その直後に、ローマ・カトリック教会の枢機卿であるクザーヌスが、自己の陣営の反省の必要を指摘しつつ、『信仰の平和』という平和的解決策を提示する書物(日本語訳は筆者の翻訳により『中世末期の神秘思想』〔『中世思想原典集成』第一七巻、平凡社、一九九二年〕に収められている)を著したことが大きな意味を有するとは記すまでもないであろう。なお、キリスト教世界の反省の必要性についてクザーヌスは、トリーア大司教ヤコブへの書簡ならびにセゴビアのファンへの書簡において指摘している（八巻和彦「ニコラウス・クザーヌスの〈pax fidei〉について」『中世思想研究』第二四号、一九八二年、掲載）を参照されたい）。

（7）Mircea Eliade, *Das Heilige und das Profane, Vom Wesen des Religiösen* (Frankfurt am Main 1990), IV, S. 175f.（風間敏夫訳『聖と俗——宗教的なるものの本質について』法政大学出版局、一九六九年、一九四頁以下）。

（8）西欧でも国によって異なるが、例えばドイツでは政党名に「キリスト教」を冠した、「キリスト教民主同盟」とか「キリスト教社会同盟」というものが存在している。

（9）小杉泰「宗教と政治」、岩波講座宗教第一巻『宗教のゆくえ』岩波書店　二〇〇四年、二五六—二五八頁。

（10）Eliade, *op. cit.*, IV, S. 175.（前掲、風間訳『聖と俗』一九三頁）。

（11）Mircea Eliade, *Traité d'histoire des religions*, I, §1, p. 15 (Paris, 1964).（久米博訳『太陽と天空神——宗教学概論1』エリアーデ著作集1、せりか書房、一九七四年、二七頁）。

（12）*Ibid.*, §5, p. 25.（同書、四六頁）。

（13）*Ibid.*, §6, p. 26f..（同書、四九頁）。

（14）Eliade, *Das Heilige*, S. 41.（前掲、風間訳『聖と俗』三五頁以下）。

（15）小口偉一・堀一郎監修『宗教学辞典』（東京大学出版会、一九七三年）の「宗教」の項、とくに二五六頁以下参照。また Ritter u. Gründer (hrsg.), *Historisches Wörterbuch der Philosophie* , Bd. 8 (Darmstadt 1992) の 'Religion' の項、とくにその I. Einleitung (S.632f.) 参照。

（16）例えば、深澤英隆は論文「『宗教』の誕生」（前掲、岩波講座宗教第一巻所収）において、西欧近代における「宗教」にまつわる議論の歴史を詳細にあとづけた上で、「宗教という概念自体が、もともと近代のヨーロッパの諸事情に由来する理論的構築物にほかならない」と記している（五〇頁）。

（17）岡野治子「フェミニスト神学の視点から社会倫理を再考する」（湯浅泰雄監修『スピリチュアリティの現在』人文書院、二〇〇三年、二三〇頁以下）。

（18）藤原聖子が「読書案内・『宗教』とは何だったのか?」（前掲、岩波講座宗教第一巻所収）において紹介している、D・シデスター『野蛮のシステム』に描かれている例（二八二頁以下）参照。

(19) M・エリアーデ、J・M・キタガワ編、岸本英夫監訳『宗教学入門』東京大学出版会、一九六二年、四頁以下。

(20) Hans J. Sandkühler (hrsg.), *Europäische Enzyklopädie zu Philosophie und Wissenschaften*, Bd. 4 (Hamburg 1990), S. 103.

(21) Eliade, *Traité d'histoire des religions*, conclusions, p. 389（久米博訳『聖なる空間と時間』エリアーデ著作集3、せりか書房、一九七四年、一九七頁）。

(22) もちろん、同じことを人間の死についても確認することができる。

(23) Nicolaus Cusanus, *De mente*, XV, n. 159, h 2V, p. 217, 6-8. さらに *De pace fidei*,（以下 *De pace*）XIII, n. 45, h VII, p. 42, 8-10.（前掲、八巻訳、六一九頁）. また深澤英隆は前掲の論文「『宗教』の誕生」三〇頁以下において、啓蒙時代の「自然的宗教論」としてこの点を論じている。

(24) クザーヌスは『信仰の平和』の中で、キリスト教の聖餐の儀礼について登場人物の一人であるタタール人に以下のように言わせている。「キリスト教徒のあの儀礼は嫌悪すべきもののように思われます。というのも、そこではパンとぶどう酒が供された上で、それがキリストの体と血であるとされて、犠牲奉献の後にそれを彼らは食べたり飲んだりするのですから。つまり、彼らは崇めるものを貪り食うわけです」（*De pace*, XVI, n. 54. 八巻訳、六二七頁）。

(25) *De pace*, XIX, n. 67.（前掲、八巻訳、六三七頁）。クザーヌスのこのような洞察は、当時のカトリック教会における大問題であったフス派の二種陪餐論問題の解決に彼自身が苦心した経験や、ビザンツ帝国の首都コンスタンティノープルに滞在してギリシア教会と折衝にあたったこと、およびその滞在の際にイスラームを間近に経験したことに由来するところが大きいと思われる。

(26) この点についてクザーヌスは以下のように述べている。「儀礼は信仰の真理の感覚的〈しるし〉signa として定められ採用されている。〈しるし〉が変化を受け容れても、〈しるしで表されるもの〉signatum が変化を受け容れるわけではない」（*De pace*, XVI, n. 55.〔八巻訳、六二八頁〕）。

(27) 人間の言語能力がその最たるものである。

(28) エンペドクレス、断片一〇九（内山勝利編『ソクラテス以前哲学者断片集』第二分冊、岩波書店、一九九七年、二九五頁）、アリストテレス『形而上学』第三巻第四章 1000b5（出隆訳『アリストテレス全集』第一二巻、岩波書店、一九八八年、八〇頁）。さらに、ヒルシュベルガー『西洋哲学史』第1（古代）、高橋憲一訳、理想社、一九六七年、七七頁参照。

（29）この比喩について筆者は日本宗教学会第四二回学術大会で「宗教寛容論の一類型――〈道〉のメタファー」と題して発表したことがある。『宗教研究』第五七巻第四輯（二五九号）一九八四年三月、二二七頁以下に要旨が収載されている。

（30）Thomas More, *Utopia*, II, 9（London/Dent New York/Dutton 1974）, p.150.（平井正穂訳『ユートピア』岩波文庫、一九九四年、一七一頁）。

（31）Q. A. Symmachus, *Relatio*, 3, 10（in: *Prudence*〔Belles Lettres〕）, p. 110.

（32）Augustinus, *Retractiones*, I, 4, 3.

（33）John Locke, *A Letter concerning Tolerantion*, Hutchings（ed.）, *Great Books of the Western World*（Chicago/London/Tronto 1952）, p. 9.（生松敬三訳『寛容についての書簡』世界の名著二七、中央公論社、一九六八年、三七〇頁）。

（34）Voltaire, *Lettres philosophique*, cinquiéme lettre（Paris 1964）, p. 61.（林達夫訳『哲学書簡』岩波文庫、一九八〇年、三三頁）。

（35）二〇〇五年三月の XIXth World Kongress of IAHR のセッションで発表された Walter A. Euler, Cusanus' "De pace fidei" und Lessings Ringparabel の指摘による。

（36）G. E. Lessing, *Werke*,（hrsg.）v. H. G. Göpfert, Bd. 2, Darmstadt 1996（=München 1971）, Dritter Aufzug, 7. Auftritt, Verse 524-532.（浅井真男訳『賢人ナータン』世界古典文庫、日本評論社、一九四八年、二四三頁以下。なお用字法は少し変更した）。

（37）Ludwig Hagemann, *Christentum contra Islam*（Darmstadt 1999）, S. 101.（八巻和彦・矢内義顕訳『キリスト教とイスラーム』知泉書館、二〇〇三年、一七〇頁以下）。

（38）Hagemann, *ibid*, S. 101.（同書、一七一頁）。

（39）鈴木大拙『大乗仏教概論』佐々木閑訳、岩波書店、二〇〇四年、二六六頁以下。

（40）高楠順次郎編『大正新脩大蔵経』第九巻「大方廣佛華厳経巻第二十六」大正一切経刊行会、一九二五年、二七八頁上。

（41）「譬如一月浮於萬水無嫌水浅深太陽照於世界不選地高低」『浄土宗全書』第九巻「漢語燈録」巻一、浄土宗典刊行会、一九二九年、三一八頁。

（42）「例えば釈尊は天の一月、諸仏菩薩等は万水に浮かぶる影なり」（「日眼女釈迦仏供養事」『日蓮聖人全集』第七巻「信徒2」、春秋社、一九九二年、一八七頁）。

（43）鈴木大拙、前掲書、二六七頁。

（44）八巻和彦「『言語』のアナロギアによる宗教寛容論」『宗教研究』第二六〇号、一九八四年六月、六五―八二頁）。
（45）Richard Hooker, *Of the Lawes of Ecclesiastical Polity*, III, 2（Everymann's Liebrary）, p. 297.
（46）上の第5節で論及したクザーヌスにおける connata religio がこれにあたるであろう。
（47）Pierre Bayle, *Commentaire philosophique sur ces paroles de Jésus-Christi "Contrains-les d'entrer,"* in: Pierre Bayle, *Œuvres diverses*, II（Hildesheim 1965）, pp. 384, 418.
（48）Voltaire, *Traité sur la tolérance*, pp. 636, 638.
（49）Bayle, *op. cit.* in: *Œuvres diverses*, II, p. 372; Voltaire, *op. cit.*, 7, p. 585.
（50）かつては単なる地層の一部にすぎなかった石油が、西洋起源であるが普遍性をもつ近代の科学・技術の発展の結果として大きな経済的価値をもつようになった。そして、それから生み出される巨大な富によって同じく科学・技術の産物たる諸々の兵器がかつての植民地国も入手できるようになっていることによって、現代の抗争が深刻化しているという事実の悲劇性には、今は立ち入らない。
（51）クザーヌスは一四五六年になされた説教二五八において（*Sermo*, CCLVIII, h XIX, N. 4, Z. 1-10）、世界はアリストテレスの著書『形而上学』のように構成されていると言う。つまり、世界中に存在する諸民族がその本の巻に当たり、諸地域が章であり、人間の集団が節、個々人が文章として存在しているとする。ここで言われていることは、その構成部分が相違していて多様であることこそが積極的な意味をもっているということである。なぜならば、世界の諸部分の内容が同じであれば、それは『形而上学』という書物の有意義な全体を構成することにならないからである。

第二章　〈文明の衝突〉を超える視点

（1）Samuel P. Huntington, 'The Clash of Civilizations?' in: *Foreign Affairs*, July, 1993.
（2）Samuel P. Huntington, *The Clash of Civilizations and the Remaking of World Order*（以下、*The Clash* と表記）（London/Sydney 1996）.（鈴木主税訳『文明の衝突』集英社、一九九八年）。
（3）Dominique Dhombres, *Le monde* 13. Sept. 2001. p. 19. クレポンの記述による。Marc Crépon, *L'imposture du choc des civilisations*（Nante 2002）, p. 10.（白石嘉治編訳『文明の衝突という欺瞞』新評論、二〇〇四年、一五頁以下）。

（4）Fernand Braudel, *Grammaire des civilisations*（Paris 1987）, pp. 33-39.（松本雅弘訳『文明の文法——世界史講義1』みすず書房、一九九五年、三一—三七頁）。

（5）福澤諭吉は『文明論之概略』において「日本文明」という言葉を用いているが、それにはハンチントンの意味での他の文明圏と区別される「日本文明」圏という意味はない。「文明とは、人間交際の次第に改まりて良き方に赴く有様を形容したる語にて、野蛮無法の独立に反し、一国の体裁を成すという義なり」（『文明論之概略』松沢弘陽校註、岩波文庫、一九九五年、五七頁）。神山四郎も「日本は一番早く一番うまく西洋化をこなしたが、日本文明というほどのものは作っていない」としている（『比較文明と歴史哲学』刀水書房、一九九五年、二〇一頁）。

（6）Dieter Senghaas, *Zivilisierung wider Willen*（Frankfurt am Main 1998）, S. 170.（宮田光雄他訳『諸文明の内なる衝突』岩波書店、二〇〇六年、一六三頁）。彼はここでシリア、ヨルダン、エジプト、リビア、マグレブ諸国、イランのそれぞれの国家体制の異質性とその多様性を引き合いに出している。

（7）Braudel, *op. cit.*, p. 33.（前掲『文明の文法1』三一頁）。

（8）福澤も「文明とは英語にてシウキイゼイションという」（前掲書、五七頁）として、'civilization' という語について意識はしているが、それを他者に向かって働きかけるという性向を有する概念であるとは考えず、註（5）で示したように「自らを文明開化する」、という方向で理解しているので、文明間の争いを考察の対象には入れていない。また大隈重信は「日本の文明」あるいは「日本文明」という語を用いているが（『大隈重信演説談話集』早稲田大学編、岩波文庫、二〇一六年、三四七—三九一頁）、それは他の文明から明瞭に区別されつつ排他的なものではなく、むしろ他の文明から影響を受けて成立しているものであり、明治の開国以降では「東西文明の邂逅」がその日本文明で成立しつつあると捉えている。さらに、以下のようにも言っている。「およそ文明は唯一であるべきであって、一人の善は世界共通の善である。人類に具有する権利及び責任は如何なる人種も、如何なる国家も、決してこれを奪うこと能わざるものである。このインアリエネブルライトは、支那のいわゆる『己私することを得ず、また人に与うることを得ず』というものである」（同書、三五七頁）。つまり、異なる国家がもつ諸「文明」が、いかにして互いの長所を生かし合い、短所を補い合いながら調和を実現するかという視点で考察されている。

（9）元来、アイルランド島の住民は、古代ローマ帝国の末期にキリスト教化されて以来のキリスト教信仰を保持してきたので、カトリック・キリスト教の信徒である。

（10）*The Clash*, p. 251f.（前掲『文明の衝突』三八二頁）。
（11）この理由は、日本をこの allied forces 側に参加させるために「連合軍」という、日本人に違和感を抱かせる可能性の強い語を避けたのだろうと推測される。それでも、日本国内では参加をめぐって大論争が巻き起こった。
（12）Senghaas, *op. cit*., S. 168（前掲『諸文明の内なる衝突』一六〇頁）。
（13）このように「科学・技術」と表現する理由については、本書第Ⅰ部第一章2を参照されたい。
（14）ちなみに、Norbert Bolz, *Am Ende der Gutenberg Galaxis*（München 1995）, S. 129sq.（識名章喜・足立典子訳『グーテンベルク銀河系の終焉――新しいコミュニケーションのすがた』法政大学出版局、一九九九年、二三七頁）の記述から推算すると、一分間のカラーのビデオ映像が必要とする記憶容量は、長編小説三三三冊分のそれに匹敵する。
（15）BBCNews Japan の二〇一六年一一月 七日の記事による。
（16）かつては「世界の膨大な広がり」とは、「核の恐怖」というような、想像力を働かせることにおいて初めて実感できるものであった――これは、もちろん今もなお存在しているが。
（17）だから先進国の人々は、たとえ暫時のことにせよ、安定した心持ちですごせるように、好んで旅行に出かけもするのだろう。ここに現代の先進国における旅行産業の隆盛の原因の一つを見出せるかもしれない。
（18）この点について、本書第Ⅰ部第二章を参照されたい。さらに本章の註（46）のハンチントンの言明も参照されたい。
（19）Erich Fromm, *Escape from Freedom*（New York 1941）.（日高六郎訳『自由からの逃走』東京創元新社、一九六六年）。特にその第六章「ナチズムの心理」参照。
（20）ハンチントン自身がこう書いている。「西欧文化は西欧社会内部の集団からも挑戦を受けている。一つは別の文明から訪れた移民たちから突きつけられるもので、彼らは同化を拒み、出身地の社会の価値観、生活習慣や文化にいつまでも固執し、それを広めようとする。この現象が最もいちじるしいのはヨーロッパに暮らすムスリムであるが、彼らはまだ数の上では少ない少数民族（マイノリティ）である。ムスリムほど目立たないが、アメリカに住むヒスパニック系の住民にも同じ態度が見られ、しかも彼らは規模の大きい少数民族である。この場合、同化がうまくいかないと、アメリカは内部闘争とそれに必然的にともなう分裂のあらゆる可能性を抱え込んで分裂国家となってしまうだろう」*The Clash*, p. 304. 前掲『文明の衝突』四六七頁。ただし訳文は引用者が原典に沿って直した）。

(21) 東アジアの日本と韓国と中国との間の状況も決して芳しいものではない——目をしっかりと〈開いて〉視野を広く取れば、お互いに文化的にも極めて近しいという事実が見出せるにもかかわらず。そればかりか、最近ではいわゆる「ヘイトスピーチ」をともなうデモ行進が日本でも行われるようになりつつあり、それを規制する法律も制定されているほどである。

(22) 逸名作家「アレクサンドロス大王からアリストテレス宛の手紙」（池上俊一訳『東方の驚異——西洋中世奇譚集成』講談社学術文庫、二〇〇九年、三七頁）。

(23) 逸名作家「司祭ヨハネスの手紙2」（同書、一一八頁）。なお、この『東方の驚異』の中世末期の写本には、このような記述をもとにして当時の西洋で表象された「サニットゥリ、セノファリ、ティグロロペス」らが図示されている。その一端は以下のファクシミリで見ることができる。M-H Tesnière（Übersetz.）, *Marco Polo, Das Buch der Wunder — aus: 'Le livre des merveilles du mond,'* Ms. Fr. 2810 der Bibliothèque Nationale de France, Paris（Wiesbaden 1995）.

(24)「プロ市民」とはネット右翼の用語で、自民党政府の方針を批判する国民は、反対運動を専門にしている「プロ」が「市民」を装っているのだ、という意味。

(25) もし機動隊の派遣の目的が、中立的な立場での警備でなく一方的な「弾圧」にあるとすれば、むしろ派遣する側は機動隊員が現地の人々の実情を知ったり、ましてや現地の人々と交流することを許さないのが自然であることは、筆者も承知している。

(26) 和辻哲郎『人間の学としての倫理学』岩波全書、一九七一年、三〇頁。

(27) 福澤、前掲書、五七頁。

(28) ヤスパースは、この communication のドイツ語形である Kommunikation（交わり）を用いて自身の哲学における重要な概念を表現して、以下のように述べている。「それゆえ哲学は、たえず交わりを求めること、逡巡することなく交わりを敢行すること、たえず異なった装いを凝らして自分を押しつけようとする強情な私の自己主張を放棄すること、このような放棄によって幾度と知れず繰り返して、私が私に授けられるという希望をもって生きること、を要求するのであります」（K.Jaspers, *Einführung in die Philosophie*（Darmstadt 1959）, S. 125.（草薙正夫訳『哲学入門』新潮文庫、二〇〇五年、一五九頁）。

(29) 国際的な外交交渉の場において「寝食を共にする」ことは、参加国すべてに好都合な結果ばかりをもたらすものではないことは言うまでもない。親密な人間関係の成立によって、自国に不利な内容をも拒絶しがたい雰囲気が醸成されることもあるからである。つまり「寝食を共にする」会議での主導権争いも重要な要素となる。しかし、いずれにしても相手を理解し、相手の主張の真意を理解し合うことは、必須の前提である。

(30) 欧米の大学における学寮生活という中世以来の伝統も、この面での効果を一つの目的としているはずだ。

(31) 残念ながら日本発祥の文化が、外国人の手によって新たな世界へと展開されたものとして日本に帰還する例は未だ少ない。その理由は、われわれ日本人が、日本文化は日本人にしかわからないと、「日本特殊論」に陥りやすいからではないだろうか。以下は実際に筆者が見聞した例である。日本文学は数十年来、諸外国でも読まれており、外国人で日本文学を研究する人は少なくない。しかし日本人の日本文学の専門家は、日本国内の大学に勤務しながら日本文学を研究している外国の研究者たちのことさえも、「われわれは彼らを日本文学の専門家とは認めていない。アマチュアだと思っている」と言うのである。日本文学の可能性を限定してしまう言動ではないだろうか。

(32) 貝塚茂樹・藤野岩友・小野忍編『角川漢和中辞典』(角川書店、一九七〇年)の「文」の項。

(33) カントは言っている。「国家としてまとまっている民族は、個々の人間と同じように判断されてよい」(Immanuel Kant, *Zum ewigen Frieden* (Stuttgart 1954), S. 30.(宇都宮芳明訳『永遠平和のために』岩波文庫、二〇〇五年、三八頁)。

(34) 老子『道徳経』第八〇章(読み下しは福永光司訳『老子』下、中国古典選一一、朝日新聞社、一九七八年、一九八頁に従い、仮名遣いを変えた)。

(35) 和辻はこの書物を以下のように結んでいる。「ただこの一つの欠点〔為政者の精神的怯懦〕のゆえに、ベーコンやデカルト以後の二百五十年の間、あるいはイギリスのピューリタンが新大陸へ渡って小さい植民地を経営し始めてからあの広い大陸を西へ西へと開拓して行ってついに太平洋に到達するまでの間、日本人は近世の動きから遮断されていたのである。このことの影響は国民の性格や文化のすみずみにまで及んでいる。それはよい面もあり、悪い面もあって単純に片づけることはできないのであるが、しかし悪い面は開国後の八十年をもってしては容易に超克することはできなかったし、よい面といえども長期の孤立にもとづく著しい特殊性のゆえに、新しい時代における創造的な活力を失い去ったかのように見える。現在のわれわれはその決算表をつきつけられているのである」(和辻哲郎『鎖国』下、岩波文庫、一九八二年、三〇七頁)。

(36) このドイツ語は、フランス語の civiliser の過去分詞の意味内容と同じである。

(37) Kant, *op. cit.*, S. 37f.(前掲『永遠平和のために』四九頁)。

(38) この〈閉じる〉と〈開く〉については、本書第Ⅲ部第三章10を参照されたい。

(39) この語をここでは、科学・技術の発達等によって人、物、情報が地球規模で移動するようになっているという趨勢としてのグローバリゼーション globalization と区別して使用する。
(40)「孤立主義」の時代のアメリカの外交政策にすでに矛盾を見出すことも可能である。それは一八五三年のペリー来航である。アメリカ海軍提督ペリーは大統領親書をもって日本に来航し、開港を要求したのであった。
(41) 西崎文子「『明白な運命』の終焉――さまよえるアメリカ外交」(『世界』一九九八年四月号、一八六頁)。
(42) 西崎、同論文、一九六頁。
(43) 中西輝政の記述(ハンチントン『文明の衝突と二一世紀の日本』鈴木主税訳、集英社新書、二〇〇〇年、所収の「解題」一九四頁以下)。
(44) 西崎、前掲論文、一九六頁。
(45) *The Clash*, p. 305f.(前掲『文明の衝突』四六八頁以下)。
(46) *Ibid.*, p. 43.(同書、五五頁以下)。
(47) Jean-François Lyotard, *La condition postmoderne* (Paris 1979), pp. 7, 63, 98.(小林康夫訳『ポスト・モダンの条件』水声社、一九八六年、八、四九、九八、一四九頁)。なお蛇足的に付言しておくと、リオタールの〈大きな物語〉は冷戦終焉以前に提出された主張である。
(48) *Ibid.*, p. 7.(同書、八頁)。
(49) 例えば *Ibid.*, p. 98.(同書、一四九頁)。
(50) 現にハンチントンは次のように説いている。「[アメリカ的] 政治的信条と西欧文明を拒否することは、われわれが知っていたアメリカ合衆国の終焉を意味する。それはまた、効率のよいことに西欧文明の終焉をも意味する」(*The Clash*, p. 305f.(前掲『文明の衝突』四七〇頁)。
(51) 註(34)として引用した老子の一節に「民をして死を重んじて遠くうつらざらしむ」とあったように、現代のように移動が容易でない時代には、民衆が他の地域・国家・文明圏に移動することは自らの命を危険にさらすことであり、彼らが自発的に希望するようなことではなかった。この事情を勘案する必要がある。
(52) この点には、すでに出来上がった人材としてスカウトするので、育成のための経費がかかっていない分、招聘のためには有利な条件を提示することが可能となっているという側面もある。

（53）こういう自己中心性、ご都合主義は、一人ハンチントンにのみ見出されるものではない。他の多くの欧米人の思考の中に存在するし、われわれ日本人の思考にも存在するものである。

（54）John Hick, *God has Many Names*（London 1980）, p. 30.（間瀬啓允訳『神は多くの名前をもつ』岩波書店、一九八六年、三一頁）。

（55）*Ibid.*, p. 38ff.（同書、三七―三九頁）。

終章　現代に生きる中世

（1）原典は、J.B. Bury, *A History of Freedom of Thought*（London 1913）.（森島恒雄訳『思想の自由の歴史』岩波新書、一九五一年）。以下では断りのない限り原典の second edition と奥付に記されている一九五二年版の頁を挙げる。

（2）*Ibid.*, p.54.（同書、五六頁。なおこの翻訳では、このタイトルは「解放の曙光（ルネサンスと宗教改革）」とされている。以下、引用には、特に断らないかぎり、森島訳を借用する）。

（3）W. P. Ker, *The Dark Ages*（Edinburgh/ London 1904）.

（4）近代ヨーロッパにおける中世理解の変遷についての簡にして要を得た説明は、以下を参照されたい。クラウス・リーゼンフーバー『中世における理性と霊性』知泉書館、二〇〇八年、四頁以下。

（5）Bury, *op. cit.*, p.66f..（前掲、森島訳、六八頁）。

（6）E. Grant, *The Foundations of Modern Science in the Middle Ages — Their religious, institutional, and intellctual Contexts*（Cambridge 1996）. この本には以下の日本語訳がある。小林剛訳『中世における科学の基礎づけ――その宗教的、制度的、知的背景』知泉書館、二〇〇七年。以下、引用には、特に断らない限り、小林訳を借用する。

（7）'Mysterium cosmographicum,' in: *Johannes Kepler Gesammelte Werke*, Bd. I（München 1938）, S. 5f.（大槻真一郎他訳『宇宙の神秘』工作舎　一九九二年、一〇頁以下）。

（8）『ローマの信徒への手紙』一章二〇節。

（9）『知恵の書』の一一章二〇後半―二一節。

（10）例えば、旧約聖書『エゼキエル書』二章九節―三章三節、『イザヤ書』三四章、新約聖書『ヨハネの黙示録』五―六章。

（11）'A Madama Cristina de Lorena,' in: *Le opere di Galileo Galilei. Nuova ristampa della edizione nazionale sotto l'alto patronato del presidente della Repubblica Italiana*, XV, p. 329.（「クリスティナ大公妃宛の手紙」、青木靖三訳『ガリレオ』世界の思想家８、平凡社、一九七六年、二一四頁以下）; 'Il Saggiatore,' in: *Le opere di Galileo Galilei. Nuova ristampa della edizione nazionale sotto l'alto patronato del presidente della Repubblica Italiana*, VI, p. 232.（『偽金鑑識官』山田慶児・谷泰訳、豊田利幸責任編集『ガリレオ』世界の名著二一、中央公論社、一九七三年、三〇八頁）。

（12）以下、この項の論述は、特に断らない限り、次の論文に依拠する。Carlos Steel, 'Nature as Object of Science: on the Medieval Contribution to a Science of Nature,' in: Chumaru Koyama (ed.), *Nature in the Thought — Some Approaches East and West* (Leiden/ Boston/ Köln 2000), pp. 125-152. 日本語訳は、カルロス・スティール「学の対象としての自然」、小山宙丸編『ヨーロッパ中世の自然観』創文社、一九九八年、一八七―二二〇頁。

（13）このことは、しかしながら、〈中世〉において自然の「象徴的解釈」がいっさい排除されたことを意味するのではない。それは、ニコラウス・クザーヌスを経て、前掲の、ガリレイ、特にケプラーの著作が示しているところでもある。

（14）この視点と関わるシャルトルのティエリについての研究には、リーゼンフーバー「シャルトルのティエリにおける一性の算術と形而上学」がある。これは前註（12）に掲載の書物に収載されているが、さらにリーゼンフーバー『中世における理性と霊性』（知泉書館　二〇〇八年）にも収載されている。

（15）E. Grant, *ibid.*, p.170.（前掲、小林訳、二六九頁）。なお、〈中世〉と近代科学の関係について同趣旨の指摘をしている研究には、以下のものもある。Herbert Butterfield, *The Origins of Modern Science — 1300-1800* (London 1959).（渡辺正雄訳『近代科学の誕生』上下、講談社学術文庫　一九九二年）。

（16）E. Grant, *op. cit.*, p.171.（小林訳、二七〇頁）。

（17）*Ibid.*, p.174.（小林訳、二七四頁以下）。

（18）*Ibid.*, pp. 147, 196.（小林訳、二三三、三〇七頁等）。

（19）*Ibid.*, p.197.（小林訳、三〇九頁以下）。

（20）本章の冒頭に紹介したビュアリは、その著書の改定版（一九五二年）において、先にわれわれが引用した箇所に新たに註を付けて、

「ルネサンスが近代科学の発展を創始したわけではなく、それは古代科学の再発見であった。イニシアティヴはむしろスコラ学に由来する」と記しながら、前註（15）に揚げた Butterfield の本を紹介している。つまり彼の立場をわれわれの立場寄りに少し修正したのである。

（21）Paul E. Sigmund, Vom mittelalterlichen zum modernen Verfassungsdenken: Kontinuität oder Wandel? Nikolaus von Kues, George Lawson und John Locke, in: *Mitteilungen und Forschungsbeiträge der Cusanus-Gesellschaft*, Bd. 28（2003）, S. 233-248. なお、この著作で論じられている同意と代表の思想についての、筆者による以下の小さな研究も参照されたい。八巻和彦「クザーヌスにおける〈周縁からの眼差し〉―― "De concordantia catholica"（『普遍的和合論』）から "Idiota" 篇へ」『文化論集』早稲田大学商学同攻会、第五号、一九九四年、一〇七―一四九頁。

（22）なお、マルシリウスの公会議首位説とクザーヌスとの関係については、渡邉守道『ニコラウス・クザーヌス』（聖学院大学出版会、二〇〇〇年）の第二章「クザーヌスの思想」第一節で論及されている。

（23）シグマンドは、彼の若き日の著作 *Nicholas of Cusa and Medieval Political Thought*（Cambridge/ Massachusets 1963）では、クザーヌスの思想の近代民主主義への影響については肯定的な評価を下すことをためらっているようにみえたが、この論文ではその立場には明らかな変化が見られる。その変化の根拠は、ここで紹介する通り、近年の研究の成果により、クザーヌスの思想とJ・ロックの政治思想とをつなぐ人物が見出されたことによると見られる。

（24）*Ibid*., S. 238.

（25）*Ibid*., S. 239.

（26）*Ibid*., S. 241.

（27）*Ibid*., S. 242. さらに S. 244 でも。

（28）*Ibid*., S. 245.

（29）日本語では慣習的にこのように訳されている。なお、今中比呂志他によるこの本の抄訳が、名古屋大学『法政論集』（第九七号、一九八三年）に掲載されている。また、ジョージ・ローソンの思想についての日本における研究書として、今中比呂志『英国革命と近代政治原理――ジョージ・ローソン研究』（大明堂　二〇〇〇年）がある。

（30）実際に、この書物の初版本の復刻版である George Lawson（ed. by C. Cordon）, *Politica sacra et civilis*（Cambridge 1992）,

Chapter 13, Paragraph 13, p.185 にクザーヌスの名前が挙げられている。

（31）Sigmund, *op. cit.*, S. 245. さらに、今中比呂志は、前掲書の中で「ローソンをホッブズとロックの近代思想の理論的媒介者として位置づけ」ている（例えば、一八八頁）。

（32）*Ibid.*, S. 247f..

（33）Jacuques Le Goff, *Les intellectuels au moyen âge*（Paris 1957）, p. 73sq..（柏木英彦・三上朝造訳『中世の知識人――アベラールからエラスムスへ』岩波新書、一九七七年、九〇頁以下）。

（34）E. Grant, *op. cit.*, p.170.（小林訳、三四頁）。

（35）デカルトとライプニッツ。

（36）*Hobbes's Leviathan*（Oxford 1999）, Part 2, Chap. 30, p. 264f. なお訳文は、水田洋訳『リヴァイアサン』二、岩波文庫、一九九二年、二六九頁以下より用字法を変えつつ借用した。ホッブズはさらに同書第四六章、四七章でも、当時の大学とそこで教えられていた「アリストテレス派の哲学」を批判している。ロックは *An Essay Concerning Human Understanding*（『人間知性論』一六八九年）Book III, Chap. 10、とくにその八節以下で当時の大学の哲学を批判している。なお、このような「知の制度」としての大学に対する批判に接する時、現代のそのような機関に身をおく一人として、私も批判の対象になりうるような、「制度化された知」に安住していないだろうか、という反省の念を抱かされることも記しておきたい。

（37）現代の欧州連合（ＥＵ）域内の大学は、「エラスムス計画」および「ソクラテス計画」等によって、二〇世紀の最後の一〇年以来、学術における国際交流が盛んであった中世の大学へと再び戻ったかのように、国際交流を活発化させている。

（38）H. J. Sandkühler（hrsg.）, *Europäische Enzyklopädie zu Philosophie und Wissenschaften*（Hamburg 1990）の L. Jaques Milhau 執筆の 'Rationalismus' の項による。

（39）R. Eisler, *Wörterbuch der Philosophischen Begriffe und Ausdrücke*（Berlin 1929）の 'Rationalismus' の項による。

（40）例えば Nicolaus Cusanus, *De coniecturis*, II, 1, n. 78; 13, n. 136. この関係の詳細については、八巻和彦「ニコラウス・クザーヌスにおける認識の問題――"De coniecturis"を中心にして」（東京教育大学哲学会『哲学論叢』第二六輯、一九七四年、五四―六三頁）を参照されたい。

（41）フッサールは言っている。「私もまた、ヨーロッパの危機が誤った合理主義に根ざしている、ということを確信しています。しかし、それは、合理性そのものがあたかも悪であったり、あるいは、人間の実存の全体にわたって、さしたる意味をもたないかのごとくに考えるというのではありません。……啓蒙期における合理主義としての『理性』ratio の発展形態は、理解しうる逸脱であったにせよ、とにかく理性からの逸脱でありました」（Edmund Husserl, 'Die Krisis des europäischen Menschentums und die Philosophie,' in:*Husserliana*, VI（Haag 1976）, S. 337.（清水多吉訳「ヨーロッパ的人間性の危機と哲学」（『三十年代の危機と哲学——E・フッサール、M・ハイデッガー、M・ホルクハイマー』平凡社、一九八八年所収、七二頁以下）。

（42）H. J. Sandkühler（hrsg.）, *op. cit.* の W. Förster 執筆の 'Humanismus' の項による。

（43）R. Eisler, *op. cit.* の 'Individualismus' の項による。

（44）Aristoteles, *Politica*, I, 2, 1253a,2.

（45）このことについての日本における問題状況は、本書第一部第三章を参照されたい。

（46）誤解を防ぐためにあえて記すが、ここで「合理的」としていることは、倫理的に正しいという意味ではない。また、極めて残念なことに、このナチスの思想から影響されたと言われる大量殺人事件が、二〇一六年七月に日本人青年によって相模原市内の施設によって起こされた。

（47）例えば M. Horkheimer/ T. W. Adorno *Dialektik der Aufklärung — philospphische Fragemente*, S. 43f.,（徳永恂訳『啓蒙の弁証法——哲学的断想』岩波書店、一九九〇年、六七頁以下）。M. Horkheimer, *Eclipse of Reason*（New York 1947）, p. 21.（山口祐弘訳『理性の腐蝕』せりか書房、一九七〇年、三〇頁。またヨナスも H. Jonas, *Das Prinzip Leben*（Frankfurt/M; Leipzig 1997）, S.86f.（細見和之・吉本陵訳『生命の哲学——有機体と自由』法政大学出版局、二〇〇八年、八六頁）。

（48）この意味で intellectus は、その働きにおいて非対称性をもっている。自らが理解しつくせないものを予知するのである。「自力で運ぶことのできる以上の大きな石の大きさを少年が見てとることができるように、知性は自己が把握できるより大なるものを見ることができる」という喩えを、クザーヌスは *De apice theoriae*, n. 10 に記している。佐藤直子訳『テオリアの最高段階について』、中世思想原典集成第一七巻『中世末期の神秘思想』平凡社、一九九二年、六五四頁。

（49）R. Descartes, *Discour de la méthode*（Paris 1966）, p. 80.（野田又夫訳『方法序説』、野田又夫編『デカルト』平凡社、一九七七年、一三四頁以下）。

（50）引用のすぐ前の箇所で、デカルトは言語能力の有無をも論じている。

(51) M. Horkheimer/ T. W. Adorno, *op. cit.*, S. 43f.（徳永訳『啓蒙の弁証法——哲学的断想』六七頁以下）。

(52) Wilhelm Dilthey, 'Der Aufbau der geschichtlichen Welt in den Geisteswissenschaften,' in: *Wilhelm Dilthey Gesammelte Schriften*, Bd. VII（Stuttgart/ Göttingen 1958）, S. 117.（水野彌彦・細谷恒夫・坂本都留吉訳『歴史的理性批判』、『ディルタイ全集』第四巻、創元社、一九四六年、六四頁以下）。

(53) Dilthey, 'Plan der Fortsetzung zum Aufbau der geschichtlichen Welt in den Geisteswissenschaften,' in: *Dilthey* , *op. cit.*, S. 192.（水野・細谷・坂本訳『歴史的理性批判』二〇三頁以下）。

(54) K・リーゼンフーバー『超越に貫かれた人間』創文社、二〇〇四年、八一—八四頁。

(55) Dilthey, *op. cit.*, S. 79.（水野・細谷・坂本訳『歴史的理性批判』三頁）。

(56) *Ibid.*, S. 86f..（同書、一五頁以下。ただし訳文は引用者による）。

(57) Dilthey, 'Plan der Fortsetzung zum Aufbau der geschichtlichen Welt in den Geisteswissenschaften,' in: *Dilthey*, *op. cit.*, S. 290.

(58) *Wilhelm Dilthey Gesammelte Schriften*, Bd. IV, S. 240.

(59) ボルノーの指摘。Otto F. Bollnow, *Dilthey – Eine Einführung in seine Philosophie*（Stuttgart 1955）, S. 17.（麻生建訳『ディルタイ——その哲学への案内』未来社、一九七七年、四〇頁以下）。

(60) Hans G. Gadamer, 'Hermeneutik I,' 2, I, 2: 'Diltheys Verstrickung in den Historismus,' in: *Gadamers Gesammelte Werke*, Bd. 1（Tübingen 1986）, S. 244.（轡田収・巻田悦郎訳『真理と方法——哲学的解釈学の要綱2』法政大学出版局、二〇〇八年、三八四頁）。

(61) この連関で考えるならば、ハイデガーはその哲学的批判の根拠たるべき十分な「距離」のあるInstanzとして、やはり「水平的」に響く「忘却された存在」を設定したのだ、と解釈できそうである。また、ディルタイの構想したような、歴史の地平に成立する「歴史的理性」はけっして万能ではなく、いっさいの先入見や神話から自由でもありえず、むしろ絶えず歴史的に条件づけられ限定されているという意味での歴史的理性であろう。ガーダマーはそのような意味で「歴史的理性」という名称を用いている。Vgl; Gadamer, 'Hermeneutik II,' II, 2: 'Das Problem der Geschichte in der neueren deutschen Philosophie,' in: *Gadamers Gesammelte Werke*, Bd. 2（Tübingen 1986）, S. 32-36.

(62) Horkheimer, *op. cit.*, p. 177.（山口訳『理性の腐蝕』二〇七頁以下）。

(63) Nicolaus Cusanus, *De visione dei*, XIII, n. 52, 13-18.（八巻和彦訳『神を観ることについて』岩波書店、二〇〇一年、七五頁）

（64）*Ibid.*, XXIV, n. 52, 13-18.（同書、七五頁）。

（65）ちなみに一三世紀後半にウォラギーネ（Jacobus de Voragine）によって編纂された 'Legenda Aurea'『黄金伝説』は中世の精神性を知るよい文化的遺産である。この中には、現代人にとっては荒唐無稽としか思えないようなことも含めて、われわれが知らないか忘れてしまった世界が描かれている。

（66）Carl Friedrich von Weizsäcker, *Wohin Gehen Wir? Vorträge und Stellungnahemen*（München/Wien 2000）, III, 8（CD 3）.（小杉尅次訳『われわれはどこへ行くのか——世界の展望と人間の責任』ミネルヴァ書房、二〇〇四年、一八六頁以下）。ただし引用の日本語は、引用者が適宜変えた。

（67）*Ibid.*, III, 7.（同書、一八三頁以下）。傍点は引用者による。

（68）カトリック中央協議会のＨＰより引用。

（69）この人物像については、本書第二部第　章の末尾近くで少々言及している。

（70）Cusanus, *Idiota de sapientia*（以下 *De sap*）, I, n. 1.（小山宙丸訳『知恵に関する無学者の対話』、中世思想原典集成第一七巻『中世末期の神秘思想』平凡社、一九九二年、五四一頁）。*Ibid.*, II, n. 28（同書、五五九頁）。*De mente*, I, n. 54.

（71）*De mente*, I, nn. 54.

（72）*Ibid.*

（73）*De sap.*, I, n. 4.（前掲、小山訳、五四二頁以下）。

（74）*Ibid.*, I, n. 4.（同書、五四三頁）。*Ibid.*, II, n. 47.（同書、五七二頁）。*De mente*, XV,n. 160.

（75）*Ibid.*, I, n. 27.（同書、五五九頁）。*Ibid.*, II, n. 46（同書、五七一頁）。*De mente*, XV,nn. 159.

（76）*De stat. exp.*（『秤の実験について』）。なお、この著作については本書第Ⅰ部第四章1に若干の記述がある。

（77）この無学者は対話相手の哲学者に向かってこう答える。「自分の考えていることを言わせるのに私ほどに容易な人は、他に居ないと思います。なぜならば、私は自分が無知だと自認していますから、答えるのを恐れることはありません。ところが学のある哲学者や学識で評判の高い人々は、失敗するのを恐れて深刻に考えこむものです」（*De mente*, I, n. 55, 12）。

あとがき

本書は、筆者が過去二十数年にわたって折々にまとめた文章からなっている。これらは、与えられた機会に、自身の内心の深みから湧いてくるものをまとめることで成立したものである。

筆者は、ヨーロッパ中世の哲学、とりわけニコラウス・クザーヌスの哲学を中心的研究対象としてきた者であるが、「まえがき」にも記したように、現代的な課題について思索するに際しても筆者にとってクザーヌスの思想が果たした役割の大きいことは、この書物を読んでくださった方はおわかりであろう。実は以前、旧著『クザーヌスの世界像』（創文社、二〇〇一年）の「あとがき」に、残された課題の一つはクザーヌスの思想を二一世紀に生かすことである、と記した。もし本書において、この自らが設定した課題をいくばくか果たすことができたのであれば幸いである。

本書の或る章にも記したように、筆者は第二次世界大戦における日本の敗戦という〈破局〉の直後に生を享けた。そのためか、哲学を専門としつつも歴史というものに対する意識がいつも自分にまとわりついている。あと二年経つと、日本という国の〈開き〉の一つである「明治維新」以来、ちょうど一五〇年となる。そしてそのほぼ中間の時代に、この前の戦争があり亡国があった。前半の七五年間は、当初の〈開かれ〉から、東アジアにおける近代化の優等生であるという自負心に由来する「軍国主義」という〈閉ざされ〉へと収束した結果の亡国で終わった。後半の七五年間は、平和を愛好する文化的な日本国の建設という〈開き〉からスタートしたのだが、現在再び、かつての「軍国主義」の時代に郷愁をもつ人々が近隣諸国との政治的緊張を高めながら政権を維持するという〈閉ざされ〉の状態に立ち至っている。これが再びの亡国につながることは、なんとしても避けねばならない、と筆者は思う。

また広く世界を眺めても、〈開かれ〉と〈閉ざされ〉のせめぎ合いに由来するさまざまな問題が生じている。人間にとって好都合でありさえすればよい、という〈閉ざされた人間中心主義〉は、ほとんど世界中で共有されている価値観となり、その結果、資源の浪費とそれの略奪競争が展開されているし、自分たちの主義主張だけが正しく、それ以外のものはすべて誤りであるという〈閉ざされた信念〉の跋扈による大小の暴力の行使も顕著である。人間という生き物が地球上のほとんどあらゆる所に多様な生活形態をもって生活できているのは、人間の存在様式としての〈開かれ〉が重要な根拠であるのだから（本書第Ⅱ部第三章）、このような、ほとんど奇跡とも言うべき多様性をなんとしても保持し続けなければならないと思うのである。


今、こうして「あとがき」を記している書斎の窓からは、梅の古木がその全身に見事な花をつけているのが見える。この梅は二〇年ほど前の台風の際に幹が裂けたのだが、裂けて横たわった幹に支えを施したら、その幹も今では堂々とした枝振りとなって花をつけているのである。梅の生命力に敬服しながら、自分もそれにあやかりたいものだと思う。そして日本人男性の平均寿命に達するまでの残された一〇年ほどの間に、自分なりの責務を果たしたいものである。

その責務とは、何よりも、原発破局フクシマ後の地球上の生きとし生けるものの未来に、私たちが享受させてもらった環境を、できることならよりよくした上で手渡してやるということである。とは申せ、筆者は哲学を専門とする者であるから、その立場からこの課題を果たそうと努めるしかない——もちろん、一人の人間としての生き方においては、これまで通りに、できる限り環境に負荷をかけないように生きるのであるが。

こういう条件のもとで自分に何ができるかと考えていたところに、最近、ドイツの若い友人が、「実存的自然哲学」

という新たな領域を構築するプロジェクトを立ち上げたいから、ぜひ参加してほしいと言ってきた。彼らに頼まれて折にふれてしてきた講演が、このプロジェクトに密接に関連するというのである。考えた結果、ありがたい誘いであると受けとめることにした。この初夏からこのプロジェクトに関わるために、ドイツと日本との間をこれまでと同じように往復しながら、自分なりに考えを深めていきたいと思っている。

この度、一書とするに際して旧稿を見直しつつ必要な改稿を施したことは申すまでもないが、筆者のこの間の歩みを知っていただくためにも、以下に、本書の各章として収載した論考の初出データを少し詳しく記すことにしたい。

序章　中世から現代を読む——グローバリゼーション、アイデンティティ、そして普遍的正義

二〇〇〇年に上智大学で開催されたシンポジウムにおいて「グローバリゼーション、アイデンティティ、そして普遍的正義」と題して行った講演に加筆したものが、同名の論文として以下のように収載された。上智大学哲学会『哲学論集』第二三号、二〇〇〇年、一—一七頁。

I　破局の諸相

第一章　原発破局「フクシマ」の原因を探る——哲学の視点からの一考察

二〇一四年にドイツのボン大学他でした講演 'Ursachen der Katastrophe von Fukushima — Eine philosophische Überlegung' が同名の論文として、Kues(?)er Akademie (hrsg.), *Coincidentia*, Beiheft 3 (Münster 2014), S. 31-51 に収載された。それを本書に収録するために日本語に訳しつつ若干の変更を加えた。

第二章　現代日本におけるアイデンティティの分裂

一九九八年にドイツにある Wissenschaftliche Hochschule für Unternehmensführung Otto-Beisheim-Hochschule (WHU) というビジネススクールでした講演 'Die Identitätskrise Japans — eine Ursache der aktuellen Wirtschaftkrise' が、同名のタイトルでそこの Distinguished Lecture Series Paper No. 5 (Valledar 1999) として刊行されたが、それをベースとしつつ、本書に収めるに際して、その後の状況を踏まえて大幅に改稿した。

第三章　日本社会における〈社会崩壊〉と企業活動

二〇一三年に早稲田大学産業経営研究所主催のシンポジウムでした講演「企業の「社会的責任」を考えるための哲学からの一視点」が、早稲田大学産業経営研究所編『企業の「社会的責任」を考える』二〇一三年、三六―五三頁として収載されたものをベースとしつつ、本書に収めるに際して大幅に改稿した。

第四章　近代的思考様式の限界についての一試論

早稲田大学商学同攻会『早稲田商学』第四三八号（厚東偉介教授古希記念号）、二〇一三年、四六三―五一四頁。

II　他者の衝撃

第一章　『信仰の平和』におけるタタール人像――〈破局〉のただ中での〈他者〉への眼差し

一九九九年にドイツのケルン大学付属トマス研究所でした講演 'Die Gestalt der Tataren in "De pace fidei": Ein cusanischer Blick auf den Orient' を日本語に訳した上で大幅に加筆して、「『信仰の平和』におけるタタール人像」というタイトルで以下のように公刊した。早稲田大学商学同攻会『早稲田商学』第四三八号、二〇一三年、四六三―五一四頁。

第二章　クザーヌスにおける理性の普遍性と哲学の複数性――『信仰の平和』を中心にして

二〇〇七年にイタリアのパレルモで開催された国際中世哲学会の大会で Universalität der Vernunft und

Pluralität der Philosophie in “De pace fidei” des Nikolaus von Kues’というタイトルで発表した後、それがReinhardt und Schwaetzer (hrsg.), *Universalität der Vernunft und Pluralität der Erkenntnis bei Nicolaus Cusanus* (Regensburg 2008), S. 9-19として収載・公刊された。それを「クザーヌスにおける理性の普遍性と哲学の複数性——『信仰の平和』を中心にして」というタイトルの日本語版にし、峰島旭雄先生傘寿記念論文集『「いのち」の流れ』北樹出版、二〇〇九年、二三二—二四五頁に収載された。

第三章　〈他者〉の豊饒性

本書のために書き下ろした。

III　語りえぬものへの〈開かれ〉と〈閉ざされ〉

第一章　西田幾多郎におけるクザーヌスとの出会い

クザーヌス生誕六〇〇年に当たる二〇〇一年にドイツのチュービンゲン大学カトリック神学部の *Theologische Quartalschrift*, 181. Jahrgang, 2. Heft 2001, S. 143-155 に掲載された論文 ‘»Coincidentia oppositorum« — Nikolaus von Kues und die Philosophie Kitaro Nishidas’ を日本語に訳しつつ大幅な加筆を施して以下に収載した。八巻和彦・矢内義顕編著『境界に立つクザーヌス』知泉書館、二〇〇二年、三六一—三九八頁。

第二章　東アジアにおける知恵概念の伝統とクザーヌスの知恵概念——〈知恵〉と〈道〉、〈無学者〉と〈愚人〉

一九九〇年にドイツのトリーア大学で開催された「クザーヌス・シンポジウム」でした講演が ‘Die cusanische Weisheitskonzeption im Vergleich zur ostasiatischen Weisheitstradition,’ in: *Mitteilungen und Forschungsbeiträge der Cusanus- Gesellschaft*, Bd. 20 (Trier 1992), S. 250- 272 として公刊されたが、それを日本語に訳して「東アジアにおける知恵概念の伝統とクザーヌスの知恵概念——サピエンティアと道、イディオータと愚人」というタイトルで

早稲田大学商学同攻会『早稲田商学』第三四八号、一九九一年、一—二九頁に掲載した。

第三章　西欧における「開かれた世界、開かれた書物」

二〇〇五—二〇〇七年に国際高等研究所（京都府）において実施された研究プロジェクト「多元的世界観の共存とその条件」（研究代表者　石川文康）に参加して、その成果の一部としてまとめた文章であり、以下のように公刊された。石川文康編『多元的世界観の共存とその条件』国際高等研究所刊、二〇一〇年、一二三—一四六頁。

Ⅳ　大きな物語の改訂

第一章　〈文明の衝突〉の時代の宗教的寛容論

二〇〇五年に日本宗教学会からの寄稿依頼によりまとめ、『宗教研究』第三四五号「特集・宗教——相克と平和」、二〇〇五年、一九五—二二〇頁に掲載された。

第二章　〈文明の衝突〉を超える視点

二〇〇九—二〇一一年に科学研究費補助金・基盤研究（B）「〈文明の衝突〉から〈文明の対話〉へ——諸宗教間の相互理解の為の哲学的理論構築の試み」として実施した研究の成果の一部としてまとめ、以下のように公刊した。早稲田大学商学同攻会『早稲田商学』第四二七号（宮下史明教授古希記念号）、二〇一一年、九一—一二四頁。

終章　現代に生きる中世

二〇〇九年に上智大学で開催されたシンポジウムで「現代に生きる中世」と題して行った講演に加筆したものが、同名の論文として以下に収載された。上智大学哲学会『哲学論集』第三八号、二〇〇九年、一〇一—一二八頁。

上のように各章を構成している論文の成立過程をまとめてみると、多くの方々の誘《いざな》いや支えによって、それらが成り立っていることを改めて認識させられる。心からなる感謝の念が湧き上がってくるのを禁じ得ない。

一人一人のお名前を挙げることはできないが、序章と終章に配することになった論考をまとめる機会を与えてくださった上智大学の先生方、その他の多くの章を構成している論考をまとめる機会を与えてくださったドイツの先生や友人たち、そして国内の同僚たち、さらに筆者の自由な活動を容認してくれた早稲田大学ならびに早稲田大学商学学術院とその構成員の面々、これらの方々に対して、心より御礼申し上げる。

また、出版事情が厳しい中で、筆者に声をかけてくださり、そしてこのように一書にまとめあげてくださった「ぷねうま舎」の中川和夫氏にも、深謝申し上げる。

最後に私事ながら、この本が成立するまでの過程でいろいろと配慮してくれた妻、和子にもありがとうと言いたい。

なお本書は、「早稲田大学商学部徳井研究振興基金」の補助を受けて出版されたことを、感謝の念とともにここに記す。

二〇一七年三月

八ヶ岳南麓の寓居にて

八巻和彦

八巻和彦

1947年生まれ．専攻，中世哲学・文明論．現在，早稲田大学商学学術院教授．国際クザーヌス協会学術顧問．京都大学博士（文学）．中世からルネサンス・近代への転換期を生きた哲学者・神学者クザーヌスの研究を中心として，近代の根にあるものに光を投げ，大きな曲がり角に立つ現代の根源的な問題性を明るみに出そうとする．著書，『クザーヌスの世界像』（創文社，2001），『境界に立つクザーヌス』（共編，知泉書館，2002），“Nicholas of Cusa, A Medieval Thinker for the Modern Age”（編著，Curzon Press, 2002），『「今を伝える」ということ』（編著，成文堂，2015），『日本のジャーナリズムはどう生きているか』（編著，成文堂，2016）ほか．邦訳書，ニコラウス・クザーヌス『可能現実存在』（共訳，国文社，1987），クザーヌス『神を観ることについて 他二篇』（岩波文庫，2001），L.ハーゲマン『キリスト教とイスラーム——対話への歩み』（共訳，知泉書館，2003）ほか．

クザーヌス 生きている中世

——開かれた世界と閉じた世界

2017年4月25日 第1刷発行

著 者 八巻和彦《やまきかずひこ》

装丁者 矢部竜二

発行者 中川和夫

発行所 株式会社ぷねうま舎

〒162-0805 東京都新宿区矢来町122 第二矢来ビル3F

電話 03-5228-5842 ファックス 03-5228-5843

http://www.pneumasha.com

印刷・製本 株式会社ディグ

ISBN 978-4-906791-68-2 Printed in Japan